W0249647

ILLUSTRIERTE GESCHICHTE DER WELTLITERATUR

Tore Zetterholm/Peter Quennell

NAUMANN & GÖBEL

ILLUSTRIERTE GESCHICHTE DER WELTLITERATUR

Originaltitel: Levande litteratur/från Gilgamesj till Bob Dylan

Abbildungsnachweis siehe Seite 313
Übersetzung: Werner Richter unter Mitarbeit von Silvia Sumser
Bearbeitung und ergänzende Texte: Waltraud Still
Redaktion: Everhard Hofsümmer, Heike Mommertz, Waltraud Still
Herstellung: Jürgen Bischoff
Schutzumschlaggestaltung: Rincón Partners, Köln
Satz: Fotosatz Thönnessen, Köln
Gesamtherstellung: Imprenta Hispano-Americana, Barcelona

Printed in Spain

ISBN 3-625-10424-5

Die überarbeitete und aktualisierte deutsche Ausgabe wurde
von Bra Böcker, Schweden, genehmigt. Der deutschen Übersetzung liegt der englische adaptierte Text von Orbis Book
Publication Corporation Ltd. von 1986 zugrunde.

Vorwort

Der Verfasser der *Illustrierten Geschichte der Weltliteratur* hat die Welt wahrhaftig durchquert, und diese Reisen haben seine Anschauungen zu Geschichte und Kultur in hohem Maße beeinflußt. Neben vielen Besuchen der USA, wo er auch Vorlesungen an einer Universität hielt, hat er insgesamt sieben Expeditionen nach China unternommen sowie vier in das Tibet nach dem Fall des Dalai Lama. Zu Tibet, dessen ehemalige und heutige Oberhäupter er schon interviewt hat, fühlt er sich auch seit langer Zeit ganz besonders hingezogen, und obwohl er bereits in fast allen Regionen des Erdballs war, ist es der Ferne Osten, den er am besten kennengelernt und am einfühlsamsten beobachtet hat, abgesehen natürlich von seinem skandinavischen Heimatland.
Tore Zetterholm wurde 1915 in Stockholm geboren. Heute wohnt er in Schwedens früherer Hauptstadt, der alten Siedlung Sigtuna. Seine literarische Laufbahn nahm 1940 mit dem Roman *Stora Hoparegränd Himmelriket* ihren Anfang, und seitdem hat er mehrere belletristische und dramatische Werke geschrieben. Eine ganze Reihe seiner Bücher aber beschäftigt sich mit dem Reisen: *China – der Traum des Menschen, Tibet zwischen Buddha und Marx* und *Reise in unsere Vergangenheit,* eine Schilderung seiner Eindrücke im Irak.
In der schwedischen Originalfassung war die vorliegende Geschichte der Weltliteratur ein ganz besonderer Erfolg, was dazu führte, daß sie für ein englischsprachiges Publikum übersetzt und von dem bekannten Autor und Literaturkritiker Peter Quennell überarbeitet wurde. Damit war sie einer noch größeren Leserschaft zugänglich.
Und nun liegt mit dieser Übersetzung das zusammengetragene Wissen über die berühmtesten Werke und Meister des geschriebenen Worts in einer erweiterten und neu bearbeiteten Fassung für den deutschsprachigen Raum vor. Dabei wurden die neuesten Entwicklungen berücksichtigt sowie die Autoren und Werke aufgenommen, die nach Erscheinen der schwedischen Ausgabe unzweifelhaft zur Weltliteratur gehören. In diesem Zusammenhang wurde ein besonderes Augenmerk auf die deutschsprachigen Autoren und deren Werke gerichtet.
Der Leser erhält mit der vorliegenden Weltliteraturgeschichte einen Leitfaden an die Hand, der die bedeutendsten Werke der bekanntesten Erzähler, Romanciers, Dramatiker, Lyriker, Philosophen und Essayisten vorstellt und durch eine Fülle großartiger Fotos, Zeichnungen und Gemälde anschaulich ergänzt wird.

VERLAG UND REDAKTION

INHALT

Gilgamesch auf der Suche nach dem Leben

Zwar kommt das Wort »Literatur« vom lateinischen *littera* (Buchstabe), doch kannte die Menschheit schon lange vor der Erfindung der Schrift Lieder und Geschichten. Schon immer, seit der *Homo sapiens* die Sprache entdeckte, berichteten fahrende Dichter von den Abenteuern ihrer Völker, von den Dramen, von Krieg und Liebe, von der Erschaffung der Welt und dem Geheimnis des Todes. Eine Ahnung von diesen uralten Werken bekommen wir aus dem Studium moderner primitiver Völker. Australiens Ureinwohner etwa kennen auch heute noch keine geschriebene Sprache, dennoch haben sie reiche Sagen und Legenden, die eine Generation an die nächste weitergibt. Und auch in den frühesten literarischen Werken finden wir Spuren der mündlichen Überlieferung und Verweise auf Barden und Geschichtenerzähler einer fernen Vergangenheit.

Die Keilschrift wurde vor ca. 5000 Jahren von den Sumerern entwickelt, aber erst Anfang des 19. Jahrhunderts gelang es dem deutschen Forscher G.R. Grotefend und dem englischen Assyriologen Sir Henry Rawlinson, sie zu entziffern. (London, Britisches Museum)

Zivilisation begann fast immer an den Ufern von Flüssen, wo sich fruchtbare Böden zum Ackerbau anboten. So ließ sich der Mensch vor etwa fünftausend Jahren an Euphrat und Tigris nieder, am Nil, am Indus, am Jangtsekiang und am Hwangho, dem Gelben Fluß. Ungefähr zu jener Zeit erfand der Mensch die Schrift, und damit begann sich die Literatur zu entwickeln.

Die älteste Schrift war die altmesopotamische *Keilschrift*, die ihren Namen vom dreieckigen Abdruck des Schreibgriffels hat und von den Sumerern entwickelt wurde, einem Volk, das sich ca. 3500 v. Chr. am Euphrat nahe des Persischen Golfs ansiedelte und dort anderthalb Jahrtausende lang regierte. Den Sumerern folgte ein semitisches Volk, das das babylonische und das assyrische Reich gründete und dessen Sprache meist Akkadisch genannt wird. Die Schriftzeichen wurden mit Griffeln aus Rohr in feuchte Tontafeln geritzt, die nach dem anschließenden Brennen enorm dauerhaft waren. Archäologen fanden bisher eine halbe Million solcher Tafeln, manche davon unversehrt erhalten; findigen Sprachforschern gelang es, die sumerischen und akkadischen Inschriften darauf zu entziffern.

Die meisten dieser Schrifttafeln enthalten Berechnungen und Listen, daneben aber findet sich darauf eine uralte Literatur des Nahen Ostens – Hymnen, Gebete und Sagen ebenso wie Lieder und Epen, die von der Schöpfung der Welt, von Göttern und Helden der sumerischen und babylonischen Legenden handeln. Nur zwei dieser epischen Dichtungen konnten vollständig rekonstruiert werden. Neben dem Weltschöpfungsepos *Enuma elisch* ist hier vor allem das *Gilgamesch-Epos* zu nennen: Es gilt heute als das älteste erhaltene literarische Werk der Menschheit und übt offenbar einen zeitlosen Eindruck auf die Phantasie aus. Gilgamesch war der Name eines Helden aus Uruk in Babylonien:

> Verwahrtes sah er, Verborgenes erblickte er;
> Hat Kunde gebracht von vor der Sintflut,
> Fernen Weg befahren ...
> Die Mauer um Uruk ließ er erbauen,
> Um das heil'ge Eanna, den strahlenden Hort. ...
> Gilgamesch, seit dem Tage, an dem er geboren wurde, ist sein Name herrlich.
> Zwei Drittel an ihm sind Gott, ein Drittel nur Mensch.

Wahrscheinlich war Gilgamesch eine historische Figur, die um 2600 v.Chr im Zweistromland regierte. Vom ersten Verszyklus, der schon ca. 2000 v.Chr. von den Sumerern verfaßt wurde und die Taten dieses großen Herrschers schildert, sind leider nur wenige Fragmente erhalten. Das eigentliche, in akkadischer Sprache abgefaßte *Gilgamesch-Epos* ist auf zwölf Tontafeln überliefert, die aus der im siebenten vorchristlichen Jahrhundert in Ninive gegründeten Bibliothek des assyrischen Königs Assurbanipal stammen.

Das Thema des *Gilgamesch-Epos* ist der vergebliche Versuch des Menschen, das eigene Schicksal zu verstehen. Der Held, ein großer Krieger, kämpft darin gegen Riesen und Ungeheuer. Nur Enkidu, der einfache Naturbursche und treue Gefährte Gilgameschs, kann sich mit seiner Kraft messen; als Enkidu erkrankt und stirbt, wird auch sein Meister von der Angst vor dem eigenen Ende ergriffen. So macht er sich auf die Suche nach dem Leben und überquert das breite Todesmeer, um den alten Ut-napischtim aufzusuchen, einen Vorläufer des biblischen Noah, der die Große Flut überlebt hat und die Lösung aller Rätsel kennt. Von ihm erfährt Gilgamesch, daß außer Ut-

napischtim selbst niemand dem Tode entrinnen kann:

Den guten Mann, das gute Mädchen
… nimmt weg der Tod
Möchte da jemand den Tod sehen,
jemand des Todes Angesicht,
Jemand des Todes Ruf hören?
Und doch ist es der grimme Tod, der
die Menschen abknickt! …
Irgendwann siegeln wir ein Testament! …
Irgendwann führt das Hochwasser
des angeschwollenen Flusses etwas
davon,
Libellen treiben flußab!
Ein Antlitz, das in die Sonne sehen
könnte,
Gibt es seit jeher nicht.

Dennoch läßt sich Ut-napischtim von Gilgamesch überreden, ihm von einer lebensspendenden Pflanze zu berichten, die der Held dann aus der Meerestiefe pflückt. Doch ehe er das Zaubermittel noch schlucken kann, wird es ihm von einer Schlange geraubt. Enttäuscht kehrt Gilgamesch heim, und die letzte Szene des Epos beschreibt seine melancholische Begegnung mit Enkidus Geist, der aus dem Grab aufsteigt und ihn anfleht, sich dem »irdischen Los« zu unterwerfen.

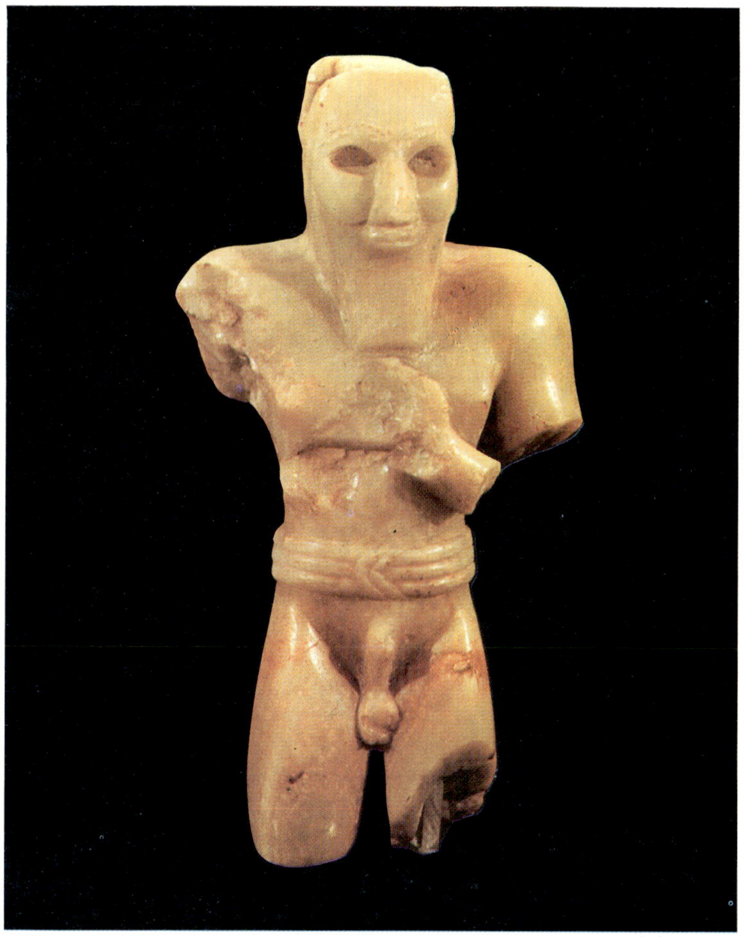

Oben: Assyrische Krieger aus der Zeit des Königs Assurbanipal (7. Jh. v. Chr.). Der englische Archäologe und Diplomat Sir Henry Layard entdeckte 1849 in den Ruinen von Assurbanipals Bibliothek in Ninive Zehntausende von Keilschrift-Tafeln. Darunter war auch das Gilgamesch-Epos, vermutlich das älteste überlieferte Werk der Literatur. Alabaster-Flachrelief, 600 v. Chr. (London, Britisches Museum)

Links: Jede Kultur kennt das Ideal des unverdorbenen Naturkindes, und der erste dieser »edlen Wilden« der Literatur war Enkidu, der Rivale und spätere Kampfgenosse des Helden Gilgamesch aus dem Gilgamesch-Epos. Alabasterfigur, ca. 2500 v. Chr. (Bagdad, Museum des Irak)

Der Totenkult

Die Hieroglyphen (Bilder-Schriftzeichen) und und Figuren auf diesem Steinrelief um ca. 1200 v.Chr. erzählen sehr anschaulich davon, wie ein Lahmer sich auf den Weg zu der Göttin Aschtoret oder Ischtar (die griechische Astarte) macht, von der er sich Heilung erhofft. (Kopenhagen, Glyptothek)

Die antike Literatur ist fast immer anonym verfaßt und unpersönlich gehalten, und so ist es faszinierend, in einem der ältesten erhaltenen Texte auf einen Autor zu treffen, der sehr individuelle Töne anschlägt. Im *Gespräch eines Lebensmüden mit seiner Seele,* einem in der Zeit des Mittleren Reiches ca. 1800 v. Chr. geschriebenen Gedicht, hören wir von einem Mann, der darum fleht, sterben zu dürfen; anfangs widersetzt sich seine Seele und drängt ihn, sich des Lebens zu freuen, doch endlich läßt sie sich überreden, ihn ins Reich des Todes zu begleiten. Das ergreifende Sehnen des Mannes nach dem Tod klingt in dem folgenden Auszug an:

> Heut steht der Tod vor mir,
> wie ein betretner Weg,
> wie eines Mannes Heimkehr aus dem Kriege.
> Heut steht der Tod vor mir,
> wie der Geruch von Lotosblüten,
> wenn man am Ufer sitzt der Trunkenheit.
> Heut steht der Tod vor mir,
> wie man sein Haus zu sehen wünscht
> nach langen Jahren der Gefangenschaft.

Der Tod und das Leben nach dem Tode dominierte viele Aspekte der ägyptischen Kultur, die im dritten vorchristlichen Jahrtausend entstand, etwa zur selben Zeit wie das Reich der Sumerer. Ägypten ging einen sehr eigenen, typischen Weg, den es bis zum Anbruch des christlichen Zeitalters beibehielt. Die stark von Traditionen bestimmte Lebens- und Denkungsweise der Ägypter zeigte zunehmende Tendenzen der Erstarrung, die Staatsreligion wurde stetig konservativer und der Totenkult immer wichtiger: die imposantesten Bauwerke waren Grabmäler und Tempel – die gewaltigsten davon, die Pyramiden, wurden errichtet, um einem Pharaoh die Unsterblichkeit zu sichern.

Die fast ausschließlich religiös geprägte Literatur ist auf Sarkophagen, Papyrusrollen und den Inschriften der Pyramiden erhalten. Das berühmte *Totenbuch,* das den Toten in die Grabkammer mitgegeben wurde, enthielt Ratschläge für die letzte »Reise« und beschrieb Orte und göttliche Wesen, denen man in der Unterwelt begegnen werde.

Allerdings war der künstlerische Ausdruck keineswegs gänzlich unterdrückt. Während des Mittleren Reiches (12. Dynastie, 1991-1786 v. Chr.) schufen Bildhauer einige fast schon beunruhigend lebensechte Porträtbüsten, und im Neuen Reich (18.-20. Dynastie, 1552-1069 v. Chr.) bemühten sich die Dichter um eine einfachere, volkstümlichere Sprache. Wichtige literarische Formen wurden nun Mythen und Märchen, und Sammlungen solcher Legenden, die viele tausend Jahre alte ägyptische Motive enthielten, waren im Mittelalter im ganzen Abendland verbreitet.

Der Sonnenkult

Der wohl bemerkenswerteste unter den aus dem Neuen Reich namentlich bekannten Autoren ist Amenophis IV., genannt **Echnaton** (ca. 1375-1358 v. Chr.), ein ketzerischer Pharaoh, der eine neue Religion – den monotheistischen Sonnenkult – einführen wollte und seine Texte, egal ob Verse oder Erlasse, in Umgangssprache abfaßte. Seine religiöse Revolution jedoch scheiterte an der übermächtigen Priesterschaft. Echnatons Gefühl für die Natur – das an zeitgenössische Liebeslyrik erinnert – war allerdings wohl eher literarischer Kunstgriff als Vorbote einer neuen Vitalität. Als großartiges Kunstwerk hat vor allem Echnatons *Sonnenhymnus* überlebt:

> Gehst du zur Rüste am westlichen Horizont, so ist die Welt wie Finsternis im Tode: die Schläfer sind in der Kammer, die Häupter verhüllt, nicht kann ein Auge das andere sehen. Jedes Raubzeug kommt hervor aus seiner Höhle, und alles Schlangengewürme beißt. Die Welt liegt in Stille, denn der sie schuf, ist zur Ruhe gegangen. Im Morgengrauen aber leuchtest du wieder auf und glänzest aufs neue als Sonne am Tage. Es weicht die Finsternis, sobald du deine Strahlen spendest, die Länder sind in Festesstimmung, die Menschen erwachen und stellen sich auf die Füße: du hast sie sich erheben lassen.

Unten: Im Neuen Reich des antiken Ägyptens (18.-20. Dynastie, 1552-1069 v. Chr.) nahmen bildende Kunst und Literatur sehr realistische Züge an, wie in dieser Wandmalerei mit Erntemotiven, die auf einem Grab aus dem 16.Jh.v.Chr. in Der el-Medina bei Theben entdeckt wurde.

Oben: Die Papyrussümpfe an den Ufern des Nils lieferten eines der ältesten Schreibmaterialien des Menschen, der darauf Keilschrift und Hieroglyphen festhielt. Letztere wurden 1822 von dem französischen Ägyptologen J.P. Champollion entziffert, und zwar mit Hilfe des »Steins von Rosette«, einer mehrsprachig beschriebenen Schrifttafel, die Napoleons Soldaten im Nildelta bei Rosette gefunden hatten.

Oben: Der Pharao Echnaton (»Aton ist zufrieden«), seine Gattin Nofretete und eine Tochter halten dem Sonnengott Aton, den der Herrscher in seinem berühmten Hymnus pries, Opfergaben entgegen. Die Sonnenscheibe stellt den Gott dar, einzelne Strahlen enden in Händen, die das Ankh-Symbol halten, womit Echnaton und seiner Familie langes Leben verheißen wird. Relief aus Tell el-Amarna, ca. 1350 v. Chr. (Kairo, Ägyptisches Museum)

»Höre, o Israel!«

Weder Babylon noch Ägypten hinterließen viele literarische Kostproben, an die spätere Künstler sich halten konnten. Dies gelang einem kleinen Nomadenvolk, das seit Mitte des 14. Jahrhunderts v. Chr. an den Ufern des Jordanflusses siedelte, im alten Stammland der Kanaaniter, und dort die Königreiche von Israel und Juda gründete.

Die Stärke des Glaubens verlieh dem jüdischen Volk unglaubliche Kraft. *Schma Israel!* – »Höre, o Israel!«, sagte der Herr zu Seinem Volk, so lesen wir im Fünften Buch Mose (Kap. 4); dieser Ruf ist im jüdischen Glaubensbekenntnis enthalten und wird seit Jahrtausenden von jedem gläubigen Juden täglich wiederholt. Babylons Mauern zerfielen, die Streitmacht Ägyptens wurde zerstreut, doch Israels heilige Schriften bewahrten den Geist des Judaismus trotz eines langen Exils und vieler Verfolgungen.

Mythen und Märchen, Lieder und Sinnsprüche aus diversen Ländern des nahöstlichen Raums – all das fand Eingang ins Alte Testament: Stoffe, die zum Teil so uralt sind, daß sie vermutlich schon unter den Hebräern – wohl meist mündlich überlieferte – Legenden waren, als diese im Gelobten Land ankamen – wie der Bericht über die Sintflut, den Abraham selbst gehört haben mag, ehe er von Ur in Chaldäa aufbrach. Aus diesem mannigfaltigen Material machten Poeten und Propheten, Historiker und Gesetzgeber das heutige Alte Testament. Seine ältesten Teile – die fünf Bücher Mose, der Pentateuch – dürften um 900 v. Chr. geschrieben worden sein, das relativ jüngste, das Buch Daniel, etwa 165 v. Chr. In seine jetzige Form wurde das Alte Testament aber erst im 1. Jahrhundert n.Chr. gebracht. Lange Zeit gab es vom Alten Testament nur Abschriften, die erst etwa 1000 n.Chr. entstanden waren, und erst 1947 entdeckten Beduinen bei Qumran am Toten Meer die sogenannten »essenischen Schriften«, die teilweise über tausend Jahre älter sind.

Auch wenn die Genesis, das 1. Buch Mose, nicht die Basis zweier Weltreligionen böte, wäre sie auf jeden Fall ein großartiges Werk der Literatur: packend erzählt, psychologisch scharf gezeichnet und mit teils respektvollem, teils sehr witzigem Realismus bei der Beschreibung der Patriarchen. Die fünf Bücher Mose, das Buch Josua, das Buch Samuel und einige andere erzählende Schriften des Alten Testaments sind eine Art Prosa-Epos, in denen die Geschichte von Jehovas Auserwähltem Volk erzählt wird; sie bilden die *Thora* (Lehre, Gesetz) der Juden. Die Bücher Ruth, Esther, Daniel und Jona, die ebenfalls in Prosa gehalten sind, enthalten dagegen Legenden und Berichte von teils historischen Ereignissen. Das Buch Hiob ist eine Mischform aus Prosa und Lyrik; die biblische Version dieser wohl schon alten Sage dürfte etwa im 5. Jahrhundert v. Chr. entstanden sein. Die Hauptfigur, der leidgeprüfte Hiob, der in seiner Verzweiflung über sein schweres Schicksal mit Gott hadert, ist ein jüdischer Prometheus oder Faust. In seiner Dramatik, den Dialogen und auch, weil so wenige Personen darin handeln, erinnert das Buch Hiob an griechische Tragödien, wenn es auch zur Zeit seiner Entstehung kaum als dramatisches Werk verstanden worden sein dürfte. Dennoch sind nur wenige Passagen der Bibel sprachlich gelungener als Hiobs abschließende Klage:

Denn Gutes hoffte ich – es kam das Unglück./ Ich harrte auf das Licht – das Dunkel nahte.
Mein Eingeweide siedet ruhelos;/ es nahten sich mir Tage voller Elend.
Ich wandle finster, ohne Trost,/ stehe auf in der Gemeinde, schreie auf.
Ein Bruder ward ich dem Schakal,/ und ein Genosse bin ich für die Strauße.
Es schwärzt sich meine Haut und löst sich ab;/ in Fieberglut ist mein Gebein entbrannt.
So ward mein Zitherspiel zur Trauermelodie/ und meiner Flöte Klang zum Tränensang.

Hiob 30, 26-31

Die Bauarbeiten an der Arche Noah. Geologen sind heute davon überzeugt, daß tatsächlich eine Naturkatastrophe die Grundlage für den uralten Mythos der Sintflut war, der auch in der Bibel (1. Buch Mose, 6,17) beschrieben wird. Detail eines Mosaiks aus dem 14. Jahrhundert. (Venedig, Basilica di San Marco)

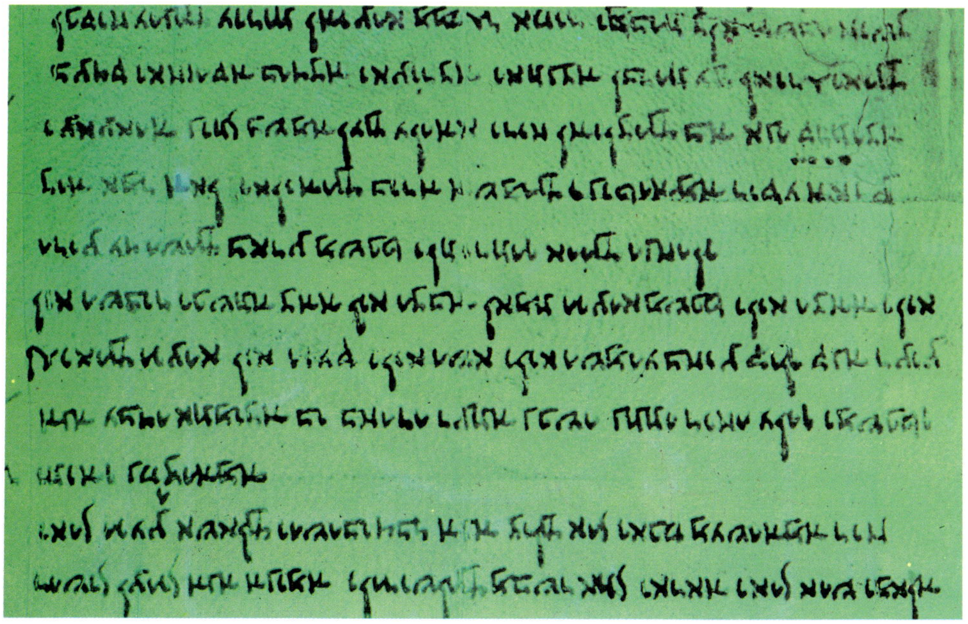

Oben: Jona wird ins Meer geworfen und vom Wal verschlungen, eine Szene aus einer der frühen biblischen Legenden – Jona, 1,15. Detail eines Freskos des schwedischen Künstlers Albertus Pictor (Albert der Maler) aus dem Ende des 15. Jahrhunderts. (Uppland/Schweden, Härkeberga-Kirche)

Links: Teilansicht des vollständig erhaltenen Buches Jesaja auf einer der ledernen Schriftrollen, die 1947 von einem Beduinenjungen in der Nähe der arabischen Stadt Khirbet Qumran am Toten Meer gefunden wurden. Diese Texte (heute als die »essenischen Schriften von Qumran« bekannt) hatte eine jüdische Sekte, die Essener, dort versteckt, als ihre Gemeinde im ersten nachchristlichen Jahrhundert von den Römern zerstört wurde. (Jerusalem, Israelisches Museum)

Die Psalmen und das Hohelied Salomos

Von allen poetischen Büchern des Alten Testaments hatten die Psalmen den größten Einfluß auf die christliche Liturgie und auch auf die abendländische Literatur. Ohne Zweifel handelt es sich um das Werk mehrerer unbekannter Autoren; König David jedenfalls, dem viele der Psalmen zugeschrieben werden, dürfte sie kaum verfaßt haben. Als Ganzes erschien das Sammelwerk erst relativ spät, doch viele der Lieder sind fraglos schon viel länger überliefert. Es finden sich hymnische Gesänge, Klage- und Danklieder, alles uralte Traditionen der Juden, und unverkennbar sind auch die Einflüsse der sumerischen, babylonischen und ägyptischen Poesie – so hat Psalm 104 gewisse Ähnlichkeiten mit Echnatons Sonnenhymnus. Insgesamt ist das Buch der Psalmen recht uneinheitlich: Manche der Lieder sagen fast nur etwas über die Vorurteile der Pharisäer gegen fremde Völker aus, andere jedoch, vor allem die Wallfahrtslieder, sind von großer lyrischer Schönheit.

Das Hohelied Salomos mag anfangs der Text für ein getanztes Singspiel gewesen sein, das mit einem alten Fruchtbarkeitsritual verschmolz und schließlich seinen Platz in der festgefügten Religion fand. Sowohl Juden wie Christen haben den Text immer wieder ausschließlich allegorisch, im übertragenen Sinn interpretiert; daß dies jedoch die ursprüngliche Bedeutung gewesen sein soll, ist genauso unwahrscheinlich wie die angebliche Autorschaft von König Salomo selbst. Zu allererst handelt es sich hier um ein Liebeslied, eine Variation über das Thema der Sinnesfreuden, etwa im »Lied der Braut«:

Mein Geliebter ist weiß und rot, er ragt hervor aus zehntausend!
Sein Haupt ist feines Gold; wie Dattelrispen sind seine Locken, schwarz wie ein Rabe.
Seine Augen sind wie Tauben am Wasser eines Beckens, die sich baden in Milch, die sitzen auf einem Meer.
Seine Backen sind wie Beete mit Balsam, wie Schreine voll Würzwerk. Seine Lippen gleichen Lilien, sie träufeln flüssige Myrrhe.
Seine Hände sind Walzen aus Gold mit Tarschischsteinen besetzt. Sein Leib ist eine Elfenbeinplatte, bedeckt mit Saphiren.
Seine Beine gleichen Marmorsäulen, gegründet auf Sockel von Feingold. Wie der Libanon ist seine Gestalt, ohnegleichen wie die Zedern.
Sein Mund ist voll Süße; ganz und gar ist er entzückend! Das ist mein Geliebter, ja das ist mein Freund, ihr Töchter Jerusalems!

Hohelied 5, 10-16

Die sinnliche Schönheit von Salomos Hohelied hat schon viele Künstler inspiriert. Die Abbildung von Arnošt Paderlík für eine schwedische Ausgabe der Psalmen (1967) ist der Tochter eines Fürsten gewidmet, von der der Autor sagte, ihre »beiden Brüste sind wie junge Zwillinge von Gazellen« (7, 4).

Das Brüllen des Herrn

Als Usia in Juda und Jerobeam in Israel regierte, brüllte der Herr vor Wut über sein Volk, schreibt der Prophet Amos:

> ... weil sie die Schwangeren von Gilead aufgeschlitzt, um ihr Gebiet zu erweitern ... weil sie für Geld den Unschuldigen verkaufen und den Armen für ein Paar Schuhe ... so werden die Söhne Israels herausgerissen werden, die zu Samaria sitzen in der Ecke des Diwans und auf dem Lager von Damast ... denn ich kenne eure Freveltaten, wie ihr die Gerechten bedrängt und Bestechungsgeld nehmt und die Armen am Tor unterdrückt ... Darum spricht Jahwe also: Dein Weib soll zur Hure werden in der Stadt, deine Söhne und Töchter sollen durch das Schwert fallen, dein Acker soll mit der Meßschnur verteilt werden, du selbst aber sollst in unreinem Lande sterben ...
>
> Amos 1,13; 2,6; 3,12; 5,12; 7,17

Amos lebte um 750 v.Chr. und gilt als der älteste der alttestamentlichen Propheten. In seinen Weissagungen lesen wir zum erstenmal, wie Jehova, ein primitiver Stammesgott, sich zur spirituellen und moralischen Instanz verwandelt. Amos war nicht nur ein Seher und Wahrsager, sondern er sprach auch Wahrheiten aus: Er war das Gewissen der Juden, ein harter Kritiker seines Volkes und der Regierung, der das Evangelium einer universalen Rechtschaffenheit predigte.

Wo die älteren Propheten aus der Zeit vor der Babylonischen Gefangenschaft vor nationalem Untergang und Zerfall warnten und ihre Weissagungen auf die Zukunft ihres Volkes begrenzten, gaben jene, die die Zerstörung Jerusalems gesehen und das Exil überlebt hatten, die Vision eines geeinten, friedlichen Israels immer mehr auf. Auch vor der Vertreibung hatte es die Idee des Messias gegeben, die erhoffte Gnade war aber keine Verheißung für alle Menschen zugleich, sondern blieb auf die Juden allein beschränkt.

Der Prophet Jeremia, dessen Leiden im lyrischen Stil seines alttestamentlichen Buches durchklingt. Die Metapher für das Wehklagen schlechthin trägt seinen Namen: eine wahre Jeremiade. Faksimile eines altdeutschen Holzschnitts aus dem 15. Jahrhundert, überliefert in der Schedelschen Weltchronik von 1493. (Stockholm, Königliche Bibliothek)

Diese Hoffnung fand ihren erhabensten Ausdruck in Jesajas erster Prophezeiung über das Kommen des »Friedefürsten« (die auch in Händels *Messias* verkündet wird):

> Das Volk, das im Finstern wandelt, schaut ein großes Licht; über denen, die da wohnen im Lande der Dunkelheit, erstrahlt ein Licht.
>
> Jesaja 9,2

Der Prophet Jeremia erlebte im Alter einen schweren Schlag, als er nach einem hitzigen Ausflug in die Politik auf einmal von der Regierung als Hochverräter gebrandmarkt wurde. Als strenger Einsiedler, allein mit seinem Schöpfer, bekam sein Verhältnis zu dem Gott, dem er diente, nach dieser Episode besonders individuelle Züge. Mit Jeremia kam die »Demut« in die Religionsgeschichte, und sein heftiger lyrischer Stil reflektiert die Intensität seiner privaten Angst:

> Verflucht sei der Tag, an dem ich geboren; der Tag, an dem meine Mutter mich gebar, er sei nicht gesegnet!
>
> Verflucht sei der Mann, der meinem Vater gute Botschaft brachte und sprach: »Ein Sohn ist dir geboren«, so daß er ihn fröhlich machte.
>
> Dem Mann ergehe es wie den Städten, die Jahwe erbarmungslos in Trümmer legte; am frühen Morgen schon soll er Schreckensrufe hören, und Kriegsgeschrei am hellen Mittag.
>
> Jeremia 20, 14-16

Den Büchern der Propheten mangelt es an erzählenden Passagen und meist auch an künstlerischer Einheit; sie ähneln einer Sammlung politischer Traktate, die von begnadeten Dichtern in Verse gesetzt und mit autobiographischen Randbemerkungen versehen wurden. Im ganzen Alten Testament gibt es kaum kraftvollere Texte. Das von Amos beschriebene »Brüllen des Herrn« hallte durch die europäische Geschichte wider. Die Sprache der Propheten fand ein Echo nicht nur bei anderen Glaubensrichtungen, sondern auch bei weltlichen Polemikern und Kritikern, sogar bei aktiven Gegnern der Religion. Außerdem zogen unzählige Sozialreformer und Revolutionäre ihre Inspirationen aus den Werken der jüdischen Propheten.

Ein neuer Himmel und eine neue Erde

Im Gegensatz zum Alten Testament hat das Neue ein zentrales Thema: die Erlösung der Menschheit durch den Tod Jesu Christi. Als erstes – vermutlich schon ca. 50 oder 60 n. Chr. – wurden die Briefe des Paulus verfaßt, und bereits Anfang des 3. Jahrhunderts lag das Neue Testament als Ganzes vor. Die ältesten erhaltenen Manuskriptfragmente (auf Papyrus geschrieben) stammen etwa aus dem Jahr 120. Auch wenn man das Neue Testament schwerlich ausschließlich nur vom literarischen Gesichtspunkt betrachten kann, gebührt ihm unter den Meisterwerken des Abendlandes zweifellos ein hoher Platz. Leben und Leiden Jesu sind in den vier Evangelien – im Vergleich mit anderen religiösen Schriften – mit großem Realismus und vielen dramatischen Elementen anschaulich erzählt; so ist die Schilderung des Apostels Paulus von einem Schiffbruch zum Beispiel einer der detailliertesten Berichte über die Seefahrt jener Zeit, die uns heute vorliegen.

Nicht lange aber danach erhob sich von der Insel her eine Windsbraut, die man nennt Nordost. Und da das Schiff ergriffen ward und konnte sich nicht wider den Sturm halten; so gaben wir es preis und trieben dahin. Wir fuhren aber unter dem Schutz einer kleinen Insel, die heißt Klauda; da konnten wir kaum das Beiboot in unsre Gewalt bekommen. Sie zogen es herauf und umspannten es zum Schutz mit Seilen. Da sie aber fürchteten, sie möchten in die Syrte geraten, zogen sie die Segel ein und trieben so dahin. Und da wir großes Ungewitter erlitten, warfen sie des nächsten Tages Ladung ins Meer. Und am dritten Tage warfen sie mit eigenen Händen Schiffsgerät hinaus. Da aber in vielen Tagen weder Sonne noch Sterne sich zeigten und ein gewaltiges Ungewitter mit unverminderter Stärke uns bedrängte, war alle Hoffnung auf Rettung dahin.

Apostelgeschichte 27, 14-20

Vor allem die Offenbarung des Johannes hat unsere religiöse Literatur tief beeinflußt. Sie gehört in eine visionäre Tradition, die im Nahen Osten der vorchristlichen Zeit sehr verbreitet war, als überall Seher und Propheten das herannahende Weltende weissagten, etwa das Buch Daniel des Alten Testaments. Dank der Offenbarung fand dieser visionäre Stil Eingang in die abendländische Literatur, die er bisweilen auch stark bestimmte – zum Beispiel während des Mittelalters. Im Zeitalter der Atombombe besitzen die apokalyptischen Sätze aus dem zweiten Petrusbrief eine schrecklich moderne Bedeutung:

> Es wird aber der Tag des Herrn kommen wie ein Dieb und dann werden die Himmel zergehen mit großem Krachen; die Elemente aber werden vor Hitze schmelzen, und auch die Erde und die Werke, die darauf sind, werden verbrennen.

2. Petr. 3,10

Schon immer boten die Evangelien des Neuen Testaments unzähligen Künstlern eine Quelle der Inspiration. Detail einer Darstellung der Kreuzesabnahme auf einem Fresko in der Kirche St. Klement im mazedonischen Ohrid, Jugoslawien.

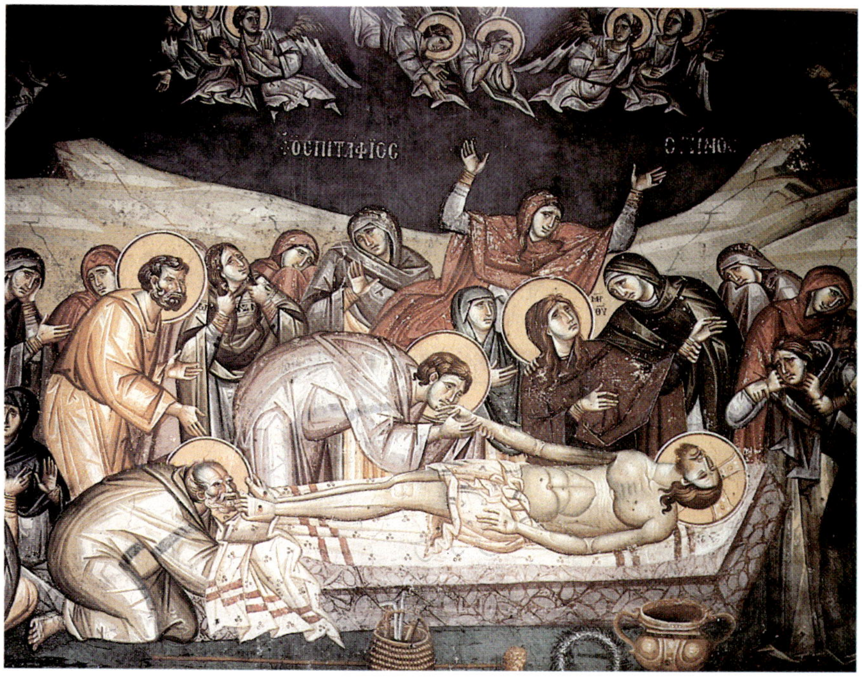

Götter und Helden

Das wichtigste religiöse Dokument des antiken Persiens, die *Awesta,* wurde angeblich ca. 600 v. Chr. vom Propheten **Zarathustra (Zoroaster)** teilweise selbst geschrieben. In Europa wurde dieses eigentümliche, schwer zugängliche Werk erst im 18. Jahrhundert durch die Übersetzung des französischen Orientalisten Abraham Hyacinthe Anquetil-Duperron bekannt. Friedrich Nietzsches *Also sprach Zarathustra,* eine umgeschriebene und extrem phantasiereiche Version davon, hatte großen Einfluß auf die abendländische Gedankenwelt.

Über die altindische Literatur wußte man im Westen bis vor nicht allzu langer Zeit wenig. Indiens heilige Schriften, der Veda, wurden 1200-600 v. Chr. niedergeschrieben und zusammengetragen – die wichtigsten davon sind der *Rigveda* und die *Upanischaden,* beides Sammlungen von Gebeten und theologischen Abhandlungen.

Das größte indische Heldenepos, das *Mahabharata,* besteht aus über 100.000 Doppelversen und wurde in seiner heutigen Form zwischen 300 und 500 n. Chr. zusammengestellt, obwohl es wesentlich ältere Stoffe enthält. Der wichtigste Teil ist ein Lehrgedicht, die *Bhagawadgita,* ein philosophischer Dialog zwischen dem Helden und dem Gott Krischna. Indiens zweites großes Sanskritepos, das *Ramayana,* stammt wahrscheinlich von einem einzigen Autor, dem mythischen Weisen **Valmiki** (2.-3. Jahrhundert v. Chr.). **Kalidasa,** der größte Poet aus Indiens klassischer Periode, lebte im 5. Jahrhundert n. Chr. und schrieb nicht nur Epen, sondern auch Gedichte und Stücke. Sein Schauspiel *Sakuntala* wurde im 18. Jahrhundert übersetzt und hatte angeblich großen Einfluß auf Goethe, der daraus Motive für sein zweiteiliges Drama *Faust* (veröffentlicht 1808 bzw. 1832) entnahm.

»Ramayana«, das große Sanskritepos, befaßt sich mit dem Kampf zwischen Gut und Böse. Ravana, der vielköpfige böse Dämonenkönig, hat Sita entführt, die Gattin des weisen Fürsten Rama, der in der Fremde ist. Hier wird der »gute« Affenkönig Hanuman (er steht rechts von Ravana) beim Versuch, Sita zu befreien, gefangengenommen. Detail eines indischen Aquarells von ca. 1800 n. Ch. (New Delhi, Indisches Nationalmuseum)

Der indische Gott Krischna mit dem Fürsten Arjuna (rechts), einem der Gebrüder Pandava, die von den rivalisierenden Gebrüdern Kaurava ihres Erbes beraubt wurden, dann aber mit Krischnas Hilfe ihr Reich zurückgewannen. Eine Szene aus dem indischen Heldenepos »Mahabharata«, das im 4.-5. Jahrhundert n. Chr. entstand. Der Sage zufolge wurde es von einem weisen Hindu-Einsiedler namens Wjasa geschrieben, der aber selbst einer der Hauptfiguren des Werkes ist. Detail einer Ausgabe aus dem 17. Jahrhundert. (Paris, Bibliothèque Nationale)

Konfuzius und der Taoismus

Die Han-Dynastie, die von 206 v. Chr. bis 221 n. Chr. dauerte, war eines der goldenen Zeitalter der chinesischen Kultur. Diese 1969 in Wuwei, Provinz Kansu, ausgegrabene Pferdekutsche aus Bronze stammt aus der späteren Phase, dem Östlichen Han (25-220 n. Chr.). Die Figur ist ein Beispiel der künstlerischen Darstellung von Alltagsszenen, wie sie in jener Zeit typisch war. (Peking/Beijing, Nationalmuseum)

Das 6. Jahrhundert v. Chr. war eine bemerkenswerte Epoche in der Geschichte der Menschheit. In dieser Zeit erschien Buddha in Indien, und im Fernen Osten der große chinesische Philosoph und religiöse Weise Kung Fu-tse (oder Kong Fuzi in der modernen Umschrift *pinyin*), der 551 v. Chr. in der heutigen Provinz Schantung geboren wurde, dessen Name einfach »Meister Kung« oder ganz allgemein »Meister« bedeutet und der im Westen als Konfuzius bekannt ist.

Wie Jesus oder Sokrates schrieb Konfuzius selbst nichts nieder, aber seine Aussprüche wurden von seinen Schülern in einem Buch namens *Lun Yü* (Lesefrüchte) gesammelt. Der Konfuzianismus, der sich in erster Linie mit Weisheit, Moral und sozialer Ethik auseinandersetzt, hatte eine gewaltige Wirkung auf die chinesische Gesellschaft. Im Kaiserreich beschäftigte sich jeder gebildete Chinese damit, und jeder Bewerber für einen Beamtenposten mußte eine Prüfung in konfuzianischen Kenntnissen ablegen. Die moralischen Werte des *Lun Yü* sind sehr strikt, und manche von Konfuzius' »Lebensregeln« erinnern an die Lehren des Neuen Testaments:

Meister Kung sagt: Was ich nicht wünsche, daß die Menschen mir tun, das will ich auch den Menschen nicht tun.

Aus heutiger chinesischer Sicht bestand Konfuzius' Hauptfehler in seiner extrem konservativen Haltung und seinem tiefen Respekt vor Autoritäten: beides nutzte die herrschende Klasse dazu, politische oder gesellschaftliche Fortschritte zu bremsen.

Chinas zweite große Volksreligion ist der Taoismus, der sich auf das angeblich von **Laotse (Lao Zi)** im 6. Jahrhundert v. Chr. verfaßte *Taoteking (Daodejing)* gründet. Über Meister Lao selbst ist nichts bekannt; die Legende erzählt, daß er mit weißem Haar auf die Welt kam und gleich nach der Geburt zu einem Pflaumenbaum sprach. Später wurde seine Existenz angezweifelt, und man vermutete, das *Taoteking*, ein sehr schwer verständliches Werk, könnte auch von mehreren Autoren stammen. Tao wird meist mit »der Weg« übersetzt, es bedeutet aber auch die alles erhaltende Kraft, die das Universum regiert und Anfang und Ende aller Dinge ist, so wie das Wasser, das niedere Element, aus dem auch alles kommt und zu dem alles wieder zurückkehrt. Die verborgene Kraft von Schwäche und Nachgiebigkeit ist ein wichtiges Thema im Taoismus. Tao steht dem wahren Gläubigen für alles Hohe im Leben, das an sich formlos und jenseits aller Worte ist. Ein sehr interessanter Dichter des frühen Chinas war **Tschuang-tse (Zhuang Zhou)**, ein Taoist und Mystiker, der ca. 300 v. Chr. schrieb und seine umstürzlerische Philosophie in sehr humor- und phantasievollen Prosagedichten ausdrückte.

Aus dem *Schmetterlingstraum* von **Tschuang-tse:**

Einst träumte Tschuang-tschu, daß er ein Schmetterling wäre, ein farbiger, flatternder Schmetterling. Froh mit sich selbst, tat er, was ihm gefiel, und wußte nichts von Tschu. Mit einem Mal erwacht er und war tatsächlich Tschu! Träumte nun Tschu, daß er ein Schmetterling wäre, oder träumte der Schmetterling, daß er Tschu wäre? Zwischen ihm und einem Schmetterling muß doch ein Unterschied sein. Eben das nennt man der Wesen Wandlung.

Aus dem *Taoteking* von **Laotse:**

Ein Wesen gibt es chaotischer Art,
Das noch vor Himmel und Erde ward,
So tonlos, so raumlos.
Unverändert, auf sich nur gestellt,
Ungefährdet wandelt es im Kreise,
Du kannst es ansehn als Mutter der Welt.
Ich sage *Weg*, damit es ein Beiwort erhält.
Das Erdreich hat einen Anbeginn:
Er sei des Erdreiches Mutter genannt.
Wer einmal seine Mutter fand,
hat sich als ihren Sohn erkannt.
Wer einmal sich als Sohn erkannt,
wird treuer noch die Mutter wahren.
Sinkt hin sein Leib, ist er ohne Gefahren.

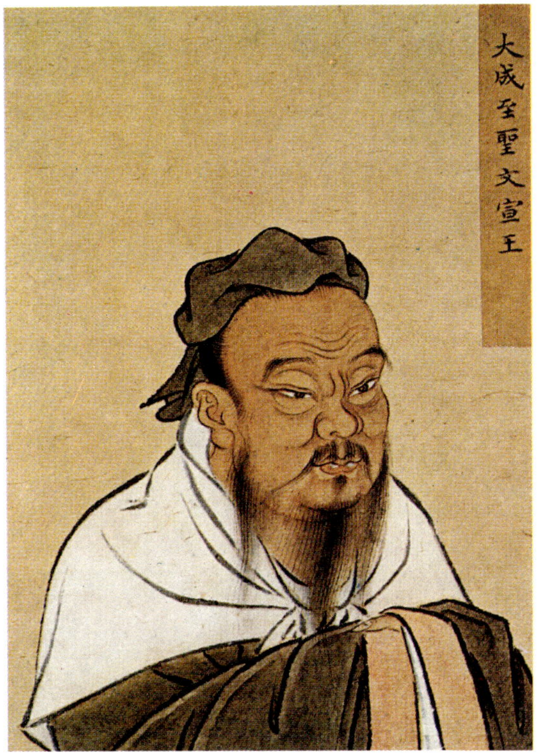

Oben: Chinas weiser Lehrer Kung Fu-tse (Konfuzius) begründete die philosophische Geisteshaltung des Konfuzianismus, stand aber selbst metaphysischen Spekulationen skeptisch gegenüber. Einem Schüler, der über den Tod grübelte, sagte er: »Wenn man noch nicht das Leben kennt, wie sollte man den Tod kennen?« (Peking/Beijing, Nationalmuseum)

Rechts: Laotse, auf dem Büffel, ein beliebtes Motiv chinesischer Künstler, denn während einer Reise auf dem Rücken eines Büffels in die Einöde soll der legendäre »Meister Lao« die heilige Schrift des Taoismus, das »Taoteking« geschrieben haben. Gemälde von Tschang-lu aus der Ming-Dynastie (1368-1644). (Peking/Beijing, Nationalmuseum)

Der Aufstieg des griechischen Epos

Die ältesten Werke der Literatur des Abendlandes sind zwei griechische Versepen, die *Ilias* und die *Odyssee*, die man meist dem blinden Dichter **Homer** zuschreibt. Zwar wetteifern sieben Städte um die Ehre, sein Geburtsort zu sein, doch vom Leben Homers wissen wir nichts, und die Wissenschaft ist sich sogar unschlüssig, was die beiden großen Epen eigentlich verbindet – sind es überhaupt Werke desselben Mannes, oder stammen sie etwa von verschiedenen Autoren und aus verschiedenen Jahrhunderten? Nach einer sehr plausiblen Theorie stammen sie aber doch von einem einzigen Autor, der dabei ältere Stoffe verwendete, und seither wurde dem Text noch vieles hinzugefügt. Doch ganz egal, wer der Urheber war, das plötzliche Auftauchen der beiden berühmten Werke war ein fast wundersames Ereignis.

Sowohl die *Ilias* wie die *Odyssee* sind in Hexametern geschrieben, ungereimten Versen aus sechs Versfüßen (der »Versfuß« ist die kleinste rhythmische Einheit), und beide beginnen mit einer Anrufung der Muse. »Singe den Zorn, o Göttin, des Peleiaden Achilleus«, lautet die erste Zeile der *Ilias*, die von der griechischen Belagerung der Stadt Ilion (Troja) in Kleinasien berichtet. Ausgebrochen war der Krieg mit Troja, weil Paris, ein junger trojanischer Fürst, die schöne Helena entführt hatte, die Tochter von Zeus und Leda und Gattin des Königs Menelaos aus Lakedaimon (Sparta), eines jüngeren Bruders von Agamemnon, des Königs von Argos; die griechischen Heerführer brechen daraufhin mit Agamemnon an der Spitze nach Troja auf, um sie zurückzuholen. Zentrales Thema der *Ilias* ist der erbitterte Streit zwischen Agamemnon und dem mächtigsten Krieger der griechischen Armee, dem »flinken Achill«, wegen zweier gefangener Frauen. Achill zieht sich im Zorn aus dem Kampf zurück, und die Trojaner gewinnen die Oberhand, bis er sich zur Rückkehr überreden läßt.

Die Ausgrabungen Heinrich Schliemanns zeigten, daß die Geschichte der Belagerung Trojas durchaus einen historischen Hintergrund hat, denn ca. 1200 v. Chr. brannte an der Stelle des sagenhaften Trojas eine Stadt bis auf die Grundmauern nieder. Dies geschah am Ende der griechischen Bronzezeit, als sich das Eisen langsam durchsetzte. Zur selben Zeit drängten die Dorier, der letzte der großen Griechenstämme von Norden heran, was heftige Kämpfe auslöste, in deren Gefolge das Reich von Mykene zusammenbrach. Der Fall Trojas wurde oft von Poeten und Barden besungen, in Griechenland und in den griechischen Kolonien an der Küste Kleinasiens. Und eben in Kleinasien dürfte gegen 700 v. Chr. ein großer Dichter geboren worden sein, der aus den bereits kursierenden Liedern und Heldengedichten mit Hilfe seiner kraftvollen künstlerischen Phantasie ein großartiges poetisches Werk schuf.

Die *Odyssee*, die vermutlich auf sehr ähnliche Weise wie die *Ilias* entstand, wenn auch nach Ansicht einiger Forscher etwa ein Jahrhundert später, schildert die Irrfahrten eines unerschrockenen griechischen Heerführers. Die dynamischen griechischen Volksstämme eroberten nicht nur das Festland, sondern befuhren auch das Mittelmeer – schon vor der dorischen Einwanderung war ja die Küste Kleinasiens von Griechen besiedelt gewesen. Um 750 v.Chr. kam es zu einer neuen Kolonisierungswelle, die Süditalien und sogar das heutige Marseille umfaßte. Die *Odyssee* basiert ohne Zweifel auf Seefahrergeschichten, die unter den meereserfahrenen Griechen auch in uralten, mykenischen Zeiten bekannt waren. Thematisch besteht eine Verbindung zur *Ilias:* die *Odyssee* beschreibt die Heimreise des griechischen Helden Odysseus nach Trojas Fall. Da der tapfere Kämpfer aber den Meeresgott Poseidon beleidigt hat, muß er vor der Rückkehr auf seine geliebte Heimatinsel Ithaka eine Irrfahrt quer durch die Weiten des Mittelmeers unternehmen, auf der er wunderliche, ja bizarre Abenteuer mit wilden Barbaren – darunter einem Stamm einäugiger Riesen – und grausamen Seeungeheuern erlebt. Erst nach neun langen, entbehrungsreichen Jahren erreicht er Ithaka, wo jedoch seine Frau Penelope immer noch auf ihn wartet und wo er rasch kurzen Prozeß mit den habgierigen Fürsten seiner Insel macht, die um Penelope geworben und seine Habe vergeudet haben.

Beide Epen sind lebendige Schaubilder einer versunkenen Zeit, doch sind sie vor allem durch ihren poetischen Realismus gekennzeichnet. Manche Einzelheiten könnten allerdings auch zeitgenössischen Lesern etwas archaisch erschienen sein: so hat ein Forscher darauf hingewiesen, daß der Dichter zwar Streitwagen er-

Oben links: Der Grieche Homer gilt als Autor der ältesten Epen des Abendlandes, »Ilias« und »Odyssee«, die zwischen 800 und 700 v. Chr. geschrieben worden sein dürften. (Neapel, Archäologisches Museum)

Gegenüberliegende Seite: Statue des Odysseus, dessen Irrfahrten die »Odyssee« schildert. Das Fragment aus dem 1. Jh. v. Chr. wurde in den 50er Jahren in der »Höhle des Tiberius« bei Sperlonga gefunden. (Sperlonga/Latium, Italien, Archäologisches Museum)

Der Tod des Achill bei der Belagerung Trojas: In der Ilias verletzt ihn der Trojaner Paris tödlich an der Ferse. Um ihren Sohn unverwundbar zu machen, hatte Achills Mutter, die Meeresgöttin Thetis, ihn als Säugling in den Styx, den Fluß der Unterwelt, getaucht – bis auf die Ferse, an der sie ihn festhielt. Darstellung auf einem römischen Sarkophag, 2. Jh. v. Chr. (Paris, Louvre)

Die Rückkehr des Odysseus nach Ithaka am Ende seiner neunjährigen Irrfahrt. Nachdem er Penelopes zudringliche Freier mit Hilfe seines Sohnes Telemachos erschlagen hat, gibt sich Odysseus der treuen Gattin schließlich zu erkennen. Darstellung auf einem Grabrelief in Gölbasi bei Ankara, Türkei, ca. 300 v. Chr. (Wien, Kunsthistorisches Museum)

wähnt, die dazugehörige Strategie jedoch offenbar nicht mehr kennt – bei Homer fahren die Recken zwar im Streitwagen aufs Schlachtfeld, zum Kämpfen aber steigen sie aus. Hier wie auch anderswo schwebt ihm offenbar eine ferne heroische Vergangenheit vor.

Unerreicht genial aber sind Homers Schilderungen menschlicher Leidenschaften und ungestümer Handlungen, von Hoffnungen und Ängsten, von Liebe und Haß, meisterlich seine Meeresbeschreibungen und manche grandiosen Landschaftsblicke – etwa das Panorama der trojanischen Ebene, auf der vor den alten Stadtmauern die feindlichen Lagerfeuer lodern. Aber auch ergreifende Momente des menschlichen Daseins in diesem barbarischen Zeitalter kennt Homer. Als in der *Ilias* Achill den edlen Hektor erschlägt, schleift er den Toten brutal hinter seinem Streitwagen her. Sein Zusammentreffen mit Hektors altem Vater Priamos, der den verstümmelten Leichnam einfordern kommt, ist wiederum eine zutiefst bewegende Erzählung. Ebenso packend ist auch der Bericht von Hektors letztem Gespräch mit seiner Gattin Andromache und der Abschied von seinem kleinen Sohn Astyanax:

> Ihr antwortet drauf der helmumflatterte Hektor:
> »Mich auch härmt das alles, o Trauteste, aber ich scheue
> Troias Männer zu sehr und die saumnachschleppenden Weiber,
> Wenn ich hier wie ein Feiger entfernt das Treffen vermeide.
> Auch verwehrt es mein Herz, denn ich lernete, tapferen Mutes
> Immer zu sein und voran mit Troias Helden zu kämpfen,
> Schirmend zugleich des Vaters erhabenen Ruhm und den meinen!
> Zwar das erkenn ich gewiß in des Herzens Geist und Empfindung:
> Einst wird kommen der Tag, da die heilige Ilios hinsinkt,
> Priamos selbst und das Volk des lanzenkundigen Königs.
> Doch nicht kümmert mich so der Troer künftiges Elend (...)
> Als wie deins, wenn ein Mann der erzumschirmten Achaier
> Weg die Weinende führt, der Freiheit Tag dir entreißend;
> Wenn du in Argos webst für die Herrscherin, oder auch mühsam
> Wasser trägst aus dem Quell Hypereia oder Messeïs (...)
> Künftig sagt dann einer, die Tränenvergießende schauend:
> Hektors Weib war diese, des tapfersten Helden im Volke
> Rossebezähmender Troer, da Ilios' Stadt sie umkämpften!
> (...) Aber es decke mich Toten der aufgeworfne Hügel,
> Eh ich deines Geschreis vernehm und deiner Entführung!«
> Also der Held, und hin nach dem Knäblein streckt' er die Arme;
> Aber zurück an den Busen der schöngegürteten Amme
> Schmiegte sich schreiend das Kind,

erschreckt von dem liebenden Vater,
Scheuend des Erzes Glanz und die flatternde Mähne des Busches,
Welchen es fürchterlich sah von des Helmes Spitze herabwehn.
Lächelnd schaute der Vater das Kind und die zärtliche Mutter.
Schleunig nahm vom Haupte den Helm der strahlende Hektor,
Legete dann auf die Erde den schimmernden; aber er selber
Küßte sein liebes Kind und wiegt' es sanft in den Armen und betete zu Zeus und den anderen Göttern:
»Zeus und ihr anderen Götter!
Gebt, daß auch dieser, mein Sohn, werde wie auch ich:
Hervorragend unter den Troern und so gut an Kraft, und daß
Er über Ilios mit Macht gebiete.
Und einst mag einer sagen:
›Der ist viel besser als der Vater!‹ …«

Die böse Zauberin Circe hielt Odysseus ein Jahr lang auf ihrer Insel Aia gefangen und verwandelte seine Gefährten in Schweine. Er entfloh mit Hilfe eines magischen Krauts namens Moly, das ihm der Gott Hermes gegeben hatte und das Circe dazu zwang, ihren Zauberbann von seinen Männern zu lösen. Darstellung auf einem etruskischen Sarkophag aus dem 1. Jh. v. Chr. (Orvieto/Umbrien, Italien, Museo dell'Opera del Duomo)

Die Geburt der Demokratie

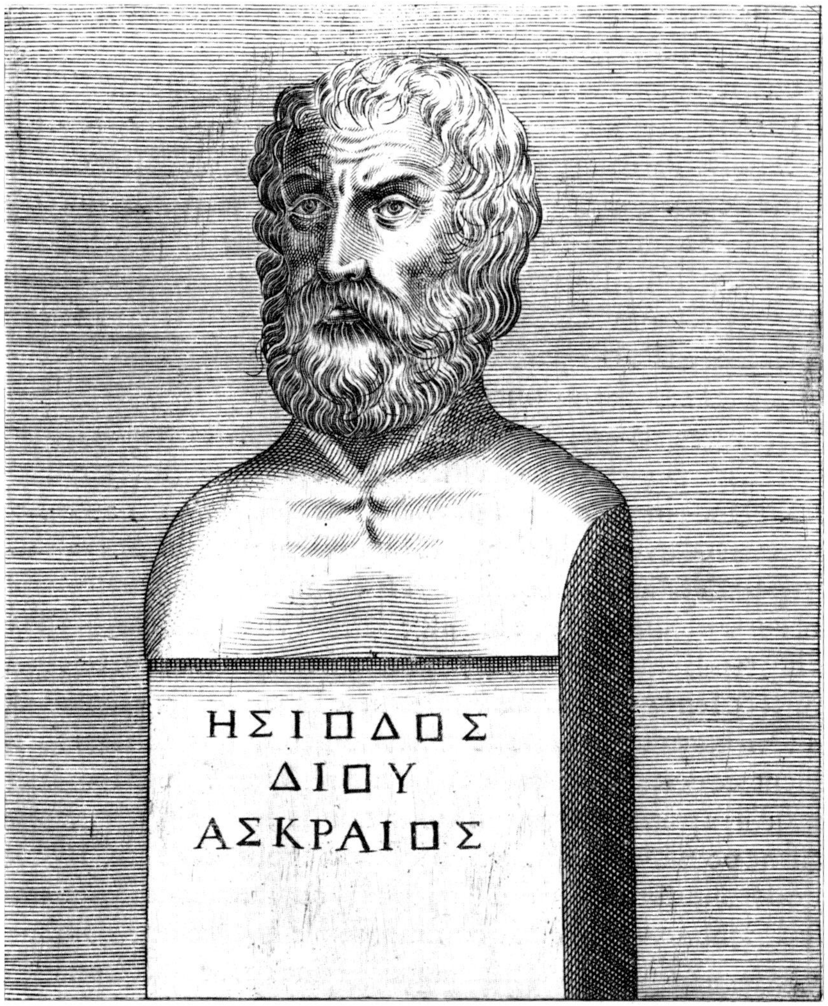

Hesiod, der »Vater der didaktischen Dichtung«, schrieb mit seiner »Theogonie« eine Genealogie der Götter, die bis zu Zeus, dem »Vater der Götter und der Menschen« auf dem Olymp führt. Aus einer französischen Ausgabe von 1584.

Das gebirgige, trockene Griechenland wurde erst 338 v. Chr. geeint, als die griechischen Stadtstaaten in der harten Schlacht von Chaironeia durch Philipp von Makedonien besiegt wurden und ihre Unabhängigkeit verloren. Davor hatten Athen, Sparta, Theben, Korinth ständige Kriege geführt. Dennoch hatten sie sich dank der gemeinsamen Religion und Sprache eine gewisse Einheit des Geistes bewahrt; und dazu trug Homers Dichtung gewiß bei. *Ilias* und *Odyssee* waren immer gemeinsames Eigentum aller Griechen.

Bei Homer gibt noch die herrschende Kaste den Ton an. Doch in den Werken des **Hesiod**, der ungefähr 700 v. Chr. lebte, lernen wir Bauern und andere einfache Leute kennen, darunter den hart arbeitenden Autor selbst. Sein großes didaktisches Buch *Werke und Tage* enthält nur wenig Handlung, sondern bietet Hinweise und Anmerkungen zum Landleben, und hier spricht der Dichter auf einmal ganz persönlich. Er beklagt sich über das harte Los der Bauern und über seinen nichtsnutzigen Bruder, ebenso aber singt er ein Loblied auf das Leben auf dem Lande und den Nutzen der einfachen Arbeit. Die sozialkritische Grundhaltung und ein harter Realismus in der Schilderung des mühevollen Landlebens und der Nöte der Bauern heben das Werk von anderen früheren Dichtungen der Griechen ab.

Im 8. Jahrhundert v. Chr. kam es in der griechischen Gesellschaft zu gewaltigen Umwälzungen, als sich dort eine auf Geld gegründete Wirtschaft entwickelte. Handwerk, Handel und Gewerbe blühten auf und schufen neue Klassen, was zu heftigen Gruppengegensätzen führte, nicht nur zwischen der Ober- und Unterschicht, sondern auch zwischen dem alten Adel der Landbesitzer und der neureichen Aristokratie. Diese Unruhe blieb in den folgenden Jahrhunderten bestehen. Die Unterschicht wurde sich ihrer Macht bewußt, und die sogenannte »Zeit der Tyrannen« ebnete der Demokratie den Weg, vor allem in Athen, der größten Stadt Griechenlands, wo im 6. Jahrhundert zwei bedeutende Staatsmänner, Solon und Kleisthenes, eine demokratische Verfassung entwarfen. Allerdings darf man nicht annehmen, daß die Demokratie in ihrer heutigen Form direkt aus ihren Bemühungen entstand. Die Sklaven etwa waren in Griechenland völlig rechtlos. Der Gedanke, daß die Sklaverei eine wichtige Voraussetzung antiker Zivilisationen war, mag uns zwar schockieren, doch meinen manche Historiker auch, sie habe Griechenland die Tür zum Ruhm des Geistes erst weit aufgestoßen.

Eine neue Sprache der Dichtung

Die lyrische Phase in der griechischen Dichtung (700-500 v. Chr.) kam mit einem gesellschaftlichen Umbruch, in dem die Poeten oft leidenschaftlich Partei ergriffen. Neue Lebensbedingungen erforderten eine neue Kunstform, die den Geist der Zeit besser wiedergab als die getragene Ruhe homerischer Hexameter. Der lyrische Vers war ein viel anpassungsfähigeres Medium, denn damit konnte der Dichter sowohl politische Ansichten als auch sinnliche Ideale ausdrücken. Leider ist die griechische Lyrik, dieses einst so reiche literarische Genre, nur in Bruchstücken erhalten; ihr Glanz läßt sich allenfalls erahnen, so wie der Archäologe sich aus ein paar alten Tonscherben die Vorstellung einer großartigen griechischen Vase bilden muß. Immerhin wissen wir, daß Lyrik und Musik eng miteinander verbunden waren: Wahrscheinlich wurden die Verse zur Flöte oder zur Leier gesungen, einem Instrument aus Schildpatt, Ziegenhorn und Darmsaiten.

Die griechische Verskunst kannte zwei Hauptrichtungen: die private Lyrik, bei der persönliche Gefühle und Meinungen zum Ausdruck kamen, und die Chorlyrik, die allgemeine Interessen ansprach. Je nach Thema arbeitete man in den Versen vom ersteren Typ mit drei verschiedenen Metren oder Versmaßen – dem jambischen, dem elegischen und dem äolischen. Der Jambus (der durch seinen schwungvollen Rhythmus an die gesprochene Sprache gemahnt) galt als geeignetes Maß für satirische und politische Gedichte und wurde hierfür erstmals von **Archilochos von Paros** verwendet, der im 7. Jahrhundert ein Kriegerleben führte. Seine Verse, die von den Entbehrungen und den Freuden des Soldatentums erzählen, haben eine beißende Schärfe wie der Rauch von Lagerfeuern. Auch die elegische Form wurde von Archilochos benutzt – zuerst in Totenklagen, später auch in erotischen Gedichten, Spottversen und Schlachtgesängen:

Polyhymnia, die Muse der Hymnendichtung. Die übrigen acht Musen – Schutzgöttinnen der Künste und des geistigen Lebens – waren: Kalliope (Epos), Melpomene (Tragödie), Thalia (Komödie), Euterpe (Flötenspiel und Lyrik), Terpsichore (Tanz), Erato (Liebesdichtung), Klio (Geschichtsschreibung) und Urania (Sternkunde). Detail einer in Apulien, Italien gefundenen bemalten Vase, ca. 400 v. Chr. (München, Staatliche Antikensammlung)

Unter dem Speer ist das Brot mir geknetet, unter dem Speer ist
Blumiger Wein, und den Krug leer' ich gelehnt an den Speer.

Archilochos war ein sehr hitziger Poet, der für sein leidenschaftliches Temperament berühmt war. Zwar kennen wir nur wenige seiner Werke, doch ist er einer der wenigen Autoren seiner Zeit, der dem Leser als Persönlichkeit erscheint und der sich in seinen Dichtungen als unabhängige Persönlichkeit, als Vorkämpfer für eine neue Lebensauffassung erweist.

Der Dichter und Sänger Orpheus war der Begründer des mystischen Kults der Orphik, die auf dem Glauben beruhte, die Seele müsse vor der Läuterung zunächst im Hades – der Unterwelt – bestraft werden. Als seine Gattin Eurydike am Biß einer Schlange stirbt, kann Orpheus durch den unwiderstehlichen Zauber seines Spiels auf der Kithara (der professionellen griechischen Laute) erreichen, daß sie aus der Unterwelt wieder freigelassen wird – er führt sie zurück ins Leben, nur darf er sich auf diesem Gang nicht zu ihr umdrehen. Er kann sich aber nicht beherrschen und sieht sie doch an, so daß der Tod sie endgültig an sich reißt. Den Rest seines Lebens durchwandert Orpheus Thrakien und singt Liebeslieder, bis die thrakischen Frauen aus Wut über seine Treue zu Eurydike ihn in Stücke zerreißen. Nach der Legende trieben sein immer noch singender Kopf und seine Leier auf dem Meer zur Insel Lesbos, der Heimat der Poesie. Detail einer bemalten Vase mit Szenen aus der Unterwelt, ca. 320 v. Chr., gefunden in Canosa/Apulien, Italien. (München, Staatliche Antikensammlung)

Die größte noch vorhandene Sammlung von Elegien wird dem **Theognis von Megara** zugeschrieben, der während der Bürgerkriege um 500 v.Chr. lebte. Er gehörte der Aristokratie an und wurde nach dem Sieg der Demokratie ins Exil getrieben. Erinnerungen an vergangene Kämpfe und an sein unglückliches Los verleihen seinen Versen, die oft an seinen jungen Geliebten gerichtet sind, große Intensität:

> Kyrnos, die Stadt ist schwanger. Ich fürchte, daß sie den Rächer
> bald gebiert für die Schuld, der wir so böse gefrönt.

Der äolische Vers dagegen wird meist mit Musik verbunden, und da seine Heimat die Insel Lesbos war, berühmt für ihre schönen Frauen und guten Weine, sind die größten Werke in diesem Stil verständlicherweise entweder Liebesgedichte oder Trinklieder. Der klingendste Name in der Geschichte der äolischen Dichtung ist jener der Lyrikerin **Sappho**, die um ca. 600 v. Chr. lebte. Um ihr Leben und Wirken rankten sich schon immer viele unverbürgte und mißverständliche Legenden. Sicher ist, daß sie eine Rhetorikschule für junge Frauen führte und daß einige ihrer Gedichte an diese Frauen gerichtet sind. Obwohl die Griechen die gleichgeschlechtliche Liebe durchaus billigten, könnte die Theorie einer »lesbischen« Neigung der Sappho auf Fehlinterpretationen oder zumindest auf stark übertriebenen Darstellungen beruhen, da auch die bedeutendsten Familien der Insel ihre Töchter ihrer Schule anvertrauten.

Die wenigen erhaltenen Fragmente aus ihrem Werk zeigen, daß Sappho zu Europas größten Lyrikern zu zählen ist. Ihre Huldigungen an eine angebetete Freundin gelten als erste Beispiele von Liebesgedichten der abendländischen Literatur. Wie viele lyrische Werke sind sie nahezu unübersetzbar; ihre Leidenschaft und Klarheit dringen aber dennoch über die Jahrhunderte hinweg an unser Ohr.

> Himmlischen Wesen scheint mir der Jüngling zu gleichen,
> Da er dir gegenüber lagert und deinem
> Süßen Geflüster, deinem lockenden Lachen
> Lauschend das Ohr leiht.
> Ach, der Anblick erfüllt mir das Herz im Busen
> Tief mit Schrecken; denn wenn ich zu dir hinüber
> Rasch nur schaue, versagt mir bereits die Stimme,
> Und meine Zunge
> Liegt wie von Fesseln gelähmt, es rieselt mir plötzlich
> Unter der Haut entlang ein flüchtiges Feuer,
> Trübe wird mir das Augenlicht, in den Ohren
> Saust es wie Sturmwind.

Bei Sappho finden wir auch eine neue Einstellung zur Natur: Man sagt, sie habe als erste in der Literatur Europas die Blumen entdeckt. So in ihrem Gedicht von der »Hyazinthe, von Hirten beim Hüten am Berghang mit den Füßen zertreten – da liegt nun die purpurne Blüte!«. Und von der Schönheit eines Obstgartens: »Kühles Wasser rauscht an den Apfelzweigen leis vorbei, von wiegenden Blättern senkt sich Schlummer hernieder.«

Sapphos Bewunderer **Alkaios**, der mit ihr zu den ersten verbannten Literaten zählte, ist für seine Trinklieder bekannt, verfaßte aber auch politische und erotische Verse. Obwohl von seinem Werk nur wenig überliefert ist, galt er zeitgenössischen griechischen Kritikern der »veilchenlockigen, reinen, lieblichlächelnden Sappho«, wie er sie in einem erhaltenen Gedicht rühmt, beinahe ebenbürtig.

Die Chorlyrik

Die griechische Chorlyrik ist dem heutigen Leser schwerer zugänglich. Ursprünglich dienten die Texte religiösen Zwecken,

später auch zum Feiern von Siegen bei den Olympischen Spielen oder für Ansprachen im Namen der Stadt oder des Volkes. So entstand das Chorlied auch in Sparta, wo Patriotismus hoch im Kurs stand, wurde aber mit der Entwicklung des Dramas bald überall bekannt.
Während der ersten Hälfte des fünften Jahrhunderts wurden die Beziehungen zwischen den Stadtstaaten durch den Krieg gegen die Perser stark belastet, in dem Griechenland zwar am Ende die Oberhand behielt, die Stadt Athen aber von Xerxes niedergebrannt wurde. Zu jener Zeit lebte der Chorlyriker **Pindar**, der den Ruf eines Nationaldichters genoß. Seine Gedichte sind wegen ihrer obskuren Bildersprache und der vielen Anspielungen auf alte Legenden schwer verständlich. Er war im Grunde ein sehr frommer, konservativer Dichter, der zur Zeit des aufkommenden Freidenkertums den Konformismus predigte, und pries die heilige Wahrheit des Orakels von Delphi.
Simonides, ein Zeitgenosse Pindars, ist vor allem durch seine Epigramme bekannt, kurze Gedichte im elegischen Versmaß, die in vielen Grabinschriften erhalten sind. In der gebündelten Kürze erreichen sie oft eine unvergleichliche Ausdruckskraft, so zum Beispiel Simonides' Nachruf auf die gefallenen Krieger Spartas, die Griechenland gegen die Perser verteidigten (übersetzt von Schiller):

Wandrer, kommst du nach Sparta,
verkündige dorten, du habest
Uns hier liegen gesehn, wie das Gesetz es befahl.

Sappho in den Augen des Renaissancemalers Raffael, der von 1508-1514 mehrere Räume des Vatikans gestaltete. Hier eine Detailansicht des Wandbilds, das der Dichtung gewidmet war; die anderen drei Wände symbolisierten Philosophie (siehe S. 37: Raffaels berühmte »Schule von Athen«), Theologie und Jurisprudenz. (Vatikan/Rom, Stanza della Segnatura)

Harmonie und Sklaverei

Die Entwicklung der griechischen Zivilisation von 500-300 v. Chr. war eine der imposantesten geschichtlichen Perioden Europas. Was sich während dieser zwei Jahrhunderte in ihrem Brennpunkt Athen ereignete, ist heute noch die Grundlage der abendländischen Kultur. Gesellschaftlich gesehen, ging es in jener Zeit recht stürmisch zu. Bald nach dem verheerenden Krieg gegen Persien kam es zwischen den rivalisierenden griechischen Stadtstaaten zu langen, erbitterten Kämpfen, in denen viele große Dichter und Denker – z. B. Sokrates und Aischylos – militärische Aufgaben übernehmen mußten.

Doch trotz dieser Zwistigkeiten kamen die Städte zu Wohlstand, besonders Athen, das ein Zentrum von Handel und Gewerbe wurde – dank einer schlagkräftigen Flotte, reicher Mineralvorkommen und der weisen Staatskunst seiner Führer, von denen wohl der bekannteste und klügste Perikles war, der von 500 bis 429 v. Chr. in Athen lebte. Im Zusammenwirken mit großen Künstlern seiner Zeit (Iktinos, Phidias, Mnesikles) schuf er die Bauten der Akropolis.

Das politische Klima in den einzelnen Stadtstaaten war in hohem Maße ausschlaggebend, welche Impulse für Kunst und Literatur von dort ausgingen. So konnte sich Sparta, das von einer aristokratischen Minderheit regiert wurde, diesbezüglich mit dem demokratischen Athen nicht messen. Doch selbst in Athen gab es krasse Klassengegensätze: körperliche Arbeit, egal ob im Haushalt oder im Gewerbe, wurde immer noch weitgehend von Sklaven verrichtet.

Die Zeit, die wir hier betrachten, wird meist als »griechische Klassik« oder »attische Periode« bezeichnet (nach der Halbinsel Attika, auf der Athen gelegen ist), und das Schlüsselwort des vorherrschenden Stils hieß Harmonie. Ausgeglichenheit, symmetrische Proportionen und Selbstbescheidung waren die Hauptideale – Ideale, die den großartigen Parthenon geformt haben. Heute aber ahnen wir, daß unter dieser harmonischen Oberfläche die Keime des Konflikts lagen und aufzubrechen drohten. Die Dichter projizierten ihre Ängste und Nöte in die klassischen Formen von Poesie und Drama. Die alte Religion und traditionelle Denkweise wurden in Frage gestellt, und oft übernahm das Theater die Rolle des Schlachtfeldes, auf dem diese Konflikte ausgetragen wurden.

Die Akropolis in Athen mit ihren Tempeln und Statuen war im 5. Jh. v. Chr. einer der Mittelpunkte der griechischen Religion. Bei den zahlreichen religiösen Veranstaltungen wurden Wettbewerbe in Gesang, Musik und Tanz ebenso wie symbolische Prozessionen und sportliche Kämpfe abgehalten.

Drei Meister der Tragödie

Ein Theaterbesuch war für die Bürger des antiken Athen keine Freizeitgestaltung, sondern eine religiöse Zeremonie, die in großartigen literarischen Formen gefeiert wurde. Gespielt wurde oft drei Tage lang in großen, unüberdachten Amphitheatern aus Stein und Marmor. Der Staat selbst und reiche Bürger finanzierten die Aufführungen, bei denen sich mehrere Dramatiker am Dichterwettstreit um einen Lorbeerkranz beteiligten.

Die Tragödie entstand aus Trinkfesten zu Ehren des Weingotts Dionysos. Komposition und Aufführung folgten strikten Regeln, auch die Anzahl von Schauspielern war begrenzt. Das griechische Theater beruhte zunächst vor allem auf dem Chor, der im Hintergrund durch Gesang und Tanz die Atmosphäre des Stückes bestimmte und die Handlung kommentierte, entweder als »Stimme des Volkes« oder auch als Sprachrohr für die persönliche Meinung des Autors. Griechische Tragödien waren meist als Trilogien verfaßt – drei Stücke, die eine Einheit bildeten und am selben Tag aufgeführt wurden. Am Ende stand oft ein sogenanntes Satyrspiel, das noch deutlicher als die vorangegangenen Stücke mit dem Dionysoskult zu tun hatte. Die Themen der Tragödien waren ausnahmslos der griechischen Mythologie entlehnt. Die Geschichte der griechischen Tragödie läßt sich in drei Abschnitte unterteilen, die von drei großen Dichtern bestimmt waren: Aischylos, Sophokles und Euripides.

Aischylos (ca. 525-456 v. Chr.), der bei Marathon gegen die Perser gekämpft hatte, führte die Figur eines zweiten Schauspielers ein. Davor hatte die Tragödie aus Monologen und Chorliedern bestanden. Aischylos verlieh ihr nicht nur Dramatik, er zählt auch heute noch zu ihren größten Vertretern. Kritiker sprechen vom »Donner des Aischylos«. Sein Genie war voller Kraft und Stärke und bewies wahre Meisterschaft in der Handhabung des Chors. Obwohl die Handlung der Stücke immer wieder nur

Oben: Szene aus einem Satyrspiel mit zwei Musikern und einem Sänger des Chors, der mit einem Ziegenfell als Satyr verkleidet ist und eine grinsende Maske trägt. Detail einer bemalten Vase, ca. 500 v. Chr., die der Ehe von Dionysos mit Ariadne gewidmet ist. (Rom, Museum Villa Giulia)

Links: Das 2500 Jahre alte – akustisch unübertroffene – Amphitheater von Epidauros auf dem Peloponnes, wo die festlichen Aufführungen oft mehrere Tage lang dauerten.

von Boten beschrieben wird, die berichten, was sich »hinter der Bühne« ereignet, ist das Geschehen von enormer Lebendigkeit – wie in *Die Perser*, seinem einzigen Stück mit zeitgenössischer Thematik, das auch deshalb hervorsticht, weil darin die ehemaligen Gegner Griechenlands, die Perser, äußerst großherzig behandelt werden.

Von Aischylos' angeblich neunzig Dramen sind nur sieben vollständig erhalten. Immer wieder beschäftigt sich sein Werk mit den Rätseln des menschlichen Daseins, und obwohl er die Götter mit Respekt behandelt, scheint sein Glaube mit Schmerzen verknüpft. Die Titelfigur des *Gefesselten Prometheus* ist der trotzige Titan, der es wagte, die himmlische Gabe des Feuers zu stehlen. Aischylos zeichnet diesen heroischen Rebellen mit viel Sympathie, auch wenn er in den übrigen, verschollenen Stücken der Trilogie die grausame Bestrafung des Prometheus durch Zeus, den Vater der Götter, vermutlich rechtfertigen wollte.

In seiner einzigen komplett erhaltenen Trilogie, der *Orestie*, schildert Aischylos die gräßlichen Verbrechen der Familie des Königs Agamemnon: Nachdem der Herrscher seine Tochter Iphigenie dem Kriegsglück geopfert hat, wird er nach der siegreichen Heimkehr von seiner Gattin Klytämnestra und deren Geliebten Aigisthos ermordet. Darauf erschlägt Orestes, der Sohn des Königs, Klytämnestra im Auftrag Apollons – dieser Gott errettet den Muttermörder später auch von den Erinnyen, den Rachegöttinnen, die ihn quälend verfolgen. Aischylos zeigt Orestes als Werkzeug göttlicher Gerechtigkeit; denn es fällt ihm schwer, die Götter der Willkür zu beschuldigen, mag auch ihr Wirken oft grausam sein. Nichts ist für den schwachen Menschen gefährlicher, so sagt Aischylos mehrmals, als im Augenblick seines vergänglichen Ruhms der Sünde der Hybris – dem frevelhaften Stolz – anheimzufallen und sich den Göttern gleich zu sehen. So zögert Agamemnon zunächst, den purpurnen Teppich des Siegers zu betreten, den Klytämnestra für ihn ausgebreitet hat:

> Und schließlich mach mir nicht den Weg verhaßt, indem du Purpurdekken darüberlegst. So soll man nur die Götter ehren. Ich aber bin ein Mensch und habe Angst, auf dieser roten Zunge in mein Haus zu gehen. Ich will als Mensch, nicht als ein Gott in Ehren sein. Ich weiß, sich nicht zu überheben, ist das Beste, das die Götter schenken. Zu preisen ist nur der, der bis zum Tod in Frieden lebt. So scheint's mir recht. So will ich's halten.

Sophokles (ca. 496-406 v. Chr.) führte einen dritten Schauspieler ein – ein wichtiger Schritt hin zur modernen dramatischen Dichtung, bedeutender noch war er aber durch die geradezu tiefenpsychologischen Charakterstudien, denen er seine Helden unterzog: ihre Konflikte sind mehr als ein Kampf mit äußeren Mächten, bei ihm ringt der Mensch bereits in erster Linie mit sich selbst. In *Antigone* befiehlt König Kreon, den Leichnam des aufrührerischen Polyneikes den Hunden zum Fraß vorzuwerfen; Antigone aber trotzt dem Tyrannen und bereitet dem toten Bruder ein ehrbares Begräbnis. Der Konflikt ist hier kein Machtkampf – die Titelheldin weiß um ihre Ohnmacht wohl –, sondern ein Aufeinanderprallen widerstreitender Absichten: die eine symbolisiert staatliche Autorität, die andere die menschlichen Ge-

Gegenüberliegende Seite: Totenmaske aus getriebenem Gold (ca. 1500 v. Chr.), die der deutsche Amateurarchäologe Heinrich Schliemann in den Schachtgräbern von Mykene entdeckte. »Ich habe das Gesicht Agamemnons gesehen«, telegraphierte er an den hellenischen König Georg I., doch dürfte die Maske über 300 Jahre älter als der König aus der Ilias sein. Schliemann hatte das antike Troja 1873 gefunden. (Athen, Archäologisches Museum)

Oben: Der griechische Dramatiker Aischylos schrieb sich selbst den Nachruf, in dem er stolz seine Rolle bei der Schlacht von Marathon, seine berühmten Tragödien aber mit keinem Wort erwähnt. Radierung nach einer antiken Büste. (Stockholm, Königliche Bibliothek)

Darunter: Der eine Generation jüngere Sophokles besiegte Aischylos 468 v. Chr. beim Dichterwettstreit. (Rom, Kapitolinische Museen)

fühle. Sowohl Kreon wie Antigone haben recht – jeder von seiner Warte.
Am meisten interessierten Sophokles innerliche Konflikte. Anders als Aischylos versucht er nicht, das Wirken göttlicher Gerechtigkeit zu erklären. In *König Ödipus* wird die Titelfigur vom unentrinnbaren Schicksal zermalmt. Seine Vergehen hat Ödipus ohne Absicht begangen: unwissentlich hat er früher den eigenen Vater erschlagen und mit der Mutter Inzest begangen. Seine Taten deckt er schließlich selbst auf, und seinen Fall verdankt er der unergründlichen Ironie der Götter.
Sophokles war berühmt für seine meisterlichen Chorpassagen; als der alte Dichter von seinem geldgierigen Sohn bei Gericht der Geistesschwäche bezichtigt wurde, gewann er angeblich den Streit, weil er ein Chorlied aus seinem neuesten Drama, *Ödipus auf Kolonos*, rezitierte, in dem er seinen geliebten Landsitz in der Nähe Athens beschreibt:

Zu pferdereichen Landes Gehöft,
Dem trefflichen, bist du kommen, auf
Kolonos' weiße Erde, da
Mit hellen Tönen je und je
Die Nachtigall schluchzt, verborgen tief
Im grünen Tal, und gerne bewohnt
Weindunklen Efeu und, entrückt,
Des Gottes lichtlos Blätterwerk,
Das hüllet tausendfältige Frucht,
Von allen Winden beschützt, wo im
Geleit der Göttlichen, die ihn einst
Gesäugt, Dionysos immerdar
Mit seinen Scharen schwärmet.

Euripides (ca. 484-406 v. Chr.) setzte die Religionsdebatte fort. Beeinflußt von Wissenschaft und Philosophie seiner Zeit, war er ein subversiver Dramatiker, der nicht zögerte, Wissen und Moral der olympischen Gottheiten anzuzweifeln. Ganz offen konnte er solchen Frevel nicht äußern – die Stücke wurden ja bei religiösen Festen aufgeführt –, doch die kritischen Andeutungen in seinen Texten sind kaum verhüllt. Er fand auch

nichts dabei, die alten Mythen eigenmächtig abzuändern und seinen Zwekken anzupassen. Außerdem führte er einen erzählenden Prolog ein, drängte die Rolle des Chors weiter zurück und entwickelte komplizierte Handlungsstränge. Das Religiöse in seinen Stücken ist auf ein Minimum reduziert – zwar läßt er hier und da einen Gott auftreten, doch ist dies eher ein dramatischer Kunstgriff als ein Zeichen der Gläubigkeit des Autors. Götter und Halbgötter nehmen bei Euripides sehr realistische, fast komische Züge an – etwa der betrunkene Herakles in *Alkestis*, dem frühesten seiner überlieferten Stücke. Als einer der ersten Dramatiker zeichnet er auch detaillierte Frauenfiguren und stellt die erotische Leidenschaft dar. Seine *Medea* zum Beispiel schildert eine verschmähte Frau, die zur Mörderin ihrer Kinder wird, während in *Hippolytos* die verbotene Liebe der Phaedra zu ihrem Stiefsohn ihren Untergang heraufbeschwört. Die Verantwortung am menschlichen Leid tragen jedoch hier die Götter. Euripides wiederholt diese Anschuldigung in *Ion*, wo er sich – noch deutlicher – gegen das delphische Orakel des Apollon zu wenden scheint. »Wenn Götter Böses tun, so sind es keine Götter!« ruft anklagend eine Figur aus.
Wie Aischylos und Sophokles nahm sich auch Euripides des Mythos von den verstoßenen Königskindern Elektra und Orestes an. Während bei Aischylos Orestes im Mittelpunkt der Tragödie steht, haben Sophokles und Euripides Elektra die zentrale Rolle in ihren Tragödien zugewiesen. Euripides' Stück wurde 413 v. Chr. gedichtet und als Gegenstück zur Elektra des Sophokles gespielt.
Elektra lebt nicht am Hof der Atriden, sondern auf dem Lande, wo sie mit einem armen Bauern verheiratet wurde, der in ihr die königliche Jungfrau verehrt und sie unberührt läßt. Sie ist die treibende Kraft im Aussinnen des Muttermordes. Ohne sie käme der Muttermord nicht zustande, denn sie entwirft für den zaudernden Orestes die Rachepläne und wird auch zur Mittäterin, indem sie ihre Mutter Klytämnestra ins Todeshaus führt.
Am Ende seines Schaffens schrieb Euripides Dramen, die direkt mit aktuellen politischen Fragen verknüpft waren. In den *Troerinnen* spricht er sich heftig gegen den Krieg und Krieger aus – »Narren, die Städte verwüsten« – und schildert das Leid eines eroberten Volkes.
Die Bacchen, sein letztes Drama, ist das einzige vollständig erhaltene Dionysosstück – eine faszinierende Darstellung der fanatischen Verehrerinnen des Weingottes bei ihrem wilden Tanz in den Bergen. König Pentheus ruft mit seinem Versuch, diese Orgien zu beenden, den Zorn ihres Schutzgottes hervor, fällt in die Hände der ekstatischen Weiber und wird von ihnen in Stücke gerissen. Wie so oft steht Euripides seinen Figuren sehr ambivalent gegenüber: Ist Pentheus, ein klar denkender Mann, der von Wahnsinnigen erschlagen wird, ein unschuldig leidender Held, dessen einziges Vergehen im Grunde im Ungehorsam gegen die Götter besteht, oder verdient er sein Schicksal? Der ekstatische Taumel, dem er zum Opfer fällt, wird in den *Bacchen* mit einem wunderschönen, ausdruckskräftigen Chorlied beschrieben.

Medeas Monolog zur Verteidigung der Frau, aus der *Medea* des **Euripides:**

Von allen Wesen, die vernunftbegabt
auf Erden lebend, fiel das schlimmste Los
dem Weibe zu. Mit schwerem Geld müssen
wir uns den Gatten kaufen und leibeigen
ihm werden; dieses auch. Das drückt noch schwerer.
Und ob wir einen guten oder schlechten
bekommen, daran hängt das Lebensglück.
Denn für den Ruf der Frau ist jede Scheidung
verderblich, und den Freier abzuweisen
ist uns verwehrt. Aufs ungewisse treten
wir in ein neues Haus, ein neues Leben,
und mögen raten, wie wir unsern Gatten
behandeln, denn zu Hause hat uns das
niemand gelehrt. Wenn es uns dann gelingt,
die Ehe nicht zur Last dem Manne wird,
beneidenswertes Glück. Sonst – lieber sterben.
Denn wenn's dem Mann zu Hause nicht behagt,
sucht er Erholung draußen sich und Trost.
Wir haben nichts, nichts andres als den einen.
Man sagt, die Männer müßten in den Krieg,
wir säßen in dem sichren Schutz des Hauses.
Die Rechnung trügt. Ich möchte lieber dreimal
zu Felde ziehn als einmal Mutter werden.

Links: Tanzende Mänade (oder Bacchantin), eine dem Dionysos, dem Gott des Weines und des Theaters, geweihte Priesterin. Römische Nachbildung eines Reliefs von Kallimachos (ca. 400 v. Chr.), der als erster griechischer Bildhauer so naturgetreue Effekte von Faltenwurf in Marmor erreichte. (Rom, Kapitolinische Museen)

Gegenüberliegende Seite: Euripides (hier eine Büste), Aischylos und Sophokles gelten als die drei größten griechischen Dramatiker. Euripides gab als erster in seinen Stücken weibliche Charakterporträts, und das einzige vollständige Dionysosstück ist der Nachwelt in seinen Bacchen erhalten. (Kopenhagen, Glyptothek)

Die Komödie

Oben: Aristophanes, der Meister der Komödie. Seine politischen Satiren mögen nicht mehr aktuell sein, doch er kann immer noch ein Publikum zum Lachen bringen, und sein großartiges, phantasievolles Stück »Die Vögel« spielt man bis heute. In den 70er Jahren wurden »Die Frösche« sogar einmal als Musical bearbeitet. Büste aus der Hadriansvilla in Tivoli bei Rom. (Paris, Louvre)

Auch die griechische Komödie hat ihre Wurzeln in religiösen Zeremonien, die jedoch den fröhlichen Anlaß der herbstlichen Weinlese feierten. In der Themenwahl war die Komödie freier als die Tragödie: die Stücke waren daher voller satirischer Anspielungen auf bekannte Persönlichkeiten und politische Zustände.
Der berühmteste Komödienschreiber war **Aristophanes** (ca. 445-385 v. Chr.), dessen erste Stücke während des Krieges zwischen Athen und Sparta uraufgeführt wurden. Als Anhänger der aristokratischen Partei wandte er sich entschieden gegen diesen Krieg und gegen kriegstreiberische Politiker, vor allem den Demagogen Kleon, den er in einer Komödie mit dem Titel *Die Ritter* lächerlich macht.

Zu seinen Zielscheiben zählten auch Sokrates, der grüblerische Philosoph, dessen Einfluß auf die Jugend er in den – fern der Erde abgehoben dahinschwebenden – *Wolken* beklagt, und der revolutionäre, moderne Dramatiker Euripides, den Aristophanes in *Die Frösche* verspottet.
Als eingefleischter Konservativer war Aristophanes gegen alles, was nach »Fortschritt« aussah, doch in seinem gelungensten Werk, *Die Vögel,* zeichnet er das poetische Bild eines Luftreichs der Vögel, in dem er Parallelen zur zeitgenössischen Gesellschaft herausarbeitet. »Wolkenkuckucksheim« ist eine ebenso herrliche literarische Erfindung wie das Zwergenland Lilliput und die Rieseninsel Brobdingnag eines Jonathan Swift.
In *Lysistrate* erhebt der Autor wieder seine Stimme gegen den zerstörerischen Krieg mit Sparta; die vom Typ her sehr eigene Komödie betont die sexuelle Seite des Dionysoskultes: die Athenerinnen, die den Frieden wollen, verweigern sich ihren Männern so lange, wie die Kämpfe andauern. *Plutos* (Der Reichtum) dagegen ist eine unpolitische Komödie über grundlegende menschliche Schwächen. Es war Aristophanes' letztes Stück und bereitete den Weg für die Neue Attische Komödie, die während der nächsten hundert Jahre die Bühne dominierte und deren wichtigster Autor **Menander** (342-290 v. Chr.) war.

Links: Menander, Hauptvertreter der »Neuen Attischen Komödie«, erfand viele Archetypen der Komödie: den geizigen Vater, den klugen Diener, den prahlerischen Soldaten. Nur wenige seiner Stücke sind im Original erhalten, doch römische Autoren wie Plautus oder Terenz dichteten seine Themen für eigene Komödien nach. Fresko (ca. 1. Jh. v. Chr.) aus dem Haus des Menander in Pompeji am Vesuv. Der Dichter lebte nicht etwa hier – das Haus heißt nach ihm wegen des berühmten Menander-Freskos, das auf einer Wand des Säulenhofs gefunden wurde.

Eine von mehreren erotischen Illustrationen von Pablo Picasso, für die er sich von der Anti-Kriegs-satire »Lysistrate« (411 v. Chr.) des Aristophanes inspirieren ließ und die 1934 beim New Yorker »Limited Edition Club« verlegt wurden. Picasso beschäftigte sich in den 30er Jahren mit Radierungen und illustrierte viele Klassiker der Literatur, darunter 1931 auch Ovids »Metamorphosen«.

Von der Weisheit zur Wissenschaft

Etwa zur gleichen Zeit, da die griechischen Stadtstaaten untergingen, verlor auch das griechische Drama an Bedeutung. Doch Athen hatte weiterhin unschätzbaren Einfluß auf die europäische Zivilisation.

Ende des 5. Jahrhunderts v. Chr., als politische Theorien und die Kunst der öffentlichen Rede hoch im Kurs standen, kam eine neue philosophische Schule auf: die sogenannten **Sophisten** (»Weisheitslehrer«), die zwar der Prosaliteratur große Impulse gaben, zumindest von ihren Gegnern jedoch einer sterilen, haarspaltenden Rhetorik bezichtigt wurden. Eine weitaus kraftvollere Stimme war jene des Atheners **Sokrates** (ca. 469-399 v. Chr.), der selbst kein Sophist war – im Gegensatz zu ihnen gründete er keine Schule und verfaßte auch keine philosophischen Schriften. Dennoch brachte er seine Kritiker so gegen sich auf, daß er zum Tode verurteilt wurde.

Es sind keine Originalwerke von Sokrates überliefert; er lehrte nur mündlich, daher blieb nichts von ihnen außer den Aufzeichnungen von Schülern, in denen seine Wahrheitsliebe und sein scharfer Verstand hervortreten. Als Sokrates wegen »Verführung der Jugend« von seinen Landsleuten zum Tode verurteilt wurde, hielt er selbst seine Verteidigungsrede, deren Sprachgewalt unvergeßlich bleibt. *Sokrates' Rede vor dem Areopag,* wie wir sie heute lesen können, wurde von seinem Schüler **Platon** (427-347 v. Chr.) niedergeschrieben, der den Geist seines Lehrers zweifellos gut einfing. Oft ist es sogar schwer, den Schüler vom Lehrer zu unterscheiden. Man sagt, Platon habe ein philosophisches System entwickeln, Sokrates dagegen nur praktische Ratschläge zur moralischen Lebensführung geben wollen. Hinzufügen ließe sich, daß Sokrates die Menschen zum Denken anhielt, während Platon das Denken für sie übernahm. Ein Forscher meinte einmal, am ehesten »sokratisch« ist Platon dann, wenn er für die aufgeworfenen gedanklichen Probleme keine Lösung anbietet.

Die Grundlage der platonischen Philosophie ist der Idealismus – seine Überzeugung, die scheinbare »Wirklichkeit« sei nur die unvollständige Reflexion einer höheren Realität, der Welt der Ideen. Wichtiges Ausdrucksmittel waren seine »Dialoge«, in denen sich bekannte Athener Bürger mit Sokrates unterhalten. Platons Dialoge sind nicht nur wegen ihrer philosophischen Inhalte, sondern auch als lebendige Schilderungen des Athener Gesellschaftslebens von Bedeutung.

Als Denker hat Platon wesentlichen Einfluß auf die intellektuelle Geschichte des Abendlandes genommen. Der Platonismus prägte die Lehren des frühen Christentums ebenso wie viel später, zu Beginn des 19. Jahrhunderts, die geistig-künstlerische Epoche der Romantik.

Athene wird aus dem Kopf des Zeus geboren, nachdem dieser Metis (die Verkorperung göttlicher Weisheit) verschlungen hat. Der Kult der Athene, der Göttin von Krieg und Frieden, der Weisheit und der Künste, wurde vor allem in Athen begangen, dem kulturellen und künstlerischen Zentrum jener Zeit. Detail einer Vasenbemalung, ca. 400 v. Chr. (Paris, Louvre)

Raffaels »Schule von Athen« – Platons Akademie – (ca. 1509) stellt als eines der Hauptthemen der Literatur die Philosophie dar und war eine Auftragsarbeit für die »Stanzen« – Zimmer – des Vatikans (siehe auch das Bildnis der Sappho auf der Wand der Poesie auf S. 27). In der Mitte sieht man Platon – dessen Kopf Leonardo da Vinci nachgebildet ist – im Gespräch mit seinem Schüler Aristoteles, umgeben von weiteren berühmten Persönlichkeiten Griechenlands, unter anderem Homer, Sokrates und Euklid. (Vatikan, Stanza della Segnatura)

Wissenschaft und Geschichte

Aristoteles (384-322 v. Chr.) war ein Schüler des Platon und später der Erzieher von Alexander dem Großen. Er verbrachte lange Zeit in Athen und lehrte dort auch selbst Philosophie. Seine Theorien über Ethik, Metaphysik und Dichtkunst prägten lange Zeit das abendländische Denken. Die Philosophen des Mittelalters stützten sich fast ausschließlich auf ihn, bis – fast 2000 Jahre nach seinem Tode – Francis Bacon und andere Denker seine Autorität in Frage stellten und alternative Zugänge zur Erkenntnis empfahlen – etwa das wissenschaftliche Experiment. Doch noch heute gründet sich unser System literarischer Gattungen auf Aristoteles und seine Abhandlung über die *Poetik*.

Im 5. vorchristlichen Jahrhundert lebte der erste Historiker: **Herodot** (ca. 484-420 v. Chr) bekam von Cicero den Beinamen »Vater der Geschichtsschreibung«, den er zweifellos verdient, denn obwohl er ein eifriger Sammler von Legenden und Reiseberichten war, leistete er auch auf dem Gebiet echter historischer Forschung Bahnbrechendes. Bei den Arbeiten zu seiner Geschichte der griechisch-persischen Auseinandersetzungen machte er sich mit den Örtlichkeiten möglichst vertraut und bereiste dafür Ägypten, die Städte Mesopotamiens, die Stämme am Schwarzen Meer und die Küsten Kleinasiens. Er trug nach bestem Wissen Fakten zusammen, war aber auch selten abgeneigt, romantische Anekdoten einzuflechten – das Ergebnis ist ein außerordentlich lebendiges und interessantes erzählerisches Werk.

Sein Nachfolger **Thukydides** (ca. 460-399 v. Chr.) vergoß als junger Mann angeblich sogar Tränen, als er Herodot bei den Olympischen Spielen aus seinem Werk lesen hörte, doch er selbst benutzte in seiner *Geschichte des Peloponnesischen Kriegs* eine viel wissenschaftlichere Methode. Literarisch lehnte er sich an gewisse Grundzüge des Dramas an: so sieht er bei den Athenern den Frevel der Hybris, die letztendlich zu ihrer schmachvollen Niederlage bei Syrakus führte.

Auch **Xenophon** (ca. 430-354 v. Chr.) schrieb Zeitgeschichte auf, etwa in seiner *Anabasis*, dem spannenden Bericht der Flucht von 10.000 griechischen Söldnern aus Persien ans Schwarze Meer, die um 400 v. Chr. stattgefunden haben soll.

Die beiden griechischen Historiker Herodot und Thukydides. Beide hielten Griechenland für das Zentrum des Universums, so wie ihre Zeitgenossen glaubten, die Erde sei der Mittelpunkt des Sonnensystems. Doch schon 200 v. Chr. wußte man, daß die Erde rund ist – sogar ihr Umfang konnte fast präzise berechnet werden. Herodot gilt einerseits als »Vater der Geschichtsschreibung«, wegen seines Hanges zu weitschweifigen anthropologischen und geographischen Abschweifungen aber auch als »Vater der Lüge«. (Neapel, Archäologisches Museum)

Der Hellenismus

Die griechischen Staaten schafften es selbst nicht, sich zu vereinigen – dies gelang erst dem Fürsten eines kleines Landes am Rande Griechenlands: Alexander dem Großen (356-323 v. Chr.) aus Mazedonien. Die Epoche von der Gründung seines mazedonischen Reiches bis zur Eroberung Griechenlands durch die Römer wird »Hellenismus« genannt. Die griechische Literatur wurde hier zum Gemeingut des zivilisierten Abendlands. Doch die Literatur der hellenistischen Zeit selbst war zwar raffiniert, geschmackvoll und gelehrsam, aber nicht allzu originell.

Apollonios von Rhodos, der im 3. Jahrhundert v. Chr. in Alexandria wirkte, machte in der *Argonautika*, seinem Epos über Jasons Suche nach dem Goldenen Vlies, den kühnen Versuch, die alte Tradition Homers wiederaufleben zu lassen; und wenn es auch nie homerische Höhen erreicht, so finden sich darin doch einige sehr phantasievolle Passagen. Neben Jason spielt Medea eine wichtige Rolle. Durch ihre Zauberkünste gelangt das Goldene Vlies in Jasons Hände. Dafür erzwingt sie jedoch das Versprechen der Ehe.

Der in Alexandria erzogene **Theokrit** (geb. um 310 v. Chr.) wurde einer der ersten Autoren der bukolischen oder Hirtendichtung. Er erinnert sich darin in nostalgisch-romantischen Worten an seine Kindheit in der Nähe von Syrakus auf Sizilien. In seinen *Eidyllia* (Bildchen) schildert er mit dem liebevollen Blick des kultivierten Städters Schäfer und Bauernmädchen vom Lande – es ist ein Blick zurück in eine vergangene Zeit.

Ein weiterer echter Neuerer war der Sophist **Longos** (er lebte vermutlich im 3. Jahrhundert n. Chr. auf Lesbos), dessen wunderschöne bukolisch-erotische Erzählung **Daphnis und Chloë** einer der frühesten Vorläufer des modernen Romans ist.

Links: Die Sage von Jason und den Argonauten, die mit der »Argo« auf der Suche nach dem Goldenen Vlies das Schwarze Meer überqueren, inspirierte immer wieder die Dichter: Homer und Hesiod zu großen Tragödien, Pindar und Theokrit zu lyrischen Gesängen, Apollonios von Rhodos zu seinem Epos »Argonautika«, aber auch modernere Literaten wie etwa William Morris (1867) und Robert von Ranke-Graves (1941). Detail eines Gemäldes von Lorenzo Costa d. Ä. (ca. 1460-1535). (Padua, Museo Civico)

Rechts: Daphnis und Chloë, die »Naturkinder« aus dem erotischen Schäferroman des griechischen Dichters Longos. Die bukolische Liebesromanze inspirierte auch Saint-Pierres Romanze »Paul und Virginie« (1787) und Ravels Komposition für sein Ballett »Daphnis und Chloë« (1912). Holzschnitt (1937) des französischen Künstlers Aristide Maillol.

Das Erbe der Griechen

Die Wölfin beim Säugen von Romulus und Remus. Der Sage nach waren die Zwillinge von einem Onkel, der ihren Vater als König von Alba Longa abgesetzt hatte, in den Tiber geworfen, durch die Wölfin gerettet und von einem Schäfer aufgezogen worden. 753 v. Chr. gründeten sie die Stadt auf dem Hügel Palatin, und Romulus wurde der erste König Roms. Die etruskische Bronzeskulptur stammt aus dem 6. Jh. v. Chr., die Figuren der Zwillinge wurden allerdings erst im 15. Jh. n. Chr. von dem florentinischen Kunstgoldschmied Antonio Pollaiuolo hinzugefügt. (Rom, Kapitolinische Museen)

Komödienszene, vermutlich von Menander, dem wichtigsten Dramatiker des Neuen Attischen Stils (im 4. Jh. v. Chr.), der von den römischen Autoren Plautus und Terenz fortgeführt wurde. Die Maske mit dem weit aufgerissenen Mund ist oft auf Terrakotta-Statuen zu sehen, die Frauenmaske ist typisch für den älteren Komödienstil, und die Figur ganz rechts ist ein Diener, wie man an der schlichteren, kürzeren Kleidung sieht. Fresko aus dem 1. Jh. n. Chr., ausgegraben in einem Haus in Pompeji bei Neapel.

Es liegt eine bittere Wahrheit in der Legende, nach der die Begründer Roms, die Zwillinge Romulus und Remus, als Ziehkinder einer Wölfin aufwuchsen: ohne das verwegene, todesmutige Wesen seiner Bürger hätte aus dem kleinen Bauerndorf Rom in Latium niemals in wenigen hundert Jahren ein Imperium werden können, das Kleinasien, den gesamten Mittelmeerraum und große Teile Nordeuropas beherrschte.

Die römischen Eroberer beließen den niedergeworfenen Völkern ihre Kultur und übernahmen auch selbst Elemente daraus. Selten war eine Siegermacht so tolerant gegenüber fremden Zivilisationen und Religionen. Nur die überlieferten Institutionen des römischen Staates waren unantastbar.

Bis in die Mitte des 1. Jahrhunderts v. Chr. bestimmten importierte griechische Formen die römische Literatur. Das kraftvollste der einheimischen Werke waren die **Atellanen** *(fabula atellana)*, benannt nach dem Ort Atella in Kampanien – es waren volkstümliche Possen, deren Hauptfiguren unter den Namen Harlequin, Columbine und Pierrot auch noch in Pantomimenspielen des 18. und 19. Jahrhunderts verwendet wurden.

Die ersten wirklich interessanten römischen Schriftsteller sind die beiden komischen Dramatiker Plautus und Terenz. **Plautus**, der 184 v. Chr. starb, war eindeutig der beliebtere der beiden. Ihm ging es darum, sein Publikum zu belustigen, und moralisches oder soziales Engagement scheint ihm fremd gewesen zu sein. Seine Figuren entnahm er größtenteils der Neuen Attischen Komödie: den lasterhaften Jüngling, den griesgrämigen, geizigen Vater, die kluge Buhlerin und den witzigen, dreisten und freimütigen Sklaven, der seinen Herrn immer wieder aus verzwickten Situationen befreit. Viele seiner Stücke, so etwa *Amphitryon* oder *Miles gloriosus* (Der prahlerische Offizier), werden noch heute bisweilen neu inszeniert, und seine Charaktertypen und Handlungsstränge wurden später von

Links: Die Komödien des Terenz waren bis ins Mittelalter sehr beliebt, wie diese Titelseite einer Ausgabe aus dem 16. Jahrhundert zeigt. (Stockholm, Königliche Bibliothek)

großen Dramatikern wie Molière, dem Dänen Holberg und anderen adaptiert. Der ehemalige Sklave **Terenz** oder **Terentius** (ca. 195-159 v.Chr.) zeichnete seine Figuren schon mit weitaus feineren Zügen. Er verehrte die griechische Kultur und hatte die Komödien des Menander genau studiert. Eines seiner wichtigsten Stücke, *Adelphoe* (Die Brüder) beschreibt die Vorteile einer Erziehung, die auf Vertrauen und Liebe statt auf Gewalt basiert. Terenz galt lange Zeit als der bessere der beiden, doch heute wird der wesentlich derbere Plautus höher eingeschätzt.

Oben: Das Forum Romanum war über 500 Jahre lang in der römischen Antike ein wichtiges Zentrum des politischen und wirtschaftlichen Lebens.

Links: Ruinen auf der Via Appia, der berühmten Römerstraße, die vom alten Rom südwärts bis nach Brindisi an der Adriaküste führte. Ihr Bau wurde 312 v. Chr. von Appius Claudius begonnen, dem römischen Zensor und einem Begründer lateinischer Prosa und Poesie.

Das Goldene Zeitalter der römischen Literatur

Gaius Julius Caesar, der römische Heerführer und Staatsmann, war gleichzeitig auch ein geachteter Redner und Schriftsteller. Seine Bücher, die »Kommentare« (über den Gallischen Krieg und den Bürgerkrieg), unterstreichen diesen Ruf bis in die heutige Zeit. (Kopenhagen, Glyptothek)

Das letzte vorchristliche Jahrhundert war für Rom eine Zeit großer Expansion und heftiger innenpolitischer Krisen. Neue soziale Schichten forderten einen Platz an der Sonne, und gleichzeitig stärkten die häufigen Kriege die Armee und begünstigten den Aufstieg machtgieriger Abenteurer. Doch trotz der militärischen und politischen Konflikte litt das kulturelle Leben keinen Schaden, und das Jahrhundert des ersten Kaisers Augustus (63 v. Chr.-14 n. Chr.) war das Goldene Zeitalter der römischen Literatur.

Der erste große Dichter dieser Ära war Titus Lucretius Carus, genannt **Lukrez**, der um 95-55 v. Chr. lebte. Griechische Werte und Ideen liegen seinem langen philosophischen Gedicht *De Rerum Natura* (Die Natur der Dinge) zugrunde. Dennoch spiegelt sich der Geist seiner Zeit im Pessimismus und dem oft trockenen, belehrenden Ton wider – der aber durch wundervoll poetische Passagen aufgelockert ist. Für den Rationalisten Lukrez ist alles, auch die menschliche Seele, aus Atomen aufgebaut, und er zeichnet ein großartiges, wenn auch düsteres Bild des Lebens, in dem die Götter keine Macht mehr haben und die einzige leitende Kraft der blinde Zufall ist. Christliche Denker haben ihn oft mißbilligt und an eine – ungesicherte – Geschichte erinnert, nach der er, von einem Liebestrank wahnsinnig geworden, Selbstmord verübte. Weniger voreingenommene Kritiker dagegen sehen in ihm Roms größten Dichter, dessen pessimistische Weltsicht den Lesern die lähmende Furcht vor dem Tod genommen haben dürfte.

In **Catull** (ca. 84-54 v. Chr.) brachte Rom einen unvergleichlichen Lyriker hervor. Viele seiner großartigen Liebesgedichte richten sich an eine schöne Geliebte, die er Lesbia nannte, die aber wohl in Wirklichkeit die verführerische Clodia war, Gattin eines römischen Statthalters und Schwester des zügellosen Radikalenführers Publius Clodius. Aus den melodischen, zutiefst bewegenden Versen spricht Catulls sinnliche Leidenschaft, die bitter enttäuscht wurde:

> Laß uns, Lesbia, leben, laß uns lieben,
> und für alles Gezeter strenger Greise
> laß uns nicht einen einzgen Heller geben!
> Sonnen sinken und können wiederkehren:
> doch wenn unseres Lebens kurzes Licht losch,
> deckt die ewige, *eine* Nacht uns Schläfer.

Die sonore Würde von Catulls letzter Zeile – »*nox est perpetua una dormienda*« – kommt wohl nur im lateinischen Original so recht zur Geltung.

Andere römische Poeten vom selben Rang waren die Elegiker **Tibull** (ca. 48-19 v. Chr.) und **Properz** (ca. 50-16 v. Chr.), beides junge Männer aus gutem Hause, die sich zu einer Zeit, da Augustus mit seinen Rivalen um die Macht im römischen Imperium kämpfte, hauptsächlich um Freud und Leid im Privatleben sorgten – am wichtigsten aber war ihnen die Liebe zu ihrer jeweiligen »Dame«. Properz' Liebes-Elegien waren Vorbild für Goethes *Römische Elegien.*

Lateinische Prosaschriftsteller

Auch die Prosa fand nun allmählich einen eigenen Stil. Mit seinen philosophischen Reden und Schriften – z.B. die berühmte Schrift über die Würde und Vorteile des Alters *Cato maior de senectute* (Über das Alter) – schuf der Anwalt und Politiker **Marcus Tullius Cicero** (106-43 v. Chr.) den Sprachstil des »klassischen Latein«, während seine Briefe an Freunde, von denen 800 erhalten sind, viel leichter und persönlicher gehalten sind. In ihnen lernen wir den Menschen Cicero mit all seinen Stärken und Schwächen kennen, der nie zu denken und zu schreiben aufhörte, bis er auf Befehl seines politischen Widersachers Antonius ermordet wurde, an den Shakespeare seine Figur des Mark Anton angelehnt hat.

Der große Heerführer und Staatsmann **Gajus Julius Caesar** (100-44 v. Chr.) war ebenfalls ein begabter Autor, der uns mit detaillierten Berichten über seine Kriegszüge, etwa die Niederwerfung Galliens, Meisterwerke in dramatisch-knapper Prosa hinterließ.

Links: Titelseite einer französischen Ausgabe der Werke des Lukrez von 1692. So wie Platon der Lieblingsphilosoph der Romantiker war, sahen die Materialisten und Atheisten des 17. und 18. Jahrhunderts in Lukrez einen großen Vorläufer.

Unten: Cicero, dessen Prosastil zum Modell für das »klassische« oder »goldene Latein« wurde. Das Italienische hat seinen Namen für das Wort »cicerone« (Fremdenführer) entlehnt. (Florenz, Uffizien)

Pax Romana

Oktavian, der spätere Kaiser Augustus, der mit der »pax romana« eine moralische und literarische Erneuerung einleitete. Diese Statue wurde in der Villa Livia (Livia war die dritte Frau des Oktavian) in Prima Porta bei Rom gefunden. Die Reliefs auf dem Brustschild preisen die Rückeroberung der römischen Standarten im Jahre 20 v. Chr., die Crassus bei der Schlacht von Carrhae gegen die Parther (53 v. Chr.) verloren hatte. (Rom, Vatikanische Museen)

Nach dem Ende des Bürgerkriegs festigte Oktavian (der spätere Kaiser Augustus) erfolgreich den Frieden und die öffentliche Ordnung. Nach der Unterdrückung der Republik folgte die *pax romana,* der »Friede Roms«, eine Zeit der inneren Ruhe, die 200 Jahre lang dauerte und die gesamte damalige westliche Welt erfaßte. Nur wenige Herrscher haben so wirksam das Kulturleben beeinflußt wie Augustus. Trotz seiner grausamen und kriegerischen Vergangenheit war er entschlossen, die Kunst seines Landes zu ebensolcher Blüte wie die militärische Macht zu führen, womit er auch eine moralische und patriotische Erneuerung im Sinn hatte. Für diese Kampagne spielte die Literatur in seinen Augen eine wichtige Rolle: sie sollte das Gedächtnis an die römische Geschichte bewahren und eherne, traditionelle Tugenden rühmen.

Der Dichter, der diese Absichten des Kaisers am besten verwirklichte, war **Vergil** (70-19 v.Chr.). In seinen ersten bedeutenden Werken, den *Eklogen* und den *Georgica,* beschreibt Vergil den Zauber der ländlichen Welt und sein idyllisches Leben auf einem Bauernhof Norditaliens. Zuweilen erinnern seine Verse an Jesajas Prophezeiungen: zum Beispiel erwähnt er in einer seiner Eklogen einen seltsamen Knaben, der über das Königreich des Friedens herrschen soll, in dem Ochs' und Löwe beieinanderliegen werden. In den vier Büchern der *Georgica* beschreibt er das Bauernleben in Italien und predigt nach dem Bürgerkrieg eine friedvolle Rückkehr zur Natur – ein Rat, den im 18. Jahrhundert der Romantiker Jean-Jacques Rousseau und seine Anhänger wieder aufgreifen sollten.

Vergils größtes Werk war jedoch die *Aeneis,* die er auf Wunsch des Kaisers in Angriff nahm. Augustus hatte ihn zu sich gerufen, um seinem poetischen Genie eine gewaltige Aufgabe zu stellen. Elf Jahre lang saß Vergil über dem Manuskript, denn er feilte und überarbeitete seine Verse gewissenhaft. Er plante eine Chronik der Anfänge Roms im Stil der Homerischen Epen. Sein Gedicht folgt den Irrfahrten des trojanischen Helden Aeneas und seiner Liebe zu der karthagischen Königin Dido, die er schließlich verläßt, um weiter nach Italien zu ziehen, wo er die Fundamente des römischen Imperiums legt, nicht ohne vorher noch – wie Odysseus – einen Ausflug ins Reich der Toten zu unternehmen. Vergil starb kurz vor der Vollendung des bedeutendsten Werks der lateinischen Dichtkunst. Im Mittelalter hielt man Vergil für den größten Dichter der Antike; außerdem galt er als Magier und Seher, der etwa das Herannahen des christlichen Glaubens vorausgesagt hatte. In der *Göttlichen Komödie* führt Vergil den Autor Dante, einen großen Vergil-Verehrer, durch die Hölle und das Fegefeuer bis ins Paradies.

Oben: Pan (der Gott der Wälder und Weiden), der Waldgott Silvanus und Apollo, als Gott der Schafhirten, sind drei der Gottheiten, die im zehnten Lied von Vergils »Eklogen« (oder »Bukolika«) auftreten. Holzschnitt von Aristide Maillol für eine 1928 erschienene lateinisch-englische Ausgabe auf handgeschöpftem Papier. (Stockholm, Königliche Bibliothek)

Oben: Der römische Dichter Vergil schrieb seine von Kaiser Augustus angeregte »Aeneis« nach dem Vorbild von Homers Epen. Detail eines Mosaiks aus dem 3. Jh. n. Chr., ausgegraben in Hadrumetum (dem heutigen Sousse) in Tunesien. (Tunis, Museum Bardo)

Links: Eine Steinmaske der Tragödie aus dem 1. Jh. n. Chr., gefunden in Ostia, dem alten Hafen Roms.

Träume vom Frieden

Horaz, dessen Philosophie Genuß und stoische Moral mit Satire vereinte, wurde ein beliebter Dichter der Aufklärung und ist zu allen Zeiten immer wieder neu übersetzt und zitiert worden. Relief aus dem 1. Jh. v. Chr. (Boston, Museum of Fine Arts)

Obwohl auch er eine Rolle im großen Plan des Kaisers spielte, war Quintus Horatius Flaccus, besser bekannt als **Horaz** (65-8 v. Chr.), von ganz anderem Wesen als Vergil. Auch er gehörte dem Dichterkreis an, der sich um Maecenas, den Freund und Minister des Augustus, versammelt hatte; hier fand er großzügige Unterstützung und bekam einen Gutshof in den Bergen geschenkt, den Hintergrund vieler seiner Verse. Er tat dort sein Bestes, die Stürme des Lebens fernzuhalten, in Ruhe seine Kunst zu pflegen, zu meditieren und guten Wein zu genießen. Vor allem die Ruhe, das heißt die »Seelenruhe«, schätzte er sehr:

Wahres Glück

Ruhe fleht vom Himmel, wen Sturm erfaßte
Auf Aegaeerwogen, wenn schwarz Gewölke
Rings den Mond umhüllt und kein sichrer Stern mehr
Leuchtet dem Schiffer;

Ruhe fleht das schlachtentbrannte Thrake,
Ruhe auch der Meder im Schmuck des Köchers,
Grosphus, die um Perlen und Gold und Purpur
Nicht zu erkaufen.

Keines Königs Schatz ja und keines Konsuls
Liktor scheucht das stürmische Weh des Herzens,
Scheucht hinweg die Sorgen, die rings des Prunksaals
Decke umflattern:

Glücklich lebt mit wenigem, wem auf schlichtem
Tische blinkt das vatererbte Salzfaß,
Wem den Schlaf, den leichten, nicht Angst verscheucht noch
Schmutzige Habgier.

Trotz seiner Liebe zum Landleben genoß Horaz auch Roms »Getümmel und Rauch und Reichtum«, viele seiner *Epoden* widmete er der Stadt und ihren Einwohnern – etwa arroganten Schnöseln wie diesem: »Schwebst du stolz die heilige Straß' entlang/ Im Staatsgewand, sechs Ellen weit«. Meist jedoch sind selbst seine Satiren noch gutmütig. Als Künstler war ihm vor allem daran gelegen, für seine Themen immer den passenden Vergleich und das rechte Wort zu finden. Horaz' Hauptwerk sind die *Carmina,* lyrische Gedichte in vier Büchern, neben Vergils *Aeneis* das bedeutendste Werk der klassischen römischen Literatur.

Sein jüngerer Dichterkollege **Ovid** (43 v. Chr.-18 n. Chr.) zog aus Unachtsamkeit die Empörung des Kaisers auf sich und bezahlte dafür einen teuren Preis. Als junger Mann kam er in die elegante Welt Roms und schilderte seine Eindrükke über Leben und Liebe in seiner *Ars amatoria* (Kunst der Liebe), einem poetischen Ratgeber über die Technik der Verführung; die *Remedia amoris* (Heilmittel gegen die Liebe) dagegen bieten dem befriedigten Liebhaber Hinweise darauf, wie er seine vorherige Unabhängigkeit zurückgewinnen kann.

Augustus war keineswegs ein Puritaner, aber der Zynismus dieses Dichters dürfte den Kaiser zweifellos sehr erzürnt haben. Ovid war wegen seiner lockeren Moral gewarnt worden und behandelte in seiner nächsten Dichtung, den *Metamorphosen,* ein weitaus weniger provokantes Thema – er beschrieb die erstaunlichen Wandlungen, die die Götter und die Sterblichen durchmachen, in einer Serie ausschweifender, phantasievoller Erzählungen.

Ovids eigene Wandlung kam jedoch zu spät: infolge eines aufsehenerregenden höfischen Skandals, in den er sich verwickelt sah, wurde er nach Tomi verbannt, einer armseligen Ansiedlung am Schwarzen Meer (dem heutigen Constanza), wo er bis zu seinem Tode blieb und sein Schicksal in den *Tristia* beklagte.

Die Geschichtsschreiber

Ihre glorreiche Geschichte war den Römern immer gegenwärtig, und **Livius** (59 v. Chr.-17 n. Chr.), ein anderer Autor aus der Zeit des Kaisers Augustus, widmete diesem historischen Blickwinkel sein 142 Bücher umfassendes Werk *Ab urbe condita* (Seit der Gründung der Stadt), eine Geschichte Roms bis zum Jahr 9 v. Chr. Mit seinem so lebendigen Prosaepos – er erhob Rom darin geradezu zur »idealen Staatsform« – fand er großen Beifall bei seinen Lesern, wenn auch spätere Historiker seine etwas unwissenschaftlichen Methoden bisweilen kritisierten.
Sowohl **Tacitus** (ca. 55-122 n. Chr.) wie **Sueton** (ca. 69-140 n. Chr.) lebten in einer äußerst gefestigten Zeit und blickten daher auf so zügellose Herrscher wie Tiberius oder Nero, von denen sie recht schreckliche Details berichten, nur mit Schaudern und höchst kritischer Sicht zurück. Sueton, der Privatsekretär des aufrechten Kaisers Hadrian, verfaßte mit seinem *Leben der Caesaren* einen besonders skandalösen Bericht der Missetaten früherer Kaiser. Die *Historiae* des Tacitus, ein zeitgeschichtliches Werk, von dem nur vier Bücher vollständig erhalten sind, und seine *Annalen,* die mit dem Tod des Augustus beginnen und mit Neros Selbstmord enden, sind allerdings noch wichtigere literarische Zeugnisse. Tacitus besaß einen sehr eigenen, originellen Prosastil. Er war ein Meister des knappen, präzisen Ausdrucks: so beschrieb er etwa einen erfolglosen Herrscher (Galba) mit den vier vernichtenden Worten »*capax imperii nisi imperasset*« – »Er wäre uns wie ein guter Herrscher erschienen, hätte er nicht geherrscht.«

»Wenn den bescheidenen Blick ein Mägdlein senkt auf den Busen, steh ich in Flammen ...« schrieb Ovid in seiner »Ars amatoria« oder »Kunst der Liebe«, einem frühen Ratgeber über die Technik der Verführung, von dem dieser Holzschnitt (1935) von Aristide Maillol inspiriert ist. (Stockholm, Königliche Bibliothek)

Der Niedergang des Imperiums

Lange Zeit blieb Rom ein mächtiges Weltreich, und als 410 n. Chr. die »heilige Stadt« von Alarich, dem König der Westgoten, geplündert wurde, ging ein Entsetzensschrei durch die gesamte lateinisch sprechende Welt. Für den Untergang Roms gab es zahlreiche Ursachen: das Wirtschaftssystem brach durch unkluge Politik zusammen, von außen drängten barbarische Grenzvölker vor und im Innern entstand ein gewaltiges Heer von arbeitslosen Proletariern, die ständig »Brot und Spiele« verlangten – Gratisverpflegung und tagelange Gladiatorenkämpfe im Circus Maximus, einer 320.000 Zuschauer fassenden Arena.

Unter der Regierung des Nero (54-68) erschien das *Satyricon*, ein parodistischer Schelmenroman. Verfaßt hat ihn vermutlich **Petronius** (?-66 n. Chr.), ein Begleiter des Kaisers und dessen »*arbiter elegantiae*« (Schiedsrichter des feinen Geschmacks). Das *Satyricon* gibt eine farbige, manchmal schauerliche Schilderung zeitgenössischen Lotterlebens – berühmt ist der Bericht von einem gewaltigen geschmacklosen Bankett, das der vulgäre Emporkömmling Trimalchio veranstaltet. Der Autor war Satiriker, aber kein Moralist; er beobachtete und beschrieb nur – belustigt und oft auch lustvoll – die Laster und Fehltritte seiner Mitmenschen.

Es war die Zeit des Niedergangs der Dichtkunst. Der freche **Martial** (ca. 40-104) war zwar kein neuer Horaz, gibt uns aber einige Einblicke in die römische Gesellschaft seiner Zeit. **Juvenal** (ca. 55-135) dagegen, der meist als letzter bedeutender Dichter Roms gilt, hat uns 16 leidenschaftliche Satiren hinterlassen – über die Torheiten von Frauen – vor allem solchen, die an den Gladiatorenspielen teilnahmen, über den Dreck der überfüllten Stadt und das Eindringen von stinkenden Fremden. In den Tiber kippen die Römer, so sagt er, »allen Schmutz des Orontes und des Tigris«.

Wesentliche Tragödiendichter hat Rom im Grunde nur einen hervorgebracht: **Seneca** (4 v. Chr.-65 n. Chr.) war der Erzieher und Berater des Kaisers Nero, der ihm schließlich befahl, sich umzubringen – was Seneca mit stoischem Gleichmut tat. Seine zehn Tragödien enthalten wunderschöne rhetorische Höhenflüge, sind aber auch so voller Schrecken wie

Oben: Obwohl Seneca der Jüngere Neros Erzieher gewesen war, befahl ihm der Kaiser wegen Verratsverdachts den Selbstmord, worauf sich der Stoiker in seinem Bad die Pulsadern öffnete. Er hatte ein Talent für moralische Maximen wie etwa: »Die Schärfe des Denkens wird durch die Massenhaftigkeit der Nahrung beeinträchtigt.« Faksimile eines Holzschnitts aus der 1493 in Nürnberg gedruckten Schedelschen Weltchronik. (Stockholm, Königliche Bibliothek)

Gegenüberliegende Seite: Das Gastmahl des ehemaligen Sklaven Trimalchio in einer Szene aus »Fellinis Satyricon«, der Verfilmung (1969) des berüchtigten, dem Petronius zugeschriebenen vulgären Romans aus dem 1. Jh. n. Chr. durch den italienischen Regisseur. Trimalchio (rechts) wurde von Mario Romagnoli gespielt.

Links: Messalina, die sittenlose dritte Frau des Kaisers Claudius I., wird in Juvenals Sechster Satire, der »Weibersatire«, erwähnt. Ihr grausamer Charakter kommt in der Zeichnung des englischen Grafikers Aubrey Beardsley von 1897 gut zur Geltung. (London, Britisches Museum)

der *Titus Andronicus* des frühen Shakespeare. Vor allem in der Renaissance wurde Seneca wieder sehr geschätzt. Seine Tragödien, die zum Teil schon Euripides thematisch behandelte, z. B. *Hercules Gurens* (Herakles), Medea, Ödipus, sind im Sprachstil römisch-stoisch und in der szenischen Darstellung grausamer. Im *Ödipus* wird z. B. Totschlag und Raserei dargestellt.

Andere literarische Stoiker waren der freigelassene Sklave **Epiktet** (ca. 50-130), dessen belehrende Reden von einem seiner Schüler im *Enchiridion* gesammelt wurden, und der Philosophenkaiser **Mark Aurel** (121-180), der – manchmal sogar während der Kämpfe gegen eindringende Barbaren – eine Serie von *Selbstbetrachtungen* auf griechisch schrieb, aus denen der zutiefst nüchterne und ethisch hochstehende Geist der Stoa spricht.

Daß viele Dichter und Denker zu jener Zeit wie Mark Aurel das Griechische dem Lateinischen vorzogen, war bereits ein deutliches Zeichen für den allmählichen Niedergang der römischen Literatur. So schrieb auch **Lukian** (ca. 115-180), ein geborener Syrer, seine *Dialogoi* auf griechisch. Die Form hat er von Platon entlehnt, doch der lebhafte Humor, der aus dem Text spricht, ist eher dem des Aristophanes verwandt. Am bekanntesten sind Lukians *Totengespräche*, in denen er gekonnt die religiösen und philosophischen Irrlehren seiner Zeit persifliert.

In den letzten Jahrhunderten des römischen Reichs verdrängten diverse fremde Glaubenslehren die alte Staatsreligion; die wichtigste davon war das Christentum, das der Kaiser Konstantin (272-337) nach der Schlacht an der Milvischen Brücke im Jahre 312 offiziell zuließ. Schon seit dem 2. Jahrhundert lag das Neue Testament auf Latein vor. Die lateinische Übersetzung beider Testamente der Bibel, die *Vulgata*, erschien aber erst zu Beginn des 4. Jahrhunderts.

Oben: »Die unerwartete Heimkehr« aus Lukians humoristischen »Dialogoi«. In diesen auf griechisch verfaßten Dialogen macht er sich über die Gesellschaft, über manche Philosophen und die Götter der Mythologie lustig. Illustration von Bele Bachem für eine deutsche Ausgabe (1957) der Hetärengespräche.

Rechts: Der Schriftsteller Apuleius (2. Jh. n. Chr.) ist durch seine »Metamorphosen« (auch: Der goldene Esel) bekannt geworden. Die Satire über die menschlichen Laster und Lüste, in der sich auch das oft adaptierte Märchen »Amor und Psyche« findet, kann in ihrer Mischung aus Abenteuern und Frivolität als früher Vorläufer des modernen Romans gelten: Der Zauberlehrling Lucius wird versehentlich in einen Esel verwandelt und wird von der ägyptischen Göttin Isis erlöst. Diese Interpretation einer erotischen Episode daraus wurde von Hans Erni für eine Schweizer Ausgabe (1960) gezeichnet.

Der Triumph des Christentums

Inzwischen war eine wichtige neue literarische Form, der christliche Hymnus aufgekommen: Er beruhte nicht mehr auf der Silbenanzahl, sondern vor allem auf Reim und Betonung, was einer poetischen Revolution gleichkam. Die größten Hymnendichter waren **Ambrosius** (339-397), ein Sohn des Gouverneurs von Galiläa, und **Prudentius Clemens** (384-410), von dem man sagt, er sei der erste christliche Poet mit wahrhaft genialischer Phantasie gewesen. Ambrosius war neben Gregor, Augustinus und Hieronymus einer der vier lateinischen Kirchenväter und Schöpfer der sogenannten »ambrosianischen Strophe«. In Trier geboren, als Redner sehr begabt, wurde er mit 40 Jahren Statthalter von Oberitalien. Wegen seiner Güte und Gerechtigkeit wählte ihn das Volk 374 zum Bischof von Mailand. Außerordentliches leistete er als Kanzelredner, er soll sogar mit seinen Predigten den jungen Augustinus für das Christentum gewonnen haben.

Augustinus (354-430), der Sprößling einer reichen nordafrikanischen Familie, hatte als junger Mann alle Freuden der heidnischen Welt und das Spektakel der Gladiatorenkämpfe genossen, bis ihm eine Stimme »Nimm und lies!« befahl: Er griff nach der Bibel, las die Briefe des Paulus und konvertierte zum christlichen Glauben. Später – er war inzwischen Bischof im nordafrikanischen Hippo – regte ihn der Bericht vom tragischen Fall und der Plünderung Roms durch die Westgoten (410) zu seinem *Gottesstaat* an. Das Meisterwerk des Heiligen Augustinus jedoch waren seine *Confessiones* (Bekenntnisse), ein außerordentlich plastischer Bericht seiner Jugendsünden – und seiner Errettung durch das Christentum. Hier zum Beispiel gibt der Bischof eine aufrichtige Schilderung seiner ausschweifenden Zeit in Karthago:

Was war es anderes, das mich freute, als zu lieben und geliebt zu werden, der Weg von Geist zu Geist als der lichtvolle Pfad der Freundschaft war es jedoch nicht, den ich einzuhalten trachtete, vielmehr erhoben sich die Dünste aus dem Sumpf fleischlicher Begierde, aus dem sprudelnden Quell der Mannbarkeit, umwölkten und verfinsterten mein Herz, so daß sich der strahlende Glanz der Liebe nicht mehr vom Dunst der Lust unterscheiden ließ.

Neben seinen Bekenntnissen ist das wichtigste Werk des Augustinus sein »De Civitate Dei« (Der Gottesstaat). Es hat die Beziehungen zwischen Kirche und Staat nachhaltig beeinflußt. Holzschnitt aus einer französischen Ausgabe von 1486. (New York, Pierpont Morgan Library)

Totentanz und Lebenslust

Teufel quälen die verlorenen Seelen in der Hölle – ein Motiv, das die Kirche ihren Gläubigen oft vorhielt. Holzschnitt aus dem 16. Jahrhundert.

Im Jahre 476 n. Chr. wurde Romulus Augustulus, der letzte Kaiser Westroms, von Odoaker abgesetzt, einem germanischen Heerführer, der sich sodann selbst zum König von Italien ausrief und regierte, bis er 493 seinerseits von dem Gotenkönig Theoderich erschlagen wurde. Das »finstere Mittelalter« legte sich bis zum 8. Jahrhundert über Europa, denn zwar ahmten einige der neuen Herrscher römische Sitten nach, sie begriffen jedoch alle vergleichsweise wenig von der Zivilisation, die sie niedergerissen hatten.
Spuren des Wissens der Hochkultur erhielten sich in den christlichen Kirchen und Klöstern, und von dort aus entstand ganz allmählich eine neue Zivilisation: Es war die Kirche, die während des Mittelalters das europäische Leben und Denken, und auch das Weltverständnis der Menschen prägte. Latein wurde zur Weltsprache, Pilger scharten sich in den heiligen Stätten des Christentums, und 1096 konnte Papst Urban Ritter aus ganz Europa unter der Flagge des Ersten Kreuzzugs versammeln.
Gleichzeitig aber wirkten auch zunehmend trennende Kräfte, denn die weltlichen Kaiser und Fürsten mißbilligten die politischen Ambitionen der Kirche. So zerfiel das Heilige Römische Reich von Karl dem Großen, das 800 vom Papst gesegnet wurde, bei Karls Tod im Jahre 814 sofort: Die Erben konnten es nicht zusammenhalten. Das Feudalsystem gab dem Adel alle Macht in die Hand, die Bauern waren zur leibeigenen Knechtschaft verurteilt; nur die Bürger in den Städten konnten sich eine gewisse Unabhängigkeit erhalten.
Die nur wenigen zugängliche Bildung wurde größtenteils in Dom- und Klosterschulen, später auch in den Universitäten erteilt, die erstmals im 12. Jahrhundert entstanden. Studenten aus ganz Europa kamen an die Universität von Paris, von wo sie sowohl neue Ideen als auch die Spuren antiker Weisheit mit nach Hause nahmen. Wissen verbreiteten aber auch Wanderpriester und -mönche ebenso wie fahrende Sänger und Possenreißer – beides waren wichtige Ursprünge der mittelalterlichen Literatur.
Die Kirche predigte ein Evangelium der Reinheit und Selbstverleugnung (das die Kirchenherren selbst keineswegs immer befolgten) und hielt die Gläubigen dazu an, Bilder des Todes zu betrachten und für das »Leben danach« entweder himmlische Wonnen oder ewige Verdammnis zu erwarten. Der »Totentanz«, in dem schaurige Skelette Menschen jeden Alters und Standes in die Hölle führen, war ein beliebtes Motiv mittelalterlicher Maler. Doch die natürliche Lebenslust eines fröhlichen, derben Menschenschlags war wohl stärker als das Bewußtsein der Sünde. Die Bücher und Gemälde jener Zeit zeigen die europäische Szene voller Leben, Farbe und Frohsinn. Das Mittelalter war eine Epoche der Kontraste – Gier und Askese, Mystizismus und Vernunft, rohe Gewalt und romantisches Gefühl.

Während des Mittelalters malte man sich sowohl in der Kunst wie in der Literatur die Freuden und Schrecken von Versuchung und Bestrafung in grellen Farben aus. Szene aus dem Mittelstück des Triptychons mit dem Titel »Der Garten der Lüste« des niederländischen Malers Hieronymus Bosch (ca. 1450-1516). (Madrid, Prado)

Heilige und Helden

Links: Franz von Assisi lebte und predigte in Armut und gründete den Orden der Franziskaner. Teil eines Triptychons von Benozzo Gozzoli (ca. 1421-1497). (Perugia/ Italien, Nationalgalerie Umbrien)

Oben: Die Kirche San Francesco in Assisi aus dem 13. Jahrhundert – eigentlich zwei übereinander gebaute Kirchen. Dort sieht man das Grab des Heiligen und eine Reihe von Giotto-Fresken.

Latein war überall zur Sprache der gebildeten Schichten geworden, doch von den Literaturen der alten germanischen Volksstämme war nur wenig übriggeblieben. Bei ihrer Missionsarbeit war die Kirche bemüht, alle Spuren des Heidentums gänzlich auszuradieren, und dazu gehörten auch die überlieferten Sagen und Lieder. Die wenigen Überreste waren oft zensiert und bereinigt, obwohl die ursprüngliche Wildheit dennoch bisweilen durchscheint.

Diese altgermanische Literatur bestand aus Heldensagen in Prosa- oder Versform. Außerhalb von Skandinavien ist eines der ältesten erhaltenen Texte das angelsächsische Epos *Beowulf* aus dem 8. Jahrhundert über die Kämpfe eines altnordischen Helden gegen Trolle und Drachen. Die überlieferte Fassung zeigt christliche Einflüsse, und man hat den Eindruck, daß der Autor ein Mönch war, der Vergil verehrte, obwohl das Thema eindeutig auf heidnischen Sagen beruht.

Im Hochmittelalter (ca. 1050-1300) war die geistliche Kultur am reichsten und vielfältigsten. **Pierre Abélard** (1079-1142) und **Thomas von Aquin** (ca. 1225-1274) formulierten eine katholische Philosophie, die noch heute akzeptiert wird. **Franz von Assisi** (1182-1226) dagegen bemühte sich, ganz im Geiste des Evangeliums zu leben, und predigte nicht nur den Männern und Frauen, sondern auch den Tieren und Vögeln – sein berühmter *Sonnengesang* (1224) entstand, nachdem er von völliger Blindheit genesen war:

Gelobt seist Du, Herr,
Mit allen Wesen, die Du geschaffen
Der edlen Herrin vor allem, Schwester Sonne,
Die uns den Tag heraufführt und Licht
Mit ihren Strahlen, die Schöne, spendet;
Gar prächtig in mächtigem Glanze:
Dein Gleichnis ist sie, Erhabener.

Gelobt seist Du, Herr,
Durch Bruder Mond und die Sterne.
Durch Dich sie funkeln am Himmelsbogen
Und leuchten köstlich und schön.

Gelobt seist Du, Herr,
Durch Bruder Wind
Und Luft und Wolke und Wetter,
Die sanft oder streng, nach Deinem Willen,
Die Wesen leiten, die durch Dich sind.

Gelobt seist Du, Herr,
Durch Schwester Quelle:
Wie ist sie nütze in ihrer Demut,
Wie köstlich und keusch!
(...)

Diese Periode des Mittelalters brachte es auch zu literarischem Ausdruck, und zwar in den Heldendichtungen, die in Frankreich, dem damaligen Zentrum abendländischer Kultur, *chansons de geste* hießen – »Tatenlieder«, nämlich über Kriegstaten (lat. *gesta*). Wie Homers Epen basierten sie vermutlich auf kürzeren Liedern und Sagen, die sich um historische Ereignisse und berühmte Pilgerstätten gerankt hatten, nahmen ihre endgültige Form aber erst einige Jahrhunderte nach den beschriebenen Geschehnissen an. Diese Heldenpreisgesänge behandeln drei Themengruppen: Karl der Große, Wilhelm von Orange und Doon de Mayende. Daneben gibt es Königsepen, Vasallenepen und Empörerepen.

Das bekannteste *chanson de geste* ist das *Rolandslied*, das ungefähr um 1100 aufkam und dessen historischer Kern auf einer Episode aus dem Krieg Karls des Großen gegen die Basken im 8. Jahrhundert beruhte. Im Heldenlied allerdings werden aus den Feinden, die Rolands Nachhut heimtückisch überfallen, arabische Sarazenen, und Karl der Große wird als letztes Bollwerk des christlichen Glaubens gefeiert. Das *Rolandslied* war von brennender Leidenschaft für den christlichen Glauben und soldatische Tugenden inspiriert, und um diese beiden Dinge dreht sich auch die gesamte Handlung. Es gibt keine Spur von menschlicher Liebe und kaum psychologische Charakterisierung. Aber innerhalb dieses begrenzten Rahmens ist das Lied in seinem einfachen und doch erhabenen Stil von schroffer Schönheit.

Heldengestalten, die Drachen oder Dämonen erschlagen, tauchen in vielen Legenden aus ganz verschiedenen Epochen und Kulturen auf – im Christentum der heilige Georg im Kampf mit dem Drachen, in der griechischen Mythologie Perseus und das Haupt der Medusa, in dem frühen Sanskrit-Epos »Ramayana« der König Rama und der Dämon. Der heilige Georg soll ein christlicher Soldat gewesen sein, der im 3. Jh. bei Lydda in Palästina den Märtyrertod starb. Im Mittelalter wurde Georg immer als der gute Christ im Kampf mit einem bösen Drachen, der eine Prinzessin geraubt hatte, dargestellt. Gemälde von Lucas Cranach d. Ä. (1472-1553). (Hamburg, Kunsthalle)

Hohe Minne

Zeitgenössische Miniatur (aus der »Manessischen« Liederhandschrift) der »Meistersinger« – Dichter und Musiker, die sich aus den Minnesängern des 12. Jahrhunderts entwickelt hatten. Die in Gilden organisierten Meistersinger sollen von Heinrich von Meißen (ca. 1250-1318) mit dessen 1315 in Mainz gegründeten »Singschule« ins Leben gerufen worden sein. Wegen seiner vielen Lieder zum Ruhme von Edelfrauen und der Mutter Maria führte er den Beinamen »Frauenlob«.

Auch im kriegerischen Mittelalter ließ sich das Publikum allein durch klirrende Schwerter und gellende Trompeten nicht zufriedenstellen; es gab auch fröhliche Verse, oft von armen fahrenden Studenten verfaßt. Diese frische, unverfälschte Dichtung besang die Freuden des Wanderlebens, der Liebe und des Frühlings. Ab dem 12. Jahrhundert wurden beim Adel Liebesgedichte nach lateinischen Vorbildern sehr populär. Die Sitte kam aus der Provence, breitete sich aber in ganz Westeuropa aus. Die Sänger, die – oft im Wettstreit – an den Höfen auftraten und in ihrer Muttersprache vortrugen, hießen *troubadours* oder Minnesänger. Berühmt waren **Bernart de Ventadour** (ca. 1130-1195) und **Walther von der Vogelweide** (ca. 1170-1230). Ihre Lieder besangen die romantische, erhabene Liebe – die hohe Minne – und richteten sich meist an verheiratete Edelfrauen, die der Sänger aus der Ferne verehrte. Seine Liebe wurde zwar nur selten körperlich erwidert – das kleinste Zeichen der Gunst seiner Angebeteten aber ließ ihn vor Verzückung in Ohnmacht fallen. Die Qualität der Verse selbst schwankte zwar stark, doch sie brachten ein neues Element in die Literatur der Zeit ein und verfeinerten fraglos die damaligen rauhen Sitten.

Eine andere literarische Form, die sich im 12. Jahrhundert herausbildete, waren die sogenannten höfischen Romane. Ähnlich den *chansons de geste* handeln sie von Krieg und Abenteuer, die Hauptpersonen sind meist tapfere Ritter – die zu ihren ruhmreichen Taten jedoch nicht der Haß auf die Heiden oder die Lust am Kriegführen anspornt, sondern romantische Liebe. Einige höfische Epen entnehmen ihre Themen alten Legenden und Liedern, die sich um einen keltischen Herrscher und seinen Hof rankten: König Artus und die »Ritter der Tafelrunde«. Sehr bekannt ist auch das Thema von Tristan und Isolde, das viele Dichter inspirierte, darunter **Gottfried von Straßburg** (12-13. Jh.). In der Sage wird der junge Ritter Tristan von König Marke, seinem Lehnsherrn, ausgeschickt, um dessen Braut Isolde zu holen; durch ein Mißgeschick trinken Tristan und Isolde einen verzauberten Liebestrank, der sie dazu zwingt, den König zu betrügen. Tristan heiratet eine andere, kann Isolde aber nicht vergessen. Als er im Kampf verwundet wird, schickt er ihr einen Abschiedsgruß. Sie eilt sofort zu ihm, doch

Tristan ist bereits tot; er ist in dem Glauben gestorben, Isolde habe ihn verraten. Darauf stirbt auch sie neben seinem Leichnam. Als Quelle berief sich Gottfried auf **Chrétien de Troyes** (ca. 1135-1183), der auch den Parzival-Stoff bearbeitete – *Perceval le Gallois* –, die Sage des reinen Jünglings und seiner Suche nach dem legendären Gral, einem heiligen Kelch, der einst das Blut Christi enthalten haben sollte.

Die oft aus der keltischen Sagenwelt stammenden, über Frankreich verbreiteten Legenden haben besonders in Deutschland zahlreiche Bearbeiter gefunden. So verfaßte schon **Wolfram von Eschenbach** (ca. 1170-1220) den Versroman *Parzival,* und mit seinen Tondichtungen war in der Neuzeit Richard Wagner ein bedeutender Wiedererwecker der höfischen Epik.

Durch die Wagner-Opern wurde vor allem das *Nibelungenlied* bekannt. Um 1200 hatte ein unbekannter Dichter im Donauraum zwischen Wien und Passau das Material alter germanischer Sagen in ein strophisches Heldengedicht gebracht. Das *Nibelungenlied,* das zum deutschen Nationalepos wurde, ist zwischen den *chansons de geste* und dem höfischen Roman angesiedelt, da es ritterliche und höfische Elemente, aber auch sehr primitive, archaische Züge enthält. Die Atmosphäre erinnert bisweilen an griechische Tragödien; nur wird hier die Handlung nicht durch das blinde Schicksal, sondern von den Charakteren der Hauptakteure vorangetrieben. Der Held Siegfried, der mit der burgundischen Prinzessin Kriemhild vermählt ist, verführt mit Hilfe seiner Tarnkappe die Walküre Brünhild. Als Brünhild erfährt, was ihr angetan wurde, läßt sie Siegfried von Hagen erschlagen, der zuvor Kriemhild das Geheimnis der verwundbaren Stelle zwischen Siegfrieds Schulterblättern entlockt hatte. Hagen ermordet Siegfried auf der Jagd. Nach dessen Tod aber nimmt Kriemhild mit den Heeren ihres neuen Gatten Etzel oder Attila, dem Hunnenkönig, blutige Rache.

Seite aus einem unvollendeten Manuskript (1200-1216) mit der frühesten Version der Gralslegende, dem Gedicht »Perceval le Gallois« oder »Le Conte del Graal« von Chrétien de Troyes, der für seine Artusromanzen berühmt ist. Diese Sagen, die auf keltischen Legenden beruhen, wurden von mittelalterlichen bretonischen Spielleuten aus Frankreich in ganz Europa verbreitet. (München, Stadtmuseum)

Reineke Fuchs und der Rosenroman

Wenn auch der Großteil der literarischen Werke des Mittelalters die Bauern und Handwerker nicht erreichte, so hatte das einfache Volk doch auch immer seine Dichtung – Bittgebete und Gesänge zum Rhythmus des Webstuhls oder der Ruderbank, und auch Liebeslieder, die gar nicht so höfisch waren. Diese Texte wurden nur selten niedergeschrieben, zumeist mündlich von einer Generation auf die nächste weitergegeben.

Eine ebenso anonyme wie auch rein mündliche Form waren die Volksmärchen, die offenbar überall geläufig waren und oft von Land zu Land wanderten. Im Mittelalter gab es zwischen West und Ost einen recht starken Austausch von Sagen und Märchen; besonders beliebt waren Tierfabeln, die sich bis ins alte Ägypten zurückverfolgen lassen. Sowohl der Held wie der Schurke ist oft der schlaue Fuchs, über den eine ganze Reihe heroisch-komischer Fabeln entstand: in Frankreich der *Roman de renart*, im Niederdeutschen *Renke de Vos*. Von Gottscheds hochdeutscher Prosa-Übertragung von 1752 (mit niederdeutschem Text im Anhang) ließ sich Goethe später zu seinem Hexameterepos *Reineke Fuchs* anregen.

Eine andere damals sehr beliebte Form der Dichtung, die sich deutlich an ein weder adliges noch übermäßig frommes Publikum richtete, waren die *fabliaux* – eine Art Kurzgeschichte oder Schwank in Versen, wahrscheinlich von fahrenden Spielleuten oder ehemaligen Priestern; aus einem der beiden Berufe kommt meist die Hauptfigur, und immer gibt es den armen Studenten, der die brave Hausfrau dazu verführt, vom Pfad der Tugend abzuweichen, und sich über die geldgierigen Pfaffen lustig macht. Die Tücke der Frauen und die Verirrungen der Geistlichen stehen im Mittelpunkt der Alltagsschwänke. Der Ton der *fabliaux* ist fröhlich, derb, realistisch und boshaft: Alle werden lächerlich gemacht, vom Bauerntölpel bis zum heiligen Petrus. Der rauhe Umgang mit den Frauen steht im Gegensatz zur höfischen Verehrung der Dame in den Gedichten der provenzalischen Troubadours. Unter der frivolen Satire tritt auch aufrichtige Sympathie mit den Armen und Unterdrückten zutage. Erstmals hört man von Klassenunterschieden – hie und da sogar ein aufrührerisches Murren.

Neben der Dichtung für ein gebildetes, adliges Publikum entstand also auch eine andere Art der Literatur, die dem derberen, einfacheren Geschmack der aufkommenden Bürgerschicht entsprach. Daneben gab es die vermutlich allgemein populären Allegorien oder Sinnbilder – das waren personifizierte Tugenden und Laster in Form von Männern oder Frauen, denen man Namen wie »Die Hoffnung«, »Die Scheu« oder auch »Die böse Zunge« zuwies.

Der *Roman de la rose* (Rosenroman), ein äußerst beliebtes mittelalterliches Gedicht, ist eine lange allegorische Erzählung über die Suche eines Jünglings nach seiner Geliebten, die von einer Rose symbolisiert wird – ihrerseits ein Symbol für die Liebe. Die Autoren waren zwei Poeten des 13. Jahrhunderts: der erste ein typischer Vertreter des provenzalischen höfischen Epos mit langen theologischen Abschweifungen, dessen Minneauffassung dem höfischen Ideal entsprach, während der zweite den Text im saftigen, satirischen Stil des *fabliau* vollendete – in dieser Gemeinschaftsarbeit wird etwa die Darstellung der Frau leicht widersprüchlich, gerade deshalb aber vielleicht interessanter und realistischer.

Der »Rosenroman«, eine Allegorie über einen jungen Mann und seine – durch eine Rose symbolisierte – Geliebte, hat zwei verschiedene Verfasser. Der französische Dichter Guillaume de Lorris schrieb (ca. 1230) die ersten 4000 Verse für ein verwöhntes Publikum bei Hofe, und etwa 40 Jahre danach vollendete Jean de Meun die Erzählung mit weiteren 18.000 Versen, die für bürgerliche Zuschauer mit derberem Geschmack gedacht waren. Der Stoff wurde damals und auch später noch oft reich illustriert veröffentlicht, wie in dieser französischen Ausgabe aus dem 15. Jh. (Paris, Bibliothèque Nationale)

Holzschnitt von Ignatio Meurer für die Titelseite einer schwedischen Ausgabe (1621) des heroisch-komischen Fabelepos »Reineke Fuchs«. Unter dem Deckmantel der Tierfabeln ließen sich Verse nicht nur für moralische Geschichten, sondern auch zur Kritik an den Mächtigen verfassen. Die frühesten Beispiele sind die Fabeln von Aesop (ca. 6. Jh. v. Chr.) und Phaedrus (1. Jh. n. Chr.)

Reyncke Foss.
Thet är:
En skön och nyt-
tigh Dicht/ full medh
Wijßheet/ godh Läro/ och lustige Exem-
pel: Vthi hwilken alle Menniskiors wäsen-
de/ Handel/ Otroo/ List och Snillheet affmålat
warder/ sampt medh thet sedliga För-
ståndet och thenne Books
bruuk.
Allom Menniskiom i thenna sällsamma tijden
ganska tienligh och nödigh at weta/ 2c. Medh
sköne Figurer beprydd.

Tryckt och vplagdt i Stockholm/ aff
Ignatio Meurer / 1621.

Dante Alighieri

Totenmaske des großen italienischen Dichters Dante Alighieri. (Florenz, Privatsammlung)

In der produktivsten Periode des Mittelalters war Frankreich das kulturelle Zentrum Europas gewesen. In den Wirren des Hundertjährigen Krieges (1337-1453) kam es jedoch zu einem massiven Rückgang des künstlerischen Ausdrucks; gleichzeitig erblühte südlich der Alpen eine neue Kultur, in der die italienische Sprache ein fruchtbares literarisches Medium wurde. Zuerst zeigte sich diese Entwicklung in der Poesie, die viel vom Einfluß der benachbarten Provence profitierte.

Dante Alighieri, der Geburtshelfer des Italienischen als Literatursprache, wurde 1265 in Florenz geboren und starb 1321 in Ravenna als politischer Flüchtling. In *La vita nuova* (Das neue Leben), eine durch kurze Prosapassagen verknüpfte Gedichtsammlung, beschreibt er seine Liebe zu der jungen Beatrice und seinen Kummer über ihren Tod. Dantes Leidenschaft für das tote Mädchen, die er zu ihren Lebzeiten niemals anzusprechen wagte, ist ebenso ätherisch wie romantisch. Sie ist weniger ein Wesen aus Fleisch und Blut, als vielmehr die wundersame Personifizierung des Guten und Schönen.

An den politischen Konflikten seiner Zeit – der dem Papst ergebene »schwarze« Adel kämpfte gegen die »Weißen«, die dem Kaiser des Heiligen Römischen Reiches ergeben waren – hatte Dante wesentlichen Anteil, und nach dem Sieg der Papisten mußte er seine Geburtsstadt für immer verlassen. Im Exil schrieb er eine Reihe gelehrter Werke, in denen er großartig bewies, wieviel das Italienische leisten konnte. Sein heutiger Ruhm gründet sich aber vor allem auf ein Werk, das er erst kurz vor seinem Tod beendete – das größte poetische Meisterstück des Mittelalters, vielleicht sogar der ganzen abendländischen Literatur: *La divina commedia* (Die göttliche Komödie). Dantes »Komödie«, deren Titel ein wenig in die Irre führt, ist ein epischer Bericht von der Reise eines Dichters durch die verschiedenen, oft erschreckenden Reiche, die die menschliche Seele nach dem Tod erwarten. Sie besteht aus hundert *cantos*, aufgeteilt auf »Inferno«, »Purgatorio« und »Paradiso«. Durch die Hölle und das läuternde Fegefeuer leitet ihn der römische Dichter Vergil, durch das Paradies seine geliebte Beatrice. Wenn Dantes Verse auch angeblich einer Vision entsprangen, so sind sie doch das Werk eines außerordentlich wachen Geistes, der mit brillanter Klarheit die damalige, aus den Lehren der katholischen Kirche entwikkelte Weltsicht reflektiert.

Die allegorische Botschaft der *Göttlichen Komödie* ist zeitlos, doch selbst als realistische Erzählung fasziniert sie heute noch den Leser, denn sie hat tatsächlich etwas von der kühlen Sachlichkeit eines guten Reiseführers. Dante schildert jedes Detail in den drei Reichen, jedes Stück des langen Weges, den er und Vergil gehen müssen. Viele seiner Zeitgenossen dürften das Gedicht als Beschreibung des Schicksals gelesen haben, das sie eines Tages erleiden würden. Die jammervollen, in der Hölle gemarterten Seelen sind auf beinahe schmerzhafte Weise lebensecht; unter ihnen beschreibt Dante seine politischen Gegner, und zwar mit abgrundtiefem Haß, der weder Kardinäle noch Päpste verschont. Auf dem eisigen Grund der Hölle liegt Lucifer und hält Judas, Brutus und Cassius in seinen drei Mäulern fest.

Die meisten Leser halten das *Inferno* für den interessantesten Teil der *Göttlichen Komödie;* es enthält sicherlich die meiste Dramatik. Heute aber findet auch die lyrische und formelle Schönheit der beiden folgenden Abschnitte Beachtung. Dantes Schilderung der verbotenen Liebe von Paolo Malatesta zu Francesca da Rimini im *Inferno* und von ihrer Qual, als fleischlose Gespenster im Höllenwind zu flattern, ist eine sehr bewegende und ergreifende Stelle:

> Lieb', die Geliebtes zwingt zum Liebenmüssen,
> Ergriff mich, weil so stark sein Lieben lohte,
> Daß, wie du siehst, er jetzt noch bei mir ist.
>
> Die Liebe führte uns zu *einem* Tode.

Im zweiten Teil, dem *Fegefeuer*, begegnet Dante eine andere Art von Liebe – die Liebe von Beatrice, die ihn weiter ins Paradies führen will:

> Und da nun, unter einem Blumenregen,
> Den Engelshand der Landschaft auserkoren,
> Sah eine Donna vor mir ich sich regen,
> Ob weißem Schleier öllaubüberkränzt,
> Unter grünem Behang wie vom Sich-Regen

Lebendger Flamme ihr Gewand erglänzt.
Mein Geist, der schon so manches Jahr verblieben,
Seitdem von ihrer Gegenwart beglänzt,
Zitternde Starrheit schreckend ihn getrieben,
Ohne mit Augen sie noch zu erkennen,
Fühlte die große Macht aus altem Lieben,
Occulte Kraft von ihr zu ihm hinbrennen.
Und als mein Auge traf die hohe Kraft,
Die schon des Knaben Seele ließ entbrennen,
Wandt ich zur Linken mich mit Glaubenskraft,
Mit der ein Kind sich zu der Mutter drängt,
Wenn Furcht und andres ihm Bedürfnis schafft (...)

»Dante und Vergil überqueren den Styx«, eines der bekanntesten Gemälde von Eugène Delacroix (1798-1863), einem maßgeblichen Vertreter der französischen Romantik. Dante hielt den römischen Dichter der Zeitenwende für »unseren größten Poeten«, und von Vergil läßt sich Dante in seiner »Göttlichen Komödie« auch durch Hölle und Fegefeuer geleiten. (Paris, Louvre)

Der Ausgang des Mittelalters

Rechts: Holzschnittbildnis des François Villon aus der ersten Ausgabe seines »Grand Testament« (ca. 1460), das aus 172 Strophen bestand und mehrere Balladen und Rondeaus enthielt. (Paris, Bibliothèque Nationale)

Die französische Stadt Carcassone war ein beliebter Aufführungsort für die Mysterienspiele und Moralitäten. Die einmalig gut erhaltenen mittelalterlichen Festungsanlagen wurden im 18. Jahrhundert von dem Architekten Viollet-le-Duc restauriert.

Der Übergang vom Mittelalter zur Renaissance, der im 14./15. Jahrhundert allgemein angesiedelt wird, ist schwer zu bestimmen. Doch mit dem Niedergang der katholischen Kirche ging auch der der für das Mittelalter typischen Literatur einher. Auch die für das Mittelalter typische höfische Ritterwelt mit ihrem speziellen Ehrenkodex wurde allmählich von der Zentralmacht der Könige und der aufstrebenden Bürgerschicht verdrängt. Die Dichtung aber entwickelte sich weiter: die Form der Ballade breitete sich von Frankreich über ganz Europa aus, und die berühmtesten davon sangen den Ruhm von Rebellen wie Robin Hood und anderen Helden aus dem einfachen Volk.

Zur gleichen Zeit sank der Stern der großen Universitäten: Die Lehre war sterilem akademischem Pedantentum gewichen, und Studenten galten als Taugenichtse. Ein solcher Taugenichts war im 15. Jahrhundert der geniale Dichter **François Villon** (ca. 1431-ca. 1463), ein großer Bohémien, der aus dem Schmutz und dem Elend, in dem er lebte, seine Inspirationen bezog, und der vor allem von Ausgestoßenen, Trunkenbolden, Straßenmädchen und seinem eigenen sündhaften Leben schrieb. Eine große Rolle spielt auch der Tod; so lesen wir in der *Ballade des dames du temps jadis* (Die Damen von einst) den melancholischen Refrain: »*Mais où sont les neiges d'antan?*« (Doch wo ist der Schnee von damals?), der uns an die Vergänglichkeit erinnert. In der *Grabinschrift,* die Villon für sich und einige Kumpane verfaßte, als ihnen der Tod durch den Strick drohte, dürfte er sein Schicksal prophezeit haben. Die meisten seiner Verse, die oft wie ein Vermächtnis klingen, sind im *Grand Testament* gesammelt. Villon selbst verschwand 1463 im Alter von 32 nach einem Prozeß völlig von der Bildfläche.

Das Schauspiel im Mittelalter

Den Dramatikern fehlte das klassische Fundament, so daß sie gezwungenermaßen einen völlig neuen Anfang machen mußten. Wie die antiken Tragödiendichter Griechenlands gingen sie vom religiösen Glauben ihrer Zeit aus. Zu Weihnachten und Ostern ließ die Kirche Bibelstellen aufführen, um sie auch den ungebildeten Gläubigen begreiflich zu machen. So wurde das Theater zur »Bibel der Armen«; das Ergebnis war das geistliche Drama, anfangs in Latein, später in Mundart geschrieben. Die Kirchen waren bald zu klein für Darsteller und Publikum, und schon im 12. Jahrhundert wurden die Stücke an weltlichen Stätten aufgeführt. Solange sie rein biblische Themen – etwa das Leben der Heiligen – behandelten, hießen sie Mysterienspiele, doch die Heilige Schrift blieb nicht die einzige Quelle. Es entstanden die sogenannten »Moralitäten«: Allegorien, in denen die auftretenden Figuren bestimmte moralische Eigenschaften vertraten. Ein frühes Beispiel, das englische Moralitätenspiel *The Somonynge of Everyman,* wird bis heute oft bearbeitet und gespielt, vor allem in Hugo von Hofmannsthals Fassung *Jedermann.*

Die Komödie nahm eine kompliziertere Entwicklung. Schon immer waren Nar-

Villons Grabinschrift von **François Villon**

Ihr Menschenbrüder, die ihr nach uns lebt,
Laßt nicht verhärten euer Herz zu Stein!
Wenn ihr Erbarmen habt und uns vergebt,
Wird Gottes Huld euch selbst einst sicher sein.
Fünf, sechs hat man gehenkt hier im Verein.
Längst ist der Leib, den wir gepflegt, genährt,
Entblößt von Fleisch; die Zeit hat es verzehrt,
Bald sind die Knochen auch zu Staub zerfallen.
Verlacht uns nicht! Wer weiß, was euch beschert!
Kniet hin und betet: »Herr, vergib uns allen!«

Wenn wir euch rufen, Brüder, dürft ihr nicht
Mißachten unser Flehn und Wehgeschrei,
Ob auch zu Recht uns strafte das Gericht!
Ach, keiner ist von Leidenschaften frei!
Fürbitte tut, damit uns gnädig sei
Mariens Sohn, daß, wenn der Leib versinkt,
Der Seele doch dereinst Erlösung winkt,
Daß wir der Hölle nicht zum Opfer fallen,
Der Jüngste Tag uns nicht zum Zittern bringt!
Kniet hin und betet: »Herr, vergib uns allen!«

Gepeitscht von Regengüssen, Hagelschlag,
Gedörrt von Sonnenglut und schwarz gesengt,
Haar, Brauen, Bart von Raben Tag um Tag
Gerupft, die Augen ausgehackt! Bedenkt!

In der Kirche Santa Anastasia in Verona zeigt der Italiener Antonio Pisanello (1395-1455) auf diesem Fresko den Tod am Galgen – mehrere Jahrzehnte bevor Villon nach einer Anklage wegen Diebstahls die unerfreuliche Aussicht zum Thema seiner Grabinschrift machte.

Wie wir geschlottert, hin und her geschwenkt
Vom Wind, der nie in seinem Spiel geruht!
Gedellt die Haut gleich einem Fingerhut,
Zerpickt von Schnäbeln und zerfetzt von Krallen!
Bleibt ferne unsrer Zunft! Ich rat euch gut!
Kniet hin und betet: »Herr, vergib uns allen!«

Fürst Jesu, unser Herr, nimm uns in Hut,
Bewahr uns vor der Hölle Flammenglut,
Laß uns nicht büßen unser Erdenwallen.
Hier muß verstummen Spott und Übermut!
Kniet hin und betet: »Herr, vergib uns allen!«

ren sehr populär gewesen, und mehrere traditionelle Komödienstoffe lassen sich tatsächlich bis ins römische Imperium zurückverfolgen, außerdem wurden volkstümliche Spiele und Possen in die Handlung eingewoben. Die bekannteste mittelalterliche Komödie ist wohl die lustige Farce über die lächerlichen Mißgeschicke eines Rechtsanwalts, *Maistre Pierre Pathelin.* Wie das ganze Mittelalter bot auch die Literatur in dieser Zeit eine große Bandbreite von widersprüchlichen Gedanken und Gefühlen – von der erdverbundenen Derbheit der *fabliaux* über die subtile Süße der provenzalischen Lyrik bis hin zur ätherischen Schönheit von Dantes Vision des Paradieses.

Die Bühnen der Theater waren im Mittelalter oft kreisrund, das Publikum saß ringsherum im Kreis. Diese Miniatur (ca. 1400) preist das komische Drama mit Calliope, der Muse des heroischen Epos, deren Name sich auf der Loge mit Vorhang findet, und mit Terenz, dem römischen Komödiendichter aus dem 3. Jh. n. Chr., der links unten abgebildet ist. (Paris, Bibliothèque Nationale)

Magische Runen

Sigurds Runeninschrift auf dem Berg Ramsund in Schweden. Dieser Held germanischer Sagen tritt in zahlreichen Liedgedichten auf, unter anderem in der altnordischen »Poetischen Edda« und im deutschen »Nibelungenlied«.

Ich weiß, daß ich hing/ Am windigen Baum
Neun Nächte lang,/ Mit dem Ger verwundet,
Geweiht dem Odin,/ Ich selbst mir selbst,
An jenem Baum,/ Da jedem fremd,
Aus welcher Wurzel er wächst.

Runengedichten wie diesem, dessen Worte dem Gott Odin selbst in den Mund gelegt werden, schrieb man früher Zauberkräfte und große Weisheit zu. Die ersten Runen stammen aus dem Skandinavien des zweiten Jahrhunderts n. Chr.; sie wurden auf Steinen, Keulen, Speeren und Haushaltswaren gefunden und bis ins 12. Jahrhundert benutzt. Das klobige Schreibmaterial begrenzte die literarischen Möglichkeiten der Runen, erhielt sie dafür aber bis heute der Nachwelt. Ursprünglich dürften sie magische Zwecke gehabt haben. Aus rätselhaften Anrufungen, die am norwegischen Sognefjord auf dem sogenannten Eggjum-Stein gefunden wurden, wissen wir, daß sie die Toten rächen und vor bösen Geistern schützen sollten.

Trotz all ihrer Kürze geben die Runen Aufschluß über das Leben der nordischen Völker während eines ganzen Jahrtausends. Pyramiden zu Ehren von Herrschern gab es in Skandinavien nie; statt dessen erinnern Tausende von Runensteinen an freie Bauern, die teilweise ihre eigenen Wikingerschiffe segelten.

Die Edda und die Lieder der Wikinger

Die Runeninschrift in Olafur Brynjulfssons Handschrift der »Edda« von 1760 lautet: »Hier reitet Odin auf seinem Roß Sleipnir«. Runen wurden mit dem teutonischen Gott Wotan oder Wodan (der auch als Odin bekannt ist) verknüpft, dem Gott der nächtlichen Stürme, der allmählich zum Gott des Krieges und der Weisheit umgewertet wurde, so daß man ihn mit dem römischen Merkur gleichsetzte. (Kopenhagen, Arnamagnean-Institut)

Island wurde um 900 n. Chr. von den Norwegern besiedelt. Wie alle nicht ganz seßhaften Völker pflegten die Isländer alte Traditionen, die in einem unsicheren Leben immer das Dauerhafte verkörpern. Einige Jahrhunderte später tauchte die altnordische Literatur wie aus dem Nichts auf – beinahe so wundersam wie jene des jüdischen Volkes ein Jahrtausend zuvor.

Wiederum machte die Lyrik den Anfang. Die Verse der Edda sind anonym verfaßt und handeln von den alten Göttern und Helden der Germanen, es gibt nur wenige, einfache Metren. Die meisten Lieder wurden ab 1270 geschrieben und finden sich in der *Älteren* oder *Poetischen Edda*, die auch als *Saemundar-Edda* bekannt ist.

Eingeleitet wird die Ältere Edda mit der *Völuspá* (Weissagung der Seherin), einer Vision von Anfang und Ende des Universums, in der die Götter die Erde aus dem Meer erschaffen und das erste Goldene Zeitalter beginnt, der Tag der Axt und die Zeit der Messer anbrechen und schließlich die Götterdämmerung kommt, in der Götter und Giganten untergehen, um einem neuen Goldenen Zeitalter Platz zu machen. Als Prophezeiung ist die *Völuspá* eher phantasievoll als lehrreich. Der Dichter war eine Art skandinavischer Jesaja; seine letzten Verse beschreiben, wie die Erde wieder aus dem Ozean steigt und die Felder grün werden.

Die Sprüchesammlung *Hávamál* (Der Sang des Hohen, gemeint ist Odin), in der dem Leser geraten wird, er solle Böses mit Bösem vergelten und nur sein Ruhm überlebe ihn nach dem Tod, ist dagegen von einem durch und durch heidnischen Geist beseelt. Die Götter der Edda sind wie die Griechenlands immer sehr menschlich.

Dafür sind auch die menschlichen Helden der Edda, wie Homers Helden, den Göttern sehr ähnlich. Sigurd und Volund haben die gleichen übermenschlichen Dimensionen wie Hektor und Achill. Die historischen Ursprünge der Lieder scheinen manchmal durch, doch die Zeit hat sie mit Mythen und Legenden angereichert. Trotzdem lassen sich die Herrscher und Krieger der Zeit der Großen Wanderung in den eddischen Dichtungen nachvollziehen, und etwa die Hälfte der Eddalieder kann als Heldensagen angesehen werden, wenn auch ihr wahrer Hintergrund oft recht vage ist. Sie handeln meist von Einzelschicksalen und Familienfehden.

Im Zentrum des größten Sagenkreises stehen der Drachentöter Sigurd und das Herrschergeschlecht der Wälsungen; viele der handelnden Personen treten auch im *Nibelungenlied* auf.

Während die Verfasser der Edda unbekannt sind, wissen wir von jenen der Wikinger- oder Skaldenlieder nicht nur die Namen, sie kommen uns in lebendigen Schilderungen geradezu vertraut vor.

Einer von ihnen war **Egil Skallagrimsson** (ca. 910-990). Sein Leben wird in der *Egils saga* beschrieben: er war ein grausamer, rücksichtsloser, verschlagener Wikinger – und einer von Islands größten Dichtern (Skalden). Skallagrimssons Verse waren anders als die Eddalieder. Die skaldische Dichtung hatte mit alten Göttern und Helden nur wenig im Sinn; sie wurde je nach Bedarf verfaßt, oft zu sehr praktischen Zwecken – um zu verletzen, zu vernichten oder auch einen mächtigen Stammesfürsten zu preisen. Als Egil an der englischen Küste Schiffbruch erlitt und in die Klauen seines Erzfeindes fiel, rettete er seinen Kopf mit Hilfe des Preisliedes *Höfudlausn* (Die Haupteslösung), das er rasch rezitierte.

Literarisch gesehen, sind die Skaldenlieder wesentlich wertvoller als die Edda. Je komplexer das Versmaß, je ausgefeilter und phantasievoller die Vergleiche, desto mehr galt ein Lied. Die ersten Skalden spielten an den Höfen der skandinavischen Bauern und bei Treffen der Stammesfürsten, in Island aber wurde diese Dichtung geradezu hochspezialisiert, so daß man anderswo bald glaubte, jeder reisende Isländer sei ein Skalde – was ja auch beinahe zutraf. In der klassischen Epoche des 10. und 11. Jahrhunderts war das Skaldenlied eine hochentwickelte Form, die die erhabensten Gefühle des Dichters ausdrückte. Später wurde es etwas gekünstelt und verlor viel von seiner spontanen Ursprünglichkeit.

Die Meisterwerke sowohl der Edda wie der skaldischen Dichtung entstanden in heidnischer Zeit; und es fällt auf, daß das Christentum Island erst etwa zehn Jahre nach Egil Skallagrimssons Tod erreichte.

Egil Skallagrimsson, Islands grausamer Lehnsherr und größter Skalde. Dieser heidnische Wikinger benutzte die Dichtung ebenso bereitwillig als Beschwörungsmittel, wie er damit seine Feinde beleidigte. Aus einem Manuskript des späten 17. Jahrhunderts. (Kopenhagen, Arnamagnean-Institut)

Familien- und Königssagas

Der große Snorri Sturluson, ein weiser Staatsmann Islands, Dichter und Chronist der Königssagen. Zeichnung von Christian Krohg. (Kopenhagen, Königliche Bibliothek)

Im Jahre 1000 wurde Island durch Beschluß des »Althing« christlich, und da mit der Kirche die Schriftkultur kam, schrieb man auch weltliche Werke von nun an auf. Doch gerade in der Dichtung erhielt sich die heidnische Weltsicht – nicht nur in der Lyrik, auch in späteren Prosawerken, besonders in den Familiensagas, Islands größtem Beitrag zur Weltliteratur. Eine isländische »Saga« erzählt keine Märchen von Trollen und Gnomen, sondern schildert eine historische Episode in farbigen Worten. In den alten, überlieferten Sagas illustriert sich die Geschichte dieses Inselvolkes.

Der Grundtenor der Sagas ist heidnisch: die Gemeinde baut auf der Sippe auf, und die Ehre eines Mannes gilt mehr als sein gesamter Besitz. Der Christengott hat noch keine Macht – das dunkle Schicksal regiert das Dasein. Und doch stoßen wir hie und da auch auf andere Anschauungen. In der besten der Familiensagas, der gewaltigen *Njáls saga*, die Ende des 13. Jahrhunderts entstand, ruft Gunnar von Lidarande aus, er wisse nicht, ob er weniger tapfer sei als andere, weil er seine Mitmenschen nur ungern erschlage. In einem solchen Satz zeigt sich auch das, was wohl als höchstes künstlerisches Ziel einer Saga galt – das Streben nach geistigen Werten.

Das einsame Leben der Insulaner auf Island mag eine Erklärung für ihr großes Interesse an der Geschichte sein, das sich auch auf Norwegen, das alte Mutterland, erstreckte. Die Königssagas, in denen die langvergangene Zeit auflebte, waren wiederum zuerst mündlich überliefert und später von gebildeten Männern niedergeschrieben worden. Einer von ihnen, **Snorri Sturluson** (1179-1241) aus dem Geschlecht der Sturlungar, lebte gerade in der tragischen Zeit, in der Island seine Unabhängigkeit an den norwegischen König verlor. Snorri selbst spielte eine wichtige Rolle in diesem Konflikt – er war ein großer Held Islands, der Ähnlichkeiten mit einem frühen Renaissancefürsten aufwies, sowohl in seiner Bildung und Weltoffenheit als auch in seinem Ehrgeiz und seinem Talent zur Intrige. Er war ein großer Diplomat, doch seine Machtgier war noch größer; er wurde von Gegnern ermordet. Seine Hauptwerke sind *Heimskringla* (Der Weltkreis) und die *Snorri-Edda* – ein für uns heute sehr aufschlußreiches Prosahandbuch der Skaldenkunst und nicht mit der älteren *Poetischen Edda* zu verwechseln.

Das Wort »Saga« hat für Isländer daher eine spezielle Bedeutung. Eine etwas jüngere Liedersammlung heißt *Fornaldor saga* (Vorzeitsaga) und erzählt von der alten Zeit, steht aber eigentlich den Volkslegenden näher und beruht auf Stoffen, die viel älter sind als jene der Familien- und Königssagas. Heute gelten sie als nicht unbedingt historisch verbürgt, sondern als »Lügengeschichten«; sie sind freier in der Komposition und verflechten Trolle, Drachen und typische Sagathemen miteinander. Auch Erotik spielt eine Rolle, womit sie zu Vorläufern des Romans werden. Oft gibt es Verbindungen zu heroischen Eddaliedern, wie in der *Wälsungensaga;* andere, etwa die *Saga von Frithjof dem Kühnen,* berichten von der Frühzeit der Wikinger. Außerdem enthalten sie in eigenartig nordischem Gewand orientalische und andere fremde Themen.

Christus der Sieger

In Schweden war der Kampf zwischen Heiden- und Christentum ungleich erbitterter als in den benachbarten Ländern Skandinaviens. In Schweden war Uppsala mit seinen heiligen Hainen die stärkste Bastion des alten Glaubens; die alten Götzen wurden hier erst um 1100 vom Sockel gestoßen.

Im Gegensatz zu Island und, in geringerem Maße, Norwegen, sind in Schweden und Dänemark fast keine Zeugnisse alter Literatur erhalten. Eine Ausnahme macht die Chronik des Dänen **Saxo Grammaticus**, *Gesta Danorum* (um 1200), eine Volksgeschichte, die das Lebensgefühl der Zeit Waldemars des Großen vermittelt.

Die nach dem Vormarsch des Christentums in Skandinavien entstandene Literatur ist weniger bemerkenswert: Einerseits war sie lateinisch geschrieben, was ihr die Originalität raubt, andererseits diente sie vor allem religiösen Zwecken.

In der weltlichen Literatur stechen die fröhlichen Volkslieder hervor, die genau wie in Frankreich und Deutschland, von woher die Sitte dazu kam, zum Tanzen gesungen wurden. Dänische Tanzlieder gehören zu den schönsten Dichtungen des Mittelalters, obwohl sie außerhalb des Landes kaum bekannt sind.

Birgitta von Schweden

Der einzige schwedische Autor, dessen Ruhm sich im Mittelalter über ganz Europa ausbreitete, war eine Frau: die später heiliggesprochene **Birgitta** (1303-1373). Die wirklich bedeutende Dichterin scheint zwei Leben geführt zu haben: Nach einer weltlichen Karriere als Gattin eines berühmten Mannes und Mutter von acht Kindern konnte sie nach dem Tod des Mannes endlich ihrer religiösen Berufung folgen. 1349 zog sie nach Rom, wo sie viel später auch starb. In der Zwischenzeit schrieb sie über 600 ihrer *Revelationes* nieder – Visionen, die sie angeblich entweder von Christus oder der Jungfrau Maria empfangen hatte. In der Sammlung finden sich Briefe und Botschaften, die oft tiefschürfende und bemerkenswerte Analysen des Seelenzustandes anderer Personen enthalten. Unsere Kenntnisse der *Revelationes* beruhen auf der lateinischen Übersetzung, die von Birgittas Beichtvätern abgefaßt wurde. Der schwedische Originaltext ist verschollen.

Der Sarg der heiligen Birgitta, der schwedischen Mystikerin und Dichterin. Ihr Leichnam wurde nach der Heiligsprechung 1391 von Rom in ihre Heimat überführt. Fresko von Johannes Rosenrod (1437) in der Tensta-Kirche, Uppland.

Der Islam

Oben: Die erste Sure des Korans, der heiligen Sammlung der Offenbarungen des Propheten Mohammed, aus einer ägyptischen Ausgabe. Darunter: Die Feiern zum Ende des Ramadan, des neunten Monats nach dem islamischen Kalender, in dem jeder Moslem von Tagesanbruch bis Sonnenuntergang fasten muß. Arabische Miniatur. (Paris, Bibliothèque Nationale)

Gegenüberliegende Seite: Bei Mohammeds legendärer Reise von Mekka nach Jerusalem flog er mit dem Erzengel Gabriel durch die sieben Himmel, wurde von der Hand Gottes berührt und schließlich nach Mekka zurückgetragen. Türkische Miniatur. (Paris, Bibliothèque Nationale)

Als der arme Kameltreiber **Mohammed** (570-632) vierzig Jahre alt war, befahl ihm der Erzengel Gabriel, der Prophet und Anführer seines Volkes zu werden. Die Religion, die er gründete, heißt heute Islam, und die Nachfolger Mohammeds nannten sich Kalifen.

Der dritte Kalif, Othman, ließ die mündlichen und schriftlichen Offenbarungen Mohammeds sammeln und stellte eine Kommission zusammen, die die Heilige Schrift des Islam redigieren sollte. Sie erhielt den Namen *al-Qur'ân* oder *Koran* (Lesung) und besteht aus 114 Suren (Kapiteln). Die frühen Suren sind gereimt, die späteren in eher geradliniger Prosa abgefaßt. Das »reine Arabisch« des Koran wurde zur Literatursprache der arabischen Welt. Der Koran ist neben der Scharia die Grundlage muslimischen Glaubens. Hier zum Beispiel wird der Jüngste Tag beschrieben:

Wenn die Sonne verhüllt ist,
Und wenn die Sterne betrübt sind,
Und wenn die Berge fortgeblasen werden,
Und wenn die hochschwangeren Kamelstuten verlassen werden,
Und wenn wildes Getier versammelt wird,
Und wenn die Meere ineinander fließen,
Und wenn die Menschen einander nahe gebracht werden,
Und wenn nach dem lebendig begrabenen Mädchen gefragt wird:
»Für welches Verbrechen ward es getötet?«
Und wenn die Schriften weithin verbreitet werden,
Und wenn der Himmel aufgedeckt wird,
Und wenn das Feuer angefacht wird,
Und wenn der Garten nahegebracht wird,
Dann wird jede Seele wissen, was sie gebracht.

In weniger als 100 Jahren hatten die islamischen Kalifen den gesamten Nahen Osten erobert, 711-712 Spanien eingenommen und sich über den Indus bis an die Grenzen Chinas ausgedehnt. Mit den religiösen Inhalten allein läßt sich der militärische Siegeszug des Islam nicht erklären – ein Grund dafür war auch, daß der neue Glaube von einer aggressiven Kriegergesellschaft getragen wurde, die sich zu immer neuen Eroberungen anspornen ließ, genau wie später die christlichen Kreuzfahrer.

Von der reichen arabischen Dichtung, die in Kairo und Córdoba, in Damaskus und Bagdad entstand, drangen nur Bruchstücke ins Abendland, denn der Islam war rasch der Hauptfeind des christlichen Europa. Im 16. Jahrhundert wurde eine Übersetzung des Korans gedruckt, und zwar mit ausdrücklicher Einwilligung des Reformators Martin Luther, der darin eine warnende Schrift sah.

Erst Anfang des 18. Jahrhunderts wagte Europa mit Antoine Gallands französischer Übersetzung von *Tausendundeine Nacht*, einen Blick auf die weltliche Literatur im Islam. Diese Erzählungen, mit denen die schöne Scheherezade Nacht für Nacht ihren grausamen Gatten besänftigt, stammen aus dem ganzen Orient; ihre Ursprünge lassen sich sogar oft bis ins alte Ägypten zurückverfolgen.

Im 19. Jahrhundert entdeckte das Abendland die arabische, meist persische Dichtkunst und erkannte ihre hohe literarische Qualität. So ließ sich Goethe von dem Perser **Hafis** (1320-1389), dessen Werke 1812 ins Deutsche übersetzt wurden, zu seinem *West-östlichen Diwan* inspirieren, und 1859 veröffentlichte der Engländer Edward Fitzgerald eine freie Nachdichtung der *Rubaiyat* (Vierzeiler) von **Omar Chaijam** (1048-1131), einem persischen Dichter, Philosophen und Mathematiker des 11. Jahrhunderts; Fitzgeralds meisterhafte Übersetzung hatte seinerzeit großen Erfolg und gehört noch heute zu den meistzitierten Werken der englischen Lyrik.

Das Goldene Zeitalter der chinesischen Literatur

靜夜思 李白

牀前明月光 疑是地上霜
舉頭望明月 低頭思故鄉

Oben: Ein Vierzeiler von Li Bo im Original. Den Inhalt und dazu noch den anmutigen Stil eines chinesischen Gedichts zu übersetzen, ist natürlich schwer. Zunächst wird oft eine Wort-für-Wort-Übertragung angefertigt, aus der dann die freiere, poetische Bearbeitung entsteht. In der modernen »Pinyin«-Umschrift klingt das obige Gedicht so:

Chuang qian ming yue guang
Yi shi dishang shuang.
Ju tou, wang ming yue,
Di tou, si guxiang.

Frei übersetzt, lauten Li Bos Nachtgedanken etwa:

Vor meinem Bett das Mondlicht ist so weiß,
Daß ich vermeinte, es sei Reif gefallen.
Das Haupt erhoben schau ich auf zum Monde,
Das Haupt geneigt denk ich des Heimatdorfs.

Mit wenigen Ausnahmen waren die frühen Dichter Chinas bis ins 20. Jahrhundert hinein bei uns völlig unbekannt. Die Tang-Dynastie (618-906) gilt als die Blütezeit der chinesischen Literatur, und die berühmtesten Dichter jener Epoche sind **Li Tai-po (Li Bo)** (701-762), **Tu Fu (Du Fu)** (712-770) und **Po Chü-i (Bo Juyi)** (772-846). Li Bo und Bo Juyi teilten die Liebe zum Wein und zur Philosophie; ihnen ging es vor allem darum, die Schönheit des vergänglichen Augenblicks einzufangen. Zur Perfektion brachten die Dichter der Tang-Zeit unter anderem den skizzenhaften Vierzeiler *(jue-jo)*, in dem sie ihren Eindruck eines Gefühls oder einer Szene bannten.

Die japanische Verskunst unterlag starken Einflüssen aus China, dessen Kultur in der Yamato- und der Nara-Epoche nach Japan importiert wurde. 794 begann mit der Heian- oder Kyoto-Zeit die große Epoche der japanischen Literatur. Schon die frühen Dichter Japans beschäftigten sich mit der Vergänglichkeit des Lebens.
Hier als Beispiel das Gedicht der Lyrikerin **Kasa** aus dem 8. Jahrhundert:

> Um den Abend wird
> schwerer die Last der Schwermut,
> wenn des Erschauten
> Worte sprechendes Antlitz,
> eine Erscheinung, aufsteigt.

Einsamer Trunk unter dem Mond
von **Li Tai-po (Li Bo)**

Unter Blüten meine Kanne Wein –
Allein schenk ich mir ein, kein Freund hält mit.
Das Glas erhoben, lad den Mond ich ein
Mein Schatten auch ist da – wir sind zu dritt.
Gewiß versteht der Mond nicht viel von Wein,
Und was ich tue, tut der Schatten blind,
Doch sollen sie mir heut Kumpane sein
Und ausgelassen unterm Frühlingswind.
Ich singe und der Mond schwankt hin und her, (...)

Vom Yangtse scheidender Schiffer
von **Po Chü-i (Bo Juyi)**

Wenn im Herbst die Schwäne
geordneten Zuges vorbeiziehn
Und die Klage der Affen
von morgens bis abends gehört wird,
Naht der Tag, wo verloren
sich fühlt auf den Booten der Schiffer
Und bald diese Stätte
verlassen noch andere Scharen.

Wenn dann sprühend und rieselnd
durchfeuchtet die Kleider der Regen
Und geruhsam und friedvoll
doch hastig hinsegeln die Wolken,
Ach, so wird er nicht trunken
vom leuchtenden Weine aus I-tschang,
Weil im Nebel der Wogen
die Wehmut erschlägt fast den Mann.

Links: Viele chinesische Gelehrte waren gleichzeitig Dichter und Künstler. Sie entdeckten die Landschaftsmalerei als wichtiges Ausdrucksmittel mit religiösen, philosophischen und symbolischen Obertönen; ihr Thema war die Verbundenheit des Menschen mit dem Kosmos. Diese Seidenmalerei aus dem frühen 16. Jh. wurde von Chu Tuan geschaffen. (Stockholm, Museum für fernöstliche Antiquitäten)

Gegenüberliegende Seite unten: Eine gelungene Illustration von Stig Södersten für ein kurzes Haiku des japanischen Lyrikers Shami Mansei, der darin die Vergänglichkeit menschlichen Lebens mit einem zerbrechlichen Ruderboot auf dem offenen Meer vergleicht. Aus einer schwedischen Ausgabe japanischer Dichtkunst von 1956.

Alte Quellen und neues Wissen

Rechts: Mit drei kleinen Schiffen und 120 Mann Besatzung überquerte Christoph Kolumbus (unten links) 1492 den Atlantik; er hoffte, auf westlichem Kurs einen Seeweg nach Asien zu finden. Die Inseln der Karibik (Westindien) hielt er für Indien und entdeckte als erstes die Bahama-Insel Watling, die er San Salvador taufte; dann kam er nach Kuba und Haiti (Hispaniola). Auf seiner zweiten Fahrt ein Jahr darauf gründete er die Stadt Isabela auf Haiti, die erste europäische Siedlung in der Neuen Welt. Auf diesem zeitgenössischen Holzschnitt finden sich noch weitere Inseln der Bahamas: Conceptíon, Kap Santa Maria. Kolumbus unternahm noch zwei weitere Amerikafahrten, starb jedoch allein und vergessen 1506 in Spanien. Seine Entdeckungen aber eröffneten Gelehrten wie Abenteurern eine neue Welt.

Unten rechts: Schon seit langem waren einzelne Gelehrte überzeugt, die Erde bewege sich um die Sonne und nicht umgekehrt. Doch die Ansichten des polnischen Astronomen Nikolaus Kopernikus (1473-1543) galten zu seiner Zeit bei Kirche und Staat als Ketzerei. (Krakau, Alte Universität, Collegium Maius)

Die Renaissance, wörtlich »Wiedergeburt« des Interesses an den Zivilisationen der Antike, ging seit dem 14. Jh. von Italien, speziell von Florenz aus und hatte im 16. und 17. Jahrhundert nahezu alle Länder Europas erfaßt. Künstler und Gelehrte fanden nicht einfach nur zur Kultur der Griechen und Römer zurück – sie war ja nie ganz vergessen worden –, sie hatten den Anspruch, ein neues Weltbild zu schaffen und den mittelalterlichen Ansichten ein Ende zu bereiten. Es war die Epoche umwälzender geographischer Entdeckungen, gleichzeitig auch die Zeit der Revolte gegen die Allmacht der katholischen Kirche und gegen überkommene philosophische Glaubenssätze, eine Ära, die neben Vasco da Gama und Kolumbus auch Kopernikus und Galilei hervorbrachte. Die Entdeckerlust spricht noch heute aus jedem Detail des Lebens der Renaissancemenschen, vor allem aus ihrer Kunst.

In jener Zeit wurde der Mensch zum »Maß aller Dinge« und betrachtete sich nicht mehr als Teil einer umfassenderen Einheit, in die er sich fügen mußte. Die Rechte des Individuums verschafften sich Gehör. Es wollte persönliche Fähigkeiten entwickeln und damit private Ziele verfolgen. Der Renaissancemensch strebte nach Allwissenheit, und ein typischer Vertreter war **Leonardo da Vinci** (1452-1519): Maler und Mathematiker, Dichter und Wissenschaftler, der kein Gebiet unerforscht lassen wollte. Eine andere, weniger attraktive Seite des Individualismus der Renaissance zeigt sich in **Niccolò Machiavelli** (1469-1527), dessen Meisterwerk *Il Principe* (Der Fürst), ein Traktat über kluge Staatsführung und die Kunst erfolgreichen Herrschens, auch in der Moderne noch mancher Diktator und politische Opportunist als Richtschnur benutzt haben mag.

Links: Der Florentiner Staatstheoretiker und Autor Machiavelli.

Unten rechts: Titelseite einer frühen Ausgabe (1532) von Machiavellis »Fürst«. Diese Abhandlung über die Kunst der Staatsführung und des Herrschens beeinflußte viele Herrscher der Renaissance, darunter auch den englischen König Heinrich VIII.

Unten links: Originalmanuskript (ca. 1530) von Kopernikus' revolutionärem Werk »De revolutionibus orbium coelestium« (Über die Bewegungen der Himmelskörper). Die Veröffentlichung hielt er bis 1543 zurück, weil er den Zorn der Kirche fürchtete. (Polen, Universität Krakau)

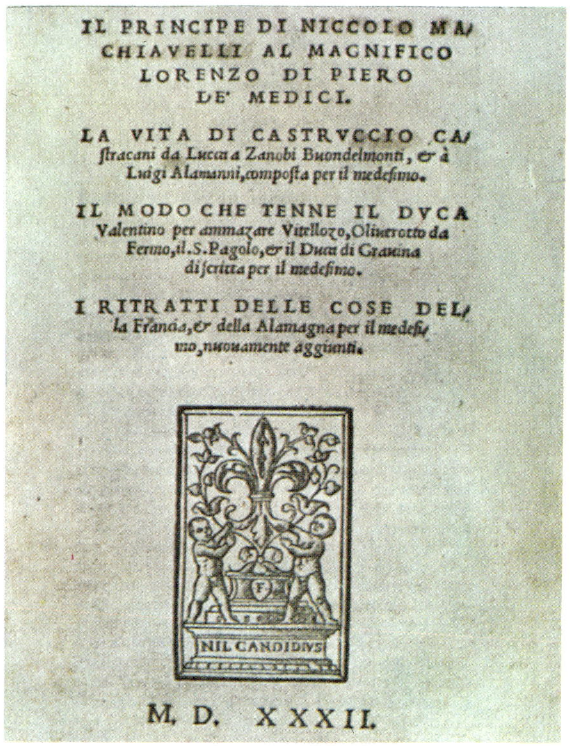

IL PRINCIPE DI NICCOLO MA/ CHIAVELLI AL MAGNIFICO LORENZO DI PIERO DE' MEDICI.

LA VITA DI CASTRVCCIO CA/ stracani da Lucca a Zanobi Buondelmonti, & à Luigi Alamanni, composta per il medesimo.

IL MODO CHE TENNE IL DVCA Valentino per ammazare Vitellozo, Oliuerotto da Fermo, il S. Pagolo, & il Duca di Grauina discritta per il medesimo.

I RITRATTI DELLE COSE DEL/ la Francia, & della Alamagna per il medesi/ mo, nuouamente aggiunti.

M. D. XXXII.

Für die Literatur war das wohl wichtigste Ereignis der Renaissance die Erfindung des modernen Buchdrucks. Zwar waren schon im 14. und 15. Jahrhundert in Europa mit Hilfe von Holzplatten einzelne Seiten gedruckt worden, die sich dann zusammenheften ließen – ein Beispiel ist die berühmte *Biblia pauperum* (Armenbibel) –, doch um 1438 entwickelte der Mainzer Johann Gutenberg (1395-1468) ein Druckverfahren, das bewegliche Lettern aus Metall benutzte, und stellte so 1455-1456 seine berühmte Bibelausgabe her. Die Folgen des Buchdrucks dürften die Geschichte der Menschheit wohl nachhaltig geprägt haben – im Guten wie im Bösen.

Oben: Gutenbergs Letternpresse, auf der ca. 1440 das erste Buch gedruckt wurde, ist in seiner Heimatstadt Mainz rekonstruiert und zeigt sehr anschaulich die Funktion der damals bahnbrechenden Technik. (Mainz, Gutenberg-Museum)

Links: Große Fortschritte machte in der Renaissance auch das Wissen von der Anatomie des Menschen. Dieser Vorlesungs- und Seziersaal der Universität von Padua ist die älteste erhaltene Stätte anatomischer Studien. Er wurde im 16. Jh. nach dem Vorbild eines Amphitheaters erbaut.

Gegenüberliegende Seite: Schnittzeichnung des arteriellen Systems und der wichtigsten Organe des Bauchraums einer Frau. Eine unvollendete Arbeit von Leonardo da Vinci über die Anatomie, in der seine äußerst realistischen Auffassungen von Aufbau und Funktion des menschlichen Körpers zutage treten. Ihm dürfte die Entdeckung des Blutkreislaufs zu verdanken sein. Die Notizen sind in seiner von rechts nach links ziehenden, orientalisch anmutenden Handschrift verfaßt. (Windsor Castle, Berkshire, Royal Library)

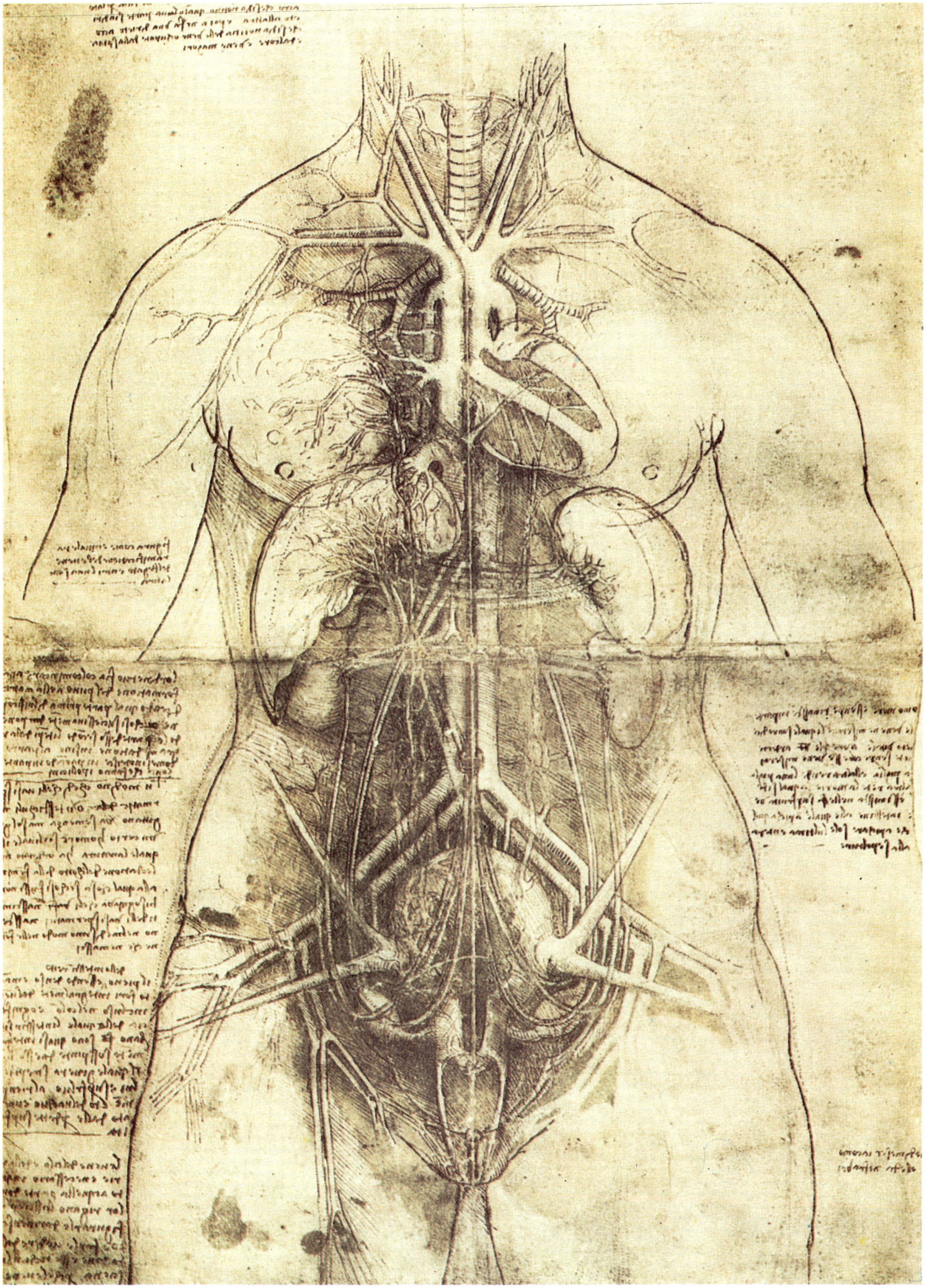

Der Aufstieg des Individuums

Daß die Renaissance gerade in Italien aufkam, hatte diverse Gründe – nicht zuletzt die Existenz vieler kleiner Fürstentümer und unabhängiger Städte, wo eine neue soziale Gruppe, die bürgerliche Mittelschicht, an Macht und Einfluß gewann, eine Entwicklung, die die Ausbildung individueller Züge förderte.
Anfangs versuchten die Renaissancedichter, ihre neue Literatur in die alten lateinischen Formen zu kleiden. Doch dieser Plan schlug eher fehl, und die größten Poeten der Renaissance benutzten die lebende Sprache ihrer Zeit.
Francesco Petrarca (1304-1374), der erste große Dichter der Renaissance, sammelte zwar eifrig klassische Manuskripte (darunter griechische Texte, die er selbst gar nicht lesen konnte), verfaßte auch Abhandlungen und Verse auf Latein, bekannt aber ist er heute vor allem durch seine italienischen Sonette und Canzonen, in denen er die Liebe zur heimischen Landschaft und seine Zuneigung zu Laura, einer idealisierten Geliebten, ausdrückte. Petrarcas berühmtes Gedicht *Italia mia* (Mein Italien) nimmt den im Mittelalter völlig unbekannten romantischen Patriotismus vorweg.
Ein anderer Geist der Renaissance umwehte **Giovanni Boccaccio** (1313-1375) aus Neapel, dessen Lyrik- und Prosadichtung – etwa die Elegien für seine Geliebte *Fiammetta* – von klassischer Schönheit sind. Berühmt ist er aber vor allem für die Novellensammlung *Il Decamerone* (wörtlich: Die zehn Tage), die eine damals aktuelle Rahmenhandlung hat: Im Pestjahr 1348 zieht sich eine Gruppe edler Damen in Herrenbegleitung aus dem siechen Florenz auf die Zuflucht eines Landsitzes zurück, um dort bessere Tage abzuwarten, und jede von ihnen erzählt eine Geschichte. Manche dieser Geschichten beruhen auf mittelalterlichen Legenden, andere sind dem Gesellschaftsklatsch jener Zeit entnommen. Letztere geben uns einen lebhaften Eindruck von Sitten und Lebensweise im Florenz des ausgehenden 14. Jahrhunderts. Das *Decamerone* wurde oft als unzüchtig angesehen, und Boccaccio war wohl tatsächlich kein Kostverächter. Aber Geschichten konnte er auch erzählen, und seine männlichen und weiblichen Figuren schildert er als deutlich individuelle Charaktere. In späteren Jahren machte ihm allerdings die vermeintliche Sündhaftigkeit seiner frühen Werke zu schaffen, und den Rest seiner Tage verbrachte er mit andächtigen Meditationen und Studien.
Als die erste Welle der italienischen Renaissance verebbte, folgte ihr gegen 1470 die sogenannte Hochrenaissance. Petrarca und seine Zeitgenossen hatten sich der Kultur der Antike verschrieben, doch die nachfolgenden Dichter hofften, eine neue literarische Tradition zu begründen, die den Werken der Griechen und Römer ebenbürtig wäre. So kam der Geist der alten Epen zu neuer Geltung und wurde auf die Stoffe von Volksliedern und Märchen angewendet; Dichter erinnerten sich an das mittelalterliche Rolandslied (auf italienisch heißt der Held Orlando) und ahmten die Ritterromantik der *chansons de geste* nach. **Luigi Pulci** (1432-1484) verfaßte ein mit Spott gewürztes Heldengedicht über Roland und den sarazenischen Riesen Morgante – *Morgante Maggiore* –, während **Matteo Maria Boiardo** (1441-1494) in *Orlando innamorato* (Der verliebte Roland)

Petrarca, »der erste Mensch der Moderne« und Begründer des italienischen Humanismus. Detail einer Miniatur. (Triest, Biblioteca Civica)

das Thema in ernsthaft heroischem Ton ohne Possen bearbeitete.
Ihrem Beispiel folgte der wohl bedeutendste Dichter der Hochrenaissance, **Ludovico Ariosto** (1474-1533). In seinem *Orlando furioso* (Der rasende Roland) von 1516 geht es nicht mehr um Kreuzzüge und den Kampf gegen Ungläubige, sondern um Orlandos bis zum Wahn gesteigerte Liebe zu der Prinzessin Angelica. Die feine Ironie, mit der Ariosto seine Figuren zeichnet, ist charakteristisch für den Stil der Renaissance – zum Beispiel in der Szene, in der Astolfo auf einem geflügelten Roß zum Mond reitet, um Orlandos Verstand, den er aus Liebe verloren hat, in einer Flasche zurückzubringen. Doch von mittelalterlicher Leichtgläubigkeit ist hier keine Spur. Ariosto

Links: Petrarcas »Laura« – möglicherweise war es Laura de Sade, die 1348 in Avignon starb. Miniatur aus dem 15. Jh. in einer Ausgabe seiner Gedichtesammlung »Il canzoniere« (Liederbuch). (Florenz, Biblioteca Laurenziana)

Unten: Die Freundschaft mit Petrarca bestärkte Boccaccio darin, die Klassiker zu studieren, und die Geschichten in seinem »Decamerone« waren vielen Künstlern ein Quell der Inspiration, so auch Sandro Botticelli. Das Gemälde (ca. 1468) illustriert die Episode von dem Mann, der sich, zur Bestürzung der Gäste einer Feier im Freien, an seiner treulosen Gattin rächt. (Madrid, Prado)

Links: 1791 zeichnete der französische Tänzer und Choreograph Jean Georges Noverre eine Reihe von Skizzen für eine Ballettfassung von Tassos epischem Gedicht »Das befreite Jerusalem« in »moderner Kleidung«. Hier das Kostüm der Hexe Armida, die Rinaldos Teilnahme am Ersten Kreuzzug zu hindern sucht, indem sie ihn in ihren verzauberten Gärten gefangenhält. Tassos Gedicht hat gleich mehrere Ballettversionen angeregt. (Stockholm, Königliche Bibliothek)

Rechts: In seinem »Rasenden Roland« führte Ariosto, ein Autor der Hochrenaissance, die Geschichte von Orlando (Roland) und Angelica fort, die sein Kollege Boiardo einige Zeit vorher mit dem »Verliebten Roland« (1487) begonnen hatte. Zeitgenössische Darstellung des Orlando von Niccolò dell'Abbate (ca. 1512-1570). (Bologna, Pinacoteca Nazionale)

wird oft mit Raffael verglichen: beide, der Dichter und der Maler, zogen stilistische Eleganz dem heftigen Gefühl vor.
Auf die Hochrenaissance folgte etwa um die Mitte des 16. Jahrhunderts die Spätrenaissance; das historische Umfeld war die katholische Gegenreformation, mit der die Kirche sowohl auf den Protestantismus wie auf die ästhetische Gottlosigkeit reagierte. Aus den Werken von **Torquato Tasso** (1544-1595) etwa spricht der orthodoxe Katholizismus; seine Frömmigkeit, die unter dem Einfluß einer Geisteskrankheit bisweilen extreme Züge annahm, regte ihn 1580 zu dem Epos *Gerusalemme liberata* (Das befreite Jerusalem) über den Ersten Kreuzzug an.

Doch seine Erzählung hat auch einen sehr weltlichen Aspekt: noch zerstörerischer als alle anderen Gefahren, die Tassos beherzte Kreuzfahrer bestehen müssen, ist nämlich die Lockung der sinnlichen Liebe, personifiziert durch die Hexe Armida, auf deren Insel der Held Rinaldo eine Zeitlang gefangen ist. Die Figur des Tankred – ein melancholischer Ritter, der seine Geliebte, die Sarazenin Clorinda, tötet – soll gewisse Ähnlichkeiten mit dem Autor aufweisen. Nachdem Tasso das Epos geschrieben hatte, bereinigte er auf Rat von Theologen den Text von anstößigen Stellen; zum Glück blieb aber auch die Originalfassung erhalten. Aus seiner *Aminta,* einem süßlichen Schäfer-

spiel, wurde ein beliebter Opernstoff. Tasso beschwört in diesem Drama die Allmacht der Liebe. Aminta stürzt sich, weil Silvia seine Liebe nicht erhört, von einem Felsen hinab. Als Silvia den in Wahrheit nur leicht Verletzten findet und für tot hält, wird sie sich ihrer Liebe zu Aminta bewußt.

Am Theater der italienischen Renaissance war die volkstümliche Stegreifkomödie besonders interessant. Die Dialoge der *commedia dell'arte* wurden von den Akteuren zumeist improvisiert, die Figuren waren festgelegt: Arlecchino (Harlekin) und Colombina, der einfältige Pantalone und der pedantische Dottore sind auch heute noch vertraute Bühnentypen.

Oben: Typische Szene aus der »commedia dell'arte« mit dem traditionellen Bühnenbild: ein von Häusern umstandener Platz. Diese volkstümlichen Possen führte man seit Mitte des 16. Jh. auf; professionelle Schauspieler stellten darin bestimmte typisierte Rollen dar, die oft von Generation zu Generation vererbt wurden. Das Stilmittel von improvisierten Kommentaren in diesen Stücken inspirierte auch den französischen Schauspieler und Dichter Molière im 17. Jh. Gemälde von Claude Gillot (1673-1722), dem Bühnenbildner der Pariser Oper. (Paris, Louvre)

Links: Torquato Tasso, ein Dichter der Spätrenaissance, war auch ein bekannter Astronom und Mathematiker. Gemalt von dem italienischen Spätmanieristen Federico Zuccaro (ca. 1542-1609), dessen Porträts der englischen Königin Elisabeth I. im Britischen Museum hängen.

Der Geist macht sich frei

»Ich wünsche Weltbürger ... oder besser noch Nichtbürger bei allen zu sein«, sagte **Erasmus von Rotterdam** (1466?-1536), als man ihn zum Ehrenbürger Zürichs machen wollte. Geboren war er in den Niederlanden, studiert hatte er in Frankreich und Deutschland, und seine Bücher schrieb Erasmus auf Latein, darunter *Encomion Moriae* (Das Lob der Torheit), eine Satire auf die Rückständigkeit der Kirche und ihre Zeit, und später seine *Colloquia familiaria* (Gespräche im vertrauten Kreis). Obwohl er nie endgültig mit der Kirche brach, war er als Humanist und Verfechter der geistigen Freiheit ein Vorreiter der Reformation, und seine kritische Ausgabe des Neuen Testaments, die er 1516 auf Latein verfaßte, gehörte zu den gefährlichsten Waffen der Befürworter des Protestantismus.

Martin Luther (1483-1546) nahm mit seiner Bibelübersetzung, seinen Predigten und Ansprachen fast ebensoviel Einfluß auf die deutsche Sprache wie Dante auf die italienische. Ein anspruchsvoller Stilist war er jedoch nicht – eher schon ein derber Schmied, der das Deutsche zu einem kraftvollen Werkzeug zurechthämmerte. Goethe bemerkte einmal, erst durch Luthers Bibelübersetzung seien die Deutschen ein Volk geworden.

Oben: Porträtskizze des Weltbürgers Erasmus von Rotterdam, die der meisterliche Albrecht Dürer 1520 anfertigte. Erasmus war zwar ein Vordenker der Reformation, distanzierte sich aber von aggressiven Abspaltern wie Martin Luther. (Paris, Louvre)

Links: Eine Illustration von Hans Holbein dem Älteren zu Erasmus' Satire auf die Theologen »Lob der Torheit« (1509), die im Heim des englischen Denkers Thomas Morus entstand. Der Sohn des Zeichners, Hans Holbein der Jüngere, schuf sich mit mehreren Porträts von Erasmus bleibenden Ruhm.

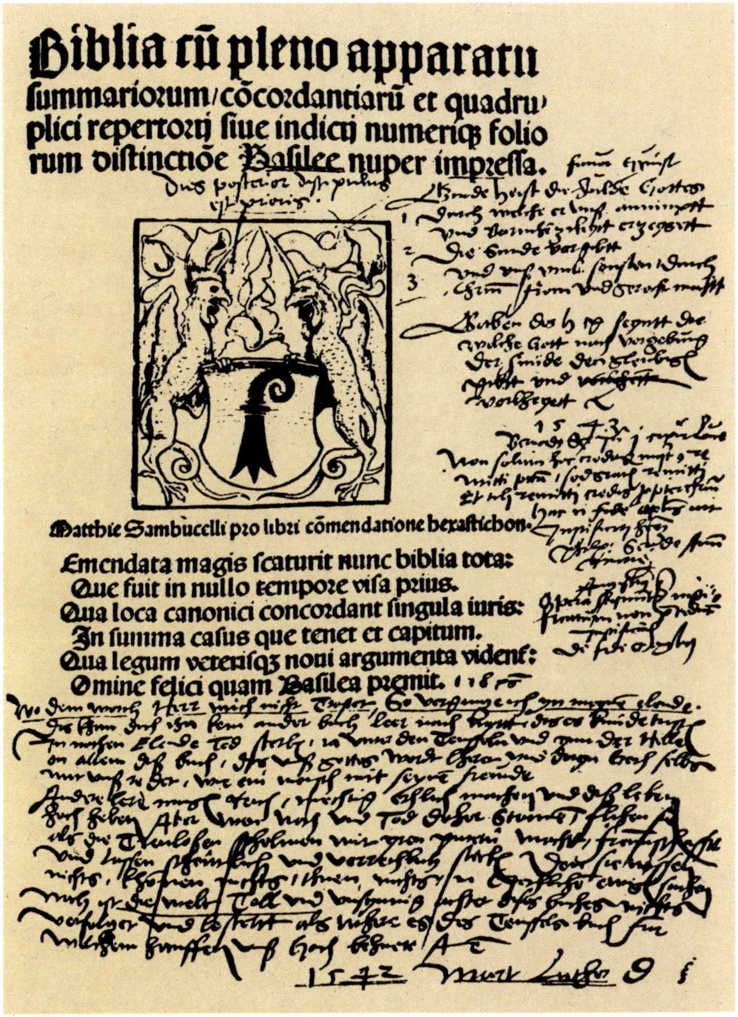
Biblia cū pleno apparatu
summariorum/cōcordantiarū et quadru
plici repertorij siue indici numeriqʒ folio
rum distinctiōe Basilee nuper impressa.

Matthie Sambuccelli pro libri cōmendatione hexastichon.

Emendata magis scaturit nunc biblia tota:
Que fuit in nullo tempore visa prius.
Qua loca canonici concordant singula iuris:
In summa casus que tenet et capitum.
Qua legum veterisqʒ noui argumenta vident:
Omine felici quam Basilea premit.

Wider das Bapstum zu
Rom vom Teuffel gestifft/
Mart. Luther D.

Wittemberg/1545.
durch Hans Lufft.

Oben: Titelblatt einer lateinischen Bibel mit handschriftlichen Notizen von Martin Luther, der bei seiner Übersetzung der Bibel aus dem Griechischen ins Deutsche – die »Lutherbibel« von 1534 – sehr gewissenhaft vorging und auch für die genannten Pflanzen, Tiere, Edelsteine und Gerätschaften immer den präzisen Begriff recherchierte.

Oben rechts: Martin Luther, der Vater der Reformation in Deutschland, war ein Mönch des Augustinerordens. Er kritisierte an der Kirche zunächst lediglich die Praxis des Ablaßverkaufs und schlug 1517 seine Abhandlung darüber, die »95 Thesen«, an das Portal der Wittenberger Schloßkirche, woraufhin er für einige Zeit exkommuniziert wurde. Porträt von seinem Freund Lucas Cranach d.Ä. (1472-1533). (Nürnberg, Nationalmuseum)

Rechts: Ein Polemiker blieb Luther bis ins Alter, wie der Titel seines letzten Pamphlets (1545) beweist.

»Tu, was du willst!«

Frankreich war den Einflüssen der Renaissance gegenüber offen, denn Gallien war ja einmal eine große römische Provinz gewesen und fühlte sich in vielem mit Südeuropa verbunden. Wie in Italien gedieh auch hier bereits die Lehre des Humanismus, der die Rechte und Bedürfnisse des Individuums betonte, und so vertraten die französischen Protestanten, die Hugenotten, in den Religionskämpfen des 16. Jahrhunderts auch eine konsequent humanistische Position.
Die französische Renaissance kam allerdings erst unter Franz I. (1494-1547) richtig in Gang; in der Literatur entwickelte sich damals die Novelle aus volkstümlichen Erzählformen und italienischen Vorbildern. Die Autoren von *Les cent nouvelles nouvelles* (Hundert neue Novellen) übernahmen Boccaccios Technik, und die Schwester des Königs, **Margarete von Navarra** (1492-1549), schrieb sogar ein *Heptaméron* (Sieben Tage) nach seinem Vorbild – bei ihr fliehen die Erzähler allerdings nicht vor der Pest, sondern suchen vor einer Überschwemmung Zuflucht in einem Kloster.
François Rabelais (1494-1553), der berühmteste Schriftsteller der französischen Hochrenaissance, war Mönch gewesen, studierte aber später noch Medizin und die alten Sprachen. In Form von Parodien antiker Chroniken schrieb er den phantastischen, oft recht düsteren Romanzyklus über die Riesen *Gargantua und Pantagruel*. Obwohl seine Bücher von den Theologen der Pariser Sorbonne mit dem Bann belegt waren, konnte er sie mit Hilfe mächtiger Gönner dennoch verkaufen. Ein Kennzeichen von Rabelais' Erzählstil, der seinen Ursprung in alten Volksmärchen und seiner sinnlichen Freimütigkeit hat, ist die groteske Übertreibung. Der Erzähler lehnt sich merklich gegen alle lästigen Konventionen auf, beeindruckt aber den Leser auch mit seiner Bildung und der Tiefe seiner Gedanken. Voller Spott zieht Rabelais über die Standeskollegen der Priester- und Ärzteschaft her, Philosophen und Anwälten bringt er ebensowenig Achtung entgegen. Gleichzeitig ist er ein Anhänger der neuen Wissenschaften und Verfechter des Renaissanceideals der individuellen Freiheit. In seiner imaginären Abtei Thélème gilt nur ein Glaubenssatz: *»Fay, ce que voudras«* (Tu, was du willst) – ein Rat, der auf den ersten Blick nicht minder gefährlich scheint als die Aufforderung, die das »Orakel der Göttlichen Flasche« dem Helden Panurge mit dem Wort »Trink!« erteilt. Doch Rabelais vertrat keineswegs maßlose Zügellosigkeit; ein freier Mensch, so meinte er, wird immer von seinem Instinkt vor selbstzerstörerischen Lastern bewahrt.
Michel de Montaigne (1533-1592) war von weniger robuster Natur als Rabelais. Der eigensinnige Moralist führte ein zurückgezogenes Leben auf seinem Landsitz und widmete sich dem Studium der Klassiker. Mit seinen *Essais*, deren erster Band 1580 erschien, wurde er zum Begründer der Gattung des Essays. *Essai* heißt wörtlich »Versuch«, und Montaigne meinte damit »Versuche an sich selbst« durch Selbstbildung: er versuchte immer, unter dem Wust von Vorurteilen und vorgefaßten Meinungen die wahre Bedeutung von Ereignissen und Gefühlen herauszuarbeiten. Die Devise dieses fröhlichen Skeptikers lautete *Que sçay-je?* (Was weiß ich?). Seine Toleranz und sein Mißtrauen vor jedem Fanatismus mach-

Oben: Margarete von Navarra, deren Erzählungen nachträglich den Titel »Heptaméron« (Sieben Tage) bekamen, da sie im Stil von Boccaccios »Decamerone« geschrieben waren. Sie teilte Rabelais' tolerante Einstellung zur Liebe, schätzte aber die Treue höher ein. Detail einer Zeichnung von François Clouet (1510?-1572). (Chantilly/Frankreich, Musée Condé)

Darunter: Eine tiefe Sympathie für den Humanismus lag den Parodien von François Rabelais zugrunde, der erst Franziskaner, dann Benediktiner und später ein bekannter Arzt war. Illustration aus dem frühen 16. Jh. (Paris, Bibliothèque Nationale)

Links: Michel de Montaigne, der französische Essayist und Skeptiker, übte einen dauerhaften Einfluß auf die Literatur Frankreichs und auch Englands aus. Porträt eines unbekannten Künstlers. (Chantilly/Frankreich, Musée Condé)

Unten: Der Riese Pantagruel aus Rabelais' derbem Roman. Handgemalte Illustration des Kubisten André Derain für eine französische Ausgabe von 1943.

ten ihn zum typischen Renaissancemenschen. Zwar nannte er seine Essays einmal verdrießlich »verworrenes Geschwätz« oder »groteske Mißgeburten«, aber den Freuden des Lebens und seinen Freunden blieb er immer durchaus zugetan.

Um 1540 bildete sich in Frankreich eine Gruppe junger Dichter, die wie Ariosto eine Nationalliteratur schaffen wollten, die der klassischen Vergangenheit ebenbürtig wäre. Sie nannten sich *Pléiade*, nach der Sternenkonstellation und nach der Pleias, einer antiken Dramatikergruppe am Hofe von Alexandria (3. Jh. v. Chr.). Am hellsten strahlten **Pierre de Ronsard** (1524-1585) und **Joachim du Bellay** (1522-1560). Ronsard war für André Gide der bedeutendste französische Dichter vor Victor Hugo. Mit seinen Petrarca nacheifernden Sonetten, die seine persönlichsten und schönsten Werke sind, wurde Ronsard zum eigentlichen Begründer der französischen Klassik. Sein Einfluß als französischer Hofdichter war in ganz Europa überwältigend und dauerte bis ins 17. Jahrhundert hinein. Besonders lyrisch sind seine Liebesgedichte, wie etwa das *Sonett für Hélène:*

Einst wirst im Kerzenlicht mit grauem Haar
Beim Feuer sitzend du am Abend spinnen,
Mit diesem Wort an meine Verse sinnen:
»Es pries mich Ronsard, als ich lieblich war.«
(…)
Ich werde mich, ein Geist und längst begraben,
Im Myrthenhain gelegt zur Ruhe haben;
Du wirst als Greisin dich zum Herde bücken
Mit meiner Liebe, deines Stolzes Klage.
Drum lebe, warte nicht auf andre Tage!
Des Lebens Rosen sollst du heute pflücken.

Der Geist Spaniens

Gebetbuch und Mantel des heiligen Ignatius von Loyola (1491-1556) in der Silbernen Kapelle des Santuario de San Ignacio Loyola (bei Azpeitia, Guipúzcoa in Spanien). Der Gründer des Jesuitenordens (1540) hieß mit vollem Namen Iñigo López de Oñez y Loyola; nach einer Verwundung gab er die Militärlaufbahn auf und widmete sich der Religion.

Im 16. Jahrhundert war Spanien die stärkste europäische Großmacht. Die Mauren waren von der Halbinsel vertrieben worden, jenseits des Atlantik hatten spanische Eroberer riesige neue Länder und unermeßliche Schätze entdeckt, und begabte, skrupellose Herrscher wie Ferdinand und Isabella hatten das Land im Namen des katholischen Glaubens geeint. Spanien setzte seinen Triumphzug fort, bis Philipps II. »unbesiegbare Armada« 1558 von der englischen Flotte vernichtend geschlagen wurde.
Mit Wohlstand und staatlicher Macht ging, wie so oft, eine Blütezeit von Kunst und Literatur einher. Die Spanier selbst nannten dieses Jahrhundert *siglo de oro* oder Goldenes Zeitalter – eigenartigerweise stand Spanien zwar im Zentrum der Renaissance, doch auch ein wenig abseits vom Rest Europas. Auch die Spanier hatten ihre Ritterromanzen und ihre Humanisten, auch sie erkoren sich eine Nationalsprache: den kastilischen Dialekt. Doch in Spanien bewahrte die katholische Kirche ihre Macht über Seele und Körper der Menschen wirkungsvoller als anderswo. Die Inquisition etwa war eine spanische Erfindung; auch die Gegenreformation nahm in Spanien ihren Anfang, und Ignatius von Loyola, der Gründer des Jesuitenordens, war Spanier. **Teresa de Jesús** (Theresia von Avila, 1515-1582) und **San Juan de la Cruz** (Johannes vom Kreuze, 1542-1591) gehörten dem strengen Orden der »Unbeschuhten Karmeliter« an; doch selbst ihre Allegorien und Gedichte durften erst erscheinen, nachdem sie das gestrenge Auge der inquisitorischen Zensur eingehend geprüft hatte.
Neben Fanatismus und Ekstase hatten die Spanier aber auch einen Hang zum Realismus und einen kräftigen Schuß Humor. All das zeigt sich in der spanischen Literatur, die seit dem 16. Jahrhundert neben den damals in fast ganz Europa verbreiteten Ritter- und Schäferthemen den pikaresken oder Schelmenroman entstehen ließ, als erstes den sehr

populären *Lazarillo de Tormes*, dessen Autor leider unbekannt ist. Im Spanischen ist *picaro* ein schalkhafter Abenteurer; Held des Schelmenromans, der seine Geschichte oft selbst erzählt, ist meist ein armer Junge, der auf eigene Faust sein Glück in der Welt machen muß, was ihm die Mitmenschen und das Schicksal gehörig versauern; Schläue und Mutterwitz lassen ihn aber unweigerlich Sieger bleiben. Im Grunde waren diese Bücher Unterhaltungsliteratur. Einzelne Werke aber, etwa *Das Leben von Guzmán de Alfarache* von **Mateo Alemán** (1547-1614), zeichnen ein satirisches Sittenbild der rigorosen Klassengesellschaft Spaniens zur Zeit des sogenannten Goldenen Zeitalters, das unter der strengen, asketischen Herrschaft Philipps II stand. Der von 1599-1604 erschienene Schelmenroman zeigt in seiner pessimistischen Auffassung vom Menschen und vom Wert des Irdischen deutlich die Prägung dieser Zeit.

Oben: Opfer der spanischen Inquisition, die 1478 unter der Herrschaft von Ferdinand und Isabella zur staatlichen Einrichtung und in diesem Lande erst 1820 endgültig abgeschafft wurde. Hier eine Radierung aus dem 17. Jh.

Links: Die Pinje-Madonna auf der spanischen Insel Gran Canaria. Bei religiösen Prozessionen, vor allem in der Karwoche, werden solche prunkvoll geschmückten Figuren noch heute durch die Straßen getragen, um an die »Leiden unserer Jungfrau« zu erinnern, wobei man kurze, improvisierte Verse, sogenannte »saetas« zu einer traurigen Flamenco-Melodie singt.

Miguel de Cervantes

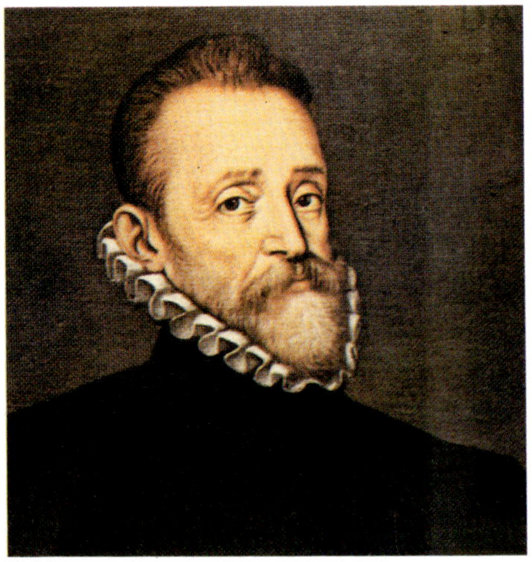

Neben dem Meisterwerk »Don Quijote de la Mancha« (das er mit 58 Jahren schrieb) ist Cervantes auch durch seine »Novelas ejemplares« (Exemplarische Novellen, 1613) bekannt, die den englischen Dramatiker John Fletcher inspirierten. Cervantes hatte im Krieg für sein Land gekämpft und war von Piraten gefangengenommen und in Algerien als Sklave festgehalten worden. Porträt (1600) von Juan de Jáurequi. (Madrid, Real Academía Española)

Dem großen Meister der spanischen Prosa, **Miguel de Cervantes Saavedra** (1547-1616) lag besonders der höfisch-pikareske Stil. Er selbst hatte ein keineswegs ereignisloses Leben: Bei der Seeschlacht von Lepanto gegen die Türken wurde er schwer an der linken Hand verletzt, später fiel er Piraten in die Hände und mußte fünf Jahre lang als Sklave in Algerien schmachten. Nach seiner Heimkehr widmete er sich der Schriftstellerei und arbeitete ein Vierteljahrhundert lang ohne viel Erfolg, bis er im Alter von 58 das Meisterwerk vorlegte, das ihn unsterblich machen sollte: den *Don Quijote de la Mancha*, von dem der erste Teil 1605 und der zweite 1615 erschien.

Ursprünglich hatte Cervantes nur eine humorige Parodie auf die »Bestseller« seiner Zeit, die enorm populären Ritterromanzen, schreiben wollen. Der Held, ein verarmter Edelmann aus der Provinz, lebt in einer Scheinwelt, weil er zu viele dieser Bücher gelesen hat, und beschließt, selbst zum fahrenden Ritter zu werden. Er will gegen die Mächte des Bösen kämpfen, doch fällt es ihm schwer, den Traum von der Wirklichkeit zu unterscheiden. Auf dem Klappergaul Rosinante und begleitet von Sancho Pansa, einem pfiffigen Bauern, den er zu seinem Knappen erkoren hat, möchte er gewaltige Taten zu Ehren der edlen Dulcinea vollbringen, die jedoch nur eine einfache Landpomeranze aus dem Dorf Toboso ist. Aber die Dämonen und Riesen, denen er die Stirne bietet, erweisen sich als Windmühlen und Schafherden, und all seine heroischen Ausritte enden als schimpfliche Katastrophen.

Cervantes' Parodie nimmt allerdings im Laufe der Erzählung eine interessante Wendung. Fast gegen seinen Willen verändert sich der Charakter des Helden und wird zur symbolischen Darstellung des enttäuschten Idealisten, der in einer ungastlichen Welt verloren ist; bald fragt sich der Leser, ob diese Welt es sich leisten kann, unschuldige Enthusiasten vom Schlag eines Don Quijote abzutun. Im Deutschland des 18. Jahrhunderts zeigten sich die Romantiker geradezu begeistert von Cervantes' Roman, der in Ludwig Tieck einen hervorragenden Übersetzer fand.

An der Seite des »Ritters von der traurigen Gestalt«, wie Don Quijote auch genannt wird, reitet seine krasse Antithese: Sancho, der kastilische Landarbeiter, dessen fröhliches Geplauder und derbe Bauernschläue immer wieder die Deklamationen seines Herrn unterbrechen und ihn auf den Boden der Tatsachen zurückbringen helfen. Beide zusammen – der grandiose Schwärmer und der erdverbundene Realist – gehören bis heute zu den großen Gestalten der Weltliteratur.

Aus *Don Quijote* von Cervantes:

Indem sahen sie wohl dreißig bis vierzig Windmühlen, die hier auf dem Felde standen, und sowie sie Don Quijote erblickte, sagte er zu seinem Edelknaben: »Das Glück führt unsere Sache besser, als wir es nur wünschen konnten, denn siehe, Freund Sancho, dort zeigen sich dreißig oder noch mehr ungeheure Riesen, mit denen ich eine Schlacht zu halten gesonnen bin und ihnen allen das Leben zu nehmen. Mit der Beute von ihnen wollen wir den Anfang unseres Reichtums machen, denn dies ist ein trefflicher Krieg und selbst ein Gottesdienst, diese Brut vom Angesichte der Erde zu vertilgen.«

»Welche Riesen?« fragte Sancho Pansa.

»Die du dorten siehst«, antwortete sein Herr, »mit den gewaltigen Armen, die zuweilen wohl zwei Meilen sind.«

»Seht doch hin, gnädiger Herr«, sagte Sancho, »daß das, was da steht, keine Riesen, sondern Windmühlen sind, und was Ihr für die Arme haltet, sind die Flügel, die der Wind umdreht, wodurch der Mühlenstein in Gang gebracht wird.«

»Es scheint wohl«, antwortete Don Quijote, »daß du in Abenteuern nicht sonderlich bewandert bist, es sind Riesen, und wenn du dich fürchtest, so gehe von hier und ergib dich in einiger Entfernung dem Gebete, indes ich die schreckliche und ungleiche Schlacht mit ihnen beginne.«

Mit diesen Worten gab er seinem Pferde Rosinante die Sporen, ohne auf die Stimme seines Edelknaben Sancho zu achten, der ihm noch immer nachrief, daß es ganz gewiß Windmühlen und nicht Riesen wären, was er angreifen wollte. Aber er war so fest von den Riesen überzeugt, daß er weder nach der Stimme seines Stallmeisters Sancho hörte, noch sich zu sehen bemühte, bis er dem Orte, wo sie standen, nahegekommen war, worauf er mit lauter Stimme rief: »Entflieht nicht, ihr feigherzigen und niederträchtigen Kreaturen! Ein einziger Rit-

ter ist es, der euch die Stirn bietet.« Zugleich erhob sich ein kleiner Wind, der die großen Flügel in Bewegung setzte; als Don Quijote dies gewahr ward, fuhr er fort: »Strecket ihr auch mehr Arme aus als der Riese Briareus, so wollt ihr es dennoch bezahlen!« Und indem er dies sagte und sich mit ganzer Seele seiner Gebieterin Dulcinea empfahl, die er flehte, ihm in dieser Gefährlichkeit zu helfen, wohl von seinem Schilde bedeckt, in der Rechten die Lanze, sprengte er mit Rosinante in vollem Galopp auf die vorderste Windmühle los und gab ihr einen Lanzenstich in den Flügel, den der Wind so heftig herumdrehte, daß die Lanze in Stücke sprang, Pferd und Reiter aber eine große Strecke über das Feld weggeschleudert wurden.
Sancho Pansa trabte mit der größten Eilfertigkeit seines Esels herbei, und als er hinzukam, fand er, daß Don Quijote sich nicht rühren konnte, so gewaltig war der Sturz, den Rosinante getan hatte. »Gott steh uns bei!« sagte Sancho, »sagte ich's Euer Gnaden nicht, daß Ihr zusehen möchtet, was Ihr tätet, und daß es nur Windmühlen wären, die ja auch jeder kennen muß, wer nicht selber welche im Kopfe hat!«
»Gib dich zur Ruhe, Freund Sancho«, antwortete Don Quijote, »das ist Kriegsglück, das am meisten von allen Dingen einem ewigen Wechsel unterworfen ist; um so mehr, da ich glaube und es gewiß wahr ist, daß eben der Weise Friston, der mir mein Zimmer und meine Bücher geraubt hat, mir auch jetzt diese Riesen in Mühlen verwandelt, um mir den Ruhm ihrer Besiegung zu entreißen. So groß ist die Feindschaft, die er zu mir trägt! Aber endlich, endlich wird er doch mit allen seinen Künsten nichts gegen die Tugend meines Schwertes vermögen!«
»Gott mag es so fügen«, antwortete Sancho Pansa, indem er sich bemühte, ihn aufzurichten …

Links: Sancho Pansa sieht mit Entsetzen zu, wie Don Quijote »wohl von seinem Schilde bedeckt, in der Rechten die Lanze, mit dem Rosinante in vollem Galopp auf die vorderste Windmühle lossprengte und ihr einen Lanzenstich in den Flügel gab …« Illustration von Teodoro Delgado für eine spanische Studie des Don Quijote von 1970.

Unten: Don Quijote auf dem Sterbebett, ein eindrucksvolles Bild (1863) des berühmten Holzschnittkünstlers Gustave Doré (1832-1883), der auch die Werke von Dante, Rabelais und Balzac illustrierte.

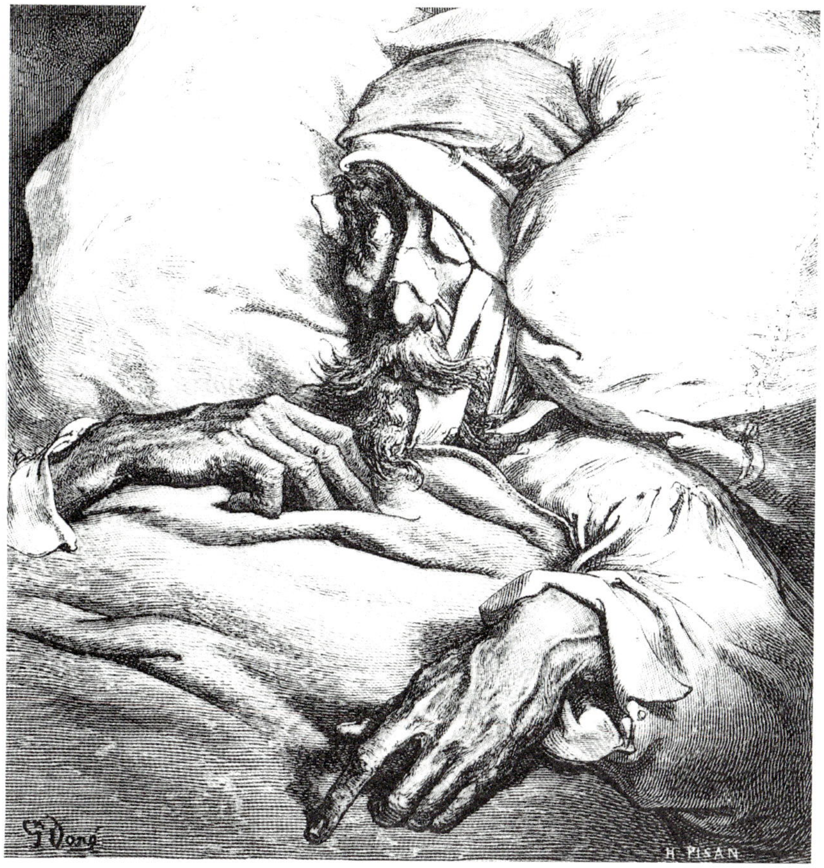

Der Kult der Ehre

Seinen Dramen maß Lope de Vega selbst wenig Wert bei, doch die Nachwelt urteilte anders. Titelseite einer italienischen Ausgabe seiner besten Stücke.

Die zweite große Leistung des Goldenen Zeitalters in Spanien war das Drama, dessen Eckpfeiler die katholische Kirche und die Macht und Glorie der Monarchie waren. Der alles überragende, zentrale Wert war die Ehre, in deren Namen man alles opferte: Menschlichkeit, Liebe und Vernunft.

Dieser Ehrenkult wird in den Werken von **Lope de Vega** (1562-1635) mit volkstümlicher Fröhlichkeit vermischt. Er segelte – als Hofdichter – mit der Armada gegen England und ließ sich später zum Priester weihen; doch er war auch danach noch in endlose Liebesaffären und Skandale verwickelt, und wegen eines solchen Vorfalls wurde er für mehrere Jahre aus Madrid verbannt. Seine Schaffenskraft war unglaublich: er verfaßte an die 3000 Sonette und fast 1600 Schauspiele. Lope de Vega war ein Meister der Theaterszene mit schier unerschöpflichen Typenfiguren, und sein Werk eine Fundgrube zahlreicher Motive der Weltliteratur; seine Produktivität ist sprichwörtlich geworden:

Eine Redensart der Leute
auf dem Lande sagt,
daß alles Lopes Werk sei.
Welche Beute!

Fast 600 seiner Dramen sind erhalten; viele werden heute noch aufgeführt. Die gut durchdachten Handlungsabläufe zeigen ein tiefes Verständnis der menschlichen Psychologie – d.h. von Menschen, die jedwede Grausamkeit und Idiotie begehen, um ihre verletzte Ehre zu retten. Seine Quellen fand Lope de Vega in der Bibel, antiken Mythen, der spanischen Geschichte und den Skandalen der Aristokratie. Er schrieb Tragödien wie *Peribañez* und *El castigo sin venganza* (Strafe ohne Rache) und Komödien wie *El acero de Madrid* (Das Eisenwasser von Madrid). Für den Autor besaßen auch Bauern Gefühle – im 17. Jahrhundert ein geradezu revolutionärer Gedanke. Sein *Fuenteovejuna* etwa schildert die Auflehnung eines Dorfes gegen die Unterdrückung durch die Gutsherren und ist von wahrhaft demokratischem Geist. Aber er schrieb auch religiöse Stücke, in denen die Lehre anklingt, daß Frömmigkeit und eine unbeschwerte Lebensfreude sich durch die Kunst vereinen lassen, wie es auch in seinen Gedichten zu hören ist, etwa im *Canción de cuna para la Virgen* (Mariae Wiegenlied):

Ihr heiligen Engel im Palmenhain,
rührt nicht an die Zweige:
mein Kind schläft ein!

Palmen von Bethlehem, durch deren Reihen
entfesselte Winde ihr Sturmlied schrei'n,
brausende Lüfte, geduldet euch fein,
rührt nicht an die Zweige:
mein Kind schläft ein!

Mein himmlischer Knabe im Kämmerlein,
wie muß er müde vom Weinen sein!
O, schützet vor Leide sein Herze klein,
rührt nicht an die Zweige:
mein Kind schläft ein!

Die schneidenden Winde dringen herein,
ich hab' keine Hüllen für ihn, im Schrein.
Ihr himmlischen Wandrer am Waldesrain:
rührt nicht an die Zweige:
mein Kind schläft ein!

Vom spanischen Mystizismus deutlich geprägt sind die Stücke von **Pedro Calderón de la Barca** (1600-1681), der ebenso wie Lope de Vega ein gewaltiges Werk hinterlassen hat. Für Calderón lag die Aufgabe des Theaters nicht in der Unterhaltung, sondern in der Belehrung, und zwar im Sinne eines christlichen Denkens, das auf das Jenseits gerichtet ist. So mag der Ehrenkult aller Figuren in *El médico de su honra* (Der Arzt seiner Ehre) dem heutigen Publikum zwar nahezu inhuman vorkommen, dramatische Wirkung aber hat er noch allemal. Unter seinen etwa hundert Schauspielen sind viele sogenannte *autos sagramentales* (sakramentale Stücke); in den weltlichen Dramen dagegen mischen sich lyrisch-romantische Elemente mit pietistischen Themen. *El príncipe constante* (Der standhafte Prinz) handelt vom Martyrium eines geduldigen portugiesischen Fürsten in türkischer Kerkerhaft. Calderóns faszinierendstes Stück jedoch, *La vida es sueño* (Das Leben ein Traum) ist eine philosophische Komödie, deren geplagter, immer wieder von neuem erniedrigter Held Sigismund, ein verbannter Königssohn, durch alles Leid nur geläutert und geadelt wird. Der zentrale Monolog erläutert den Titel und läßt den Ton des Werkes durchklingen:

SIGISMUND (allein):
Wahr ist es; es gilt zu zäumen
Meines Mutes jähes Beben,
Meiner Ehrsucht wildes Streben,
Wenn wir wieder einmal träumen;
Und dies werden wir; wir leben
In so fremden Lebensräumen,
Wo das Leben Traum nur heißt.
Was mir selbst geschah, beweist,
Daß wir unser Sein nur träumen,
Bis man uns dem Schlaf entreißt.
König sei er, träumt der König,
Und, befangen in dem Wahn,
Herrscht er stolz und ordnet an.
Beifall wird ihm untertänig:
Ihm verweht des Windes Bahn,
Und im Tod vergeht er doch,
Wird der Asche gleich gemacht. –
– Wer will da regieren noch,
Sieht er, daß er erst erwacht,
Wenn er schläft in Todesnacht?
Von dem Reichtum träumt der Reiche,
Der ihm stets nur Sorgen schickt.
Und der Arme, leidbedrückt,
Träumt, daß seine Not nie weiche.
Der träumt, daß ihm alles glückt,
Der von Ehrgeiz und von Streben,
Jener von des Zornes Pein,–
Kurz, in diesem Erdenleben
Träumen alle nur ihr Sein,
Sehen wir es gleich nicht ein.
Ich, in Kerkerhaft gebückt,
Träume, daß die Fessel drückt,
Daß ein glücklicheres Los
Früher einmal mich beglückt.
Was ist Leben? Irrwahn bloß!
Was ist Leben? Eitler Schaum,
Truggebild, ein Schatten kaum,
Und das größte Glück ist klein;
Denn ein Traum ist alles Sein,
Und die Träume selbst sind Traum.

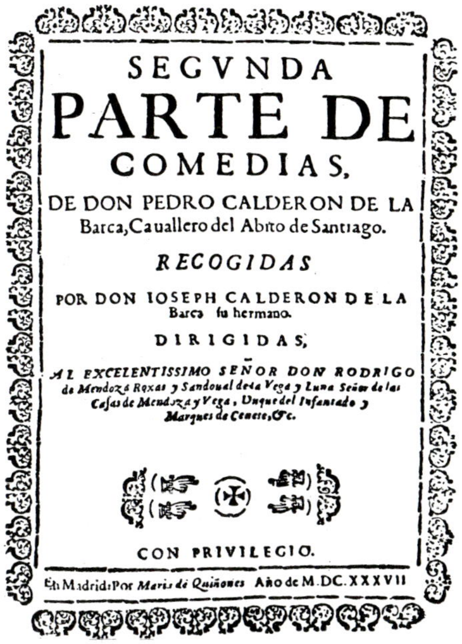
SEGVNDA
PARTE DE
COMEDIAS,
DE DON PEDRO CALDERON DE LA
Barca, Cauallero del Abito de Santiago.
RECOGIDAS
POR DON IOSEPH CALDERON DE LA
Barca su hermano.
DIRIGIDAS,
*AL EXCELENTISSIMO SEÑOR DON RODRIGO
de Mendoza Roxas y Sandoual de la Vega y Luna Señor de las
Casas de Mendoza y Vega, Duque del Infantado y
Marques de Cenete, &c.*
CON PRIVILEGIO.
En Madrid: Por *Maria de Quiñones* Año de M.DC.XXXVII

Links: Titelseite der Erstausgabe des zweiten Teils von Calderóns Komödien (1637), zusammengestellt von seinem Bruder Joseph und mit einer Widmung für Don Rodrigo de Mendoza Roxas, um nicht alle seine Namen zu nennen.

Unten: Lope de Vegas Nachfolger als größter Dramatiker Spaniens war Calderón, dessen Stücke durch A. W. von Schlegel und Joseph von Eichendorff glänzend ins Deutsche übersetzt wurden und viele Bearbeitungen erfuhren – Grillparzers »Der Traum ein Leben« zum Beispiel spielt nicht nur im Titel auf eine entscheidende Umkehrung des Themas an: wird bei Calderón die gelebte Wirklichkeit als Traum aufgefaßt und so die Nichtigkeit alles Irdischen gezeigt, so werden bei Grillparzer die Gefahren im Traum in gesteigerter Form durchlebt (»Und was jetzt verscheucht der Morgen, lag im Keim in dir verborgen«).

Der Seeweg nach Indien

Im 15. und 16. Jahrhundert entstand das portugiesische Weltreich mit Stützpunkten in Afrika, Asien und Südamerika. Von dort kamen Silber und Gold, Gewürze und Seide nach Lissabon, das bald zum Mittelpunkt des europäischen Handels wurde.

Die wirtschaftliche Macht schuf ein günstiges Klima für eine kulturelle Blüte, und so wurde Portugal trotz des verbissenen Widerstands der katholischen Kirche vom Humanismus und der Literatur der Renaissance erfaßt, und tatsächlich ahmten die portugiesischen Dichter lange Zeit italienische und provenzalische Vorbilder nach. Eine große Ausnahme gab es jedoch: **Luís de Camões** (1524-1580), der in dieser Zeit *Os lusiadas* (Die Lusiaden), das Nationalepos seines Vaterlands verfaßte. Das gewaltige, im Geiste Vergils in zehn Gesängen abgefaßte Werk handelt von dem portugiesischen Seefahrer Vasco da Gama und der Entdeckung Indiens. Wie die Dichter der Antike läßt Camões die Götter in die Handlung eingreifen – die schöne Venus steht auf Seiten der Portugiesen, während Bacchus und Neptun ihren Feinden helfen.

Eine zeitgenössische Darstellung von Portugals Nationaldichter Camões, der in seinem abenteuerlichen Leben zum Militärdienst nach Marokko verbannt wurde (dort verlor er ein Auge, wie man auf der Abbildung deutlich sieht) und später als Soldat nach Afrika, Arabien, Indien und Macao kam, ehe er unter König Sebastian nach Lissabon zurückkehren konnte, wo 1572 sein Epos »Die Lusiaden« endlich in Druck gehen konnte. Gemälde von Riyo Tomoto (1581). (Lissabon, Privatbesitz)

»Landstreicher, Diebe und fahrende Spielleute«

In der Abtei von Westminster gibt es die »Poets' Corner« mit den Grabsteinen der großen englischen Dichter; als erster wurde hier **Geoffrey Chaucer** (1340?-1400) beerdigt, der viele Einflüsse aus der italienischen Renaissanceliteratur des 14. Jahrhunderts zeigt. Sein Meisterwerk jedoch, die *Canterbury Tales,* mögen zwar an Boccaccios *Decamerone* angelehnt sein, Tonart und Schauplatz aber sind durch und durch englisch: Die Rahmenhandlung des Versepos schildert eine bunt zusammengewürfelte Gruppe von Pilgern auf dem Weg nach Canterbury zum Schrein des heiligen Thomas. In dem Londoner Wirtshaus, von dem sie aufbrechen, verabreden sie, daß jeder eine Geschichte zum besten geben soll, damit der lange Weg kurzweiliger wird. Also erzählen sie – unter anderem ein Ritter, ein Krämer, ein Bettelmönch, eine Nonne, der Schankwirt, eine lebenslustige Witwe, ein Student und ein Müller –, und bei jedem paßt die Geschichte haarscharf zu Charakter und Beruf: mal poetisch und romantisch, mal derb und unflätig. Alle zusammen geben ein außerordentlich lebhaftes Bild des mittelalterlichen Englands, mit fröhlicher Unverblümtheit und voller kräftiger Vergleiche und bunter Schilderungen irdischer Freuden. Chaucer war nicht nur ein brillanter Erzähler, sondern auch ein Meister des Englischen seiner Zeit.

Die englische Renaissance war jedoch nur von kurzer Dauer; der vierzig Jahre dauernde, erbitterte Bürgerkrieg infolge der Thronkämpfe zwischen den Dynastien York und Lancaster – in der Geschichte als »Rosenkriege« bekannt – warf auch die Kultur zurück. Erst unter Heinrich VIII. aus dem darauffolgenden Tudor-Geschlecht kam die englische Literatur mit zwei vollendeten Hofdichtern zu neuem Ruhm: **Sir Thomas Wyatt** (1503-1542) und **Henry Howard, Earl of Surrey** (1517-1547). Nun hatte die Renaissance England doch erreicht; man lernte die Künste Italiens schätzen, und während der zweiten Hälfte des nächsten Jahrhunderts begann mit der glorreichen Regentschaft von Elisabeth I., die 1558 die Thronfolge antrat, eine neue Epoche schöpferischer Aktivität. Die neue Königin, eine vielseitig begabte Frau, von der selbst ihr Widersacher Papst Sixtus V. sagte: »Wenn sie keine Ketzerin wäre, so wäre sie eine ganze Welt wert«, beherrschte sowohl mehrere Fremdsprachen als auch Latein und Griechisch fließend. Ihr Hof war der prächtigste Europas; und mochte sie auch nicht für alle Künste viel übrig gehabt haben, die Dramatiker der elisabethanischen Ära hatten jedenfalls das Glück, daß sie am Theater enormes Vergnügen fand. Die große Herrscherin wurde von Künstlern auf eine Weise angebetet, wie es im christlichen Abendland vorher und danach unbekannt war: Unzählige Dichter beschrieben sie in ihren Stücken mit geradezu kultischer Verehrung als »Gloriana« oder »Cynthia«. **Edmund Spenser** (1552?-1599) schuf sein langes allegorisches Gedicht *The Faerie Queene* (Die Feenkönigin), in dem Elisabeth als quasi-gottähnliche Heldin ihrer durch die böse Hexe Duessa symbolisierten Erzfeindin Maria Stuart gegenübersteht.

Schauspieler galten zwar immer noch als »zwielichtiges Gesindel«, doch ihre Aufführungen waren bald bei allen Volksschichten sehr beliebt. Die *Spanish Tragedy* (Spanische Tragödie) von **Thomas Kyd** (1558-1594) und **Christopher Marlowes** *Tamburlaine the Great* (Tamerlan der Große), beides breit ausgewalzte poetische Melodramen, waren gewaltige Publikumserfolge.

Christopher Marlowe (1564-1593), ein wahrer Desperado der Renaissance, der als Homosexueller und Atheist bezichtigt und im Alter von 29 in einem Wirtshaus beim Handgemenge erstochen wurde – vermutlich beim Streit über die Bezahlung, doch gibt es auch die Theorie, Marlowe sei Regierungsspion gewesen und sein Tod habe damit zu tun gehabt. Seine drei bekanntesten Stücke – *Tamerlan, Eduard II.* und *Doctor Faustus* – enthalten lange Passagen sprudelnder Rhetorik ebenso wie unverhofft aufblitzende, zutiefst poetische Stellen. So drückt Marlowe seinen Schönheitsbegriff mit den Worten seines Helden, des skythischen Eroberers Tamerlan (Timur), aus:

Das »Weib aus Bath«, eine der Hauptfiguren in Chaucers »Canterbury Tales« (ca. 1387). Sie beschreibt zunächst ihr Leben mit ihren fünf nacheinander verblichenen Gatten und erzählt dann die Geschichte einer alten Frau, die einen Ritter überredet, sie dafür zu heiraten, daß sie ihn mit der richtigen Antwort auf die Frage »Was begehrt das Weib am meisten?« vom Tod errettet. Sie sagt: »Die Herrschaft in der Ehe« und wird daraufhin in ein wunderschönes junges Mädchen verwandelt. Holzschnitt von Rockwell Kent für eine amerikanische Ausgabe der »Tales« von 1934.

> Was ist dann Schönheit? sagt mein Leiden.
> Wenn all die Schreibfedern, die Dichter jemals hielten, das Empfinden der

Gedanken ihrer Herren und jede Lieblichkeit gespeist hätten ...
Wenn die ganze himmlische Quintessenz, die sie aus ihren unsterblichen Blüten der Poesie
destillieren, worin wir wie in einem Spiegel die höchsten Sphären eines menschlichen Geistes erkennen –
wenn diese nur eines Gedichtes Länge gemacht und sich alle zum Wert der Schönheit vereint hätten, so
sollte doch in ihren ruhelosen Köpfen wenigstens ein Gedanke, ein Objekt der Anmut, ein Wunder
schweben, das keine Fähigkeit in Worte umsetzen kann.

Oben: Elisabeth I., während deren langer Herrschaft als Königin von England (1558-1603) der britische Hof zum prächtigsten in ganz Europa aufstieg, die Literatur aufblühte und Elisabeth selbst, die sehr gebildet war und fließend Latein sprach, in der Person der »Gloriana« zum Mittelpunkt eines romantischen Kultes wurde. Porträt des anglo-flämischen Malers Marcus Gheeraerts d. J. (1561-1635), das die Königin vor Gemälden von der gewonnenen Seeschlacht gegen die spanische Armada zeigt. (London, National Maritime Museum)

Links: Christopher Marlowe, der unglückliche junge Stückeschreiber, den Shakespeare in »Wie es euch gefällt« beschrieb. Ein ausdrucksstarker Auszug von Marlowes berühmtem Drama »Tamerlan der Große« ist ganz links abgedruckt. Detail des Porträts eines unbekannten Künstlers (1558), dem Marlowe aufgetragen haben soll, rings um das Gemälde die Worte »Quod nutrit me destruit« (Was mich nährt, das mich zerstört) zu setzen. (Cambridge, Corpus Christi College)

William Shakespeare

William Shakespeare (1564-1616), wohl der größte Dichter der englischsprachigen Literatur, wurde in der Kleinstadt Stratford-upon-Avon geboren. Er war der Sohn des bekannten Geschäftsmanns John Shakespeare, der unter anderem als Handschuhmacher und Fleischer arbeitete, mit Korn, Malz, Leder, Fellen und Rohwolle handelte und Bürgermeister von Stratford wurde, als sein Sohn William vier Jahre alt war. Sonst wissen wir zwar nichts über die Kindheit des Dichters, doch ging er vermutlich auf die Volksschule seines Heimatorts. Als John Shakespeare danach in finanzielle Schwierigkeiten kam, dürfte William eine Zeitlang im Schlachthaus des Vaters gearbeitet haben. Mit 18 heiratete er die acht Jahre ältere Anne Hathaway – etwas überstürzt, aber offenbar hatten ihn die neuen Schwiegereltern zu diesem Schritt gedrängt, und so kam sechs Monate später, im Mai 1583, auch die erste Tochter der Shakespeares, Susanna, auf die Welt. 1585 folgten noch die Zwillinge Hamnet und Judith.

Ansonsten ist uns über das Eheleben des Dichters und die Person seiner Frau nicht viel bekannt, doch zwei seiner Stücke enthalten sehr deutliche Anspielungen auf das Unglück, das oft aus »erzwung'-nem Ehebund« entsteht. Ungefähr 1587, wie sein frühester Biograph festhält, wurde er beim Wildern in den Wäldern eines Amtmanns ertappt, worauf er die Stadt und seine Frau verließ und nach London ging, möglicherweise mit einer Truppe von Spielleuten, die gerade durch Stratford zogen. Bis 1592 ist nichts über ihn bekannt, dann aber taucht er plötzlich als erfolgreicher Londoner Schauspieler und Stückeschreiber auf. In jenem Jahr erwähnt der bekannte Autor Robert Greene in einem skurrilen Traktat »eine emporgekommene Krähe, die sich mit unseren Federn schmückt und (...) meint, sie könne einen Blankvers ebensogut herausdonnern wie die Besten unter Euch (...) Er bildet sich ein, der einzige Bühnen-Erschütterer *[shake-scene]* im ganzen Land zu sein.« Daß Greenes Verleger gleich darauf eine wortreiche Entschuldigung drucken ließ, die das Opfer der Satire einen aufrechten und geraden Mann und gebildeten Schriftsteller nannte, legt den Schluß nahe, daß Shakespeare bereits damals einen recht guten Ruf und das Wohlwollen vieler Freunde genoß.

Der junge Dichter – so viel läßt sich im Rückblick wohl sagen – war von der Natur reich ausgestattet: John Aubrey, ein Memoirenschreiber des 17. Jahrhunderts, schildert ihn als »stattlichen, gutgewachsenen Mann von sehr wachem und vernüglich einschmeichelndem Geist«. Für das launenhafte Theatermilieu bewies er auf jeden Fall auch einen beachtlichen Geschäftssinn. Er verwaltete nicht nur seine Finanzen sehr umsichtig, so daß er in späten Jahren ein bescheidenes Vermögen angespart hatte, sondern er wußte auch immer genau, was das Publikum seiner Stücke hören und sehen wollte.

Shakespeares Werk läßt sich in vier Schaffensperioden einteilen: In der ersten (bis 1594) schrieb er seine frühen historischen Schauspiele, mehrere Komödien, darunter *The Taming of the Shrew* (Der Widerspenstigen Zähmung) und Verserzählungen wie *Venus and Adonis* und *The Rape of Lucrece* (Lukretia); dann (1594-1599) entstanden *Romeo and Juliet* (Romeo und Julia), *A Midsummer Night's Dream* (Ein Sommernachtstraum) und *The Merchant of Venice* (Der Kaufmann von Venedig) sowie die historischen Dramen *Richard II.*, die beiden Teile von *Heinrich IV.*

Das »Chandos-Porträt«, das wohl Shakespeare zeigt, wird oft seinem Kollegen Richard Burbage zugeschrieben. (London, National Portrait Gallery)

Das »Globe Theatre« in Southwark am Südufer der Themse wurde 1599 erbaut, teilweise aus den Materialien des ersten permanenten Theaterhauses in ganz England, das einfach nur »The Theatre« hieß und in Shoreditch stand. Das »Globe«, an dem Shakespeare zu einem Zehntel beteiligt war, brannte 1613 während einer Aufführung von Heinrich VIII. nieder; ein Neubau wurde 1647 endgültig zerstört. 1988 wurden die Fundamente bei Bauarbeiten in Londons neuem Themseviertel freigelegt.

und *Heinrich V.* Es folgte (1599-1608) die Epoche der großen Tragödien *King Lear* (König Lear), *Hamlet, Othello* und *Macbeth,* der majestätischen Stücke über das antike Rom, *Julius Caesar, Antony and Cleopatra* (Antonius und Kleopatra) und *Coriolanus;* damals verfaßte Shakespeare aber auch die witzigen Komödien *Much Ado About Nothing* (Viel Lärm um nichts), *Twelfth Night* (Was ihr wollt), *As You Like It* (Wie es euch gefällt) und die drei »bittersüßen« Stücke *Troilus and Cressida, Measure for Measure* (Maß für Maß) und *All's Well That Ends Well* (Ende gut, alles gut). In der Spätphase (1608-1616) scheinen sich Shakespeares Technik und Weltanschauung geändert zu haben; hier schrieb er sein Abschiedsstück, die hervorragende romantische Komödie *The Tempest* (Der Sturm), die 1611 vor dem König aufgeführt wurde.

Es kann kein Zweifel bestehen, daß dieses gewaltige schöpferische Werk das Produkt *eines* Autors ist und daß dieser Autor William Shakespeare war. Mehrere Theorien schreiben die Stücke nämlich Lord Oxford, Sir Francis Bacon oder gar Christopher Marlowe (nach dessen Tod) zu. Doch diese Theorien haben immer mehr Fragen aufgeworfen, als sie zu lösen imstande waren. Warum sollte ein Theatermacher und Schauspieler aus der Mittelschicht nicht die Taten großer Staatsmänner oder die Intrigen bei Hof oder in Adelsfamilien beschreiben? Seine beiden frühen Gedichte *Venus und Adonis* (1593) und *Die Schändung der Lukretia* (1594) widmete er dem Earl of Southampton, Henry Wriothesley, einem der brillantesten Höflinge jener Zeit, mit dem Shakespeare offensichtlich gut bekannt war.

Seit etwa 1592 gehörte er der Chamberlain-Schauspielertruppe an, und 1599 erwarb er ein Zehntel des Theaters »The Globe«, das am Südufer der Themse erbaut wurde. Damals war er als Autor schon so wohlhabend, daß er sich das zweitgrößte Haus in seiner Heimatstadt Stratford kaufen konnte; überhaupt war seine Finanzlage bis zu seinem Abtreten von der Bühne eigentlich immer glänzend. Bei näherem Studium von Shakespeares Leben und Werk stellt man allerdings einen gewissen Zwiespalt fest – als Dichter war er verblüffend genial, beruflich jedoch ein Opportunist. Den beiden Monarchen, für die er arbeitete – Elisabeth I. und Jakob I. –, schrieb er praktisch nach dem Mund. So verlangte die theaterbegeisterte Königin nach dem Besuch von *Heinrich V.,* Shakespeare solle unbedingt die Figur des Falstaff wieder zum Leben erwecken – worauf in nur zwei Wochen *The Merry Wives of Windsor* (Die lustigen Weiber von Windsor) entstand. Ihr Nachfolger war am Okkulten interessiert und hatte sogar eine gelehrte Abhandlung über Hexerei verfaßt – er bekam die mystische Tragödie *Macbeth.*

Daß der große, ja geniale Dramatiker und der erfolgreiche Geschäftsmann ein und dieselbe Person gewesen sein sollen, erstaunt die Literaturwissenschaft auch heute noch. Doch so war es wohl, und die Entwicklung seiner schöpferischen Kräfte scheint Shakespeares kommerziellen Instinkt ja nicht geschmälert zu haben.

Kennzeichnend für Shakespeares Genie war seine Vielseitigkeit: Kein anderer Dichter oder Dramatiker besaß je eine derartige Spannweite der Phantasie oder schuf solch unterschiedliche Charaktere wie den jovialen, lebenslustigen Sir John Falstaff und Hamlet, den düsteren, verbitterten Prinz von Dänemark. William Hazlitt, ein zeitgenössischer Kritiker, sagte einmal, Shakespeare habe seine Gestalten nicht nur im Geiste erschaffen, sondern er habe »sich in sie verwandelt und durch sie gesprochen und gehandelt«. Manchmal scheint auch eine Figur seiner Kontrolle zu entgleiten und legt dann ganz unerwartete Seiten an den Tag. Shylock, der *Kaufmann von Venedig,* der ursprünglich zweifellos als das Abbild des verschlagenen Juden gedacht war – kurz vorher war gerade Elisabeths jüdischer Arzt Rodrigo López hingerichtet worden, weil er angeblich die Königin hatte vergiften wollen –, gewinnt auf einmal, vielleicht fast gegen den Willen des Autors, eine tragische Größe, von der sich die Zuschauer (wie Heinrich Heine bei einem Theaterbesuch in London damals notierte) zu Tränen rühren ließen.

Ebenso vielseitig war Shakespeares Gebrauch der englischen Sprache. An Marlowe hatte er die »mächtige, donnernde Rede« bewundert, doch er setzte den Blankvers als dramatisches Ausdrucksmittel sogar noch wirksamer ein. Auch die Lieder, die in seinen Komödien harmonische Klammern darstellen, vertonten die schönsten englischen Texte, die je geschrieben wurden. Auch die Sonettform beherrschte er wie kaum ein zweiter Dichter, und 1609 gab ein gewisser Thomas Thorpe, offenbar ohne Erlaubnis des Autors, ein Buch mit Shakespeare-Sonetten heraus, in dessen mysteriöser Widmung allerdings vom »einzigen Erzeuger der folgenden Sonette, Mr. W. H. ...« die Rede ist.

Die Identität dieses W. H. ist trotz vielen Bergen gelehrter Abhandlungen bis heute nicht zufriedenstellend geklärt, und auch der Inhalt der Gedichte selbst ist nicht immer ganz verständlich. Doch der »holde Knabe«, den der Dichter offensichtlich anbetet, dürfte wohl sein Freund und Gönner Lord Southampton gewesen sein, so daß manche Kritiker die Sonette als homosexuelle Anwandlung des sonst den Frauen zugetanen Shakespeare interpretieren. Oft stellt der Dichter das eigene Alter und das käufliche Gewerbe der Jugend und der kraftvollen Energie seines Helden gegenüber, wie zum Beispiel im 73. Sonett, hier in der sehr spröden Übersetzung Stefan Georges:

Die zeit des jahres magst du in mir sehn
Wo gelbe blätter • keine • wenige hangen
Auf diesen ästen die im wind sich drehn
Chor-trümmer kahl wo einst die vögel sangen.

In mir siehst du zwielicht von solchem tag
Der nach der sonne weggang bleich im west •
Das schwarze nacht gar bald entführen mag

Links: Die Fee Titania aus dem »Sommernachtstraum«. Sie hat sich in den kleinen Edelknaben verliebt, und weigert sich, ihn ihrem Gatten Oberon, dem König der Elfen, zurückzugeben. Doch der Zaubersaft des Puck bringt sie dazu, sich in den Weber Zettel zu verlieben und alles übrige zu vergessen. Deshalb gibt sie Oberons Drängen nach und läßt ihm den Knaben von einer Fee bringen. Illustration des britischen Zeichners Arthur Rackham für eine für Kinder bearbeitete Version des Stücks (1908).

Unten: Mark Anton verfällt in »Antonius und Kleopatra« den Reizen der ägyptischen Herrscherin so rettungslos, daß er jede Kontrolle über das römische Reich verliert. Sein Widersacher Oktavian rüstet zum Kampf gegen den Mann, der »sein Imperium für eine Hure aufgegeben hat«. Detail eines Gemäldes von Gérard de Lairesse, einem flämischen Maler und Schriftsteller des 17. Jahrhunderts. (Amsterdam, Rijksmuseum)

Links: »Hamlet« oder »Amblet«, eine 1597 verfaßte dänische Verschronik, die damit mindestens fünf Jahre älter ist als Shakespeares Hamlet. Hier wird Hamlet als mächtiger Renaissancefürst dargestellt, gemäß einer Beschreibung des dänischen Historikers Saxo Grammaticus in seiner »Historia Danica« (ca. 1200). (Stockholm, Königliche Bibliothek)

Rechts: Die großen französischen Tragöden François Talma (1763-1826) und Mlle Duchesnois (1777-1835) in den Rollen von Hamlet und Gertrud. Talma war der Lieblingsschauspieler Napoleons und gab in vielen Shakespeare-Stücken die Hauptrolle, darunter Othello, Macbeth und Heinrich VIII. (Paris, Bibliothèque de l'Arsénal)

Gegenüberliegende Seite: Das »Swan Theatre« zu Shakespeares Zeiten, hier in einer Federzeichnung des Niederländers Johannes de Witte (1596).

Zwilling des tods umhüllt sie alles fest.

In mir siehst du das brennen solcher glut
Die auf den aschen ihrer jugend schwebt
Wie auf dem totenbett wo sie bald ruht –
Durch das verzehrt wovon sie einst gelebt.

Dein lieben wächst • wirst du dir dess bewußt •
Und du liebst wohl was du bald lassen mußt.

Um Shakespeares meisterhaften Blankvers zu zeigen, müßte man eigentlich seitenlang zitieren. Vier berühmte Passagen – aus *Der Kaufmann von Venedig, Hamlet, Maß für Maß* und *Der Sturm* aber mögen die magische Kraft seiner Dichtung demonstrieren. Im *Kaufmann von Venedig* (ca. 1595, hier die moderne Übersetzung von Richard Flatter) blickt Lorenzo neben seiner Geliebten Jessica, Shylocks Tochter, zu den Sternen auf:

Wie süß das Mondlicht auf dem Hügel schläft! …
Sitz, Jessika! Siehst du die Himmelsflur –?
Reich eingelegt mit Plättchen lichten Goldes?
Auch nicht das kleinste Pünktchen, das du schaust,
Das nicht im Kreislauf singt, gleich einem Engel,
Zum Chor der Cherubim, der ewig jungen.
Der gleich Wohllaut wohnt in unsern Seelen;
Nur so lang, als der Staub der Sterb-

lichkeit
Uns noch umkerkert hält, hörn wir ihn nicht.

Wie viele elisabethanische Poeten war Shakespeare geradezu besessen von der Idee des Todes. Seiner Phantasie jedoch tat dies keineswegs Abbruch; siehe die wunderschöne lyrische Schilderung von Ophelias Freitod in *Hamlet* (ca. 1601), in der Übersetzung A.W. von Schlegels:

KÖNIGIN:
Es neigt ein Weidenbaum sich übern Bach
Und zeigt im klaren Strom sein graues Laub,
Mit welchem sie phantastisch Kränze wand
Von Hahnenfuß, Nesseln, Maßlieb, Kuckucksblumen,
(Die freche Schäfer gröblicher benennen,
Doch keusche Mädchen heißen's Totenfinger;)
Dort, als sie aufklomm, um ihr Laubgewinde
An den gesenkten Ästen aufzuhängen,
Zerbrach ein falscher Zweig, und niederfielen
Die rankenden Trophäen und sie selbst
Ins weinende Gewässer. Ihre Kleider
Verbreiteten sich weit und trugen sie
Sirenengleich ein Weilchen noch empor,
Indes sie Stellen alter Weisen sang,
Als ob sie nicht die eigne Not begriffe,
Wie ein Geschöpf, geboren und begabt,
Für dieses Element. Doch lange währt' es nicht,
Bis ihre Kleider, die sich schwer getrunken,
Das arme Kind von ihren Melodien
Hinunterzogen in den schlamm'gen Tod.

In *Maß für Maß* (1603), hier in der Schlegel-Tieck-Übersetzung, wird die Angst des Menschen vor dem Tode mit höchst gräßlichen Bildern ausgedrückt:

CLAUDIO:
Ja! Aber sterben! Gehn, wer weiß, wohin;
In kalter Starre liegen und verwesen;
Dies lebenswarme, fühlende Bewegen
Verschrumpft zum Kloß; der lebensfrohe Geist
Getaucht in Feuerfluten oder schaudernd
Umstarrt von Wüsten ewger Eismassen;
Gekerkert sein in unsichtbare Stürme
Und mit rastloser Wut gejagt rings um
Die schwebende Erde; oder Schlimmres werden
Als selbst das Schlimmste,
Was Phantasie wild schwärmend, zügellos,
Heulend erfindet: das ist zu entsetzlich! –
Das schwerste, jammervollste irdsche Leben,
Das Alter, Armut, Schmerz, Gefangenschaft
Dem Menschen auflegt – ist ein Paradies
Gegen das, was wir vom Tode fürchten!

Das letzte Zitat ist der Abschied des Prospero an die wirkliche Welt und das Universum seiner Visionen aus Shakespeares Spätwerk *Der Sturm* (1610/11): eine traurige und auch zutiefst philosophische Rede. *Der Sturm* gehört wie *Cymbeline* zu Shakespeares Märchenspielen, die auch »Romanzen« genannt werden. Hier zugleich ein Beispiel der ersten deutschen Shakespeare-Übersetzung – in Prosa und mit teils befremdlicher Orthographie – von Christoph Martin Wieland, die ca. 1766 erschien und großen Einfluß auf Lessing, Goethe, Schiller und viele andere hatte:

PROSPERO:
... unsre Spiele sind nun zu Ende. Diese unsre Schauspieler, wie ich euch vorhin sagte, sind alle Geister und zerflossen wieder in Luft, in dünne Luft, und so wie diese wesenlose Luftgesichter, so sollen die mit Wolken bekränzten Thürme, die stattlichen Paläste, die feyrlichen Tempel, und diese grosse Erdkugel selbst, und alles, was sie in sich faßt, zerschmelzen, und gleich diesem verschwundnen, unwesentlichen Schauspiel nicht die mindeste Spur zurücklassen. Wir sind solcher Zeug, woraus Träume gemacht werden, und unser kleines Leben endet sich in einen Schlaf.

So wie Prospero von seiner luftigen Welt Abschied nimmt und den Zauberstab ablegt, so zog sich Shakespeare aus London nach Stratford zurück, legte den Dichterstab ab und ließ nur seine zauberhaften Bücher zurück. Am 23. April 1616 starb er bei »einer fröhlichen Zusammenkunft« mit zwei anderen Dichtern, bei der er »anscheinend zuviel trank«.

Das Ende der Renaissance: Physik und Metaphysik

In Westeuropa wurde die Renaissance im 16. und 17. Jahrhundert allmählich vom »Barockstil« abgelöst, der die Literatur ebenso wie die bildende Kunst erfaßte und durch seinen verschnörkelten, oft phantastisch überladenen Detailreichtum und seine sinnliche Vitalität gekennzeichnet ist. Eine Zwischenperiode war der Manierismus, der in Italien nach dem Dichter **Giambattista Marino** (1569-1625) *marinismo* hieß; in Spanien nannte man ihn *gongorismo*, hier nach dem Dichter **Luis de Góngora** (1561-1627), der mit seinen lyrischen Schöpfungen von dunklem, lehrreichem Gehalt gegen die Volksdichtung hervortrat. Diese Dunkelheit, in der er alle barocken Stilmittel vereinigte, ist nicht mystisch, sondern artistisch gewollt und vielfach preziös überzüchtet; die Metaphern sind von höchster Virtuosität. Góngoras Dichtung zielte auf das Erlesene, nach verfeinerter, der Menge nicht zugänglicher Kunst. Hauptwerke sind die Versdichtung *Fábula de Polifemo* (Polyphem, 1612) und *Soledades* (Einsamkeit, 1613).

Der Barock war ein Ergebnis der Gegenreformation, mit dem die katholische Kirche sich gegen »Ketzer« wie Luther und Calvin zu wehren suchte. Die englische Dichtung liebte zwar üppig-derbe Detailschilderungen, dennoch scheint der neue Stil an ihr vorbeigegangen zu sein. Echt barock ist weder Shakespeares Werk noch das von **Ben Jonson** (1572-1637), einem guten Freund und auch harten Kritiker Shakespeares. Jonson war ein hochgebildeter Schriftsteller und Kenner der Klassiker, hatte aber, wie seine vielen Komödien und Tragödien beweisen, auch echte Originalität und ein erquickliches lyrisches Talent. Am bekanntesten ist sein satirisches Lustspiel *Volpone* – gespielt im »Globe« –, die Charakterstudie eines Geizhalses, der seine Reichtümer mit beinahe religiöser Inbrunst hegt.

Mit Macht setzte sich im England des 17. Jahrhunderts auch der wissenschaftliche Geist durch: So führte der Philosoph, Schriftsteller und Politiker **Francis Bacon** (1561-1626) in seinem 1620 veröffentlichten *Novum Organum* die Empirie als Erkenntnismethode ein. Doch auch für die Verskunst war es eine fruchtbare Zeit: In den ersten Jahrzehnten des 17. Jahrhunderts gab es eine neue Entwicklung auf der Literaturszene. Die neue Schule, die »metaphysischen Dichter«, betrachteten »Witz«, d.h. Humor und Originalität, als ihre wichtigste poetische Waffe – weswegen der Kritiker Samuel Johnson sie rügte, es ginge ihnen nur darum, »zu sagen, was sie hofften, es habe noch nie jemand so gesagt«, und in ihren Gedichten seien »völlig zusammenhanglose Bilder mit Gewalt aneinandergefügt«. Ein glänzender Vertreter dieser Schule war **John Donne** (1572-1631), der in seiner wechselvollen, abenteuerlichen Jugend elegische Liebesgedichte schrieb:

> Wie konnten unsre Väter einst dem Glück sich nahn,
> Die in der Liebesvielfalt kein Verbrechen sahn!

John Donne – belesen in den Wissenschaften seiner Zeit – war ein Meister verblüffender Vergleiche, ein Spieler mit dem Paradoxon, der religiöser und erotischer Erfahrung zugleich bildhaft einprägsam Ausdruck verlieh. Ihm eigen ist eine nervöse Tendenz der Sprache zum Unbeherrschten und Gewagten, zu Alltagsnähe und zu oftmals dramatischen Ausbrüchen. 1619 empfing er die Priesterweihe, worauf er Hausprediger König Jakobs I. und Dekan der St.-Pauls-Kathedrale wurde. Seine kraftvollen Predigten sind noch heute berühmt. Nach schwerer Krankheit schrieb er in sein Tagebuch die berühmten Zeilen: »Eines jeden Menschen Tod vermindert mich, denn ich bin ein Teil der Menschheit; suche daher nie zu erfahren, für wen die Totenglocke läutet; sie läutet für dich.«

Der Begriff »Barock« im engeren Sinne bezeichnet eigentlich den im 17. Jh. üblichen überladenen Stil in Malerei, Bildhauerei und Architektur, wo man sich klassischer Ausdrucksmittel in »unklassischer« Weise bediente; in der Literatur meint man damit Stilelemente, wie man sie auch bei Shakespeare, Ben Jonson und John Donne bisweilen findet. Der Flame Peter Paul Rubens (1577-1640) wird oft der größte Barockmaler des Nordens genannt, und seine Darstellung der »Anbetung der Venus« (rechts) ist ein typisches Beispiel dafür. (Wien, Kunsthistorisches Museum)

Der englische Puritanismus

Der bereits völlig blinde John Milton diktiert seinen Töchtern Deborah und Mary. Aus der Zeit, als Milton Cromwells Lateinsekretär und damit praktisch der Außenminister der Commonwealth-Republik gewesen war, hatte er bis ins Alter auch den Dichterkollegen Andrew Marvell zum Gehilfen. Gemälde des bekannten Porträtisten George Romney (1734-1802), der ein Zeitgenosse von Thomas Gainsborough und Joshua Reynolds war. (Biggleswade/Bedfordshire, England, Whitbread Collection)

Der Kampf zwischen der britischen Krone und dem Parlament, der 1625 nach der Thronbesteigung von Karl I. immer erbitterter wurde, löste einen regelrechten Bürgerkrieg aus und endete 1649 mit der Hinrichtung des Königs. Großbritannien wurde ein republikanischer »Commonwealth« unter dem gestrengen »Lordprotektor« Oliver Cromwell, dessen Anhänger, die Puritaner, eine politische und religiöse Tyrannei betrieben, von der alle Lebensbereiche erfaßt waren. Die Literatur und die Künste tolerierte man eben noch, doch die Theater wurden geschlossen.

Der größte Dichter dieser Zeit, **John Milton** (1608-1674), war Cromwells Lateinsekretär gewesen. Schon vor seinem Meisterwerk *Paradise Lost* (Das verlorene Paradies) wurde er blind, was er aber, wie das grandiose Sonett *On Blindness* (Des Blinden Dienst) beweist, mit bewundernswerter Geduld ertrug:

Wenn ich betrachte, daß das Licht mir schwand,
Eh meiner Tage Hälfte noch beendet,
Und jene Kraft, die für mich Leben spendet,
Klanglos in mir ward, wie auch ich gebrannt,

Damit zu dienen dem, der mich gesandt,
Eh Rechnung fordernd er zu mir sich wendet,
Dann frag ich oft: Wo er den Tag geblendet,
Heischt er noch Tagwerk? – doch den Unmut bannt

Mit sanfter Antwort die Geduld: Nicht frommen
Dem Herrn der Welten Menschenwerk und -wort;
Ihm dient am besten, wer sein Joch genommen.

Sein Herrschersaal ist königlich geartet:
Schickt er der Diener tausend ruhlos fort,
So dient ihm auch, wer steht und auf ihn wartet.

Im *Verlorenen Paradies* (1667) schuf Milton, was so viele Renaissancedichter vergeblich versucht hatten: ein christliches Epos, das den Vergleich mit der Antike nicht scheuen mußte. Er greift die biblischen Themen von Schöpfung und Sündenfall auf und rechtfertigt Gottes Strenge; doch in seinem Porträt Satans, Gottes besiegtem und doch rebellischem Widersacher, schwingt hie und da etwas von der Majestät des Bösen mit. »Milton war«, so William Blake, »ohne es zu wissen, ein Parteigänger des Teufels.«

...Ob das Schlachtfeld auch verloren,
Ist doch nicht alles hin! Der Wille nicht,
Der unbesiegbar, nicht der Rache Durst,

Der ewge Haß und Muth, sich nie zu
beugen,
Und was noch sonst unüberwindlich
ist

In *Paradise Regained* (Wiedererobertes Paradies) rühmt Milton den Sieg Gottes und Christi Triumph über das Böse. Sein tragisches Schauspiel *Samson Agonistes* folgt dem Muster griechischer Dramen, wobei der blinde Samson sowohl Miltons eigene Misere wie die mißliche Lage seiner Gesinnungsgenossen repräsentierte. 1660 war nämlich wieder ein katholischer Stuart auf den Thron gekommen, und nun hatten die Puritaner zu leiden.

John Bunyan (1628-1688), ein frommer Puritaner, kam als einer der ersten ins Gefängnis. Doch die Haft war nicht allzu hart: schreiben durfte er weiterhin, und 1678 erschien *The Pilgrim's Progress* (Eines Christen Reise nach der Seeligen Ewigkeit), eine allegorische Erzählung von der Suche nach dem Heil. Das außerordentlich populäre Buch ist bis heute so weit verbreitet und oft übersetzt wie kaum ein anderes religiöses Werk.

Die Komödie der Restaurationszeit, deren witzigste, gewagteste und eleganteste Werke wir **William Wycherley** (1640-1716), **Sir John Vanbrugh** (1664-1726) und **William Congreve** (1670-1729) verdanken, spiegelt den sorglosen Geist am Hofe der Stuarts, den Kult des Genusses und einer hemmungslosen Jagd nach Amouren wider. So formvollendete und amüsante Lustspiele gab es auf englischen Bühnen erst wieder um 1770, als man die Stücke von Richard Brinsley Sheridan aufführte.

Zwei bemerkenswerte Tagebuchschreiber hielten das Alltagsleben jener Epoche fest. Von diesen war **John Evelyn** (1620-1706), der Universalgelehrte und Begründer der naturwissenschaftlichen Akademie *Royal Society*, ernsthafter, aber weniger unterhaltsam. **Samuel Pepys** (1633-1703), ein verdienstvoller Staatsbeamter und Mitglied der Royal Society, führte dagegen von 1660 bis 1669 in Geheimschrift ein schonungsloses Tagebuch, in dem er nicht nur so wichtige Ereignisse wie das Wüten der Pest oder das große Feuer in London festhielt, sondern auch das Gezänk mit seiner Gattin ebenso wie seine Liebschaften. Was heute an Pepys' Tagebuch auffällt, ist die menschliche Nähe. So schreibt er einmal, er sei nach der Arbeit im Ministerium nach Hause gegangen, »zu einem kalten Essen, weil Waschtag ist«.

Oben: John Bunyan und John Gifford, ein nonkonformistischer Pfarrer im englischen Elstow bei Bedford, hier als der Pilger und der Prediger aus »Pilgrim's Progress«. Das Buntglasfenster der Kirche von Elstow wurde zum dreihundertjährigen Jubiläum der Begegnung angefertigt. Bunyan war in den letzten 17 Jahren seines Lebens Pfarrer der Gemeinde – nachdem er 12 Jahre lang wegen Predigens ohne Genehmigung durch die anglikanische Kirche im Gefängnis von Bedford verbracht hatte.

Unten: Samuel Pepys, dessen unvergleichliches »Tagebuch«, das er 1660-1669 in Geheimschrift geführt hatte, erst 1825 veröffentlicht wurde – allerdings in stark zensierter Form. Völlig ungekürzte Versionen erschienen erst ab 1970. (London, National Portrait Gallery)

Die Ära des Sonnenkönigs

Oben: Der Musiksalon von Madame Adélaïde in Versailles. Marie-Adélaïde de Savoie, die Enkelin von Ludwig XIV., war die Mutter von Ludwig XV. Der französische Autor und Prälat Fénélon war der Erzieher ihres Gatten Ludwig, des Herzogs von Burgund, gewesen und hatte für diesen »Les aventures de Télémaque« (Die Abenteuer des Telemach) geschrieben. Da man in diesem Werk satirische Anspielungen auf den Absolutismus Ludwigs XIV. zu lesen glaubte, bekam er große Probleme.

Darunter: Zwischen 1661 und 1684 verwandelte Ludwig XIV., der »Sonnenkönig«, das ursprünglich eher kleine Schloß von Versailles bei Paris in ein Symbol des französischen Klassizismus und machte es de facto zur Kunsthauptstadt seines Reichs. Hier sieht man die westliche Fassade, rechts dahinter den Südflügel. Aus dem Spiegelsaal, der sich über die gesamte Breite des Erdgeschosses erstreckte, sieht man auf den Schloßgarten und die Bronzestatuen rund um die Wasserbassins.

Während der Herrschaft von Ludwig XIV. (1661-1715) erschien ein Traktat, das den französischen König allen Ernstes mit Gott verglich. Ludwigs Beiname war *le roi soleil* (Sonnenkönig), denn um ihn drehte sich das gesellschaftliche Leben. Der Adel, der noch unter seinem Vater eine wichtige Rolle gespielt hatte, war nun zu Hofdienern reduziert: er mußte im Schloß von Versailles leben und dem König täglich seine Ehrerbietung erweisen. Da auch die Schriftsteller jener Zeit von der Gunst des Monarchen abhingen, zeigten sie kaum rebellischen Geist. Die Billigung oder Mißbilligung durch Ludwig bestimmte das Schicksal aller Kunstwerke. Die 1635 von Kardinal Richelieu gegründete *Académie française* war oberster Schiedsrichter in Fragen des Geschmacks.

Der französische Klassizismus entstand als Protestbewegung gegen die »preziöse« Barockliteratur, die in den Salons kulturbegeisterter Damen gepflegt wurde. Man ergötzte sich an sentimentalen Liebesgeschichten in idyllischen Szenerien; vor allem der Schäferroman *L'Astrée* (Astrea) von **Honoré d'Urfé** (1567-1625), ein umfangreiches, mehrteiliges Werk, war damals sehr populär.

François de Malherbe (1555-1628) gilt als Begründer des französischen Klassizismus. Er war ein begnadeter Dichter, dessen Werk in punkto Klarheit und Korrektheit der Sprache hohe Maßstäbe setzte. Malherbe formulierte ein umfassendes Reformprogramm zur Bereinigung des Französischen. Noch mehr betonte diese Ideale **Nicolas Boileau (-Despréaux)** (1636-1711), dessen *Satires* dem »preziösen« Stil endgültig den Garaus machten und der mit *L'art poétique* (Die Dichtkunst) zum literarischen Gesetzgeber Europas wurde. Leitidee war die Vernunft, das Ziel die Suche nach Wahrheit durch Beobachtung der Natur: »Liebt also die Vernunft; von ihr sollen eure Schriften Glanz und Wert beziehen.« Auch Boileau verehrte die großen Dichter der Antike.

Pflicht oder Liebe

Das Zeitalter des klassischen Dramas in Frankreich wurde 1637 mit **Pierre Corneille** (1606-1684) und seiner Inszenierung von *Le Cid* (Der Cid) eröffnet, einem Werk, das sich durch sorgfältige Befolgung aller Regeln des antiken Dramas auszeichnete, darunter jene von den »drei Einheiten« – nämlich der Kontinuität der Schauspielhandlung in Zeit und Raum: Ein Stück mußte am selben Tag und an einem einzigen Ort spielen.

Der Cid basiert auf einem seelischen Konflikt, der in der Literaturgeschichte in unterschiedlichen Formen immer wieder aufgegriffen wurde: dem Widerstreit von Liebe und Pflicht. Es geht um einen spanischen Edelmann, der aus Gründen der Familienehre genötigt ist, den Vater seiner Geliebten im Duell zu töten.

Die meisten Stücke Corneilles beschreiben ähnliche Konflikte und feiern den Sieg von Heldenmut und Willenskraft. In *Horace* (1640) unterliegt die Liebe dem Patriotismus, im Verschwörerdrama *Cinna* (1641) betont Corneille den Vorrang politischer Ambitionen vor persönlichen Leidenschaften und in *Polyeucte* (1641/42) ist der Opfertod christlicher Märtyrer sein Thema. Immer ist es der Wille, der übermäßige Leidenschaften im Zaume hält.

Der »Vater der Tragödie«, Pierre Corneille, der 1637 die Ära des klassischen Dramas in Frankreich einleitete. In späteren Jahren entzogen ihm das Publikum und die Schauspieler die Gunst und wandten sich dem jüngeren Autor Jean Racine zu, dem das Thema der »Leidenschaft« wichtiger als jenes von »Ehre« und »Pflicht« war. Porträt aus der Erstausgabe seiner »Gesammelten Werke« (1644). (Paris, Bibliothèque Nationale)

Jean Racine

Oben: Als junger Mann studierte der Dramatiker Racine in der Klosterschule Port-Royal, dem Hauptquartier der Jansenisten, einer puritanisch-katholischen Sekte, die sich gegen die Jesuiten wandte und deren streng sittliche Grundhaltung seine frühen Werke beeinflußte. Während der Ära seines Erfolgs am Hofe von Ludwig XIV. ging er von dieser Haltung ab, kehrte aber in seinen letzten beiden Tragödien zu religiösen Themen zurück. (Paris, Bibliothèque Nationale)

Oben rechts: Madame de Maintenon (Françoise d'Aubigné), die Vertraute und inoffizielle zweite Frau Ludwigs XIV., soll großen Einfluß auf die Themenwahl von Racines Spätwerk gehabt haben. Porträt des französischen Malers und Radierers Augustin de Saint-Aubin (1737-1807). (Paris, Bibliothèque Nationale)

Das klassische französische Drama wurde von **Jean Racine** (1639-1699) zur Vollendung gebracht. Seine Stücke folgen einer strikten Logik. Alle unnötigen Randfiguren werden gestrichen, und im Gegensatz zu Corneille hatte Racine keinerlei Probleme, die »drei Einheiten« zu beachten. Doch dies ist nicht der einzige Unterschied zwischen den beiden Autoren: für Corneille war der Wille die stärkste Kraft des Menschen. Daher schuf er Dramen über Pflichterfüllung, während für Racine die Leidenschaft eine viel wichtigere Rolle spielte. Man sagt oft, Corneille habe die Stärken, Racine dagegen die Schwächen der Menschen gezeigt, und während Corneilles Helden Bewunderung heischen, erwecken jene Racines Mitleid.

Die französische Dichtkunst dieser Zeit beschäftigt sich nahezu ausschließlich mit moralischen Werten und schenkt dem sozialen Hintergrund wenig Beachtung. *Andromaque* (1667) zum Beispiel, Racines erste Tragödie, basiert auf einer schaurigen griechischen Legende über Gewalt und Irrsinn. Dennoch wurde sie am Hofe von Versailles in Gegenwart des Königs aufgeführt; Zuschauer und Akteure trugen zeitgenössische Kleidung. Gewalttätigkeiten zeigte man nicht auf der Bühne, und komische Episoden gab es natürlich auch nicht zu sehen. Es herrschte eine Atmosphäre patrizischer Würde.

Wie aber, so mag man fragen, ist eine solche Inszenierung mit einer realistischen Naturschau zu vereinbaren? Nun, die Natur ist, nach Boileau, unveränderlich und universell. Auf äußerliche Erscheinungen oder pittoreske Details ist sie nicht angewiesen. Was zählt, war also die Wahrscheinlichkeit, mit der ein Dramatiker sein Thema darbrachte.

Racines Werke sind vor allem vom psychologischen Ansatz her interessant. Der Held von *Bérénice* (1670) ist Kaiser Titus, der aus Staatsräson auf die Geliebte verzichtet, während das Thema von *Phèdre* (1677) dem *Hippolytos* von Euripides entlehnt ist, das die verbotene Liebe der Königin Phaedra zu ihrem Stiefsohn behandelt. Wie fast immer in Racines Stücken ist auch hier die Hauptfigur eine Frau, und er entwickelt den antiken Stoff mit großer Feinfühligkeit. *Phèdre* allerdings fand nicht die ungeteilte Zustimmung des Publikums; nach privaten Veränderungen und diversen Intrigen und Eifersüchteleien zog sich Racine auf lange Zeit vom Theater zurück, bis Madame de Maintenon, die Beraterin und inoffizielle Nebenfrau des Königs, ihn zur Abfassung von zwei Dramen mit biblischen Themen überredete: 1689 entstand *Esther* und 1691 *Athalie*.

Gegenüberliegende Seite unten links: Racines vorletzter Tragödie, »Esther«, liegt der Bibelstoff zugrunde. Esther ist die jüdische Frau des Königs Ahasveros, dessen Minister, der Wesir Haman, das Volk lange schlecht behandelt hat. Esther bittet Ahasveros um Milde für die Juden und ihren Vetter Mordechai, der gehängt werden soll. Die hier abgebildete Szene des englischen Zeichners Henry Anelay (ca. 1850) zeigt den als Tyrannen entlarvten Haman, der die Königin vergeblich um Gnade für sein Leben anfleht.

Rechts: Die berühmten Schauspieler Françoise Dumesnil und Brizard in einer Aufführung (1750) von Racines »Athalie«. Das Stück war von der Bibelstelle 2. Kön., 11 inspiriert, in der Joas mit Hilfe des Hohepriesters Jojada seine Großmutter Athalia, eine Baaldienerin, vom Thron Judas vertreibt. Viele französische Schauspielerinnen träumen davon, in den großen Frauenrollen der Stücke Racines aufzutreten. (Paris, Bibliothèque d'Arsénal)

Unten: Der große französische Schauspieler François Talma in einer Aufführung von Racines »Andromaque« Ende des 17. Jh., hier gezeichnet von de Rasculon y Grabado de Coqueret. Talma, der immer darauf bestand, daß Kostüme und Bühnenbild historisch korrekt sein müßten, hätte die ursprüngliche Inszenierung am Hofe Ludwigs XIV. nicht gebilligt, denn damals trug das Ensemble zeitgenössische Kleidung. (Paris, Bibliothèque Nationale)

Molière

Rechts: Molière, der Schauspieler, Regisseur und Komödienschreiber, der von seinem Vater die Stelle eines Kammertapezierers am Königshof geerbt hatte. Detail eines Gemäldes von Pierre Mignard (1612-1695), eines Porträtmalers am Hofe Ludwigs XIV.

Unten: Molière in der Rolle des Arnolphe in seiner »Schule der Frauen«. Kurz nach einem Auftritt in seinem letzten Stück »Le malade imaginaire« (Der eingebildete Kranke, 1673) starb er an Tuberkulose, und da er dem Beruf des Schauspielers nicht formell abgeschworen hatte, bekam er nach den Regeln der Kirche kein christliches Begräbnis.

Der dritte wichtige Dramatiker jener Zeit war **Molière** (1622-1673). So lautete der Bühnenname des auch als Akteur und Regisseur tätigen Lustspieldichters Jean-Baptiste Poquelin. Mit dramatischen Konventionen ging er freier um als Corneille und Racine: Gegen die »drei Einheiten« verstieß er ständig und bewußt. Mit einem Blick auf sein Publikum übernahm er Traditionen der volkstümlichen Posse und verwendete Figuren, die teils auf griechisch-römische Vorbilder zurückgehen – der geizige Vater, der kluge Diener, das ungeduldige Liebespaar –, verlieh ihnen aber die Würde und oft auch den komplexen Charakter lebensechter Menschen.

Erste Erfolge erzielte Molière 1659 mit *Les précieuses ridicules* (Die lächerlichen Preziösen), einer brillanten Attacke auf literarische Salons, und 1662 mit *L'école des femmes* (Die Schule der Frauen), das voller Seitenhiebe auf gesellschaftlichen Snobismus war. Heute hat man den kraftvollen Satiriker in ihm erkannt, der vor Angriffen auf Rang und Privilegien nicht zurückschreckte. Doch er hatte einen mächtigen Verbündeten: Ludwig XIV. selbst. Der Sohn eines Tapezierers vertrat das aufkommende Bürgertum, dem der König gerne gewogen war; einmal lud er den Komödianten Molière sogar zu einem Dîner, damals geradezu ein Skandal.

In *Le festin de pierre* (Don Juan oder Der steinerne Gast, 1665), einem Stück über den berühmten Verführer, schildert Molière die ruchlosen Schürzenjäger seiner eigenen Zeit, und in *Tartuffe* (1664) zeichnet er ein scharfes Bild von Bigotterie und religiöser Heuchelei, gegen das die Kirche vehement protestierte. Am Ende des Stücks tritt wie bei Euripides ein *deus ex machina* auf, wenn auch bei Molière kein Gott, sondern der König persönlich im letzten Akt auf der Bühne erscheint, um die verworrene Lage zu klären und wieder Ordnung herzustellen.

Molières Typen sind zu Archetypen geworden: Tartuffe etwa, mit seiner Gier nach der Frau und dem Geld des reichen Bürgers Orgon, zum Inbegriff des frommen Heuchlers. Obwohl die Charakterzeichnung zuweilen possenhaft vereinfacht ist, machte Molières poetisches Genie die Figuren meist doch zu echten Individuen. Harpagon in *L'avare* (Der Geizige, 1668) ist sowohl Typ wie deutlich erkennbarer Einzelmensch, und in *Le misanthrope* (Der Misanthrop, 1666) ist Alceste sowohl der klassische sture Dogmatiker als auch eine würdevolle, ja tragische Figur.

Molière hatte den Monarchen amüsiert, die Kirche aber verweigerte ihm ein christliches Begräbnis, als er starb.

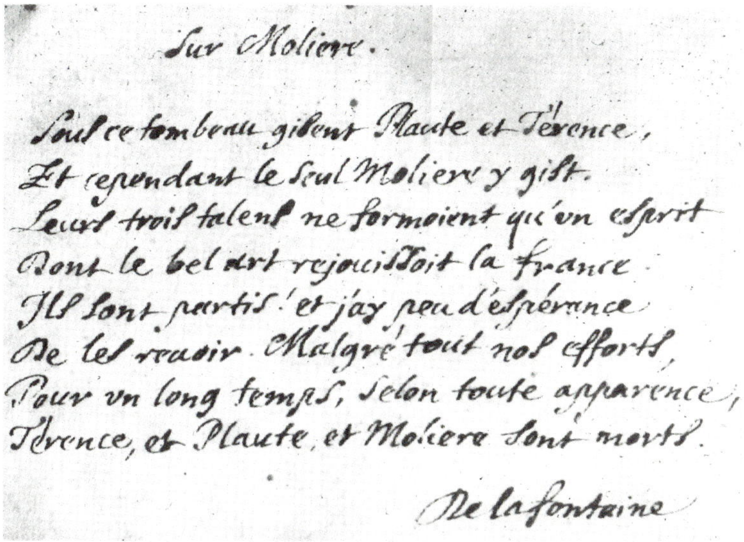

Sur Moliere.

Sous ce tombeau gisent Plaute et Térence,
Et cependant le seul Moliere y gist.
Leurs trois talens ne formoient qu'un esprit
Dont le bel art rejouissoit la france.
Ils sont partis! et j'ay peu d'espérance
De les revoir. Malgré tous nos efforts,
Pour un long temps, selon toute apparence,
Térence, et Plaute, et Moliere sont morts.

De la fontaine

Links: La Fontaine ist zwar vor allem als großer französischer Fabelerzähler bekannt, doch er schrieb auch Gedichte, Stücke und Opernlibretti. Seiner Feder entstammt auch der hier abgebildete Nachruf auf den Freund Molière; er vergleicht dessen Talente darin mit jenen der beiden antiken Dramatiker Plautus und Terenz, deren Tod er ebenfalls beklagt. (Paris, Bibliothèque Nationale)

Unten: Molière und die Schauspieler der Comédie-Française bei einem Empfang Ludwigs XIV. Das dem klassischen Repertoire ergebene französische Nationaltheater trug einst den Beinamen »La maison de Molière«. Es wurde 1680 durch königlichen Erlaß gegründet und ist heute noch nach den von Molière 1643 festgelegten Prinzipien organisiert. Gemälde (1857) von J. A. D. Ingres, der den klassischen Stil verfocht, im Gegensatz zu Eugène Delacroix, der von ihm sagte: »Seine Kunst ist der vollkommene Ausdruck eines unvollkommenen Geistes.« (Paris, Comédie-Française)

Naturfabeln und Moralismus

Links: La Fontaines Fabeln »Le loup et la cigogne« (Der Wolf und der Storch) – hier in lateinischer Manier »cicogne« geschrieben – und (rechts) »Le meunier, son fils et l'âne« (Der Müller, sein Sohn und der Esel): »Der größte Esel hängt gewiß nicht zwischen euch«. Diese großartigen Tierfabeln waren von römischen, griechischen und orientalischen Quellen inspiriert, zogen aber auch viele Parallelen zur Gesellschaft seiner eigenen Zeit. Kupferstich aus einer französischen Ausgabe seiner »Fables« von 1755. (Stockholm, Königliche Bibliothek)

Gegenüberliegende Seite oben: Charles Perrault, der die alleinige Beschäftigung der französischen Literatur mit der Antike in Frage stellte, ist auch bekannt durch seine Märchensammlung »Contes des fées« (Feen-Märchen). Hier die Illustration von »Le chaperon rouge« (Rotkäppchen), einem später auch von den Gebrüdern Grimm niedergeschriebenen Stoff, im typischen Stil des 19. Jahrhunderts.

Humor, guter Stil und gesunder Menschenverstand sind die Kennzeichen von **Jean de La Fontaine** (1621-1695). Seine 1668 erstmals verlegten *Fables* (Fabeln) sind heute aus der europäischen Literatur nicht wegzudenken. Als Moralist ist er für Kinder kaum geeignet, denn er zieht meist recht zynische Schlußfolgerungen und steht nicht immer auf der Seite von Tugend und Unschuld. Doch zum Erzählen von leichten, poetischen Geschichten besaß er erstaunliches Talent. Seine Figuren – die Grille, der Fuchs, die Ameise und viele andere – sind immer Tiere mit erstaunlich menschlichen Zügen. So ist die Ameise in *Die Grille und die Ameise* der gewitzte Kapitalist, die Grille dagegen die kurzsichtige Dilletantin:

Die Grille trällerte und sang
den ganzen lieben Sommer lang
und fand sich plötzlich sehr beklommen,
als der Nordwind war gekommen:
im Haus war nicht ein Bröselein,
Regenwurm und Fliegenbein.
Hunger schreiend lief sie hin
zur Ameis', ihrer Nachbarin,
mit der Bitte, ihr zu geben
etwas Korn zum Weiterleben
nur bis nächstes Jahr:
»Ich werd euch zahlen«, sprach sie gar,
»noch vor Verfall, mein Grillenwort,
Hauptstock, Zinsen und so fort.«
Die Ameis' aber leiht nicht gern;
sie krankt ein wenig an Knausrigkeit:
»Was triebt ihr denn zur Sommerzeit?«
fragt sie die Borgerin von fern.
»Da war ich Tag und Nacht besetzt,
ich sang und hatte viel Applaus.«
»Gesungen habt ihr? Ei, der Daus,
wohlan, so tanzet jetzt!«

Die Schriftsteller des französischen Klassizismus verfaßten meist Lyrik oder Dramen, doch nun traten auch drei Prosaautoren dazu. Der eine war **Blaise Pascal** (1623-1662), ein vorwitziger Mathematiker und Wissenschaftler, der mit einer im Alter von 16 geschriebenen Abhandlung über Kegelschnitte den Philosophen René Descartes verblüffte. Er hatte auch eine tief religiöse Ader und schloß sich den Jansenisten an. Zu deren Verteidigung veröffentlichte er 1656/57 anonym seine *Lettres provinciales* (Provinzialbriefe), brillante Attacken auf die spitzfindige Kasuistik der Jesuiten. Sein wichtigstes Werk aber waren die fragmentarischen *Pensées* (Gedanken), die erst nach seinem Tod 1670 erschienen. Hier kommt in großartigen Aphorismen Pascals geniale, manchmal auch poetische Formulierungskunst zum Tragen. »Der Mensch ist nur ein Schilfrohr, das schwächste Ding in der Natur; aber doch ein *denkendes Schilfrohr*«, ist eine seiner oft zitierten Bemerkungen.

Während sich Pascal dem Spirituellen widmete, dachte **François de La Rochefoucauld** (1613-1680), einst ein Höfling und Soldat, im Alter über die Sozialinstinkte des Menschen nach. 1665 brachte er die *Sentences et maximes morales* (kurz: Maximen) heraus, in denen sein geschmeidiger Stil, der beißende Witz und

die scharfe Beobachtungsgabe menschlicher Schwächen gut zur Geltung kommen. Charakteristisch für La Rochefoucauld ist seine Bemerkung »Im Unglück unserer besten Freunde finden wir stets etwas, das uns nicht gänzlich mißfällt.«
Jean de La Bruyère (1645-1696) karikierte in den *Caractères de Théophraste* (Die Charaktere Theophrasts) eine Reihe bekannter Pariser Persönlichkeiten seiner Zeit und schuf damit sehr lebendige Porträts einzelner Charaktertypen, zum Beispiel den geldgierigen Finanzmann, den Emporkömmling, den mondänen Geistlichen, den Schöngeist etc., in denen sich das prominente Pariser Publikum wiedererkannte. Er beschrieb aber auch mutig die elende Lage des Bauernstandes, was sonst kaum je ein Autor im Absolutismus wagte:

> Es gibt wilde Tiere, männliche und weibliche, über das Land verstreut, düster, mit fahler Hautfarbe, von der Sonne verbrannt, an die Erde gebunden, die sie mit unablässiger Hartnäkkigkeit durchwühlen und umgraben. Sie geben artikulierte Laute von sich, und wenn sie sich auf ihre Füße erheben, zeigen sie menschliche Gesichter – und wirklich: es sind Menschen!

Die Natur, die Vernunft und die Achtung vor der Antike bildeten die Tradition des französischen Klassizismus, solange diese drei Eckpfeiler ihm Halt boten. Ende des 17. Jahrhunderts aber wurde einer davon – die Autorität der Antike – in Frage gestellt. Verteidigt wurden die »Väter der Literatur« vor allem von Nicolas Boileau, und zwar gegen **Charles Perrault** (1628-1703), einem Verfasser kritischer Werke, possenhafter Verse und einer bekannten Märchensammlung, in der etwa *Rotkäppchen* und der *Gestiefelte Kater* literarisch bearbeitet wurden. Seine Kritik stützte er auf die Idee des Fortschritts: Wenn es in allen anderen Bereichen vorangeht, warum dann nicht auch bei der modernen Literatur?

Links: Blaise Pascals Zelle im Kloster von Port-Royal bei Paris, wo er mit dem Gedankengut des Jansenismus in Berührung kam, und (rechts) ein posthumes Porträt, möglicherweise nach einer Totenmaske. Pascal verfaßte neben Werken über Mathematik und Physik auch moralische Schriften. (Paris, Musée de Port-Royal-des-Champs)

»Es werde Licht!«

Oben: Das Geburtszimmer Isaac Newtons in Woolsthorpe Manor bei Grantham in der Grafschaft Lincolnshire. Beim Titelbild aufgeschlagen sieht man die dritte Ausgabe seiner »Principia« (1687), die er angeblich verfaßte, nachdem er einen Apfel vom Baum fallen sah – was ihn zum Formulieren eines allgemeinen Gesetzes der Schwerkraft angeregt haben soll.

Rechts: Isaac Newton. Im Jahre 1705 wurde er geadelt, und eine Statue im Trinity College von Cambridge erinnert an ihn als Vater der modernen Wissenschaft. Newtons Theorien blieben bis zu den bahnbrechenden Untersuchungen Albert Einsteins unwiderlegt, der die Gravitation nicht mehr als Kraft, sondern als Eigenschaft des Raum-Zeit-Kontinuums begriff. Gemälde von Vincenzo Milone.

Die unblutige »Glorreiche Revolution« von 1688 ließ dem letzten Stuart und gläubigen Katholiken, Jakob II., mit Wilhelm von Oranien einen vehement protestantischen König folgen. Während der nächsten 100 Jahre repräsentierte Großbritannien die Gedanken von Freiheit und Aufklärung. Britische Wissenschaftler und Philosophen machten sich in ganz Europa einen Namen. 1687 publizierte der Physiker **Isaac Newton** (1642-1727) seine revolutionären Entdeckungen über die Gesetze der Schwerkraft, *Philosophia naturalis principia mathematica* (Mathematische Grundlagen der Naturphilosophie), und der Philosoph **John Locke** (1632-1704) untersuchte in *An Essay Concerning Human Understanding* (Versuch über den menschlichen Verstand, 1690) und *Some Thoughts Concerning Education* (Gedanken zur Erziehung, 1693) den Prozeß des Denkens und definierte die Grenzen menschlicher Erkenntnis durch sorgfältiges Studium der eigenen gedanklichen Vorgänge.

Die britische Gesellschaft war mittlerweile zunehmend vom Handel bestimmt, und als Voltaire 1726 seinen folgenschweren Besuch in England machte, war er nicht nur vom Wohlstand, sondern auch von der Kultur und Würde der Londoner Kaufleute beeindruckt, die dort fast so hoch im Rang zu stehen schienen wie anderswo nur Fürsten. Kultur, Bildung und Literatur erblühten; der Einzelne genoß eine weit größere Freiheit als jemals in Frankreich. Von da an, so wissen wir, beschloß Voltaire, diesen neuen Geist auch in sein Land zu tragen und »alle Vorurteile zu vernichten, die es versklaven«.

Das Zeitalter der Vernunft schien begonnen zu haben, doch wie wir bald sehen werden, übte im 18. Jahrhundert daneben auch der Kult des Gefühls großen Einfluß auf viele Schriftsteller jener bewegten Epoche aus.

Die Prosa findet ihre Meister

Vor allem zwei Schriftsteller – **Daniel Defoe** (1660-1731) und **Jonathan Swift** (1667-1745) – hatten durch ihren kühnen, direkten, wenn auch grundverschiedenen Umgang mit der Sprache großen Anteil an der Erneuerung der englischen Prosa am Ende des 17. Jahrhunderts. Beide waren recht vielseitig. Defoe zum Beispiel, Sohn eines Londoner Fleischers, übte, bevor er Romanautor wurde, diverse Berufe aus: Anfangs war er erfolgloser Kaufmann, dann ein Spitzel der Regierung, emsiger Journalist und Verfasser politischer Flugschriften. Sein erster Roman, *The Life and Strange Surprising Adventures of Robinson Crusoe* (Robinson Crusoe), erschien erst 1719, als Defoe schon fast 60 war, trug ihm aber europaweiten Ruhm ein. Der Held, der gestrandete Seemann Crusoe, ist im Grunde eine Figur der Moderne, das Produkt einer merkantilen Ära: Sobald er den Schock des Schiffbruchs überwunden und sich an die Einsamkeit gewöhnt hat, verwandelt er seine reich ausgestattete Insel rasch in eine blühende Kolonie, in der Freitag, der »Edle Wilde«, den er gerettet hat, sein treuer eingeborener Adjutant wird und er sich selbst als wohlwollender Besitzer und Gouverneur entwickelt. Der Charme von Defoes Erzählung liegt in ihrem nüchternen, realistischen Ton und in der wirklichkeitsnahen Wirkung, die er durch große Detailtreue erzielt. Dennoch ist die Handlung auch sehr phantasievoll erzählt, und hie und da finden sich Stellen von sprühender Lebendigkeit.

Sein Meisterwerk aber ist zweifellos *Moll Flanders*, das 1722 erschien. Dieser erste echte englische »Roman« im heutigen Wortsinn beschreibt den Werdegang einer armen, aber tapferen jungen Frau vor dem Hintergrund des damaligen Englands. Das Findelkind Moll Flanders genießt keinerlei Schulbildung, sondern muß von frühester Kindheit arbeiten; sie sehnt sich danach, eine »feine Dame« zu sein, und obwohl sie später eine recht verrufene Laufbahn einschlägt – sie ist Gelegenheitsdiebin, Hure und Hehlerin, einmal begeht sie sogar fast einen Mord –, behält sie immer ihre Ziele, Ehrbarkeit und finanzielle Sicherheit im Auge. Defoes Prosastil ist herrlich direkt und läßt oft die Umgangssprache der kleinen Leute des damaligen Londons anklingen; doch wenn das Thema es erfordert – etwa als Moll in Versuchung ist, ein kleines Mädchen zu erdrosseln, das sie eben bestohlen hat –, kann er ebensogut auch tragische Höhen erklimmen. Defoe war weder ein Analytiker von Charakteren noch ein Moralist; ihm ging es weniger um Gefühle als um Fakten. Aber seine resolute Abenteurerin und sein findiger Inselheld zählen heute noch zu den berühmtesten Figuren in der englischen Literaturgeschichte.

Während Defoe ein waschechter Londoner war, besaß der in Dublin geborene Jonathan Swift als Sohn englischer Eltern keine echte Heimat: er trat für die Sache des geknechteten irischen Volkes ein, fühlte sich aber mit seinen englischen Freunden am wohlsten. Zwei kühne Sati-

Unten links: Crusoe und Freitag in einer illustrierten Ausgabe von Defoes »Robinson Crusoe« aus dem 19. Jh. Die Erzählung basiert auf der wahren Geschichte des Matrosen Alexander Selkirk, der vier Jahre lang allein auf einer unbewohnten Insel vor der Pazifikküste Chiles überlebt hatte.

Unten rechts: Zeitgenössischer Stich von Daniel Defoe, der einige der bekanntesten Figuren der englischen Literatur schuf. (London, British Museum)

Oben: Jonathan Swift, der vielseitige Flugschriftenautor, Humanist, Satiriker und Romancier, der in »Gullivers Reisen« seinen »heftigen Unmut« mit dem Europa jener Zeit ausdrückte. Porträt (ca. 1718) von Charles Jervas. (London, National Portrait Gallery)

Rechts: »Gulliver über der liliputanischen Armee«. Swifts Bericht dieses Zwergenvolkes ist eine witzige Karikatur der modernen Gesellschaft. Illustration von Thomas Morten für eine Ausgabe von 1870.

ren, *The Tale of A Tub* (Märchen von der Tonne) und *The Battle of Books* (Die Bücherschlacht), die beide 1704 erschienen, machten ihn sofort als scharfsinnigen Sarkastiker bekannt. Er hatte 1695 die Priesterweihe empfangen und erhoffte sich für diverse politische Pamphlete von der Whig-Partei eine Stelle als Bischof. Doch er wurde enttäuscht; und solche Enttäuschungen, durch lebenslange Kränklichkeit und diverse unglückliche private Beziehungen verschärft, verliehen Swifts Einstellung zur Menschheit eine eigenartig aggressive Note. Rätsel überschatten noch heute sein lebenslanges, nie legitimiertes Verhältnis zu einer Stella genannten, vertrauten Freundin, dem die ungezwungenen, autobiographischen Aufzeichnungen des *Journal to Stella* (Tagebuch für Stella, 1710-1713) entsprangen. Das *Märchen von der Tonne* war ein Angriff gegen alle Spielarten der christlichen Kirche; in der *Bücherschlacht* ging es gegen die Pedanterie der Literaturkritiker. Doch sein bestes und wohl auch bekanntestes Werk war *Gulliver's Travels* (Gullivers Reisen), das 1726 herauskam – das Buch war, wie er selbst zugab, dazu bestimmt, »die Welt aufzurütteln, nicht sie zu erheitern« –, war noch umfassender angelegt. Der wie *Robinson Crusoe* scheinbar wahre Reisebericht enthält eine großartige Darstellung menschlicher Schwächen und Laster. Wohin Gulliver auch kommt – nach Liliput, dessen winzige Bewohner die übelsten Merkmale von Swifts englischen Zeitgenossen an den Tag legen; nach Brobdingnag, wo ihn der Herrscher der Riesen für einen amüsanten, aber etwas dummen Zwerg hält; nach Laputa, dem Reich von verrückten, eingebildeten Wissenschaftlern; und schließlich ins Land der Houyhnhnms, einem Volk von weisen Pferden, das seine menschlichen Untertanen, die »stinkenden Yahoos«, als blöde Sklaven hält –, kaum irgendwo findet er Grund zur Zuversicht. Als er zum Beispiel in Brobdingnag einen braven Vortrag über die Tugenden europäischer Regierungskunst sowie über Schönheit und Vorteile moderner Kriegsführung hält, winkt der Riesenkönig majestätisch mit den Worten ab:

> Dann nahm er mich in die Hände, streichelte mich sanft und äußerte sich in folgenden Worten: »... Aus dem, was ich deinem eigenen Bericht entnommen, ... kann ich nur den Schluß ziehen, daß die große Masse eurer Eingeborenen die schädlichste Art von kleinem, scheußlichem Ungeziefer ist, dem die Natur jemals erlaubt hat, auf der Oberfläche der Erde herumzukriechen.«

Doch trotz seiner Absicht, die Welt aufzurütteln, bereitete Swift mit *Gullivers Reisen* dem Publikum enormes Vergnügen. Mit seinem stilistisch wie erzählerisch großartigen Werk schenkte dieser zynische, reizbare, persönlich sehr unglückliche Menschenverächter einen bis heute nicht versiegenden Quell der Freude und Heiterkeit.

Essayisten und Romanciers

Sowohl Swift wie Defoe waren nicht nur als Erzähler, sondern auch als Verfasser von Flugschriften und als Polemiker erfolgreich, denn Anfang des 18. Jahrhunderts verschlang der gebildete Engländer alle Produkte des Journalismus. Es gab schon diverse Zeitungen, etwa den 1709 von **Richard Steele** (1672-1729) gegründeten *Tatler*, vor allem aber den *Spectator* von Steele und **Joseph Addison** (1672-1719). In diesem täglich erscheinenden Blatt las man in den 21 Monaten des Erscheinens 555 Essays. Das Ziel der Herausgeber war es, »die Moral mit Witz zu beleben und den Witz mit moralischer Empfindsamkeit zu entschärfen«. Der *Tatler* war noch ein Abkömmling der Gazetten des 17. Jahrhunderts – ein Gemisch aus Klatsch, Nachrichten und literarischen Essays; im *Spectator* aber wurden bereits moralische und gesellschaftliche Fragen diskutiert. Man versuchte, die »Philosophie« aus den Akademien heraus in die Clubs, Tee- und Kaffeehäuser zu bringen. Addison war ein eleganter Stilist und konnte auch ernste Themen sehr geschickt auf populäre Weise darlegen.

Zu den Nachfolgern des *Spectator* zählten etliche Jahrzehnte später der *Rambler* und der *Idler*, in denen **Samuel Johnson** (1709-1784) – bisweilen »der Sokrates Englands« genannt, der einflußreichste Literaturkritiker seiner Zeit und die Hauptfigur der unsterblichen Biographie, die sein Freund und Schüler **James Boswell** (1740-1795) verfaßte – erstmals sein Talent als begabter Essayist beweisen konnte.

Endgültig wurde der moderne Roman 1740 mit *Pamela; or Virtue Rewarded* (Pamela oder Die belohnte Tugend) begründet. Der Autor, **Samuel Richardson** (1689-1761), vom Beruf her eigentlich Drucker, offenbarte sein Talent, das ihn berühmt machen sollte, erst im Alter von 55 Jahren. Doch *Pamela* war sofort ein durchschlagender Erfolg: Vier Auflagen waren im ersten Jahr vergriffen. In Briefform wird die Geschichte eines braven Stubenmädchens erzählt, das sich den Verführungsversuchen des Dienstherrn dank einer raren Mischung aus Tugend und Hausverstand widersetzt und ihn schließlich dazu bringt, sie zu heiraten. Die ebenso tugendhafte Titelheldin des 2000-Seiten-Romans *Clarissa Harlowe* (1747-49) erlebt ein tragischeres Schicksal. Ihr Widersacher ist Lovelace, ein faszinierender Wüstling, dessen Lebensziel es ist, den von ihm verführten Frauen die Prüderie zu nehmen. Richardson ist einerseits ein konventioneller Moralist, dann aber auch wieder ein herrlich gewitzter Psychologe. Seine Charakteranalysen sind oft extrem subtil, und das Porträt von Lovelace regte die Phantasie seiner Zeitgenossen so an, daß es lange diskutiert und auch von ausländischen Autoren imitiert wurde, denn Richardsons Werk hatte eine beachtliche Wirkung auf die Entwicklung des europäischen Romans.

Henry Fielding (1707-1754), der zwei grausame Parodien auf *Pamela* schrieb – *An Apology for the Life of Mrs Shamela Andrews* (1741) und *The Adventures of Joseph Andrews and His Friend Mr Abraham Adams* (1742) – besaß eine Eigenschaft, die Richardson gänzlich abging: einen großartigen Sinn für Humor, gepaart mit echter Zärtlichkeit für die Menschheit. Sein bekanntester Roman, *Tom Jones* (1749), weist trotz vieler diskursiver Randbemerkungen, in denen der Leser vom Autor geradezu vollgeredet wird, gewisse Parallelen zu den spanischen Schelmenerzählungen auf. Kühn-realistisch wird geschildert, wie ein junger Mann kopfüber in die Welt hineinstolpert. Tom Jones ist nicht eben ein Tugendbold, sondern skrupellos und nie einer Liebelei abgeneigt. Doch er sagt einmal, er wolle um des eigenen Vergnügens willen niemandem schaden, und Fielding bezeichnet seinen Helden auch als »einen der gutherzigsten Burschen unter der Sonne«. Der Autor beanspruchte für sich auch, »der Entdecker einer neuen Erzähldomäne zu sein«, nämlich

Mitte: Dr. Samuel Johnson, der »Große Khan der Literatur«, brachte 1747 bis 1755 sein »Dictionary« heraus, ein Höhe- und Wendepunkt der englischen Dichtkunst des 18. Jh. Unvollendetes Porträt (ca. 1777) von James Barry. (London, National Portrait Gallery)

Unten: Samuel Richardson, der die Entwicklung des europäischen Romans stark beeinflußte. Detail eines Porträts von Mason Chamberlain.

Henry Fielding, selbsternannter »Entdecker einer neuen Erzähldomäne« und literarischer Wegbereiter von Thackeray und Dickens. Er schrieb gnadenlose Parodien auf Samuel Richardsons Romanze »Pamela«. Karikatur des Malers William Hogarth (1697-1764), der in seinen satirischen Kupferstichen Zustände und Moral seiner Zeit an den Pranger stellte. (London, British Museum)

des *comic epic poem in prose* (komisches Prosaepos), das der Vorläufer und literarische Wegbereiter verschiedener viktorianischer Schriftsteller wie Thackeray und Dickens war.
Unter den Romanciers des 18. Jahrhunderts war **Laurence Sterne** (1713-1768) besonders unorthodox. Er prägte das Wort »empfindsam« *(sentimental)*, das als positiv besetzter Begriff ins Vokabular der Leser und Autoren seiner Zeit einging und vor allem die Fähigkeit bezeichnete, zu fühlen, mitzufühlen und unter die Oberfläche des Daseins zu sehen. Sterne schrieb einmal, er wolle lehren, »die Welt und unsere Mitmenschen mehr zu lieben, als wir es tun – somit geht es hauptsächlich um jene sanftere Leidenschaften und Neigungen, die dies so sehr fördern«. Wie der Philosoph **David Hume** (1711-1776) meinte er, die ganze Menschheit sei nur »ein Bündel verschiedener Wahrnehmungen, die in ständigem Fluß sind«; seinen Figuren gibt er keine festen Konturen, sondern schildert an ihnen vielmehr diesen Fluß der Wahrnehmungen. Der mehrteilige Roman *Tristram Shandy* (1759-67) des exzentrischen Landpfarrers Sterne ist eine seltsame Folge von Abschweifungen, Anekdoten, romantischem Sinnieren und komischen Porträts, wobei der Handlungsfaden äußerst dünn ist. Die Titelfigur beginnt mit einer witzigen Beschreibung der eigenen Zeugung, die um ein Haar gar nicht stattgefunden hätte, weil die Mutter den Vater im kritischen Moment fragt, ob er auch die Uhr aufgezogen habe!
Sternes bewußt zusammenhanglose Erzählmethode prägt auch den unterhaltsamen Reisebericht *A Sentimental Journey through France and Italy* (Empfindsame Reise durch Frankreich und Italien, 1768). Die Objekte seiner »Empfindsamkeit« sind mannigfaltig: ein hübsches Ladenmädchen, ein toter Esel, ein freudloser Käfigvogel. In einem französischen Gasthaus hört er eine klägliche Stimme, »die ich für die eines Kindes hielt… Ich schaute in die Höhe und sah, daß sie von einem Star herrührten, der in einem kleinen Käfig saß. 'Ich kann nicht heraus! – Ich kann nicht heraus!' sagte der Star.«
Verglichen mit Sterne, dessen Verfahren bereits stark an James Joyce erinnert, war **Tobias Smollett** (1721-1771) ein recht prosaischer Erzähler, dessen Romane *Roderick Random* (1748), *Peregrine Pickle* (1751) und *Humphrey Clinker* (1771) in der pikaresken Tradition stehen: Ihre Helden bestehen auf Land- und Seereisen immer wieder neue Aufregungen und halb ernste, halb komische Abenteuer. Wie in *Roderick Random* bieten die Abenteuer seiner weitgereisten Helden Smollett Gelegenheit, die zeitgenössische Gesellschaft in einem ausladenden Gemälde zu charakterisieren, ihre Schwächen aufzuzeigen, und ihr prätentiöses Gehabe lächerlich zu machen. Der große Karikaturist Thomas Rowlandson illustrierte den *Peregrine Pickle*, und Smolletts Geschichten selbst versprühen auch oft eine leicht überzeichnende Vitalität.
Der Ire **Oliver Goldsmith** (1730-1774) besaß viele Eigenschaften, die als »typisch irisch« gelten: er war redselig, gutmütig, phantasievoll, aber auch unbesonnen und extravagant – nachdem er Europa durchstreift hatte, ließ er sich als Literat in London nieder. Hier zählte der Kritiker Samuel Johnson zu seinen Gönnern, der ihm zur Veröffentlichung seines *Vicar of Wakefield* (Der Landpfarrer von Wakefield, 1766) verhalf, einer einfachen, aber interessanten Geschichte vor liebevoll gezeichnetem häuslichem Hintergrund. Unglück über Unglück trifft die Familie des gottvertrauenden Landpfarrers von Wakefield, bis poetische Gerechtigkeit das Idyll des Anfangs wiederherstellt. Unverdiente Schicksalsschläge sind ein beliebtes Motiv des damals verbreiteten »sentimentalen Romans«. Auch Goldsmith vermeidet nicht die Unwahrscheinlichkeiten und Klischees dieser Gattung, beeindruckt aber durch die Konsequenz seines sittlich und sinnbildlich auslegbaren Exempels. Das Buch war ein großer Erfolg, und Goldsmith ließ nach anderen Werken 1773 die brillante Komödie *She Stoops to Conquer* (Sie erniedrigt sich, um zu erobern) folgen, eines der wenigen heute noch auf Londoner Bühnen aufgeführten Dramen des 18. Jahrhunderts neben der *Beggar's Opera* (Die Bettleroper, 1728) von **John Gay** (1685-1732) und der *School for Scandal* (Die Lästerschule, 1777) von **Richard Brinsley Sheridan** (1751-1816).

Die englische Klassik

Links: John Drydens Meisterschaft der englischen Sprache zeigte sich in all seinen Werken, unter denen sich dramatische und lyrische Dichtung ebenso wie beißende Satiren finden. Stich nach einer Zeichnung von Thomas Uwin (1782-1857) aus der Sammlung des romantischen Autors Sir Walter Scott.

Die Prosa hatte in England also einen gewaltigen Aufschwung genommen, doch auch die Poesie war nie verstummt. Selten brachte eine Zeit mehr entzückende Dichter minderen Rangs hervor als das wechselvolle 17. Jahrhundert. Nach dem Tod Miltons 1674 nahm seinen Platz der Meister der Verskunst **John Dryden** (1631-1700) ein, der sowohl ein großer Poet, ein vollendeter Dramatiker als auch ein brillanter Essayist war. Seine beißende politische Satire *Absalom and Achitophel* (1681) ist ein Meisterstück an boshafter Eloquenz; außerdem schrieb er, neben diversen Komödien und barocken Historienstücken eine Tragödie im Blankvers, *All for Love* (Alles um Liebe, 1678), die teilweise an Shakespeares *Antonius und Kleopatra* angelehnt war und sich hie und da auch zu fast shakespeareschen Höhen erhebt. Es war sein größtes Drama und, wie er selbst sagte, das einzige, das er nur »für sich« verfaßt hatte. Als Dryden 1700 starb, hatte er die Rolle eines Literaturpapstes inne, der in seinem Lieblingsgasthaus »Will's Tavern« geradezu Hof hielt und dort seine Kollegen, vor allem aber seine Bewunderer empfing. An ihn erinnern sich viele Zeitgenossen, einige mit guten Worten – etwa Samuel Pepys, Sir Walter Scott oder William Congreve –, andere nahmen ihn als den »Nachfolger Miltons« nicht ganz ernst, zumal er politisch einen gewissen Opportunismus an den Tag legte.

Alexander Pope (1688-1744) folgte ihm direkt auf den Thron des Meisters nach, von wo er die Literatur seiner Epoche dominierte. Er war seit der Kindheit ein Krüppel und fast zwergwüchsig, aber ein mächtiges Genie, das hoch über all seinen Dichterkollegen stand. Schon mit 29 brachte er 1717 seine Gesammelten Werke heraus, die schon den ehrgeizigen *Essay on Criticism* (Versuch über die Kritik) und das einmalige komisch-heroische Epos *The Rape of the Lock* (Der Lockenraub) enthielten. Von 1715 bis 1726 übersetzte Pope die *Ilias* und die *Odyssee* Homers und beendete die *Satires and Epistles of Horace Imitated* (Satiren und Episteln im Stil von Horaz), 1734 entstand der *Essay on Man* (Versuch über den Menschen), der eigentlich als philosophisches Vorwort zu den *Moral Essays* (Episteln über die Moral) gedacht war.

Oben rechts: Alexander Pope. Detail eines Porträts von J. Richardson. (London, National Portrait Gallery)

Ossian, angeblich ein blinder keltischer Barde, spielt eine wichtige Rolle in der Geschichte der Romantik. Goethe und Herder, William Blake und Napoleon Bonaparte waren von seinen Versen begeistert, doch stellte sich bald heraus, daß diese vermutlich erst um 1760 von dem Schotten James Macpherson geschrieben worden waren. Hier Gemälde des französischen Künstlers A. L. Girodet-Trioson, die »Apotheose der Helden Frankreichs« (1801), in denen Ossian die Gefallenen der Napoleonischen Kriege in einem keltischen Elysium willkommen heißt. (Malmaison, Rueil, Napoleon-Museum)

Wie Dryden war Pope ein bissiger Satiriker: 1728 erschien die zum Teil unflätige Beschimpfung fast aller Literatenkollegen seiner Zeit, *The Dunciad* (Die Dummkopfiade).

Pope ist der Hauptvertreter der englischen Klassik; dennoch schlagen viele seiner Gedichte, etwa *Eloisa to Abelard* (Eloise an Abelard) oder *Elegy to the Memory of an Unfortunate Lady* (Elegie an eine unglückliche Dame) einen stark romantischen Ton an. Er selbst verehrte die *gothic past* – in der englischen Literatur ist der Begriff des »Gotischen« gleichbedeutend mit mittelalterlichen Ruinen, öden, düsteren Landschaften und dem Gefühl von »Schaurigkeit«. Anfang des 18. Jahrhunderts kam es damit zum ersten Aufblitzen dieser »Scheinromantik«, wie sie auch in den Gedichten von **Thomas Gray** (1716-1771) zutage tritt. Auch er hatte diesen »düsteren« Hang der Phantasie, ein Aspekt seines Werks, den Samuel Johnson streng verurteilte: »Gray hat eine Art stolzierende Würde und wirkt groß, weil er sich auf die Zehenspitzen stellt.« Johnson hielt zwar nichts von Grays Versuchen, mittelalterliche Werte wiederzubeleben, wie etwa in *The Bard* (Der Barde) – wo die Dichter als alleinige Hüter der britischen Zivilisation gefeiert werden –, doch auch er bewunderte die berühmte *Elegy Written in a Country Churchyard* (Elegie auf einem Dorfkirchhof). Über sechs Jahre lang hatte Gray an dem formvollendeten Gedicht gefeilt. Grays Lyrik gewann großen Einfluß, und Friedhofslyrik wurde bald eine große Mode. Einsamkeit und Tod waren Themen, die beide in der Phantasie des Dichters gespukt haben dürften:

> Denn wer, dem des Vergessens Öde droht,
> Entsagt wohl dieses Daseins bangem Glück,
> Der hellen Tage bangem Abendrot,
> Und lenkt das Auge zögernd nicht zurück.

Im späteren Leben beschäftigte sich Gray mit der keltischen und isländischen Dichtkunst. Gray führte kymrische und skandinavische Überlieferungen in die englische Dichtung ein und plante als einer der ersten eine englische Literaturgeschichte. Primitive Literaturen wurden damals mit Interesse erforscht, und als der phantasiebegabte Schotte **James Macpherson** (1736-1796) 1760 seine *Fragments of Ancient Poetry* (Fragmente Alter Verskunst) veröffentlichte – angeblich Übersetzungen uralter gälisch-keltischer Lieder eines geheimnisvollen Barden namens **Ossian** aus dem 3. Jahrhundert –, fand er damit, obwohl das Werk bald als Fälschung erkannt wurde, unzählige begeisterte Leser, darunter Goethe und Herder in Deutschland. »Ossian hat in meinem Herzen den Homer verdrängt. Welch eine Welt, in die der Herrli-

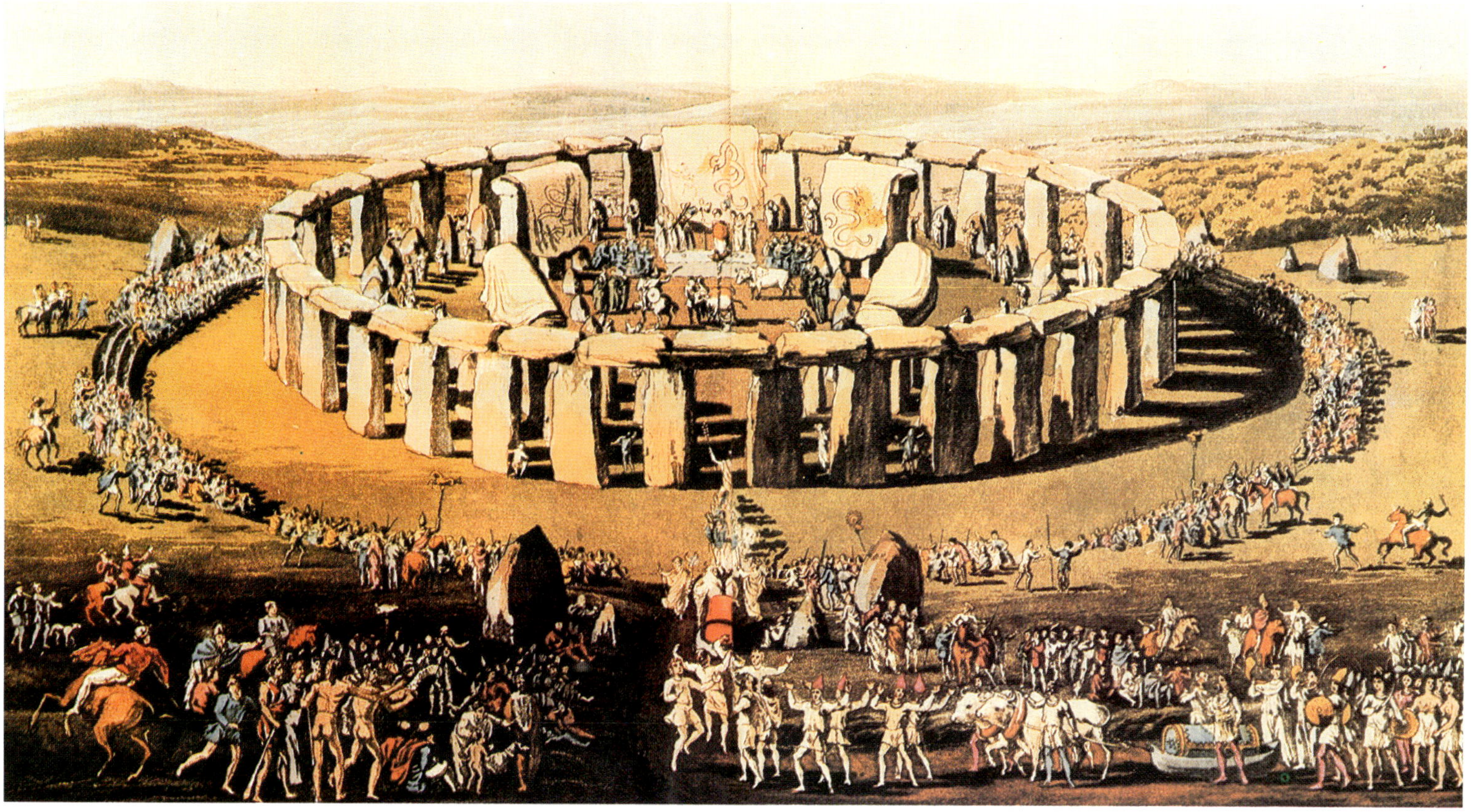

che mich führt!« Diese Worte legte Goethe seinem Werther in die Feder. Durch das Werther-Fieber fanden auch die Gesänge Ossians begeisterten Widerhall. Europa berauschte sich an den von Goethe breit zitierten Erinnerungen des blinden Sängers aus keltischer Vorzeit, der von seiner Jugend, von seinem Vater Fingal, von Kampf, Tod und Liebe erzählt. Die Gestalten erscheinen nur umrißhaft, wie aus Landschaftselementen zusammengesetzt, auf nebliger, stürmischer Heide. Zu jener Zeit stand die Romantik schon in voller Blüte: nicht nur Berge und Wasserfälle, auch Fabriken, Bergwerke und Schmelzöfen – die Architektur der Industriellen Revolution – beschrieb man als »schaurig«, »furchteinflößend« und »erhaben«.

Wichtiger als der legendäre Ossian, der die Phantasie der frühen Romantiker beflügelte, waren Thomas Percys »Reliques of Ancient English Poetry« (1765). Diese Anthologie echter, meist mittelalterlicher Balladen gab in allen Ländern Europas den Anstoß zum Studium der Volkslieder. Dieses Interesse, das praktisch als Vorläufer späterer »Folk«-Bewegungen gelten kann, brachte einen wichtigen, bis dahin verschütteten Teil der literarischen Tradition zu neuer Geltung. Der britische Altertumsforscher John Aubrey stellte im 17. Jahrhundert erstmals die These auf, es bestünde eine Verbindung von den Kelten zu Stonehenge, dem prähistorischen Steinkreis auf der südenglischen Salisbury Plain, wo die Druiden Geheimriten abgehalten haben sollen (oben). Wie man heute weiß, gehört Stonehenge aber zu einer viel älteren Kultur.

Rechts: William Blakes Illustration »Die Flucht des Moloch« für Miltons »On the Morning of Christ's Nativity« (Ode an den Morgen von Christi Geburt). Der gelernte Kupferstecher Blake illustrierte unter anderem auch Dantes »Göttliche Komödie« und schuf dabei einen sehr eigenen Zeichenstil. (Manchester, Whitworth Art Gallery)

Unten: Robert Burns im Jahre 1787, gemalt von Alexander Nasmyth. (London, National Portrait Gallery)

Schottlands Nationaldichter **Robert Burns** (1759-1796) kam dem Geist alter Volksdichtung viel näher als Ossian. In wunderschön lyrischen Versen im schottischen Dialekt besang er seine zahllosen Liebesaffären und fröhliche Trinkgelage. Er schrieb auch Verse im klassischen Englisch seiner Zeit, die aber weit weniger kraftvoll klingen.

William Blake (1757-1827) gilt als sonderbarste und höchst verschiedentlich begabte Gestalt in der englischen Kunst- und Literaturgeschichte. Der Sohn eines Londoner Strumpfwirkers hatte schon als Kind ekstatische Visionen, in denen ihn Gott durchs Fenster anblickte oder Engel im Baum vor dem Haus flatterten. Doch seine visionäre Kraft kombinierte er mit sehr praktischen Fähigkeiten: Seit seinem ersten Verszyklus *Songs of Innocence* (Lieder der Unschuld, 1789) – dem 1794 das Gegenstück *Songs of Experience* (Lieder der Erfahrung) folgte – übernahm er nicht nur die Illustration, sondern auch Gravur, Druck und Vertrieb der eigenen Werke. Er war ein religiöser Prophet, der seine ganz eigene Mythologie voller Geister, Dämonen und Demiurgen erfand und eine höchst individuelle Glaubensauffassung besaß – für ihn lag hinter der »trügerischen Welt der Natur« eine spirituelle Realität des menschlichen Lebens. Das erste seiner rätselhaften »Prophetischen Bücher« erschien 1794, die letzten waren *Milton* und *Jerusalem* im Jahre 1804. Blakes bekanntestes und gewiß verständlichstes Werk ist *The Marriage of Heaven and Hell* (Die Hochzeit von Himmel und Hölle, 1790), ein Meisterstück revolutionärer Dichtung, in dem er neben Angriffen auf die orthodoxe Struktur der Kirche Thesen wie »Energie ist Ewige Freude« verkündete, anderswo, in den »Sprichwörtern der Hölle« meint er: »Der Weg der Maßlosigkeit führt in den Palast der Weisheit.« Seine Symbolik hat oft eine sexuelle Tönung, und das neue Jerusalem, das er auf Erden suchte, sollte ein Heim der Individualfreiheit sein, aus dem der Puritanismus verbannt wäre. Die »Prophetischen Bücher« sind zwar oft ziemlich obskur, doch enthalten sie auch Passagen von strahlender Klarheit. Der Tiefsinn, der aus Blakes kosmogonischen Allegorien spricht, spiegelt sich auch in einigen seiner Sprichwörter wider:

> Die Ewigkeit ist brünstig nach den Erzeugnissen der Zeit.
> Was heute bewiesen ist, schaute einst die Phantasie.
> Um eine kleine Blume zu schaffen, wirken Zeitalter.

Blake war ein hervorragender Lyriker, der auch sehr mitfühlende Gedanken auf die leidenden Menschen seiner Zeit verwenden konnte, wie etwa in der »Himmelfahrt« aus den *Liedern der Erfahrung:*

> Ist ein heiliger Anblick dies,
> daß in solchem reichen Land
> Kinder man ins Elend stieß,
> speist mit kalter karger Hand?

Die Gesetze der Vernunft und das Evangelium des Gefühls

In der vorrevolutionären Zeit bildete der Monarch die Spitze der Gesellschaft, bis die Franzosen 1793 Ludwig XVI. aufs Schafott stießen und den Kult der Vernunft ausriefen. Doch der Absolutismus war seit langem allmählich unterminiert worden – nicht nur von den Unterprivilegierten, sondern auch von den gebildeten Schichten, für die endlose Debatten über die Menschenrechte einen intellektuellen Zeitvertreib abgaben. Dem endgültigen Zusammenbruch 1789 war also ein langer Niedergang des Systems vorangegangen.

Als mit dem Widerruf des Edikts von Nantes 1685 die Freiheit der Religion abgeschafft wurde, trieb dies fast eine Viertelmillion protestantische Hugenotten ins Exil. Die meisten flohen nach England, wo sie mit neuen Gedanken zu politischen und sozialen Fragen konfrontiert wurden. Diese Gedanken sickerten nach Frankreich zurück, und zwar zu einer Zeit, da eine zunehmend mächtigere Mittelklasse der Literatur eine gewaltige Zahl neuer Leser zuführte.

Montesquieu (Charles de Secondat, Baron de la Brède et de Montesquieu, 1689-1755) gehörte zu den ersten Autoren, die eine rationale Kritik der gesellschaftlichen Verhältnisse verfaßten. Er tat dies 1721 in seinen *Lettres persanes* (Persische Briefe), in denen ein junger Reisender aus Persien die Institutionen Europas in einer Reihe fiktiver Briefe mit kritischer Schärfe beschreibt. Eine Reise nach England (1729-1731) machte ihn mit den staatlichen Einrichtungen Englands und den liberalen politischen Ideen John Lockes bekannt. Mit seinem zweiten Hauptwerk, *L'esprit des lois* (Über den Geist der Gesetze, 1748) wurde Montesquieu schon für seine Zeitgenossen der Vorläufer jener Revolution, die er selbst nicht mehr erlebte. Dieses berühmte Werk enthält die politische Forderung der Gewaltenteilung in gesetzgebende, vollziehende und richterliche Gewalt, was eine wechselseitige Kontrolle der Instanzen garantieren soll, die Gesetz und Recht vertreten.

Montesquieu, Schriftsteller und Staatsphilosoph, dessen Geist der Gesetze sich direkt auf die Inhalte der Verfassungen der durch Revolutionen enstandenen Republiken Amerikas und Frankreichs auswirkte. Stich nach einem Porträt von Garnerey. (Stockholm, Königliche Bibliothek)

Voltaire

Der bekannteste und einflußreichste Autor der Aufklärung war **François-Marie Arouet**, der unter dem Pseudonym **Voltaire** (1694-1778) bekannt wurde. Er entstammte zwar der Mittelschicht, schuf sich aber rasch einen Platz in der Aristokratie – wenn er anfangs auch einige Rückschläge erlitt, etwa als ihn die Diener eines erzürnten Adligen verprügelten oder als er wegen Majestätsbeleidigung in der Bastille eingekerkert wurde.

Seine Reise nach England 1726, wo er von der relativen Liberalität des britischen Gesellschaftssystems beeindruckt war, mit Alexander Pope und anderen Größen der Literatur zusammentraf und fast nur positive Anregungen bekam, hinterließ tiefe Nachwirkungen in seinem Denken. Von diesem Augenblick an beschloß er, die Vorurteile zu vernichten, die sein eigenes Land versklavten. Sein Ruhm als Schriftsteller verbreitete sich bald in ganz Europa, und er stand in regelmäßigem Briefwechsel mit den beiden aufgeklärtesten Monarchen jener Zeit: mit dem Preußenkönig Friedrich dem Großen und der russischen Zarin Katharina II. Im Schloß Ferney bei Genf ließ er sich schließlich als intellektueller Patriarch nieder und empfing seine Gäste wie ein Fürst.

Voltaires in der Bastille begonnenes Versepos auf Heinrich IV., *La Henriade* (1723) macht auf heutige Leser ebensowenig Eindruck wie seine Tragödien, etwa *Zaïre* (1732). Wahres Genie aber zeigt sich in seinen Streitschriften und manchen brillanten Novellen. Ein Schlüsselwort Voltaires war immer die »Toleranz«. Sowohl seine *Lettres philosophiques* (Philosophische Briefe, 1734), das literarische Fazit seiner Englandreise, und das *Dictionnaire philosophique* (Philosophisches Wörterbuch, 1764) waren entscheidende Werke in der Geschichte des französischen Denkens.

Voltaires wichtigste literarische Werke sind die *contes*, eine Mischform zwischen Novelle und Roman; sie verbinden ein phantastisches Element mit sozialpolitischer Satire. So hält er in *Zadig* (1747) die ersten Eindrücke eines jungen Babyloniers in Europa fest, während *Micromégas* (1752), eine Erzählung im Stil Jonathan Swifts, vom Besuch imaginärer Monster von einem der Planeten des Sirius auf der Erde berichtet.

Als junger Mann hatte Voltaire Optimismus und Fortschrittsgläubigkeit seiner Zeit geteilt. Das verheerende Erdbeben in

Oben: Voltaire, eine der wichtigsten Figuren der Aufklärung. Nachdem er die Ungerechtigkeiten der französischen Gesellschaft attackiert hatte, floh er ins Exil nach London, wo er von 1726-29 alles Englische von der Physik Newtons bis zur relativen sozialen und politischen Liberalität bewunderte. Detail eines Porträts von Garnerey.

Rechts: Voltaire wird in den elysischen Gefilden von Frankreichs großem König Heinrich IV. empfangen, den er in der »Henriade« besungen hatte. Zeichnung von L. Fauvel.

Lissabon am 1. 11. 1755 jedoch verdüsterte seine Weltanschauung und inspirierte ihn nicht nur zu einem tragischen Gedicht, sondern auch zu seiner wohl besten Novelle *Candide, ou l'optimisme* (Candide oder Der Optimismus, 1759), in der er die trügerische Theorie des deutschen Philosophen Leibniz zerpflückte, wonach »in dieser besten aller möglichen Welten alles auf das beste gemacht« sei. Voltaires Korrespondenz umfaßt 14 000 Briefe und zeigt noch deutlicher als seine veröffentlichten Schriften die Universalität seines Geistes, die Abgewogenheit seines Urteils und seinen Sinn für menschliches Maß.

»Abendmahl der Philosophen« – die Autoren der großen »Encyclopédie«, in der sie die rationalen, demokratischen und wissenschaftlichen Anschauungen der Aufklärung propagierten. Voltaire hebt den Arm, links und rechts von ihm sitzen Chefredakteur Diderot bzw. der Kritiker La Harpe. Im Vordergrund links der Mathematiker d'Alembert, in der Mitte der Marquis de Condorcet. (Paris, Bibliothèque Nationale)

Die Enzyklopädisten

Mitte des 18. Jahrhunderts tat das neue Gedankengut der Aufklärung einen großen Schritt voran, als der Dichter **Denis Diderot** (1713-1784) und der Mathematiker **Jean Le Rond d'Alembert** (1717-1783) 1751 die Publikation der großen *Encyclopédie ou dictionnaire raisonné des sciences, des arts et des métiers* – über die Wissenschaften, die Kunst und das Handwerk – begannen. Da Französisch damals die Sprache der Gebildeten war, las man das Werk überall in Europa, so daß es zu einer wichtigen Triebkraft der Aufklärung wurde. Zu den Autoren zählten außerdem Voltaire, Jean-Jacques Rousseau und Montesquieu; d'Alembert erläuterte das Projekt in seinem *Discours preliminaire* (Einleitende Abhandlung).

Die *Enzyklopädie* war kein Nachschlagewerk im heutigen Sinne, aber auch mehr als ein Überblick über den Stand der Wissenschaft. Das Werk bezog deutlich Stellung und enthielt radikale Ansichten über Politik, Religion und Philosophie, ja im Grunde über praktisch jedes kontroverse Sachgebiet. Die Herausgabe wurde mehrfach kurzzeitig verboten, und bald stand der Titel auf dem päpstlichen Index der verbotenen Bücher; erst 1772 waren alle 28 Bände des Werkes ge-

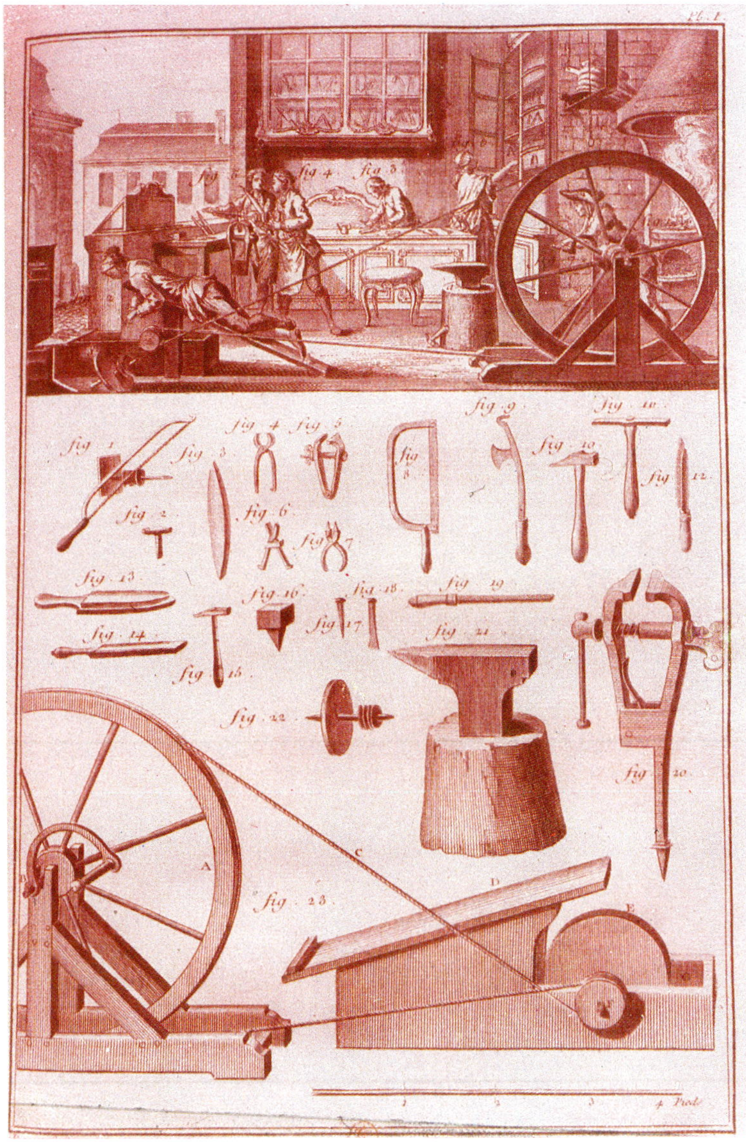

Oben: Denis Diderot, der Chefredakteur der »Encyclopédie«, verfaßte darin viele Artikel aus den Bereichen Handwerk und Technik. 1776-80 erschienen fünf Ergänzungsbände und ein Register zu dem ursprünglich 28-bändigen Werk. Porträt des franko-flämischen Malers Louis-Michel Vanloo (1707-1771) und (rechts) eine Dreher-Werkstatt, ein Beispiel für die hervorragenden Kupferstiche in der Enzyklopädie. (Paris, Bibliothèque Nationale)

druckt. Diderot war ein fähiger Journalist und ein mutiger Romancier, dessen *La Religieuse* (Die Nonne), geschrieben 1760, aber erst 1796 veröffentlicht, ein vehementer Angriff auf die Kirche und die Unbill des Klosterlebens war. Zugleich verfaßte er bürgerliche Dramen wie *Le fils naturel* (Der natürliche Sohn, 1757) und *Le père de famille* (Der Hausvater, 1758). Als Diderots Meisterwerk gilt der Roman *Jacques le fataliste et son maître* (Jakob, der Fatalist, und sein Herr, 1773-75 entstanden), in dem die Dialektik von Herrschaft und Knechtschaft unübertroffen gestaltet wird.

»Was zur Zeit in den Flugschriftläden von Paris vor sich geht, ist unglaublich ... Jede Stunde bringt etwas Neues ... Neunzehn Zwanzigstel dieser Erzeugnisse sind für die Freiheit«, schrieb Arthur Young in seinem bekannten Augenzeugenbericht über die Französische Revolution. Französischer Stich von 1797. (Paris, Bibliothèque Nationale)

Jean-Jacques Rousseau

Obwohl auch **Jean-Jacques Rousseau** (1712-1778) Beiträge für die *Enzyklopädie* verfaßte und man ihn wie Voltaire zu den revolutionären Befreiern des europäischen Denkens zählen muß, widersprach er auch manchen aufklärerischen Grundsätzen heftig: statt der Wohltaten der Zivilisation pries er die »Rückkehr zur Natur«, und Richtschnur menschlichen Verhaltens war ihm nicht die Vernunft, sondern das Gefühl. Im *Discours sur les sciences et les arts* (Abhandlung über die Wissenschaften und Künste, 1750) bestritt er, daß Kunst und Wissenschaft je einen Beitrag zur Moral geliefert hätten, anderswo erklärte er, das Recht auf Eigentum habe den »natürlichen Menschen« zerstört und Streit und Elend in die Welt gebracht.

In Rousseaus kontroverser Terminologie ist »Tugend« ein wichtiges Wort. Doch wie die *Confessions* (Bekenntnisse, geschrieben 1765-70) zeigen, verstieß er selbst oft genug gegen den eigenen Moralkodex – zum Beispiel, indem er die unehelichen Kinder seiner Lebensgefährtin dem Pariser Findlinghaus überantwortete, wo ihr Überleben nicht eben wahrscheinlich war.

Sein Lebenslauf hatte etwas von einem seltsamen Bohémien: Er ging von Ort zu Ort und wechselte häufig die Anstellung. Neben seinem literarischen Talent war er auch musikalisch außerordentlich begabt: 1752 wurde seine Operette *Le devin du village* (Der Dorfwahrsager) aufgeführt und fand den enthusiastischen Beifall Ludwigs XV. Seine wichtigsten Schriften – jene, die ihm Weltruhm einbrachten – entstanden in der zweiten Lebenshälfte. Sein Roman *La nouvelle Héloïse* (Die neue Heloise, Briefe zweier Liebenden) erschien 1761 und wurde fast sofort eine Art Bibel aller Verliebten. Doch es war nicht nur ein Loblied der Leidenschaft, sondern auch der ehelichen Treue. Die Handlung spielt in den Voralpen – Rousseau war einer der ersten Autoren, der die grandiose Schönheit und die Majestät der Alpen beschrieb.

Mit *Du contrat social* (Über den Gesellschaftsvertrag, 1762), einem theoretischen Essay über die Ursprünge moderner sozialer Systeme, wurde er zum Anführer des zeitgenössischen politischen Denkens und auch zum Wegbereiter der französischen Revolution von 1789.

Émile, ou De l'éducation (Émile, oder Über die Erziehung) ist eine Abhandlung darüber, wie man Kinder so aufziehen sollte, daß dabei das Gute im Menschen geschützt und gefördert wird. Obwohl das Programm nicht eben wissenschaftlich ist, haben die zugrundeliegenden Theorien weithin Zustimmung gefunden; außerdem enthält das Buch Rousseaus sehr erhebende und auch gänzlich undogmatische Gedanken zur Religion.

Zu Rousseaus Lebzeiten wurden die *Bekenntnisse* nie vollständig veröffentlicht. Sie sind eines der faszinierendsten Selbstporträts der abendländischen Literatur, deren Autor nicht immer erfolgreich versucht, die dunkelsten Geheimnisse seines Denkens und Fühlens offenzulegen. Dem zunehmend an Verfolgungswahn leidenden Rousseau brachten seine Gedanken und seine persönliche Unleidlichkeit Diffamierung und Verfolgung ein. Nach der Veröffentlichung seiner liberal-protestantischen *Lettres écrites de la montagne* (Briefe vom Berg, 1764) galt er als Gotteslästerer, der vor den Drohungen seiner Mitbürger nach England floh. Hier zwei Beispiele für Rousseaus Botschaft an die Welt aus dem *Discours sur l'inégalité parmi les hommes* (Über den Ursprung der Ungleichheit) und aus *Émile:*

Oben: Der Philosoph, Schriftsteller und Bildungstheoretiker Rousseau schrieb mehrere Artikel über Musik und politische Ökonomie für Diderots »Enzypklopädie«. Er geriet oft mit diesem in Streit, ebenso wie mit Voltaire und dem schottischen Denker und Historiker David Hume.

Darunter: »Hinrichtung von Robespierre und seinen Mitverschwörern gegen die Freiheit und die Gleichheit« (1794) – die Urheber der »Schreckensherrschaft« fielen ihr bald selbst zum Opfer. (Paris, Bibliothèque Nationale)

Aus *Über den Ursprung der Ungleichheit:*

... Der erste, welcher ein Stück Landes umzäunte, sich in den Sinn kommen ließ zu sagen: *dieses ist mein,* und einfältige Leute antraf, die es ihm glaubten, der war der wahre Stifter der bürgerlichen Gesellschaft. Wieviel Laster, wieviel Krieg, wieviel Mord, Elend und Greuel hätte einer nicht verhüten können, der die Pfähle ausgerissen, den Graben verschüttet und seinen Mitmenschen zugerufen hätte: »Glaubt diesem Betrüger nicht; ihr seid verloren, wenn ihr vergeßt, daß die Früchte euch allen, der Boden aber niemandem gehört.« ...
Solange die Menschen es sich genügen ließen, in bäurischen Hütten zu wohnen, ihre Kleidungen aus verschiedenen Häuten mit Fischgräten oder Dornen zusammenzuheften, sich mit Federn und Muschelwerk zu putzen, Bogen und Pfeile auszubessern oder mit Zierat zu versehen und mit schneidenden Steinen einige Fischerkähne oder einige grobe musikalische Instrumente zu verfertigen, mit einem Worte, solange sie sich noch auf Handwerke legten, die ein jeder selbst lernen und ausüben konnte, solange sie noch an keine Künste dachten, zu denen viele Hände erfordert werden, solange waren sie so frei, so gesund, so gütig und so glücklich, als es ihre eigene Natur erlaubte, und genossen ohne Unterlaß einen freien unabhängigen Umgang. Sobald aber ein Mensch der Hilfe eines anderen zu bedürfen anfing, sobald man für nützlich hielt, daß ein Mensch Vorrat genug besaß, zwei zu unterhalten, so verschwand die Gleichheit, und das Eigentum ward an seiner Stelle eingeführt. Große, weit ausgedehnte Wälder wurden in lachende Felder verwandelt, die der Landmann mit seinem Schweiß befeuchten mußte und darauf man Elend und Sklaverei zugleich mit der Ernte aufkommen sah.

Aus *Émile, oder Über die Erziehung:*

... Da mit dem Alter der Vernunft die gesellschaftliche Unterdrückung beginnt, warum sollen wir ihr mit der häuslichen zuvorkommen? Gönnen wir ihnen doch wenigstens einen Lebensabschnitt, der frei vom Joch ist, das uns die Natur nicht auferlegt hat; lassen wir der Kindheit die natürliche Freiheit, die sie wenigstens eine Zeitlang von den Lastern fernhält, die man in der Sklaverei annimmt. Mögen doch die strengen Lehrer ... erst die natürliche Methode kennenlernen, ehe sie ihre Methoden rühmen. Ich komme auf die Praxis zurück. Ich habe schon gesagt, daß das Kind nichts bekommen darf, weil es danach verlangt, sondern weil es dessen bedarf; es darf nichts aus Gehorsam tun, sondern nur aus Notwendigkeit. Die Worte »gehorchen« und »befehlen« werden aus seinem Wortschatz gestrichen. Noch mehr die Worte: Pflicht und Schuldigkeit. Dagegen werden die Wörter: Kraft, Notwendigkeit, Ohnmacht, Zwang einen breiten Raum einnehmen. Vor dem Alter der Vernunft hat man keinen Begriff vom sittlichen Wesen und von sozialen Beziehungen. Man muß also, soweit das möglich ist, vermeiden, diese Wörter zu gebrauchen, weil die Kinder falsche Begriffe damit verbinden könnten, die man schwer oder gar nicht mehr ausmerzen kann. Der erste falsche Begriff bildet in seinem Kopf den Keim des Irrtums und des Lasters. Auf den ersten Schritt muß man achten! ...

Oben: Illustration zu Rousseaus »Die Neue Heloïse, Briefe zweier Liebenden« nach einer Zeichnung von Jean-Michel Moreau (1788)

Darunter: Illustration von Louis Petit (1791) zu »Émile«, der Abhandlung über Erziehung. Für Rousseau waren praktische Dinge wie Gartenarbeit ein wichtiger Bestandteil moderner Kindererziehung.

Vom Realismus zur Revolution

Rousseau war nicht der einzige Franzose, der im Zeitalter der Vernunft Lobgesänge auf das Gefühl abfaßte; er hatte darin etliche Vorläufer und viele Nachfolger. Der Roman wurde im 17. Jahrhundert zunehmend realistischer, und 1731 schrieb **Abbé Prévost** (Antoine-François Prévost d'Exiles, 1697-1763) sein Meisterwerk *Manon Lescaut,* die ergreifende Geschichte vom Aufstieg und Fall einer Mätresse und der unsterblichen Leidenschaft, die sie im Herz eines jungen Mannes weckt.

Auf der Bühne setzte **Pierre Carlet de Marivaux** (1688-1763) inzwischen die Tradition Molières mit interessanten modernen Aspekten fort. Er bereicherte die Bühne zwischen 1720 und 1746 um etwa 30 Stücke, darunter *Le Jeu de l'Amour et du Hazard* (Das Spiel von Liebe und Zufall, 1730) und *L'Ecole des Mères* (Die Schule der Mütter, 1732). Thema aller Komödien sind heitere Liebesverwicklungen, die zum guten Ende führen. Als »marivaudage« ist des Autors Begabung, belanglosen Gedanken zierlichen und geistreichen Ausdruck zu geben, in den Sprachgebrauch eingegangen. Daß bei ihm der Diener Vertrauter seines Herrn in Liebesdingen wird, blieb in der französischen Bühnenliteratur des 18. Jahrhunderts beispielhaft. **Pierre Augustin de Beaumarchais** (1732-1799), dagegen, dessen Komödien *Le Barbier de Seville* (Der Barbier von Sevilla, 1775) und *Le Mariage de Figaro* (Figaros Hochzeit, 1778) heute vor allem durch die Opern von Rossini und Mozart bekannt sind, bezog eine mutigere, gefährlichere Stellung, indem er die Armen deutliche Kritik an den Reichen üben ließ. Der *Figaro* wurde zunächst verboten und durfte erst 1784 gespielt werden, also kurz vor Ausbruch der Revolution. Während der folgenden blutigen Jahre verstummte die Literatur fast völlig; der einzige bemerkenswerte Dichter jener Zeit, **André Chénier** (1762-1794), kam 1794 unter die Guillotine. Im Kerker verliebte er sich in eine Mitgefangene und schrieb ihr *La Jeune Captive* (Die junge Gefangene), den »melodischsten Seufzer, der je aus den Tiefen eines Kerkers drang«, wie Lamartine sagte.

Oben: Die Komödien von Marivaux enthielten spritzige, ausgefeilte Dialoge, die auch moderne Dramatiker wie Giraudoux und Anouilh inspirierten. 1722/23 brachte Marivaux auch eine französische Nachahmung von Addisons Zeitung »The Spectator« heraus. Porträt von L.-M. Vanloo.

Darunter: Szene aus einer Inszenierung (18. Jh.) von Mozarts »Figaro«, der auf einer Komödie von Beaumarchais basierte. (Paris, Musée de la Comédie-Française)

»Sturm und Drang« und der Geist der Klassik

Als die Franzosen schon die Derbheit Molières beklagten, waren deutsche Theaterbesucher kaum über die Lust an Clowns und Seiltänzern hinaus. In Deutschland warf man die Bande des Mittelalters weniger schnell ab, daher wurde dort im 16. Jahrhundert außer den religiösen Schriften der Reformation in der Dichtkunst kaum etwas Neues geschaffen. Danach verhinderten die verheerenden Kriege, die Deutschland im 17. Jahrhundert überzogen, jeden literarischen Fortschritt. Doch *Der Abentheurliche Simplicissimus Teutsch* von **H. J. C. von Grimmelshausen** (1622?-1676) ist ein echter Schelmenroman – eine Geschichte aus dem Dreißigjährigen Krieg, die uns ein lebhaftes Bild der Greuel und Wirren jener Zeit gibt. Ein weiterer deutscher Autor jener Zeit war der Philosoph **Gottfried Wilhelm Leibniz** (1646-1716), über dessen Lehre der »prästabilierten Harmonie« sich Voltaire in *Candide* lustig machte, und der nicht nur deutsch, sondern auch französisch schrieb, ebenso wie der holländische Philosoph **Baruch de Spinoza** (1632-1677) beschlossen hatte, seine Traktate, etwa die *Ethica ordine geometrica demonstrata* (Ethik, nach geometrischer Methode dargelegt) auf Latein abzufassen. In dem Bestreben, dem damaligen Ideal des »aufgeklärten Monarchen« nachzukommen, rief Friedrich II. (der Große) von Preußen (1712-1786) eine ganze Reihe von Dichtern und Denkern an seinen Hof, darunter auch Voltaire. Damit eine deutsche Kultur zu begründen, gehörte nicht zu seinem Plan – er selbst schrieb französisch und sah die Zivilisation Frankreichs als großes Vorbild an. Die Gebildeten unter seinen Landsleuten erwartete daher die große Aufgabe, der Aufklärung eine deutsche Prägung zu geben. Es entstand eine literarische Schule, die sich bemühte, die Einflüsse des modernen Frankreich zurückzudrängen und sich auf die Antike und das deutsche Kulturgut selbst zu besinnen. Eine Hauptfigur dieser Bewegung war **Friedrich Gottlieb Klopstock** (1724-1803), der Autor des *Messias* (1748), Deutschlands erstem wichtigen Epos, das die Hexameter der Antike nachbildete. Mit Klopstock kommt ein neuer Ton in die deutsche Literatur, der seine Tradition bei Schiller und Hölderlin findet. Hym-

Oben: Radierung aus der Serie »Misères de la guerre« (Greuel des Krieges, 1633) von Jacques Callot, in denen er den Dreißigjährigen Krieg sehr kraß schilderte. (Stockholm, Armeemuseum)

Darunter: Spinoza, der Philosoph, der in seiner »Ethik« erklärte, Güte und Frommheit trügen ihren Lohn in sich. (Paris, Bibliothèque Nationale)

»Laokoon und seine Söhne« von El Greco (ca. 1680), eine neue Interpretation der berühmten Skulpturengruppe aus dem 1. Jh. v. Chr., heute im Vatikanischen Museum. Die 1506 in Rom wiederentdeckte anonyme Statue zeigt das Schicksal von Laokoon, dem Apollopriester in Troja, der zusammen mit seinen Söhnen auf Athenes Befehl von Schlangen erdrosselt wurde. Die Skulptur galt in der Klassik lange Zeit als Meisterwerk und gab bei deutschen Ästhetik-Theoretikern des 18. Jh. wie Winckelmann und Lessing einen Streitpunkt ab; beide sahen in der antiken Statue ein Beispiel für heroische Größe. El Grecos ergreifendes Gemälde scheint die »Sturm-und-Drang«-Periode der deutschen Literatur nach 1770 zu reflektieren, die Lessing zwar beeinflußt hatte, selbst aber mißbilligte. (Washington, National Gallery of Art)

nisch-enthusiastisches Pathos, gravitätische Würde und priesterliche Weihe bringen seine Verse zum Klingen. Ihre Voraussetzung sind die Tiefe des religiösen und persönlichen Gefühls und sein begeistertes Bekenntnis. Zumal in einer Zeit trockener Aufklärungstheologie bedeutete sein erst 1773 vollendetes (1780 und 1800 überarbeitetes) biblisches Epos *Der Messias,* das durch Bodmers Übersetzung von Miltons *Paradise Lost* (Das verlorene Pradies, dt. 1732) angeregt wurde, mit seinen wuchtig-strömenden, erstmals in deutscher Epik verwendeten Hexametern eine Sensation. Als Klopstock die zunehmend langatmigen 20 Gesänge des *Messias* beendet, sind bereits seine *Oden* (1771) veröffentlicht, denen er seinen heutigen Ruhm verdankt. Die Themen dieser nach antiken Mustern oder in freien Rhythmen geschriebenen reimlosen Oden sind Vaterland, Freiheit, Freundschaft, Liebe, Tod, Glauben.

Gotthold Ephraim Lessing (1729-1781) war ein weiterer Schriftsteller, der sich bereitwillig allen guten Seiten der Aufklärung zuwandte, dabei aber Patriot blieb und eine unabhängige deutsche Literatur zu entwickeln suchte. Auf dem Gebiet der Ästhetik schrieb er in seinem *Laokoon* »über die Grenzen der Mahlerey und Poesie«. Noch mehr aber interessierte ihn das Theater: Seine 1767-69 erschienene *Hamburgische Dramaturgie,* in der Lessing Shakespearesche Tragödien forderte und die Dominanz französischer Stücke auf deutschen Bühnen heftig kritisierte, war bahnbrechend für die deutsche Schauspieltheorie und -kritik.

Dieses neue deutsche Drama bereicherte Lessing selbst mit *Miss Sara Sampson* (1755), dem ersten bürgerlichen Trauerspiel in Deutschland, und *Minna von Barnhelm* (1767), einer Komödie französischen Stils mit deutschen Obertönen, deren Held, Major von Tellheim, alle noblen Eigenschaften des preußischen Offiziers vereinte; das 1779 veröffentlichte, in Jerusalem zur Zeit der Kreuzzüge spielende Stück *Nathan der Weise* ist ein aufklärerischer Appell zu Religions- und Rassentoleranz.

Zu den Wegbereitern der neuen deutschen Klassik zählte der Kunsthistoriker **Johann Winckelmann** (1717-1768), der als Wiederentdecker der griechischen Kunst und Begründer der klassischen Archäologie gilt. 1748 veröffentlichte Winckelmann seine *Gedanken über die Nachahmung der griechischen Werke in der Malerei und Bildhauerkunst,* in denen er die griechische Kunst in ihrer »edlen Einfalt und stillen Größe« als Ausdruck schlichter Menschlichkeit der zeitgenössischen Kunst als Vorbild hinstellte. Gleichzeitig fand die romantische Bewegung in Deutschland ihren ersten Ausdruck in der literarischen Schule des »Sturm und Drang« – benannt nach einem Schauspiel von **Friedrich Maximilian von Klinger** (1752-1831) –, deren Anhänger die literarischen Konventionen Frankreichs verwarfen und die Freiheit des schöpferischen Geistes predigten. Daneben erhielt die deutsche Romantik entscheidende Impulse durch **Johann Gottfried von Herder** (1744-1803), einen Dichter und Philosophen, der Volkslieder sammelte und die Gründung einer deutschen Schule der Dichtkunst anregte. Herders theoretische Schriften leiteten den »Sturm und Drang« ein, bereiteten die Klassik vor und gaben der idealistischen Geschichtsauffassung des 19. Jahrhunderts Impulse. In der Programmschrift des »Sturm und Drang« *Von deutscher Art und Kunst* (1773) veröffentlichte er die Beiträge *Auszug aus einem Briefwechsel über Ossian* und *Shakespeare,* in denen er eine »originale« und »nationale« Kunst fordert, deren Quelle die Volkspoesie sei.

Doch trotz des wachsenden romantischen Geistes erlosch der Glaube des 18. Jahrhunderts an die Ratio nicht völlig. Ein feste Grundlage bildete dabei die *Kritik der reinen Vernunft* (1781) von **Immanuel Kant** (1724-1804). Man sagt bisweilen, der menschliche Verstand habe wohl nie weiter ausgeholt als mit Kants Bestimmung seiner Grundlagen.

Oben: Gotthold Ephraim Lessing schrieb seinen »Laokoon oder über die Grenzen der Mahlerey und Poesie« 1766 aufgrund einer Bemerkung Winckelmanns über Vergils Bearbeitung der Laokoon-Legende und ihrer Interpretation durch einen unbekannten griechischen Bildhauer. Porträt (ca. 1760) von Johann Heinrich Tischbein d. Ä.

Darunter: Johann Winckelmann, der deutsche Kunstgeschichtler und Äthetik-Theoretiker. Porträt von Anton Maron. (Weimar, Schloßmuseum)

Johann Wolfgang von Goethe

Oben: Goethe, das Universalgenie seiner Epoche, war nicht nur der wohl größte Dichter, sondern auch Autor revolutionärer wissenschaftlicher Theorien, etwa über die Farbenlehre oder die Morphologie der Pflanzen. Seine Laufbahn als Schriftsteller umspannte fast ein Jahrhundert der deutschen Literatur, vom Rokoko und »Sturm und Drang« bis zu Vorformen des symbolischen Realismus in den Novellen (1827). Scherenschnitt von 1816. (Frankfurt/M., Goethe-Museum)

Rechts: Der junge Goethe nimmt Abschied von seiner Jugendliebe Friederike Brion. Illustration von Eugen Klimsch (1886).

Unten: Silhouette für den »Erlkönig« von Lotte Reiniger (1899-1981).

Als junger Autor hatte **Johann Wolfgang von Goethe** (1749-1832) auch dem »Sturm und Drang« angehört, später aber arbeitete er auf eine künstlerische Harmonie hin, deren erhabenste Form er in der griechischen Antike sah. Manche Literaturwissenschaftler meinen, diese Rückwendung habe das Talent seiner Jugend beeinträchtigt, so daß der junge Goethe dem späten oft überlegen sei. Dies ist allerdings größtenteils eine Fehleinschätzung: Das Blut des Genies pulsierte auch im Alter in Goethes Adern.

Goethes früher Roman *Die Leiden des jungen Werthers* (1774) drückte die Emotionen des »Sturm und Drang« am vehementesten aus. Das eher kurze, in der Form des Briefromans geschriebene Werk erzählt die Geschichte eines jungen Mannes, der gegen gesellschaftliche Konventionen rebelliert und am Ende

aus Liebe den Freitod wählt, und beschreibt im Grunde Qual und Leid der Jugend. Jeder junge Mann, so sagte Goethe, glaube irgendwann in seinem Leben einmal, dieser Roman sei speziell für ihn geschrieben.

Die gleiche rebellisch-impulsive Haltung durchdringt auch ein Drama aus jener Phase, den *Götz von Berlichingen* (1771-73): Die im Mittelalter angesiedelte Handlung schildert den Kampf des Titelhelden, eines Raubritters, gegen die Autorität von Kaiser und Kirche.

In seinen Gedichten gab Goethe der Welt zweifellos alles, was er ihr geben konnte. Trotz seiner akademischen, oft geradezu pedantischen Geisteshaltung war er ein typischer Mann des Gefühls, der ständig in leidenschaftliche Liebesaffären verwickelt war; die Treulosigkeit, mit der er als Zweiundzwanzigjähriger die Pfarrerstochter Friederike Brion behandelt hatte, hinterließ ein nagendes Schuldgefühl, das später im *Faust* die tragische Gretchen-Episode inspirierte.

1775 trat Goethe in die Dienste des Herzogs von Weimar und stieg dort zum Rang eines Geheimen Staatsrats auf. Seine Dichtung war nun disziplinierter: Während der folgenden Jahre in Weimar verfaßte er das Prosadrama *Iphigenie auf Tauris* (1787), ein Stück über den niederländischen Helden *Egmont* (1787) und einige seiner kraftvollsten Gedichte, darunter Balladen wie *Der Fischer*, den düsteren (von Schubert 1815 vertonten) *Erlkönig* und das berühmte *Wanderers Nachtlied* (»Über allen Gipfeln ist Ruh ...«), das er 1780 in die Wand einer Jagdhütte ritzte:

Über allen Gipfeln/ Ist Ruh,
In allen Wipfeln/ Spürest du
Kaum einen Hauch;
Die Vögelein schweigen im Walde.
Warte nur, balde/ Ruhest auch du.

Um seiner Leidenschaft für Charlotte von Stein zu entkommen, durchreiste er 1786-88 Italien; nach der Rückkehr nach Weimar heiratete er Christiane Vulpius

und begann eine neue reiche Schaffensperiode, teilweise angeregt durch sein Zusammentreffen mit Friedrich Schiller. Bereits damals bewegte er sich, wie das Versdrama *Torquato Tasso* (1790) und das Epos in Hexametern *Hermann und Dorothea* (1796/97) zeigen, schon mehr oder minder direkt auf einen klassischen Stil zu. In dieselbe Zeit gehören auch die sinnlichen *Römischen Elegien,* in denen er die Reize von Christiane Vulpius besingt, sowie die *Venezianischen Epigramme.*
Goethes Autobiographie *Aus meinem Leben. Dichtung und Wahrheit* erschien nach seinem 60. Geburtstag; die Gedichtsammlung *West-östlicher Diwan* (1819) aber zeigt, daß ihm auch mit siebzig noch amouröse Erfahrungen nichts Fremdes waren, wie »Selige Sehnsucht« aus dem *Buch des Sängers* beweisen mag:

… In der Liebesnächte Kühlung,
Die dich zeugte, wo du zeugtest,
Überfällt dich fremde Fühlung,
Wenn die stille Kerze leuchtet.
…
Keine Ferne macht dich schwierig,
Kommst geflogen und gebannt,
Und zuletzt, des Lichts begierig,
Bist du Schmetterling verbrannt.

Fast 50 Jahre lang arbeitete Goethe an seinem Versdrama *Faust* – der Stoff interessierte ihn schon 1771, die letzte Fas-

Goethe betrachtet bewundernd das Colosseum in Rom. Seine Italienreise von 1786 bis 1788 hatte entscheidenden Einfluß auf sein Leben und Werk und ist zu einem der klassischen Ereignisse in der deutschen Literaturgeschichte geworden. Die Kunst, die Archäologie, die Architektur – kurz: Italien als Ganzes, aus erster Hand erlebt, machte tiefen Eindruck auf ihn und ist in Werken wie den »Römischen Elegien« (1788-90) und der später verfaßten »Italienischen Reise« (1816/17) festgehalten. Gemälde von J. P. Hackert (1787). (Frankfurt/M., Goethe-Museum)

Unten links: Szene aus Goethes »Faust I« mit dem unglücklichen Gretchen, Faust und Mephistopheles, hier in einer Darstellung des Zeichners und Illustrators Julius Schnorr von Carolsfeld (1794-1872). (Wien, Österreichische Galerie)

Unten rechts: Eine ganz andere Interpretation der Hauptfiguren des »Faust« aus einer Serie von Lithographien des französischen Romantikers Eugène Delacroix.

sung beendete er 1831, ein Jahr vor seinem Tod. Grundlage ist die wahre Lebensgeschichte des Arztes und »Schwarzkünstlers« Johann Faust (ca. 1480-1540), der angeblich einen geheimen Pakt mit dem Teufel schloß, um Erkenntnis zu gewinnen. Doch Goethe spinnt diesen Stoff noch einen gutes Stück weiter. Der Bund, den Doktor Faustus mit seinem Blut besiegelt, verpflichtet Mephistopheles, den Fürsten der Unterwelt, ihm nicht nur Wissen, sondern alle Freuden dieser Welt zu bringen; zur Wette wird dieser Pakt durch eine bedeutsame Klausel, nach der Mephistopheles das Recht erhält, sich Fausts Seele zu holen, sobald sich dieser einmal mit dem Erreichten zufriedengibt und sich wünscht, die Zeit möge stehenbleiben:

FAUST:
»Werd' ich zum Augenblicke sagen:
Verweile doch! du bist so schön!
Dann magst du mich in Fesseln schlagen,
Dann will ich gern zu Grunde gehn!«

– also dann, wenn er den Punkt erreicht, an dem die menschliche Seele ihr Sehnen und Streben aufgibt.

Faust II (1832) ist weniger dramatisch als der erste Teil; eine ominöse, düstere At-

mosphäre zeigt das verzweifelte Streben des alternden Dichters, die Rätsel des Daseins zu lösen. Faust reist hier – mit Mephistos Hilfe – durch Zeit und Raum; zur Gefährtin verlangt er keine Geringere als die schöne Helena, die ihm den Sohn Euphorion gebiert – Goethes Denkmal für die Antike. Aber worauf der Teufel seit langem gewartet hat – daß Faust den Augenblick bewahren will, geschieht am Ende doch. Dennoch ist nicht alles aus: Faust wird von einem himmlischen Gericht freigesprochen, und in die Arme eines verzeihenden Gretchens emporgerissen – seine Jugendliebe verkörpert nun das »Ewigweibliche«, das zur Erlösung des Menschengeschlechtes bestimmt ist. Der Chor der Engel in der Schlußszene gibt zugleich den Schlüssel zu Fausts Errettung:

Wer immer strebend sich bemüht,
Den können wir erlösen.
Und hat an ihm die Liebe gar
Von oben teilgenommen,
Begegnet ihm die selige Schar
Mit herzlichem Willkommen.

Die Person Goethes fasziniert durch ihre Vielseitigkeit. Er war nicht nur ein begnadeter Dichter und großer Denker, sondern hatte auch Erfolge als Wissenschaftler und pragmatischer Politiker. Zudem bewahrte er sich bis ins hohe Alter einen scharfen Verstand, und sein Herz blieb immer zur Liebe fähig.

Gestern Vormittags halb Zwölf Uhr starb mein geliebter Schwiegervater, der Grofsherzogl. Sächsische wirkliche Geheime - Rath und Staatsminister

JOHANN WOLFGANG VON GOETHE,

nach kurzem Krankseyn, am Stickflufs in Folge eines nervös gewordenen Katharrhalfiebers.

Geisteskräftig und liebevoll bis zum letzten Hauche, schied er von uns im drei und achtzigsten Lebensjahre.

Weimar, 23. März 1832.

OTTILIE, von GOETHE, geb. von POGWISCH, zugleich im Namen meiner drei Kinder, *WALTHER*, *WOLF* und *ALMA* von *GOETHE*.

Oben: Der alternde Goethe, von dem Napoleon nach einer Begegnung mit ihm (1808 in Erfurt) sagte: »Voilà un homme!« (Was für ein Mann!). Zeichnung von Gebbers.

Darunter: Goethes Todesanzeige.

Friedrich von Schiller

Oben rechts: Friedrich von Schiller im Jahre 1793, kurz vor dem Beginn seiner fruchtbaren, kreativen Freundschaft zu Goethe. Schiller war in Marbach geboren, hatte die Stuttgarter Militärakademie besucht und lebte nach längeren Wanderjahren ab 1799 wie Goethe in Weimar. Porträt von Ludowika Simonowitz. (Marbach/Neckar, Schiller-Nationalmuseum)

Oben: 1789 erhielt Schiller eine Geschichtsprofessur in Jena und heiratete im darauffolgenden Jahr. Hier der Dichter auf einem nachdenklichen Ausritt.

Friedrich von Schiller (1759-1805) besaß ein ebenso schöpferisches, wenn auch nicht ganz so weitgefächertes Talent wie Goethe. Doch während der Autor des *Götz* seinen Zorn mit der Zeit ablegte, war Schillers Denken immer von Auflehnung gegen Autoritäten bestimmt – vielleicht weil er als junger Mann sieben Jahre an einer Militärakademie verbracht hatte.

Am größten war Schillers Beitrag für das Drama. Die Titelseite seines ersten Stücks, *Die Räuber* (1780), trug die lateinische Widmung *»in tirannos«* – gegen Tyrannen. Das Werk verbindet mannigfaltige Variationen des »Sturm-und-Drang«-Themas mit einem glühenden Appell für die Freiheit, und Thomas Carlyle stellte in seiner Biographie *The Life of Schiller* fest: »Das Erscheinen der *Räuber* bildet eine Ära nicht bloß in Schillers Geschichte, sondern auch in der Literatur der Welt.« Für sein Schauspiel vom edlen Räuberhauptmann Karl Moor bekam Schiller viel Applaus, aber auch viele Schwierigkeiten. Zwar begab auch er sich später unter die Patronanz des Herzogs von Weimar, hörte jedoch niemals auf, seine freiheitlichen Ansichten zu verkünden – in Dramen wie *Die Verschwörung des Fiesko zu Genua* (1781/82), *Kabale und Liebe* (1784) und vor allem *Don Carlos* (1787), das den spanischen Kronprinzen und seinen Freund Marquis Posa in ihrem Kampf für Bürgerrechte und religiöse Toleranz zeigt, aber auch die andere Seite gerecht behandelt: Der Erzdespot König Philipp II. ist eine von Schillers eindrucksvollsten und überzeugendsten Charakterstudien. In seinen Stücken verletzte Schiller viele Regeln und Konventionen der französischen Dramentheorie – vor allem die »Einheit von Zeit und Raum«. Allmählich ließ sein starker Hang zum Romantischen nach und er strebte einen Stil an, den er für den harmonischen, objektiven Geist der Antike hielt. Seine kritischen Aufsätze, darunter jener *Über naive und sentimentalische Dichtung* (1795/96) erreichten europaweite Verbreitung, und seine historischen Schauspiele – darunter die *Wallenstein*-Trilogie (1798/99), *Maria Stuart* (1800) und *Wilhelm Tell* (1804) – setzten die Theorien gekonnt in die Praxis um. Sowohl Schillers jugendliche Leidenschaft für die Freiheit wie eine besonnene, gereifte Weltsicht sprechen aus diesen Stücken, was ihnen wahre klassische Anmut verleiht.

Schillers Gedichte – etwa *Die Künstler* (1788), das bekannte *Lied von der Glocke* (1799) oder die Ode *Freude, schöner Götterfunken* – hatten ebenfalls große Themen: den Auftrag der Kunst, die Verbrüderung aller Menschen. Mit der schon früh entstandenen Ode *An die Freude* (1786), mit der Schiller seiner Freundschaft zu Theodor Körner ein Denkmal setzte, krönte Beethoven seine »Neunte Symphonie«.

Die Epoche von Lessing, Goethe und Schiller war das deutsche Gegenstück zum klassischen Zeitalter Frankreichs: eine Ära, in der die edelsten Züge einer Nation in Literatur gekleidet wurden.

Schillers Theaterauffassung tritt deutlich in seinem »Avertissement zur Ersten Aufführung der *Räuber* (1782) zutage:

Die Räuber, ein Schauspiel

Das Gemälde einer verirrten großen Seele – ausgerüstet mit allen Gaben zum Fürtrefflichen, und mit allen Gaben verloren. Zügelloses Feuer und schlechte Kameradschaft verdarben sein Herz – rissen ihn von Laster zu Laster – bis er zuletzt an der Spitze einer Mordbrennerbande stand, Greuel auf Greuel häufte, von Abgrund zu Abgrund stürzte, in alle Tiefen der Verzweiflung. – Groß und majestätisch im Unglück, und durch Unglück gebessert, rückgeführt zum Fürtrefflichen. Einen solchen Mann wird man im Räuber Moor beweinen und hassen, verabscheuen und lieben.
Einen heuchlerischen heimtückischen Schleicher wird man entlarvt erblikken und gesprengt sehen in seinen eigenen Minen. Einen allzu schwachen

Schillers beständiges Thema war die Freiheit. Seine berühmte Ode »An die Freude«, von Beethoven für den Schlußchor der »Neunten Symphonie« vertont, ist eine triumphale Hymne an den freien Geist.

Rechts: Zeitgenössische Inszenierung von Schillers Schauspiel »Wilhelm Tell« (1804), ebenfalls ein romantisches Revolutionsthema. (Düsseldorf, Goethe-Museum)

Links: Tell und sein Sohn auf einem Fresko in der Kirche des Dorfes Bürglen, wo der Schweizer Nationalheld geboren sein soll.

Die

Räuber.

Ein Schauspiel

von fünf Akten,

herausgegeben

von

Friderich Schiller.

Zwote verbesserte Auflage.

Frankfurt und Leipzig.

bei Tobias Löffler.

1782.

Titelseite der »Zwoten verbesserten Auflage« von Schillers »Die Räuber« – die Titelvignette mit dem sprungbereiten Löwen und der Inschrift »gegen Tyrannen« hat Berühmtheit erlangt. Daß Deutschland damals in unzählige kleine Fürstentümer zerstückelt war, hatte auch seine Vorteile: Die württembergischen Behörden in Stuttgart erteilten Schiller wegen der »Räuber« Schreibverbot, in Mannheim konnte das Schauspiel mit August Iffland in der Hauptrolle im Januar 1782 immerhin uraufgeführt werden, und in freien Städten wie Frankfurt und anderswo schätzte man die liberale Thematik sogar hoch ein.

nachgiebigen Verzärtler und Vater.– Die Schmerzen schwärmerischer Liebe, und die Folter herrschender Leidenschaft. Hier wird man auch nicht ohne Entsetzen in die innere Wirtschaft des Lasters Blicke werfen und aus der Bühne unterrichtet werden, wie alle Vergoldungen des Glücks den innern Wurm nicht töten, und Schrecken, Angst, Reue, Verzweiflung hart hinter seinen Fersen sind. Der Zuschauer weine heute vor unserer Bühne – und schaudere – und lerne seine Leidenschaften unter die Gesetze der Religion und des Verstandes beugen, der Jüngling sehe mit Schrekken dem Ende der Ausschweifungen nach, und auch der Mann gehe nicht ohne den Unterricht von dem Schauspiel, daß die unsichtbare Hand der Vorsicht auch den Bösewicht zu Werkzeugen ihrer Absicht und Gerichte brauchen und den verworrensten Knoten des Geschicks zum Erstaunen auflösen könne.

Neben dem *Lied von der Glocke* und *Der Taucher* ist wohl *Die Bürgschaft* Schillers bekannteste Ballade. Sie handelt von wahrer Freundschaft, die alle Fährnisse überwindet, um den Gefährten vom Martertod zu erretten – und auch von der Wirkung solcher Loyalität auf den hartherzigen Tyrannen:

… Und blicket sie lange verwundert an.
Drauf spricht er: »Es ist euch gelungen,
Ihr habt das Herz mir bezwungen,
Und die Treue, sie ist doch kein leerer Wahn,
So nehmet auch mich zum Genossen an:
Ich sey, gewährt mir die Bitte,
In eurem Bunde der Dritte.«

Links: Der junge Schiller, noch in der Uniform als Wundarzt bei seinem Stuttgarter Regiment, liest Freunden aus »Die Räuber« vor. Er hatte seinen Posten unerlaubt verlassen, um der Uraufführung des Stückes in Mannheim beizuwohnen. Der Verweis für diese Pflichtvergessenheit, aber wohl vor allem das Verbot, weitere solcher subversiven Stücke zu verfassen, verleideten ihm Stuttgart und das Militärleben, worauf er nach Mannheim zog. Gemälde von C. A. von Heideloff (1855) nach einer Zeichnung seines Vaters, der an der Lesung teilgenommen hatte. (Marbach/Neckar, Schiller-Nationalmuseum)

Unten: Beethovens Widmung seiner »Sinfonie mit Schluß-Chor über Schillers Ode an die Freude, für großes Orchester, 4 Solo- und 4 Chorstimmen, componirt und seiner Majestät dem König von Preußen, Friedrich Wilhelm III. in tiefster Ehrfurcht zugeeignet«.

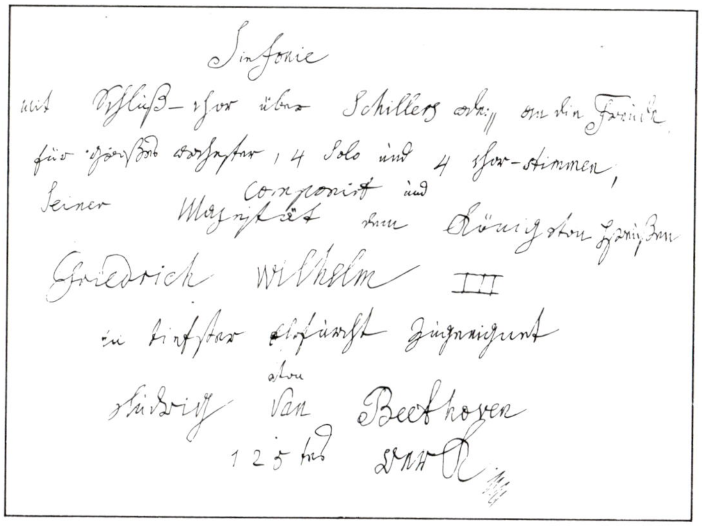

Sinfonie
mit Schluß-Chor über Schillers Ode an die Freude
für großes Orchester, 4 Solo und 4 Chor-stimmen,
componirt und
seiner Majestät dem König von Preußen
Friedrich Wilhelm III
in tiefster Ehrfurcht zugeeignet
von
Ludwig van Beethoven
125tes Werk

An die Freude

Freude, schöner Götterfunken,
 Tochter aus Elysium,
Wir betreten feuertrunken
 Himmlische, dein Heiligtum.
Deine Zauber binden wieder,
 Was der Mode Schwert geteilt;
Bettler werden Fürstenbrüder,
 Wo dein sanfter Flügel weilt.

 Chor

Seid umschlungen, Millionen!
 Diesen Kuß der ganzen Welt!
 Brüder – überm Sternenzelt
Muß ein lieber Vater wohnen …

»Schon Barbarei alleine war einst patriotisch«

Georg Stiernhielm, der »Vater der schwedischen Dichtung« ließ sich folgenden Sinnspruch auf seinen Grabstein meißeln: Vixit, dum vixit, laetus – »Er lebte, solange er lebte, glücklich.« Porträt (1663) von D.K. Ehrenstrahl. (Schloß Gripsholm bei Stockholm)

Im 16. und 17. Jahrhundert mußten die Dichter Schwedens – und die Situation war in Dänemark und Norwegen nicht viel anders – sich ihre literarischen Waffen erst noch schmieden. Maßgeblich daran beteiligt waren **Olaus Petri** (1493-1552) mit seiner Bibelübersetzung und **Georg Stiernhielm** (1598-1672), dessen didaktisch-allegorisches Epos *Herkules* (1648) als erstes Werk der schwedischen Literatur gilt. Die skandinavischen Sprachen wurden bis ins 18. Jahrhundert für literarische Zwecke kaum genutzt, und die Leserschaft war bis auf eine kleine gebildete Elite am Hof auch nicht allzu zahlreich.

Selbst der große norwegisch-dänische Dramatiker **Ludvig Holberg** (1684-1759) ist im übrigen Europa kaum bekannt, obwohl er in seinen beiden Heimatländern und in Schweden hoch geschätzt wurde. Der in Bergen geborene Holberg war zunächst Hauslehrer, bereiste den Kontinent und ließ sich schließlich in Kopenhagen nieder. Sein erstes Werk war das komische Epos *Peder Paars* (1719/20), und in nur 18 Monaten verfaßte er 15 Komödien, darunter *Der politische Kannengießer* (1723) und sein Meisterwerk *Jeppe vom Berge* (1722) über den Bauern, der im Bett eines Barons erwacht und einen Tag lang den Herrn spielt, außerdem *Der Wankelmütige* und *Erasmus Montanus* (beide ca. 1724-27), letzteres eine übermütige Satire auf die Gespreiztheit der Gebildeten. Holbergs Vorbild war Molière und, wie es damals gute Sitte war, lehnt er sich in vielem unverblümt an diesen Meister an. Doch sobald er Menschen und ihren Hintergrund schildert, beweist er echte Originalität. Man hat oft gesagt, auch wenn alle übrigen zeitgenössischen Quellen über das Alltagsleben im Kopenhagen jener Epoche vernichtet wären, fände man in seinen Stücken fast jedes Detail verewigt. Auch aus seinen Dialogen spricht tiefe Einsicht in das wirkliche Leben, wie die Bemerkung einer seiner Figuren in *Jeppe vom Berge* zeigt: »Da sagen die Leute im Dorf, Jeppe trinkt, aber sie sagen nicht, *warum* Jeppe trinkt.«

Ein schwedischer Repräsentant der Aufklärung, **Carl von Linné** oder **Linnaeus** (1707-1778), wurde in ganz Europa als Forscher, vor allem als Botaniker, bekannt, und in seiner Heimat gelten seine wissenschaftlichen Reiseberichte auch als wegweisende Werke auf dem Gebiet der Prosaliteratur.

Emanuel Swedenborg (1688-1772) dagegen verkörperte den Widerstreit von wissenschaftlichem Rationalismus und visionärem Mystizismus. In *De cultu et amore Dei* (Über die Verehrung Gottes und die Liebe zu Gott, 1745), *Arcana coelestia* (Himmlische Geheimnisse, 1749) und *De coelo et eius mirabilibus et de inferno* (Von Himmel und Hölle und deren Geheimnissen, 1758) vereint er metaphysische Spekulation mit detaillierten, fast komischen Schilderungen des Lebens nach dem Tode: So würden im Paradies himmlische Nachahmungen irdischer Mahlzeiten und gesellschaftlicher Lustbarkeiten auf jeden warten, sogar Wein biete man dem Gläubigen dort an. Da Swedenborg auf Latein schrieb, konnte sich seine religiöse Botschaft in ganz Europa verbreiten.

Schwedens gefeierter Nationaldichter **Carl Michael Bellman** (1740-1795) ist unter anderem für seine fröhlichen Trinklieder bekannt, darunter meisterhafte Bibeltravestien. Da seine Verse sich nur sehr schwer übersetzen lassen, ist er außerhalb des Landes jedoch kaum bekannt. Sein Hauptwerk *Fredmans Episteln* (1790) ist eine lyrisch-epische Sammlung von vers- und reimgewandten Trinkliedern und Gedichten, in denen er seine Lebensphilosophie darlegt.

Rechts: Der schwedische Naturforscher Carl von Linné begründete das moderne System der botanischen (und auch zoologischen) Nomenklatur, die erstmals eine Einteilung nach Arten (species) versuchte. Statue von A. Almqvist im schwedischen Lund.

Biblia/
Thet är/
All then Helgha
Scrifft/
på Swensko.
Tryckt j Vpsala.
1541.

Titelblatt der in Uppsala gedruckten »Gustav-Wasa«-Bibel von 1541, der ersten vollständigen Übersetzung der Heiligen Schrift ins Schwedische. (Stockholm, Königliche Bibliothek)

Rechts: Den visionären Mystiker Emanuel Swedenborg zählten Goethe, Emerson und Strindberg zu den großen Geistern der Menschheit. Porträt von Per Krafft. (Stockholm, Nationalmuseum)

Rechts außen: C.M. Bellman, Dichter, Musiker und literarischer Berater am Hofe von König Gustav III. Porträt (1781) von Per Hilleström d. Ä. (Stockholm, Nationalmuseum)

Unten: »Gevatter Tod« ist ein häufiger Gast bei Bellmans Trinkgelagen, wie der Sarg in seiner Illustration (1793) zu dem Lied »Der Bacchustempel« zeigt. (Stockholm, Nationalmuseum)

Theater und Roman

In der Zeit der mongolisch dominierten Yüan-Dynastie (1280-1368) entwickelte das chinesische Drama den opernhaften Aufführungsstil, der ihm heute noch eigen ist.
Ebenfalls unter den Mongolen kam der – meist von reisenden Geschichtenerzählern verbreitete – Roman auf und gelangte während der folgenden Ming- und Ch'ing-Dynastien (1368-1911) zur Blüte: Die Chinesen selbst rühmen »vier große Werke«: *San kuo chi yen-i* – bzw. in moderner Umschrift: *San guo zhi yanyi* – (Die drei Reiche), die pikareske Romanze eines unbekannten Autors aus dem 14. Jahrhundert; *Shui-hu chuan* bzw. *Shuihu zhuan* (Geschichten vom Wasserrand – deutsch auch bekannt als: Die Rebellen vom Liang-Shan-Moor), ein historischer Stoff von **Lo Kuang-chung (Luo Guanzhong)** (ca. 1330-1400), der später umgedichtet wurde; *Hsi-yu ki* bzw. *Xi you ji* (Die Reise nach dem Westen oder Der Steinaffe) von **Wu Cheng-en** (1510-1580), eine Satire gegen den Volksaberglauben; und schließlich das anonyme erotische Sittengemälde *Kin-ping-meh* bzw. *Jin ping mei*, auf deutsch meist im Originaltitel bekannt. Im 18. Jahrhundert kam ein fünftes berühmtes Prosawerk hinzu: *Hung-lou meng* (Der Traum der roten Kammer) von **Ts'ao Chan (Cao Zhan)** (1715-1764), eine gewaltige philosophische Familienchronik, die auf einer alten Legende, der *Geschichte vom Stein* beruht.
Diese monumentalen Werke sind schwer zu lesen; in ihnen mischt sich kühner Realismus mit Splittern aus der chinesischen Geschichte, Volkslegenden und Geistermärchen. Zudem sind die meist erst im 20. Jahrhundert entstandenen Übersetzungen zwar blumig, aber oft auch recht frei.

Die Tradition der Peking-Oper geht bis ins 14. Jh. zurück. Kostüme, Masken und Schminktechnik sind extrem stilisiert, so daß der Charakter einer Figur sofort erkennbar ist. Frauenrollen wurden immer von Männern gespielt.

»Laßt mich entrückt sein dieser Welt!«

Die Ideale der Französischen Revolution – Freiheit, Gleichheit und Brüderlichkeit – wurden nie richtig verwirklicht. Nach einer kurzen Phase großer Hoffnungen und Perspektiven, in der, so ein englischer Dichter, »das Leben lebenswert war«, veranstalteten verblendete Visionäre wie Robespierre und Saint-Just eine blutige Schreckensherrschaft, die so lange währte, bis sie selbst geköpft wurden. Danach begann der junge korsische Offizier Napoléon Bonaparte seinen brutalen Triumphzug auf den Kaiserthron. Er verhalf Frankreich zu großer militärischer Macht. Doch auf dem Schlachtfeld von Waterloo 1815 wurden seine »Adler gestutzt«, und der Eroberer verschwand entmachtet und verbittert im Exil.

Napoleons Sturz und die Wiederherstellung dessen, was Byron das »öde, blöde alte System« der Monarchie nannte, beendete die Hoffnungen der jungen Abenteurer und liberalen Idealisten; von nun an sollten sie jene Reize und Erbauungen, die ihnen das gesellschaftliche Leben nicht mehr bot, in der Literatur suchen.

Eine Definition der Romantik fällt schwer, denn die romantische Bewegung des frühen 19. Jahrhunderts nahm mannigfaltige Formen an. Romantische Gefühle hatte es schon immer gegeben, doch nur in dieser historischen Phase bekamen sie eine so deutliche Färbung und einen so weiten europäischen Geltungsbereich.

Zu den Hauptmerkmalen der romantischen Literatur zählt die Beschäftigung mit Sagen und Legenden, die den banalen Alltag vergessen ließen. Dichter, Romanciers und Maler – sie alle verspürten die Faszination des Mittelalters. Ebenso besessen aber waren sie vom Freiheitsgedanken; damit wurde der Künstler zum Rebell, der sich ständig gegen die konservative Gesellschaft auflehnte und nach geistiger Unabhängigkeit sehnte, die ihm der Zeitgeist versagte. Es waren leidenschaftliche Individualisten, die es danach drängte, die eigenen geistigen Bedürfnisse zu stillen und alle Gefühle bis ins Äußerste auszuleben. Die prosaische Vernunftbetontheit der Kollegen aus dem 18. Jahrhundert wurde allgemein verachtet, dafür stand Phantasie als Talent in hohem Kurs.

»Der Schiffbruch« (ca. 1805) des englischen Malers William Turner, dessen romantisch-visionärer Stil der europäischen Tradition des Seestücks entscheidende Impulse gab. Viele Gemälde seines umfangreichen Werks basierten auf literarischen Vorlagen. Später legte er den Hauptakzent auf die Eindrücke von Farbe und Licht. (London, Tate Gallery)

Die Romantische Schule in Deutschland

Der deutschen Romantik verlieh eine Reihe von Denkern ihre spezifische Ausprägung; die letzten Bastionen der Aufklärung wurden nämlich von gelernten Philosophen eingerannt. Darunter war Kants Lieblingsschüler **Johann Gottlieb Fichte** (1762-1814), dessen Arbeiten die Idee der nationalen Einheit anspornten und dessen 1808 während der französischen Besatzung an der Berliner Universität gehaltene *Reden an die deutsche Nation* zu einem Manifest des Widerstandes wurde. Auch sein Begriff des »schöpferischen Ichs« spielte eine wichtige Rolle in der Entwicklung der romantischen Literatur Deutschlands. Zur gleichen Zeit lebte **Friedrich von Schelling** (1775-1854), der die Natur als beseelt betrachtete, was im Widerspruch zu den mechanistischen Vorstellungen des Zeitalters der Aufklärung stand.

An der Grenze zwischen Philosophie und Literatur standen **Friedrich von Schlegel** (1772-1829) und sein Bruder **August Wilhelm** (1767-1845), die man gemeinsam als Begründer der romantischen Schule in Deutschland ansehen kann. Ihr Zentrum war Jena; hier versammelten sich ihre Anhänger, hielten Vorträge und gaben ihre Werke heraus. A.W. von Schlegels Shakespeare-Übersetzung war wohl die größte Leistung der beiden Brüder.

Noch schöpferischer war **Ludwig Tieck** (1773-1853), ein Freund der Schlegels, wenn auch viele seiner Werke die negativen Seiten der Romantik hervortreten lassen: zügellose Geschwätzigkeit, eine Tendenz zu sentimentaler Übertreibung und die blinde Verehrung des Mittelalters. Von ihm stammen die sehr lebendigen Komödien *Der gestiefelte Kater* (1797) und *Prinz Zerbino* (1799), in denen er das Stilmittel der »romantischen Ironie« verwendet – bei denen der Dichter nicht alles ernst nimmt, sondern die Atmosphä-

Für Schelling (oben) war die Kunst die wichtigste aller Beschäftigungen. Von großem Einfluß auf die Romantiker war seine Ansicht, die Natur sei beseelt, was im Widerspruch zu den mechanistischen Vorstellungen des Zeitalters der Aufklärung stand. Porträt von J.K. Stieler (München, Bayerische Staatsgemäldesammlung)

Links: Deutsche Herbstlandschaft. Die neuerdings wiedererwachte Liebe zur Natur und der damit verbundene Umweltgedanke gehen auch auf die Romantik zurück.

»Der Rattenfänger von Hameln« basiert auf einer Legende aus dem 13. Jahrhundert. Auch wurde schon ein Zusammenhang mit dem Kinderkreuzzug von 1212 vermutet, in dem Tausende von Kindern aus dem Rheinland ihrem jungen Anführer folgten – größtenteils in den Tod. Illustration von B. Löffler für eine Ausgabe von »Des Knaben Wunderhorn« von 1902 (Stockholm, Königliche Bibliothek)

re oft mit einem spöttischen Lächeln aufzuheitern versucht.

Friedrich von Hardenberg (1772-1801), besser bekannt unter seinem Pseudonym **Novalis**, gehörte ebenfalls der Frühromantik an. Wie so viele Dichter jener Zeit starb er jung, und sein literarisches Schaffen blieb auf wenige Werke beschränkt, doch diese verströmen den Geist der Romantik in seltener Reinheit. In seinem unvollendeten Roman *Heinrich von Ofterdingen* (1802) schuf er ein berühmtes Symbol; die »blaue Blume«, das Sinnbild des Sehnens der romantischen Dichter nach einem entrückten Seinszustand, der den Menschen abseits des Alltags erwartet.

Eine etwas spätere literarische Schule, die weniger philosophisch als poetisch orientiert war, nahm in Heidelberg ihren Ursprung. Hier gibt es keine überragenden Einzelfiguren, und das Hauptwerk dieser Richtung ist eine Sammlung von Volksliedern mit dem Titel *Des Knaben Wunderhorn* (1806-08), herausgegeben von **Achim von Arnim** (1781-1831) und **Clemens Brentano** (1778-1842), deren eigene Werke ebenfalls viele Rückgriffe auf traditionelles Liedgut und überlieferte Märchen enthalten. Brentano war wie von Arnim ein produktiver Dichter. Er schrieb eine Reihe berühmt gewordener Erzählungen und Märchen, so das Märchen von *Gockel, Hinkel und Gackeleia* (1838) und die *Geschichte vom braven Kasperl und dem schönen Annerl* (1817), die in ihrer poetischen Schlichtheit als eine der schönsten deutschen Erzählungen gilt. Ruhm trugen Brentano auch seine vom Volkslied beeinflußten, in müheloser Musikalität geschriebenen Gedichte, zum Beispiel die »Lore-Lay-Ballade«, ein.

Der Anklang ans Volksmärchen ist auch bei **Adelbert von Chamisso** (1781-1838) in *Peter Schlemihls wundersame Geschichte* (1814) zu spüren, deren Titelfigur ihren Schatten verkauft; obwohl die Erzählung als einfaches Märchen verkleidet ist, besitzt sie eine tiefe psychologische Aussage, die sie bis heute als »kleinen Klassiker« gelten läßt.

Der wohl schöpferischste und volkstümlichste der Heidelberger Romantiker war **Joseph Freiherr von Eichendorff** (1788-1857). Auch er war vom Reiz der Volkslieder inspiriert, vor allem von ihrem sinnlichen Naturbegriff. In vielen seiner Werke beschreibt er die Freuden und Abenteuer des Wandererlebens; so finden sich einige seiner schönsten Strophen in der humorvollen Novelle *Aus dem Leben eines Taugenichts* (1826):

Wem Gott will rechte Gunst erweisen,
Den schickt er in die weite Welt,
Dem will er seine Wunder weisen,
In Berg und Wald und Strom und Feld.

Die Trägen, die zu Hause liegen,
Erquicket nicht das Morgenrot,
Sie wissen nur vom Kinderwiegen,
Von Sorgen, Last und Not um Brot.

Die Bächlein von den Bergen springen,
Die Lerchen schwirren hoch vor Lust,
Was sollt ich nicht mit ihnen singen
Aus voller Kehl und frischer Brust?

Den lieben Gott laß ich nur walten;
Der Bächlein, Lerchen, Wald und Feld
Und Erd und Himmel will erhalten,
Hat auch mein Sach aufs best bestellt!

Eichendorff besaß ein glückliches, harmonisches Gemüt; selbst sein Hang zur Melancholie drückt keine Bitterkeit, sondern nur den romantischen Wunsch nach unerreichbarer Glückseligkeit aus.

Eine dritte Gruppe von Dichtern bildete sich in Schwaben, wo etwa **Ludwig Uhland** (1787-1862) in seinen Balladen Erinnerungen an mittelalterliche Legenden wachrief.

Auf dem Gebiet der Literaturwissenschaft lieferten die Gebrüder **Jakob** (1785-1863) und **Wilhelm Grimm** (1786-1859) einen wichtigen Beitrag, indem sie in ihrer hervorragenden Sammlung aus dem deutschen Sprachraum zusammengetragene volkstümliche *Kinder- und Hausmärchen* (1812-14) mit großer dichterischer Kraft und sehr poetischem Sprachgefühl nacherzählten. Ihr Werk dürfte immer noch eines der meistgelesenen Kinderbücher des europäischen Raums sein.

»Hänsel und Gretel« beim Pfefferkuchenhaus, eine von Hermann Vogels Illustrationen zu einer Ausgabe der zeitlosen Märchen der Gebrüder Grimm von 1894. Schon zehn Jahre nach dem Erscheinen des Originals kam die englische Übersetzung mit Zeichnungen des bckannten Karikaturisten George Cruikshank heraus. (Stockholm, Königliche Bibliothek)

Heinrich von Kleist

Die drei führenden deutschen Romantiker – der Dramatiker Kleist, der Erzähler E.T.A. Hoffmann und der Dichter Hölderlin – gehörten keinem literarischen Kreis oder Grüppchen an. **Heinrich von Kleist** (1777-1811) war auch im Privatleben eine dramatische Figur, ständig von inneren Konflikten zerrissen, die ihn letzten Endes in den Selbstmord trieben. Er nahm leidenschaftlichen Anteil am Schicksal des besetzten Deutschlands und kämpfte auch selbst als Soldat gegen Napoleon. Trotz ihrer meist romantischen Thematik haben seine Stücke einen realistischen Grundton; und wie die Amazonenkönigin *Penthesilea* (1808) oder *Das Käthchen von Heilbronn* (1810) sind seine Heldinnen immer lebendige, sorgfältig beobachtete Persönlichkeiten. Weitere bekannte Dramen sind das realistische Lustspiel *Der zerbrochene Krug* (1808) und die Tragödie *Prinz Friedrich von Homburg* (1811), in der es um das Problem soldatischer Pflichterfüllung geht. Mit den Erzählungen *Michael Kohlhaas* (1808), *Die Marquise von O.* (1808), *Die Verlobung in St. Domingo* (1811) brachte Kleist aber auch meisterliche Prosa hervor. Der Titelheld Michael Kohlhaas, ein ehrlicher Bauer, wird durch erlittenes Unrecht zum Rebellen – eine scharfsinnige, kühl und realistisch geschilderte Analyse des Zwiespalts zwischen Individuum und Gesellschaft.

Links: Heinrich von Kleist, dessen kraftvoller Stil an die Zeit des »Sturm und Drang« erinnert, während seine psychologischen Analysen schon etwas von den Stücken Büchners haben. Porträt (1801) von Wilhelmina von Zenge. (Berlin, Staatsbibliothek)

Rechts: Kleists erotische Novelle »Die Marquise von O.« wurde zusammen mit seinen gesammelten Erzählungen (1810/11) veröffentlicht. Die nebenstehende Szene aus Eric Rohmers Verfilmung von 1976 zeigt Edith Clever in der Rolle der adligen Witwe, die nach einer Vergewaltigung schwanger geworden ist, den Täter aber nicht kennt; daher gibt sie eine Annonce auf, sie wolle denjenigen heiraten, der sich zu der Tat bekennt. Wer sich darauf meldet, ist der Mann, den sie liebt und dem sie diese Tat anfangs gar nicht zutraut. Am Ende aber akzeptiert sie ihn und willigt in die Ehe ein, denn: »... er würde ihr damals nicht wie ein Teufel erschienen sein, wenn er ihr nicht bei seiner ersten Erscheinung wie ein Engel vorgekommen wäre.«

E. T. A. Hoffmann

Ebenso wie Kleist, der Magier der deutschen Romantik, gehörte **Ernst Theodor Amadeus Hoffmann** (1776-1822) keiner speziellen Schule an. Sowohl als Autor wie als Privatmensch bewegte er sich in einer seltsamen Welt, in der sich Phantasie und Realität mühsam die Waage hielten. Er arbeitete im Staatsdienst, gleichzeitig aber war er Dichter, Zeichner und ein hervorragender Musiker. Er führte gerne seine Freunde hinters Licht und tauchte manchmal für eine Weile völlig unter.

In seinen Romanen und Novellen mischt er prosaische mit phantastischen Elementen, was eine witzige, aber auch gespenstische Atmosphäre schafft. Wenn Hoffmann einen realistischen Ton anschlägt, ist er ein ebenso guter Erzähler wie Hans Christian Andersen; unter der komischen Oberfläche seiner Geschichten aber lauerte oft eine bittere Wahrheit. Sein Roman *Die Elixiere des Teufels* (1813-16) ist eine dämonische Vision, und der Zaubertrank, den der Mönch darin schluckt, symbolisiert offensichtlich die Kräfte des Bösen. In *Der goldene Topf* (1813) mischt sich ein bizarres Wesen, ein »verzauberter Salamander«, unter die prosaischen Einwohner Dresdens. Der Zyklus *Die Serapionsbrüder* (1818-21) enthält einige von Hoffmanns bekanntesten Erzählungen, darunter *Nußknacker und Mäusekönig* und *Klein-Zaches* sowie die erste deutsche Kriminalerzählung *Das Fräulein von Scudéry.*

Die Gestalt des Kapellmeisters Kreisler, E. T. A. Hoffmanns literarischer Doppelgänger in den frühen Erzählungen *Ritter Gluck* (1809), *Don Juan* (1812) und *Der goldene Topf,* wird in den *Lebensansichten des Katers Murr* (1820/1822) mit einem bürgerlichen Antipoden konfrontiert, der als die ironische Selbstkarikatur des »Kammergerichtsrats« gedeutet worden ist. Durch einen angeblichen Irrtum des Druckers vrschuldet, bilden in diesem Text die tiefsinnigen und grotesken Einfälle und Erfahrungen des »wahnsinnigen« Kapellmeisters Kreisler und die platten Selbstgefälligkeiten des bornierten Philisters ein bizarres Gemisch. Mit seinen beiden letzten, schon einer schweren Krankheit abgerungenen Prosadichtungen, *Prinzessin Brambilla* (1821) und *Meister Floh* (1822), gelangen Hoffmann zwei Stücke von höchster poetischer Delikatesse und überzeitlichem Rang.

Oben: E.T.A. Hoffmann auf einem Selbstporträt. Seine Oper »Undine« (1816) war die Vorlage für Léo Delibes' Ballett »Coppélia« (1870) und Jacques Offenbachs spätere Operette »Hoffmanns Erzählungen« (1880). Für den Film »Hoffmanns Erzählungen« von Michael Powell und Emeric Pressburger (rechts) wurde der Stoff 1951 erneut adaptiert. Hier findet Hoffmann (Robert Rounseville) Olympias Kopf (Moira Shearer), nachdem der böse Coppelius die Puppe zerstört hat.

Friedrich Hölderlin

Friedrich Hölderlin (1770-1843) verkörpert ein anderes Stadium der Romantik. Der sanfte Visionär war schlecht gerüstet für die Härten des wirklichen Lebens und zeigte schon mit 30 Jahren erste Anzeichen einer unheilbaren Geisteskrankheit. Bereits davor verfaßte er den größten Teil jener Werke, die ihm einen Platz unter den größten deutschen Dichtern verschaffen.

Die romantische Passion für ferne Schauplätze projizierte Hölderlin auf das Griechenland der Antike; neben seinem klassischen Roman *Hyperion* (1797-99) übersetzte er auch griechische Tragödien. Am interessantesten ist aber wohl seine Übernahme antiker Formen und Versmaße – in sehr klarer, einfacher Sprache, die immer seine eigene Unruhe und Trauer ausdrückt.

Oben: Friedrich Hölderlin, dessen dichterisches Werk jahrelang verachtet und vergessen blieb. Porträt von F. K. Heimer (1792). (Marbach/Neckar, Schiller-Nationalmuseum)

Darunter: Der vorchristliche Tempel von Soúnion auf Attika. Den Schauplatz seines »Hyperion« konnte Hölderlin nie besuchen.

Diotima, die weibliche Figur, der er manche seiner Gedichte widmete, ist das Sinnbild seiner Liebe zu Susette Gontard, einer Bankiersgattin, verkörpert aber gleichzeitig den romantischen Kult um ein unerreichbares Ideal. In all seinen Gedichten behandelt Hölderlin das beherrschende Thema der menschlichen Tragödie. Das folgende Zitat ist Hyperions *Schicksalslied* entnommen:

Doch uns ist gegeben,
Auf keiner Stätte zu ruhn
Es schwinden, es fallen
Die leidenden Menschen
Blindlings von einer
Stunde zur andern,
Wie Wasser von Klippe
Zu Klippe geworfen
Jahrelang ins Ungewisse
hinab

Gleichzeitig deutet Hölderlin auch an, wie der Mensch sich über das Schicksal erheben kann – durch das Erlebnis der Liebe, die Hingabe an Natur und Kunst, und durch eine Religiosität ohne dogmatischen Hintergrund. In seinem Gedicht *An die Parzen* spricht Hölderlin die eigene Existenz als Dichter an:

Nur einen Sommer gönnt, ihr Gewaltigen!
Und einen Herbst zu reifem Gesange mir,
Daß williger mein Herz vom süßen
Spiele gesättigt, dann mir sterbe.
Die Seele, der im Leben ihr göttlich Recht
Nicht ward, sie ruht auch drunten im Orkus nicht;
Doch ist mir einst das Heilge, das am
Herzen mir liegt, das Gedicht gelungen,
Willkommen dann, o Stille der Schattenwelt!
Zufrieden bin ich, wenn auch mein Saitenspiel
Mich nicht hinabgeleitet. Einmal
Lebt' ich, wie Götter, und mehr bedarf's nicht.

Die Seendichter

Auch in England nahm die romantische Bewegung lange vor ihrem Aufkommen in Frankreich Formen an, wo sie ihren Höhepunkt erst in den produktiven Jahren um 1830 erreichte. Die ersten beiden großen englischen Romantiker (sieht man von Dichtern des 18. Jahrhunderts wie Alexander Pope ab, die auch schon romantische Tendenzen gezeigt hatten) waren **William Wordsworth** (1770-1850) und **Samuel Taylor Coleridge** (1772-1834), die 1798 gemeinsam die *Lyrical Ballads* herausgaben, in denen sich eine völlig neue Auffassung der Dichtkunst zeigte. Während Coleridge, den sein Kollege sofort als einen »sehr bedeutenden Menschen« erkannte, sein eigentliches Meisterwerk, die mystische Ballade *The Rime of the Ancient Mariner* (Der alte Seefahrer), beisteuerte, nahm Wordsworth das »Alltagsleben« zum Thema. Beide versuchten, die geschraubte Ausdrucksweise der Klassik zu überwinden und die »wahre Sprache« ihrer Zeitgenossen zu verwenden – also die Sprache echter Menschen, allerdings »im Zustand lebhafter Empfindung«, wenn sich ihre natürliche Beredsamkeit zeigte. Von den beiden war Coleridge eher der Philosoph, und Wordsworth schätzte an ihm vor allem die Gabe, »große Wahrheiten auszudrücken ... aus denen sich die umfassendsten Systeme entwickeln lassen«. Wordsworths größter Beitrag zu den *Lyrical Ballads* war das wundervolle Landschaftsgedicht *Tintern Abbey*, in dem er seinem pantheistischen Naturkult Ausdruck verlieh:

> Des Kataraktes Rauschen
> behexte mich wie Leidenschaft; der Fels,
> der Berg, der tiefe dämmerdunkle Wald
> mit Farb und Formen waren damals mir
> ein Anreiz und ein Fühlen und ein Lieben
> und brauchten keiner fernen Zaubermacht,
> entlehnt dem Denken ...

Wordsworth hatte 1791/92 Frankreich besucht und danach die Aussicht auf eine großartige neue Gesellschaft gepriesen –

> Oh Seligkeit, in dieser Morgendämmerung zu leben;
> Doch jung zu sein, das war der Himmel selbst!

Mit zunehmendem Alter wurde er jedoch immer konservativer, so daß ihn sein Dichterkollege Shelley 1818 als »jämmerlichen Wicht« bezeichnete, der seine revolutionären Ideale verraten habe. Tatsächlich zeigt Wordsworths lyrisches Spätwerk leicht abgedroschene Züge. Dennoch hatte er bis dahin prächtige Sonette, ausdrucksstarke Gedichte und seine beachtliche Ode *Intimations of Immortality from Recollections of Early Childhood* (Anzeichen ewigen Ruhmes in den Erinnerungen aus früher Kindheit) verfaßt, die 1807 erschien. Sein zweifellos größtes Werk aber ist das lange autobiographische Gedicht *The Prelude* (Präludium oder Das Reifen eines Dichtergeistes), das erst nach seinem Tode veröffentlicht wurde. Es schildert die Entwicklung eines Poeten, Zweifel und Ängste, Freud und Leid seiner Kindheit:

> ... Der Kindheit Einfalt sitzt auf einem Thron
> stärkerer Macht, denn alle Elemente.
> Nicht ahn ich, was von frührem Sein sie kündet,
> noch was sie weissagt von Zukünftigem;
> doch ist es so: in zweifelbangen Stunden,
> dem Zwielicht, da der Mensch zu sehn beginnt,
> der Erde Dämmern wahrnimmt und erwartet,
> und in der langen Probezeit, die folgt,
> Zeit der Versuche, eh er denn gelernt,
> mit seiner schwachen Kraft in Einklang stehn;
> eh er die arme Knechtschaft trägt, nicht willens
> zu beichten, zu verzichten, sich zu fügen;
> schwierig und ungeordnet, der Gewohnheit
> störrischer Jochgefährte, ungezähmt,
> noch nicht am Boden – o! dann fühlt er,
> dann weiß er, wo er Freunde hat ...

»William Wordsworth auf Helvellyn« (1843), ein Werk des exzentrischen Historienmalers Benjamin Haydon. Wordsworth selbst gefiel das Gemälde: »Ich persönlich halte es für sehr typisch und das gelungenste Bild, das je von mir gemacht wurde.« Thomas Carlyle dagegen fand: »Er sah ganz anders aus: er hatte einen mächtigen Kopf und gewaltige Kiefer wie ein Krokodil.« Eine zweite Version, die ihn sitzend darstellte, verlieh der Dichter an Elizabeth Barrett Browning, die es sehr bewunderte. (London, National Portrait Gallery)

Oben: Coleridge mit 23, drei Jahre vor dem Erscheinen seines Meisterwerks »Der alte Seefahrer«. Porträt (1795) von P. Vandyke. (London, National Portrait Gallery)

Gegenüberliegende Seite: »Und in des Schiffes Schatten sah/ ich große Wasserschlangen;/ sie schlängeln sich in weißer Spur ...«, eine Szene aus der Ballade »Der alte Seefahrer« von Coleridge, illustriert von Gustave Doré. Das Gedicht fesselte den französischen Zeichner so sehr, daß er – über seine Londoner Galerie und auf eigene Kosten – eine Serie von Stichen herausgeben ließ. Das Material kostete ihn £ 3500 und er mußte betrübt feststellen, daß diese Ausgaben nicht wieder hereinkamen.

Als Dichter beeindruckte Coleridge alle, die ihn kannten, erfüllte allerdings die in ihn gesetzten Erwartungen nicht. In der Schule war er ein »mürrischer Tagträumer« gewesen, doch schon in jenen Tagen hatte er eine Schar von Bewunderern, sobald er einmal zu reden begann. Ein kraftvoller Redner, oft über philosophische Themen, blieb er bis an sein Lebensende. Sein dichterischer Nachlaß ist aber nicht allzu groß: neben dem *Alten Seefahrer,* mit dem er seinen Einstand in der englischen Romantik gegeben hatte, und der später noch überarbeiteten balladesken Erzählung *Christabel* schrieb er nur wenige Gedichte, darunter 1797 die großartige, in England jedem Kind bekannte Fabel *Kubla Khan* – angeblich kam ihm die Inspiration dazu in einem Traum, aus dem ihn jedoch jemand aufstörte, ehe er noch ganz zu Ende war. Der große Moment in Coleridges Leben war 1797 die Begegnung mit William Wordsworth und dessen Schwester Dorothy; die drei bildeten lange Zeit ein schöpferisches Dreigespann, das im romantischen Lake District Nordenglands wohnte – daher die Bezeichnung *Lake Poets* (Seendichter). Wordsworth nannte Coleridge den »wundervollsten Menschen«, den er je gekannt hatte, 1810 jedoch entzweiten sich die Autoren der *Lyrical Ballads,* weil Coleridge inzwischen opiumsüchtig und, laut Wordsworth, eine wahre »Plage« geworden war. Er selbst damals: »Der Poet in mir ist tot; ich habe vergessen, wie man einen Vers macht.« Danach wurde er bescheidener, hielt vielgerühmte Vorträge über Philosophie und verfaßte sein großes literaturtheoretisches Werk *Biographia Literaria* (1817), die Geschichte seiner geistigen Entwicklung zu Kant und Schelling; das Werk enthält die berühmte Unterscheidung von »fancy« und »imagination« als Zentrum einer romantischen Dichtungstheorie. Sein Ende war düster und einsam, und im Juli 1834, kurz vor seinem Tod, notierte er: »Ich sterbe, habe aber keine Hoffnung auf eine rasche Erlösung.«

Lord Byron

George Gordon (Lord) Byron (1788-1824) galt sowohl in England als auch überall in Europa als Inbegriff des Romantikers, obwohl er selbst diese Rolle nie ohne Widerstreben annahm. Viel bewußter war er sich der Erbmasse seiner Ahnengalerie: der Großvater, ein Admiral, hatte den Spitznamen »Schlechtwetter-Jack« getragen, weil seine Schiffe so oft in Stürme kamen; sein Großonkel, der »Verruchte Lord«, hatte einen Verwandten im Duell getötet; der Vater, Captain John Byron alias der »Tolle Jack«, war ein liederlicher Soldat, der in zweiter Ehe eine reiche Schottin um ihre Erbschaft brachte und dann verließ. Zudem kam der Dichter mit einem mißgestalteten Fuß auf die Welt, der ihn immer ein wenig hinken ließ. Dieses »stürmische Vermächtnis« zusammen mit dem Klumpfuß unterschied ihn, so fühlte er, von dem Rest der ihn umgebenden Menschheit. Doch seine Jugend war keineswegs freudlos; in Cambridge führte er ein recht extravagantes Studentenleben – so nahm er sich einen Bären als Zimmergenossen. Nach unwichtigen Jugendversen und der kühnen Satire *English Bards and Scotch Reviewers* (Englische Barden und schottische Rezensenten, 1809), in der er die Kritiker eben jener Jugendverse seinerseits verriß, machte er sich wie damals viele junge Aristokraten auf eine große »Kavalierstour« durch Europa, die ihn bis nach Athen und Konstantinopel führte. Sie dauerte zwei Jahre, bis 1811, und währenddessen verfaßte er »eine größere Anzahl Stanzen im Spenser-Versmaß«, die sich auf die von ihm besuchten Länder bezogen. Im März 1812 erschienen diese Verse als die ersten beiden Cantos eines langen poetischen Reiseberichts mit dem Titel *Childe Harold's Pilgrimage* (Junker Harolds Pilgerfahrt), und bald konnte Byron sagen: »Eines Tages wachte ich auf und war berühmt«, ein Held der Literaturszene und ein Londoner Gesellschaftslöwe.

Die nächsten beiden Jahre in London verliefen in fieberhafter Extravaganz. Der Ruhm dürfte Byron zwar nicht verändert, seine Charakterzüge aber doch verstärkt haben. Sein melancholischer Harold, der das »lange Labyrinth der Sünde« durchlaufen, dem jedoch die ungezügelte Jagd nach Genüssen nur bittere Enttäuschung eingebracht hatte, war eine größtenteils fiktive Figur gewesen. Nun aber ging er daran, seiner Legende Leben einzuhauchen und beging – wohl auch aus Lust am Verbotenen – eine Sünde, »für die es keine Vergebung in dieser Welt gibt, was auch immer in der nächsten sein mag«: die unerlaubte Beziehung zu seiner Halbschwester Augusta Leigh, Captain Byrons Tochter aus erster Ehe.

Um dieser gefährlichen Liaison zu entgehen, heiratete er überstürzt Annabella Milbanke, einen vermögenden Blau-

Oben: Lord Byron in der Nationaltracht der Albaner, die er gerne trug. Von 1809 bis 1811 durchreiste er das osmanische Reich, das damals auch Griechenland und Albanien umfaßte. (Detail eines Porträts von J. Phillips (1823/24). (London, National Portrait Gallery)

Rechts: Byron am Grab von Marco Bozzaris (Botsaris), dem griechischen Helden, der 1822/23 Mesolongion gegen die Türken verteidigt hatte – den Ort, wo Byron selbst sterben sollte. Noch viele Generationen später verehrten die Griechen den britischen Dichter ebenso sehr wie ihre eigenen Nationalhelden. Detail eines Gemäldes aus dem 19. Jahrhundert. (Athen, Museum der Nationalgeschichte)

»Der Tod des Sardanapalus« (1827) von Eugène Delacroix, der von Byrons Werk und dem griechischen Freiheitskampf stark beeinflußt war. Sein Gemälde ist ebenso romantisch überhöht wie Byrons Drama »Sardanapalus« von 1821. Dieser legendäre König – der letzte Herrscher Assyriens – stirbt, von den Medern und Chaldäern belagert, auf einem selbst verfügten Scheiterhaufen zusammen mit all seinen Konkubinen und Eunuchen. Sein reales Vorbild war Assurbanipal, der ca. 627 v. Chr. bei der Zerstörung von Ninive umkam. (Paris, Louvre)

strumpf, deren Versuche, ihren neuen Gatten zu verstehen und, wenn möglich, zu bessern, sich bald als nutzlos erwiesen. Die Trennung der beiden (1816), bald nach der Geburt ihrer einzigen Tochter Ada, löste einen handfesten Skandal aus, und so mußte Byron bald wieder »den Staub Englands von den Füßen schütteln«. Es folgten acht lange Jahre des Exils; nachdem er in den Schweizer Alpen das Ehepaar Shelley getroffen hatte, zog er – entschlossen, sich ein lustiges Leben zu machen – nach Venedig, wo er die Niederungen der Zügellosigkeit erforschte. 1816 und 1818 schrieb er Canto III und IV des *Junker Harold* und sein Meisterwerk *Don Juan* (1818-20).
Byrons Werk ist erstaunlich heterogen. Es reicht von enorm beliebten Texten wie *The Giaour* (Der Giaur), *The Corsair* (Der Korsar), *Lara*, *The Bride of Abydos* (Die Braut von Abydos), *The Siege of Corinth* (Die Belagerung von Korinth) und *Parisina* aus seiner Londoner Zeit über seine letzte Satire *The Vision of Judgement* (Die Vision vom Gericht, 1822), einer herrlich witzigen Attacke auf den Hofdichter Robert Southey (der eine feierliche Lobrede gleichen Titels auf die Tugenden von König Georg III. verfaßt hatte), bis zu seinen grandiosen Prosatexten, seinen Briefen und Tagebüchern. »Wenn ich nicht schreibe«, so bekannte er einmal, »um meinen Geist zu entleeren, werde ich verrückt.«
Junker Harolds Pilgerfahrt enthält zwar erstklassige Passagen, doch der *Don Juan* zeigt Byrons Genie aufs bestechendste – in einer perfekten Mischung von Komödie, Satire und erhabenem lyrischen Gefühl.
Byron hatte sich immer gewünscht, ein Mann der Tat zu sein, und 1822 gab ihm der griechische Befreiungskrieg gegen die Türken die Gelegenheit zu beweisen, daß seine Gedichte im Namen der Freiheit der Hellenen keine leeren Worte gewesen waren. Von Italien aus verfolgte er zunächst nur aus der Ferne den Freiheitskampf der Griechen und galt als ein Kenner levantinischer Verhältnisse. Wie ein Messias wurde er von der Bevölkerung bei seiner Landung auf griechischem Boden empfangen. Bei allem Enthusiasmus für diesen Kampf zeigten seine Operationen einen wachen und kritischen Verstand, der aufs Praktische gerichtet war. Wie sehr ihn die griechischen Zustände deprimierten, geht aus seinen Briefen und Tagebüchern hervor, aus denen Enttäuschung und Resignation sprechen. Er starb am 19. April 1824, erschöpft und bekümmert, im griechischen Mesolongion, einem ungesunden Küstenort, an »Urämie«, wie die Autopsie vermeldet.

Percy Bysshe Shelley

In seiner »Defence of Poetry« (Eine Verteidigung der Dichtkunst, 1821) spricht Shelley von einer »priesterlichen Funktion des Dichters«, der die Menschheit höher führt. Das Werk wurde erst nach seinem Tod veröffentlicht, als er bereits für viele den revolutionären Geist der Romantik personifizierte. Sein »Entfesselter Prometheus« von 1820, ein Versdrama, das Aischylos' Motiv des »Gefesselten Prometheus« weiterentwickelt, prophezeit oberflächlich den unausweichlichen Sieg der Revolution, ein tieferes Thema aber ist der erlösende Triumph der Liebe. In der griechischen Mythologie brachte der Titan Prometheus den Menschen gegen den Willen des Zeus das Feuer – als Strafe wurde er auf ewig qualvoll an einen Felsen gebunden. In Shelleys und anderer romantischer Augen symbolisierte er den Kampf für die Freiheit. Ein Porträt Shelleys von Amelia Curran. (London, National Portrait Gallery)

Gegenüberliegende Seite: Der Leichnam des ertrunkenen Shelley wird an der Rivieraküste verbrannt, betrauert von Byron (rechts) und einem Freund, dem Essayisten und Dichter Leigh Hunt (links). Detail eines Gemäldes (1899) von L. E. Fournier. (Liverpool, Walker Art Gallery)

Percy Bysshe Shelley (1792-1822), einziger Sohn eines wohlhabenden englischen Gutsbesitzers und Parlamentsmitglieds, war für die Dichter des ausgehenden 19. Jahrhunderts die strahlende Verkörperung des revolutionären romantischen Geistes. Die Eliteschule Eton, an der er sich den Spitznamen »Verrückter Shelley« erwarb, verabscheute er; von der Universität von Oxford wurde er relegiert, weil er ein Pamphlet mit dem Titel *The Necessity of Atheism* (Die Notwendigkeit des Atheismus) geschrieben und verteilt hatte. Gestützt auf die mageren Wechsel seines Vaters, führte er ein philosophisches und philanthropisches Wanderleben in Begleitung der hübschen, aber recht einfachen Harriet Westbrook, die er 1811 als Sechzehnjährige übereilt geheiratet hatte. Die Ehe zerbrach drei Jahre danach, als er sich in Mary Godwin, die Tochter der bekannten Frauenrechtlerin Mary Wollstonecraft und des radikalen Reformers William Godwin verliebte. Shelleys moralische Maßstäbe waren hoch, aber bisweilen von bequemer Elastizität: nachdem er Harriet verlassen hatte, schlug er ihr vor, sie solle mit ihm und Mary in einer Dreier-Gemeinschaft gleichgesinnter Seelen zusammenleben.

Sie lehnte ab und beging nach einem unglücklichen Leben Selbstmord. Zusammen mit Mary (die er kurz danach geheiratet hatte) verließ Shelley 1818 England, um nie mehr zurückzukehren. Schon 1816 war er am Genfer See mit Byron zusammengetroffen, und trotz vieler Differenzen in Ansichten und Gefühlen blieben diese beiden so grundverschiedenen Dichter Freunde und Gefährten im Exil, bis Shelley im Juli 1822 beim Segeln den Tod fand und Byron der Einäscherung seiner Leiche an der Küste bei La Spezia zusehen mußte. Als Schriftsteller war Shelley ein brillanter Visionär, kein gewissenhafter Literat. Seine früheste Dichtung, *Queen Mab* (Königin Mab, 1813) erscheint uns heute als ehrgeiziges Jugendstück, in den letzten Lebensjahren brachte er seine größten Werke hervor: das symbolische Drama *Prometheus Unbound* (Der entfesselte Prometheus, 1820), das beeindruckende Historienspiel *The Cenci* (Die Cenci, 1819), sein Requiem auf den toten John Keats, *Adonais* (1821) – zugleich eine heftige Verteidigung der Poesie an sich –, und seine bewegende *Ode to the West Wind* (Ode an den Westwind, 1820). Shelleys assoziativ fortschreitende Bildsprache – reich an antiken Anspielungen – schildert nicht Gesehenes, sondern umreißt Ersehntes: ein ideales weibliches Gegenbild des Künstlers etwa, wie in *Alaster* (1816), eine belebende kosmische Macht, wie in *Ode to the West Wind*, oder den Tod als Beginn eines neuen Künstlerdaseins, wie in *Adonais.*

Manche seiner geradezu prophetisch inspirierten Ideen hatten eine leidenschaftlich subjektive Tendenz. Zum Beispiel zog er nie eine genaue Grenze zwischen dem persönlichen Haß auf seinen Vater und seiner Ablehnung politischer Tyrannei, über die er in *Queen Mab* sein berühmtes Verdikt fällt: »Die Macht befleckt, verheerendem Pesthauch gleich, was irgend sie berührt ...«

Am besten war Shelley, wenn er seine Botschaft an die Menschheit einmal vergaß und in das eigene verstörte Herz hineinblickte – wie in den melodischen und zutiefst ergreifenden *Lines Written in Dejection near Naples* (Stanzen, in einer trüben Stunde bei Neapel geschrieben, 1819):

> Doch hier ist selbst Verzweiflung lind,
> Wie Abendrauschen, Meer und Fluß;
> Fortweinen wie ein müdes Kind
> Möcht ich dies Leben voll Verdruß,
> Das ich ertrug und tragen muß,
> Bis mir der Tod den Schlummer bringt,
> Bis in der Lüfte warmem Gruß
> Mein Geist ins weite All verklingt
> Und meinem Ohr das Meer sein letztes Murmeln singt.

Links: Die legendäre Figur des Prometheus regte schon immer Künstler und Literaten an. Hier sieht man Prometheus als Befreier der Menschheit und Bringer des Feuers, eine von zwei Versionen des Themas von Piero di Cosimo (1462-1521) und Teil einer von Ovid inspirierten Serie über die »Frühgeschichte der Welt«. (München, Alte Pinakothek)

John Keats

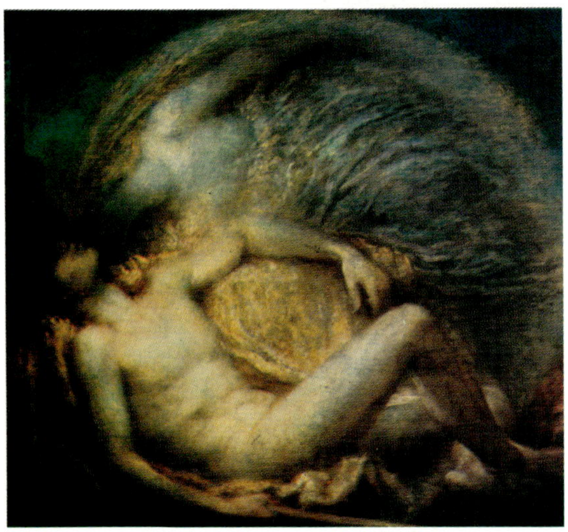

Von allen Dichtern der englischen Romantik war **John Keats** (1795-1821) seiner Kunst am meisten ergeben. »Nie gab es je ein größeres Genie der puren Poesie«, sagte sein Freund B. R. Haydon über ihn. Keats selbst, so erklärte er einmal, glaubte an nichts außer an »die Wahrheit großer Dichtkunst« und die »Heiligkeit der Regungen des Herzens«. Sein kurzes Leben war bestimmt von der Leidenschaft für die Literatur, wo er persönlich gescheitert zu sein glaubte, und der Suche nach Liebe und Zuneigung, wo er ebenfalls bittere Enttäuschungen erlebte. Nachdem er sein Medizinstudium für die Dichtkunst aufgegeben hatte, gab er 1817 einen Band mit *Poems* heraus, der zwar einige seiner erhabensten frühen Sonette enthielt, aber außer bei einigen wenigen treuen Freunden kaum Aufmerksamkeit erregte. 1818 ließ er die epische Dichtung *Endymion* folgen – ein etwas unreifes Werk, das ihm gehässige Kommentare mancher Rezensenten einbrachte –, und 1820 erschienen in einer Sammlung viele seiner Meisterstücke, wie etwa *The Eve of St Agnes* (Der St.-Agnes-Abend), *Lamia, Isabella,* das Gedichtfragment *Hyperion* und seine nie vergessenen *Odes.* In diesem Jahr entdeckte er, daß er an Lungentuberkulose erkrankt war – der Krankheit, die schon seine Mutter und seinen jüngeren Bruder dahingerafft hatte. Kurz davor hatte er sich unsterblich in Fanny Brawne verliebt, eine junge Frau, die er anfangs als frivole moderne Kokette angesehen hatte, »schön und elegant, graziös, naiv, modisch und sonderbar fremd«, die jetzt aber in seinen Gedanken spukte.

Oben: Keats im Jahre 1817, gemalt von seinem Freund John Severn (London, National Portrait Gallery)

Darunter: »Endymion«, der Hirte, den die Mondgöttin in ewigen Schlaf versetzt, um seine Schönheit bewundern zu können, auf einem Gemälde von G. F. Watts (1903). Keats' Allegorie »Endymion« drückte die Sehnsucht nach dem Ideal der Makellosigkeit aus, die immer wieder durch menschliche, vergängliche Schönheit abgelenkt ist. (Compton/Surrey, Watts Gallery)

Wie so oft in der romantischen Dichtung sind auch in Keats' Werken die bestimmenden Themen Liebe, Tod und die Vergänglichkeit der Schönheit. Selbst seine Angebetete schildert er in *Ode to Melancholy* (Ode an die Melancholie) so:

> Sie lebt in Schönheit, Schönheit aber stirbt.
> Die Finger an den Lippen, steht die Lust
> Und winkt: Leb wohl! Der Schmerz tritt ein und wirbt.

Zu den Kritikern von Keats' ersten Versen hatte auch Byron gehört, der sie als fiebrige Selbstverliebtheit einer pubertären Phantasie abtat; als er jedoch den *Hyperion* las, den er aufrichtig bewunderte, bereute er sein damaliges Urteil, und auf die Nachricht von Keats' Tod am 23. 2. 1821 schrieb er *Adonais,* sein Klagelied auf den Kollegen, und instruierte außerdem seinen Verleger, alle Kommentare über Keats aus seinen Werken zu streichen. Hier die Anfangszeilen der ersten Version des *Hyperion:*

> Tief in der schattigen Schwermut eines Tals,
> Versenkt fern von des Morgens wohligem Atem,
> Vom Mittagsbrand und abends einem Stern,
> Saß grau von Haar Saturn, still wie ein Stein,
> Still wie das Schweigen um sein Lager her.
> Forst über Forst hing ihm rund um sein Haupt
> Wie Wolk an Wolk. Die Luft war reglos dort,
> Nicht soviel Leben als den leichten Samen
> An einem Sommertag vom Federgras raubt,
> Doch wo das welke Blatt fiel, blieb es ruhn …

Walter Scott

Unter den englischen Romantikern des 19. Jahrhunderts war **Sir Walter Scott** (1771-1832) der einzige bekannte Autor, der seine großen Erfolge auf dem Gebiet der Prosa errang. Zwar waren auch seine historisch-balladenhaften Gedichte wie *The Lay of the Last Minstrel* (Der letzte Minstrel, 1805) und *The Lady of the Lake* (Die Dame vom See, 1810) seinerzeit sehr beliebt, doch sein bedeutendster Beitrag zur europäischen Literatur war die Weiterentwicklung des historischen Romans.

Für diese Aufgabe war er gut geeignet. Als Grenzlandschotte kam er aus einer Gegend, in der die alten Legenden und Traditionen noch kraftvoll und lebendig waren. Trotz eines romantischen Hanges zur Vergangenheit war er durchaus ein Realist mit vergnüglichem Humor; er verwendete die Technik des neuen englischen Romans auf Motive, die er längst vergangenen Zeiten entnahm. Seine Figuren sind authentische Menschen, und auch ihre Umgebungen sind nicht minder deutlich und wirklichkeitsnah geschildert.

Sein erster, anonym erschienener Roman *Waverley or 'Tis Sixty Years Since* (Waverley oder Es ist sechzig Jahre her, 1814) und auch die ebenfalls erfolgreichen Nachfolger *Guy Mannering, Rob Roy, The Heart of Midlothian* (Das Herz von Midlothian), *The Bride of Lammermoor* (Die Braut von Lammermoor) beschäftigten sich alle mit Episoden aus der stürmischen Geschichte Schottlands. Doch Scott eroberte auch andere Themenbereiche: *Ivanhoe* (1820) spielt im ritterlichen England zur Zeit des Richard Löwenherz, *The Talisman* (Der Talisman, 1825) im Orient, und *Quentin Durward* (1823) im Frankreich des Mittelalters.

Der Bankrott seines Verlegers 1825 ruinierte Scott völlig; als Ehrenmann versuchte er, alle Schulden zurückzuzahlen. Dadurch war sein Lebensabend von großen Anstrengungen und Entbehrungen geprägt, die ihn sieben Jahre später umbrachten.

Oben: Walter Scott in einer Skizze von Slater.
Rechts: Illustration für eine dänische Ausgabe (1883) von Scotts 1820 erschienenem »Ivanhoe«.

1811 erwarb Sir Walter Scott das Landgut Abbotsford bei Melrose am Tweed und ließ sich dort ein neugotisches, kostspielig möbliertes Schloß bauen. Zwei Jahre zuvor war er Teilhaber an seiner Verlagsdruckerei geworden, deren späterer Bankrott auch Scott in den finanziellen Ruin stürzte.

Romantik und Revolution

Napoleons Despotismus entfremdete viele Intellektuelle ihrer Heimat, darunter auch Madame de Staël (oben). Porträt von F. Gérard (1770-1837). (Musée de Versailles)

Unten: Der verheerende »Rückzug von Moskau«, der den Wendepunkt in Napoleons Karriere darstellte. Detail eines Gemäldes von J.-L.-E. Meissonier (1864). (Paris, Louvre)

Walter Scotts Romane hatten großen Einfluß auf die romantische Bewegung in Frankreich, wo sowohl mittelalterliche Moden wie vor allem alles Schottische eine Zeitlang sehr beliebt waren.

Zum Geistesleben ihrer Zeit trug **Germaine (Madame) de Staël** (1766-1817) trotz ihrer populären feministischen Romane *Delphine* (1802) und *Corinne* (1807) weniger als Autorin denn als scharfsinnige Kulturkritikerin und -kommentatorin bei. Ihre Deutschlandreisen waren die Grundlage von *De l'Allemagne* (1810), ihres maßgebenden Werkes über Deutschland und die Deutschen. Ihre Bewertung Napoleons wandelte sich von anfänglicher Bewunderung zu vehementer Gegnerschaft, als sie ihn als Feind der Freiheit und ihrer liberalen Ansichten erkannte. Nachdem die 10 000 Exemplare des ersten Drucks auf Napoleons Anordnung hin vernichtet worden waren, erschien das Werk 1813 in London, wohin sie hatte emigrieren müssen. Napoleon hatte sie gezwungen, Frankreich zu verlassen, wenngleich er ihre Opposition auch bedauerte: »Eine sehr talentierte Frau«, gab er zu, denn er war sich ihrer künstlerischen Autorität wohl bewußt.

Madame de Staëls *De la littérature* (1800) stellt Europas erste allgemeine Literaturgeschichte dar. Wie auch später in *De l'Allemagne* bereitete sie den Weg für die französische Romantik, trat für einen subjektiven literarischen Ansatz ein und stellte Intuition und Inspiration über die noch im 18. Jahrhundert so allmächtige Vernunft.

François René de Chateaubriand (1768-1848), ein Aristokrat, wohnte dem Sturm auf die Bastille bei und reiste kurz darauf in das eben unabhängig gewordene Amerika. Später kämpfte er in der sieglosen Emigrantenarmee und ging dann nach England. Nach Napoleons Sturz und der Restauration der Monarchie wurde er Außenminister und französischer Gesandter in London. Sein großes Werk, *Le génie du christianisme* (Der Geist des Christentums, 1809), ist eine leidenschaftliche Verteidigung des Katholizismus. In diesem Meisterwerk beweist Chateaubriand, daß die christliche von allen Religionen die menschlichste und freieste gegenüber den Künsten ist. Doch seine Romane – *Atala* (1801), in dem die Erinnerungen an Amerika wach sind, und *René* (1805) zeigen alle Qualitäten

und auch einige der Schwächen der neuen romantischen Schule. Mit *René*, dem »französischen Werther«, schuf er den romantischen Helden, der an sich selbst leidet und dessen »ennui« die Seelenlage des frühen 19. Jahrhunderts verführerisch ausdrückt. Sein Meisterwerk aber war die großartige, am Lebensende geschriebene Autobiographie *Mémoires d'outre-tombe* (Denkwürdigkeiten nach dem Tode, 1849/50 posthum erschienen), die ein Denkmal des französischen Prosastils darstellt und darüber hinaus ein unvergleichliches Selbstporträt ist.

Nachdem André Chénier 1794 unter der Schreckensherrschaft von Robespierres Jakobinern enthauptet worden war, folgte eine lange Pause in der französischen Lyrik: Bis zu Lamartines *Méditations poétiques* (Poetische Betrachtungen, 1820) erschien keine bedeutende Gedichtsammlung. Dank **Alphonse de Lamartine** (1790-1869) konnte die französische Dichtung »wieder zu singen beginnen«. Seine *Betrachtungen*, die oft die Form von Klageliedern haben, sind von hoher Sprachkunst, aber wie André Gide im Vorwort der *Anthologie de la poésie française* feststellt, erhebt sich sein Vers zwar zunächst auf grandiose Weise, sobald er aber eine gewisse imaginative Höhe erreicht hat, verharrt er dort oft und »kreist ruhelos« umher – mit dem Ergebnis, daß er zwar melodisch bleibt, aber auf die Dauer monoton wird. Lamartines bevorzugte Themen waren Liebeskummer, die »Wolken, die das Herz verdunkeln« und das ewige Rätsel Gottes. Neben Jugendgedichten, philosophisch-religiöser Gedankenlyrik, überwiegend rational-didaktischen Dichtungen in der Tradition des späten 18. Jahrhunderts, begründeten vor allem die elegisch-melancholischen Stimmungsgedichte wie *Le lac* (Der See), *Le soir* (Der Abend) oder *L'isolement* (Einsamkeit) den Erfolg der Sammlung.

Links: Chateaubriand, der Exponent der französischen Romantik, 1809 von A.-L. Girodet-Trioson gemalt. (Musée de Versailles)

Rechts: »Atalas Begräbnis« von Girodet, nach Chateaubriands Erzählung über die Indianerin Atala, die rhapsodische Naturbeschreibungen enthält. Das Gemälde ist ein wichtiges Beispiel früher romantischer Malerei. Girodet war sehr engagiert in der literarischen Szene, und obwohl er für seine Gemälde den Prix de Rome erhalten hatte, gab er 1812 das Malen auf und wurde Dichter. (Paris, Louvre)

Victor Hugo

Victor Hugo, der Meister der französischen Romantik, 78 Jahre alt und müde, aber mit ungebrochenem Mut. Einige Jahre zuvor erschien seine Lyriksammlung »L'art d'être grand-père« (Die Kunst, ein Großvater zu sein). Porträt von Léon Bonnat (1880). (Paris, Maison de Victor Hugo)

Der Meister der romantischen Schule Frankreichs, **Victor Hugo,** (1802-1885) trug einen Siegelring mit der hochtrabenden Inschrift EGO HUGO. Er zweifelte nie im geringsten an seinem Wert als Person und als Poet noch an der eigenen Großartigkeit, und er glaubte, ein Dichter solle nicht nur ergreifende subjektive Gefühle ausdrücken, sondern zur »Stimme seines Jahrhunderts« und zum Anführer seiner Mitmenschen werden. Als Dichter zeichneten ihn vor allem erstaunliche Sprachgewalt und außergewöhnlicher Phantasiereichtum aus. In seinen Werken finden sich Passagen von sonorer Rhetorik ebenso wie herrliche Lyrik, die zu der schönsten je geschriebenen gehört. Wohl kein anderer Dichter hat die französische Literatur mehr bereichert als Hugo.

Als Lyriker brach Hugo bald mit den starren Versformen der Klassik und schuf neue Rhythmen. In *Les Orientales* (Aus dem Morgenland, 1829) und *Feuilles d'automne* (Herbstblätter, 1831) bewies er die Gabe zum Festhalten feiner sinnlicher Eindrücke, während er sich in den *Chants du crépuscule* (Dämmerungsgesänge, 1835) als beißender politischer Kritiker zeigte, der wehmütig die vergangene Glorie seiner Nation besingt.

Als Dramatiker bekämpfte er vehement die klassische Tradition. Das *Préface de Cromwell,* die Vorrede zu seinem Drama über den englischen Herrscher, ist ein Manifest der Romantik, und als 1830 das Théâtre Français sein historisches Stück *Hernani* aufführte, bildete er eine militante Gruppe von Anhängern, die konservative Gegner niederschrie und verprügelte. *Hernani* brach alle Regeln: Die klassischen »Einheiten« sind völlig aufgelöst, nichts findet mehr »hinter den Kulissen« statt, jede gewalttätige Episode wird vor den Augen und Ohren des Publikums dargestellt.

Hugos Romane hatten die gleichen Qualitäten und Schwächen wie seine Theaterstücke – sie sind kraftvoll und brillant gezeichnet, oft aber auch melodramatisch in Thema und Stil. Sein heute wohl bekanntestes Werk ist *Notre-Dame de Paris* (Der Glöckner von Notre-Dame, 1831), ein historischer Stoff über die Pariser Kathedrale und den häßlichen Quasimodo, der als ihr Schutzgeist auftritt.

Der tragische Tod seiner Tochter im Jahre 1843 überschattete Hugos zweite Lebenshälfte. Als 1851 Napoleon III. den Kaiserthron an sich riß, mußte er Frankreich verlassen und zog sich auf die Kanalinsel Guernsey zurück, die zwanzig Jahre lang sein Exil blieb. Wichtige Titel aus seinem Spätwerk sind *Les Châtiments* (Züchtigungen, 1853), eine poetisch verbrämte Schmähschrift gegen den unrechtmäßigen Kaiser, und *Contemplations*

(Betrachtungen, 1853-55), die der verstorbenen Tochter gewidmet sind. 1862 erschien der großartige Roman *Les Misérables* (Die Elenden), eine breit angelegte Studie über den Teufelskreis von Armut, Not und Verbrechen, über den Hugo damals sagte:

> Solange es durch die Schuld der Gesetze und Sitten eine Verdammnis gibt, die noch im Schoße der Kultur künstlich Höllen schafft, weil sie das Schicksal, das göttlich ist, mit menschlichem Verhängnis mischt, solange die drei Probleme unseres Jahrhunderts, die Entwürdigung des Mannes durch ein proletarisches Dasein, die Erniedrigung der Frau durch den Hunger, die Verkümmerung des Kindes durch ein umnachtetes Leben nicht gelöst sind, solange in gewissen Gegenden noch der gesellschaftliche Erstickungstod möglich ist, oder, mit anderen Worten und von einem höheren Gesichtspunkt aus: Solange auf Erden Unwissenheit und Elend herrschen, werden Bücher wie das vorliegende nicht überflüssig sein.

Im lyrischen Spätwerk Hugos sticht die *Légende des Siècles* (Die Sage von den Jahrhunderten, 1877-85) hervor, eine großartige Rückschau auf die Legenden der Menschheit.

Ein Wasserspeier auf dem Dach der Pariser Kathedrale von Notre-Dame, dem Schauplatz von Hugos berühmtem Roman über den Glöckner Quasimodo. Die über 700 Seiten von »Notre-Dame de Paris« schrieb der Autor in knapp fünf Monaten; das Buch wurde sofort ein Erfolg. Schon früher hatte Hugo davon gesprochen, daß er einen Roman voller Dramatik und epischer Poesie plane, »der die historische Genauigkeit eines Walter Scott mit der Größe eines Homer vereinen soll ...« Hugos zeitweiliger Bewunderer Théophile Gautier nannte das Werk »eine wahrhafte Ilias«.

Liebe und Tränen

Alfred de Musset (1810-1857), »das verzogene Kind der französischen Romantik«, schrieb schon mit 18 vollendete Verse. Obwohl er als Bewunderer des *Junker Harold* oftmals byroneske Posen einnahm, besaß er auch eine sehr eigene lyrische Melodie und Lebensauffassung. Sein langes dramatisches Gedicht *Rolla* (1833), das den Selbstmord eines Wüstlings nach einer Nacht voller Sinneslust schildert, erwähnt das »Unbehagen an unserer Zeit« – einer Zeit, die ihren Glauben verloren hatte, aber auch in Zerstreuung keine Erlösung fand. Doch sein Romantizismus war von anderer Art als der Hugos; er vermied die Wortgewalt des älteren Mannes. Seine Dichtung ist bei allem Pathos von der ästhetischen Grazie des Rokoko.

Seine unglückliche Liebesaffäre mit George Sand schlug sich in grenzenloser Enttäuschung nieder – das Gefühl des Verlustes ist in *Les Nuits* (Die Nächte, 1835-37) deutlich spürbar:

Mein Dichter, das ist auch des großen Künstlers Weise,
Der den Kurzlebigen gern sich vergnügen läßt,
Doch feiert *er* einmal, so ähnelt seine Speise
Meist der des Pelikans bei seinem Opferfest.
Denn wenn die Dichter von getäuschter Hoffnung singen
Und von Vergessenheit, von Trauer, Liebe, Schmerz,
Dann ist ihr hohes Lied kein Labsal für ein Herz
Was ihre Lippe bebt, das ähnelt blanken Klingen:
Sie wirbeln durch die Luft; uns blendet ihre Glut;
Doch von der Schneide stets tropft es von warmem Blut.

Mussets Theaterstücke, vor allem *On ne badine pas avec l'amour* (Spielt nicht mit der Liebe!, 1834), schlagen dagegen einen leichteren Ton an, der fast etwas von Mozarts Beschwingtheit hat.

Sowohl Hugo wie Musset zeigten offen ihre Gefühle, während **Alfred de Vigny** (1797-1863) viel zurückhaltender war. Erst als mit der Veröffentlichung des Gesamtwerks nach seinem Tode auch das *Journal d'un poète*, sein dichterisches Tagebuch, bekannt wurde, lernte man diesen tiefsinnigen Pessimisten richtig kennen. »Nur Stille ist Größe, alles andere ist Schwäche«, schrieb er in *La mort du loup* (Der Tod des Wolfs, 1834), der Ode an das stolze Sterben eines wilden Tiers. In *Moïse* (Moses, 1826) beschreibt er die einsame Ekstase des Propheten; in *Le mont des oliviers* (Der Ölberg, 1844) fordert Jesus vergeblich Antwort vom stummen Himmel über Gethsemane, aus dem göttliche Gleichgültigkeit zu sprechen scheint. Vignys Novellen *Servitude et grandeur militaires* (Glanz und Elend des Militärs, 1835) sind von einer ähnlichen Haltung gegenüber existentiellen Fragen getragen.

Théophile Gautier (1811-1872) begann seine Karriere als Anhänger Victor Hugos und tat sich in der »Hernanischlacht« sehr hervor. Doch im Gegensatz zu Hugo wollte er als Dichter nicht Sprecher und Anführer des Volkes sein. Er prägte die Wendung *l'art pour l'art* (Die Kunst um ihrer selbst willen): Kunstwerke besaßen für ihn keinen Nutzen außer ihrem rein ästhetischen Wert. »Sobald ein Ding nützlich wird«, erklärte er, »ist seine Schönheit dahin.« Gautiers Ansichten wirkten sich stark auf die Literatur und Malerei am

Alfred de Musset und das zeitgenössische Paris. In seinem Roman »Die Beichte eines Kindes seiner Zeit« (1836) beschrieb er die Seelenqualen, die er am Ende seiner Affäre mit George Sand durchlebte. Nach seinem Tod gab diese 1859 in »Elle et lui« (Sie und er) ihre eigene Version ab, was ihr Mussets Bruder mit »Lui et elle« (Er und sie) vergalt. Detail eines Porträts von C. Landelle. (Musée de Versailles)

Ende des 19. Jahrhunderts aus. Als Dichter faszinierte ihn die Perfektion von Form und Farbe, und seine wichtigste Lyriksammlung *Emaux et camées* (Emaillen und Kameen, 1852) bestach mit ihrer Virtuosität und Brillanz einen viel größeren Dichter, nämlich Charles Baudelaire, der Gautier, dem »makellosen Poeten« und »Magier der Literatur«, seine *Blumen des Bösen* widmete. Gautier selbst wußte, daß nur das Werk des Künstlers die Jahrhunderte überdauert – menschliches Leben ist allzu vergänglich, wie er in *Während des Sturms* zeigt:

Das Boot ist klein, das Meer ist endlos groß,
Die Wogenwut will uns zum Himmel sprühn,
Zur Flut zurück wirft uns der Himmelsstoß:
Am Stumpf des Mastes beten wir auf Knien.
Das Grab und uns trennt nur ein schmales Brett,
Im Leichenhemd, vielleicht schon diese Nacht …
Gehn wir zur letzten Ruh, von Blitz bewacht …

Die Bibelepisode von »Moses und der Dornbusch« hat schon viele Maler und Dichter inspiriert, darunter auch Alfred de Vigny. Die hier gezeigte, beinahe surrealistische Darstellung (1956) stammt von dem Österreicher Ernst Fuchs. (Wien, Museum moderner Kunst)

Rot und Schwarz

Wie wir schon sahen, schrieben einige der großen Lyriker der Romantik auch eindrucksvolle Prosa, und Victor Hugo begründete in Frankreich sogar den historischen Roman. Doch Aurore Dupin, besser bekannt unter ihrem Pseudonym **George Sand** (1804-1876) gab dem Erzählstil eine ganz neue Wendung. Auch sie nahm sich der Tradition des empfindsamen Romans aus dem 18. Jahrhundert an, der ihrer impulsiven, romantischen Natur lag; doch die Leidenschaft, die sie – in der Literatur wie im eigenen Leben – an den Tag legte, kompensierte sie mit grenzenlosem schriftstellerischen Eifer, gesundem Menschenverstand und höchst erdverbundenem Wirklichkeitssinn.

Das romantische Element dominiert ihre ersten Romane wie *Indiana* (1832) und *Lélia* (1833), in denen sie den Kult des Gefühls und den Ruf der Leidenschaft predigt. Zur Zeit der Februarrevolution 1848 hatte sie sich einem idealistischen Sozialismus verschrieben, machte jedoch später eine allmähliche Wandlung durch. Doch ihre Sympathie mit den Armen verlor sie nie: *La mare au diable* (Das Teufelsmoor, 1846) und *François le champi* (François, das Findelkind, 1849) sind zutiefst einfühlsame Studien des Bauernlebens, mit dem sie gut vertraut war, denn sie stammte selbst vom Lande und verbrachte den größten Teil des Lebens auf ihrem Landsitz Nohant bei Bourges im Herzen des ländlichen Frankreichs.

George Sand war eine Vorreiterin des realistischen Romans. Doch die, die ihr darin folgten, ergänzten ihr Talent mit der Kunst der psychologischen Analyse. Auf diesem Gebiet war Henri Beyle (1783-1842) – sein Pseudonym lautete **Stendhal** – ein experimentierfreudiger Autor, der die Romantik des frühen 19. Jahrhunderts mit dem forschenden Skeptizismus der Philosophen des 18. Jahrhunderts vereinte. Die Beschreibungen seiner Hauptfiguren sind von fast klinischer Distanz, und so ungestüm die Handlung und pittoresk die Szenerien auch sein mögen, er beschäftigt sich trotzdem vor allem damit, die Denkvorgänge seiner Personen nachzuvollziehen und bemüht sich, die psychologische Grundlage ihrer

George Sand, eigentlich Aurore Dupin, wurde im Haushalt ihrer Großmutter nach den Prinzipen von J.-J. Rousseau erzogen. 1822 heiratete sie den Baron Dudevant, verließ ihn aber 1831 und ging als Schriftstellerin nach Paris. Unter dem Pseudonym Sand arbeitete sie mit dem Kollegen Jules Sandeau zusammen und war eng mit mehreren bekannten Künstlern befreundet, darunter mit Alfred de Musset und dem Komponisten Frédérique Chopin, mit dem sie zehn Jahre lang zusammenlebte. Porträt von Charpentier. (Nohant, George-Sand-Museum)

Handlungen darzustellen. Als junger Mann hatte er Napoleon bewundert und selbst Träume von militärischem Ruhm gehegt. Nach der Teilnahme am Rußlandfeldzug, wo er Moskau brennen sah und Zeuge des katastrophalen Rückzugs der »Großen Armee« war, gab er diese Träume auf; er wurde Schriftsteller und (ab 1830) Staatsbeamter unter dem »Bürgerkönig« Louis Philippe.
Zu dieser Zeit entstanden seine berühmtesten Werke – 1831 *Le rouge et le noir* (Rot und Schwarz) und 1839 *La chartreuse de Parme* (Die Kartause von Parma), von dem Balzac in einer begeisterten Rezension sagte, dies sei »ein Roman, den Ma-

Links: George Sands Schreibtisch in ihrem Arbeitszimmer auf Schloß Nohant. Hier lebte sie von 1848 bis zu ihrem Tod. Das gezeichnete Porträt zeigt Chopin, zu dem sie 1847 ihre Beziehung abbrach.

Unten: Zeitgenössischer Druck von der Plünderung des Tuilerienschlosses während der »Februarrevolution« 1848. George Sand, deren Sympathien zunächst bei den Aufständischen lagen, berichtete als Journalistin über die Ereignisse.

chiavelli hätte schreiben können«. Ansonsten aber fand Stendhal kaum Beachtung, wofür er sich mit der Prophezeiung tröstete, seine Talente würden um 1880 oder auch erst 1935 gewiß entdeckt werden – die Voraussage ist fraglos eingetreten. Beide genannten Romane schildern sehr individuelle Abenteurer, die Frauen, Ruhm und Erfolg begehren, letztendlich aber scheitern. Stendhal war von beträchtlicher Energie und grenzenloser Wißbegier. Seine Seele beschrieb er als »ein Feuer, das unentwegt lodern muß. Ich brauche drei bis vier Kubikmeter neue Gedanken pro Tag, so wie ein Dampfschiff Kohlen braucht.« Er schrieb in einem wahnwitzigen Tempo: Für die *Kartause von Parma* zum Beispiel brauchte er nicht einmal zwei Monate. Sein 1822 veröffentlichter Essay *De l'amour* (Über die Liebe) ist eines der aufschlußreichsten Zeugnisse seiner Persönlichkeit und Gedankenwelt. Unvollendet geblieben ist der Roman *Lucien Leuwen*. Stendhal perfektioniert in seinen Romanen die Kunst der verfeinerten psychologischen Analyse und die Darstellung verborgener Motive des Handelns.

Alexandre Dumas père (1803-1870), Vater des Dramatikers gleichen Vornamens, als romantischer Erzähler von geringer Originalität, war der Autor historischer Bestseller wie *Les trois mousquetai-*

Oben: Stendhal, dessen Werke erst im 20. Jahrhundert wiederentdeckt wurden, wie er prophezeit hatte. Holzschnitt aus einer berühmten Serie von Félix Vallotton, der diese Technik ab 1890 salonfähig machte. (Lausanne, Galerie Paul Vallotton)

Rechts: Fabrizio del Dongo, der Held aus Stendhals »Kartause von Parma«, der nach dem Tod des geliebten unehelichen Sohnes die Erzbischofswürde niederlegt und sich in eine Zelle des Kartäuserklosters zurückzieht. (Rom, Nationalmuseum)

res (Die drei Musketiere, 1844) und *Le comte de Monte-Cristo* (Der Graf von Monte-Christo, 1844/45). Der schreibwütige Erzähler hinterließ 257 Bände Prosa: Romane, Reisebeschreibungen und Memoiren. **Alexandre Dumas fils** (1824-1895) begann mit Erzählungen im romantischen Geschmack, wandte sich aber später mehr dem Theater zu. Er kritisierte in seinen geistreichen, technisch gut gebauten Stücken die Schwäche der zeitgenössischen Gesellschaft. Die Komödie *La Dame aux Camélias* (Die Kameliendame, 1907) versuchte eine Rehabilitierung der Kurtisane und war auch als Oper von Verdi (La Traviata, 1853) ein großer Erfolg; sein letztes Werk *Francillon* (1887) gehört zu den besten Sittenschilderungen der französischen Bühne. Zur gleichen Zeit hob **Prosper Mérimée** (1803-1870) das Genre der modernen Novelle aus der Taufe. Seine Erzählungen, meist auf Korsika oder in Spanien angesiedelt, handeln von heftigen Gefühlen und dramatischen Konflikten; sein Stil aber ist sehr klar und sachlich. Romantische, phantastische und schauerliche Motive verbinden sich in seinen Novellen mit dem südeuropäischen Kolorit, das er aus eigener Anschauung kannte und in die französische Literatur einführte. Das wohl berühmteste Beispiel seiner Novellistik, die sich stilistisch kühl und objektiv und bei aller Exotik streng realistisch gibt, wurde *Carmen* (1845). Mérimées *Carmen* war die Vorlage für Georges Bizets spätere Oper.

Links: Szene aus Dumas' »Die drei Musketiere«, in denen einer der tollkühnen Kameraden beweist, daß er imstande ist, den Treppenaufgang drei Gegnern gleichzeitig zu verwehren. Von Maurice Leloir.

Rechts: Diese Karikatur, die Dumas père (d. h. senior) beim Kochen von Bouillabaisse zeigt, spielt auf seinen Großvater an, der Mulatte (sowie auch General in den Armeen der Revolution und Napoleons) war, außerdem darauf, daß er sich bei seinen historischen Romanen gerne von anderen unterstützen ließ.

Honoré de Balzac

Honoré de Balzac (1799-1850), der für manche der »Napoleon des Romans« ist, beschrieb seine gedanklichen Vorgänge beim Schreiben oft in militärisch-kämpferischen Bildern: »Erinnerungen werfen sich mit fliegenden Fahnen in die Schlacht ... Die Artillerie der Logik verfeuert ihre Munition ...«
Balzac war ein sehr produktiver Autor, den größter literarischer Ehrgeiz beflügelte, doch da er selten frei von Schulden war, trieb ihn ständig auch die Notwendigkeit zum Geldverdienen an. Den weltlichen Genüssen war er nicht abgeneigt, kleidete sich aber zum Schreiben oft in eine einfache Mönchskutte und führte ein zurückgezogenes Leben. Sein Ziel war es, ein umfassendes Sittenbild des modernen Frankreich, zur Zeit der Revolution, des Kaiserreichs und der Restauration, mit allen Einzelheiten zu verfassen – daher der Titel, den er für die monumentale Serie von über 90 Erzählungen wählte: *La comédie humaine* (Die menschliche Komödie, seit 1829). Wenn auch nicht in dem von Balzac selbst erhofften umfassenden Sinne – und welcher Künstler könnte das überhaupt – so hat Balzac doch mit seinem Werk ein gewaltiges Gemälde der Zeit gezeichnet, mit Menschen verschiedenster sozialer Herkunft, die dieser Zeit und ihren politischen, wirtschaftlichen und kriegerischen Ereignissen verhaftet waren. Er hat Menschen und Schicksale geschaffen, die auch heute noch den Leser ergreifen. Zum Beispiel *Le colonel Chabert* (Oberst Chabert, 1832), ein Werk, das den Zyklus »Szenen aus dem Privatleben« eröffnete. In dem Roman *La femme de trente ans* (Die Frau von dreißig Jahren, 1831-34) deckte er die seelische Not der in der Ehe alleingelassenen und enttäuschten Frau auf. *Eugénie Grandet* (1833), *Cousine Bette* (1837), *Le lys dans la vallée* (Die Lilie im Tal, 1836) sind andere berühmte Werke von Balzac. Ungeschminkten, urtümlichen Spaß und typisch gallischen Humor enthalten seine *Tolldreisten Geschichten*, deren erste 1832 erschien und die er bis 1847 fortsetzte. Seine Figuren sind oftmals Opfer

Rechts: Honoré de Balzac, Pastell nach der 1842 entstandenen Daguerreotypie. Als einer der Begründer des modernen Romans zielt Balzac darauf ab, die Auswirkungen sozialer Verhältnisse auf die menschliche Persönlichkeit zu zeigen. (Musée Balzac)

Rechts außen: Balzac im Jahre 1846 in dem mönchischen Gewand, das er beim Schreiben anlegte. Porträt seines Bekannten Gavarni (eigentlich Sulpice Guillaume Chevalier), einem brillanten satirischen Zeichner und Lithographen, der auch für die Zeitschrift »Charivari« arbeitete.

einer »fixen Idee« oder leidenschaftlicher Besessenheit. *Père Goriot* (Vater Goriot, 1834) etwa zeichnet das Bild eines alten, selbstlosen Mannes, der seine egoistischen Töchter anbetet. Ein weiteres seiner Lieblingsthemen ist der Kampf des skrupellosen Abenteurers gegen die etablierte Gesellschaft, wie in der Geschichte vom Aufstieg eines jungen Mannes, der er den Titel *Illusions perdues* (Verlorene Illusionen, 1837-43) gab.

Balzac war ein Realist, doch er besaß auch eine mystische Seite; sie zeigt sich in Erzählungen wie *La peau de chagrin* (Das Chagrinleder, 1831), in der ein magischer Glücksbringer vorkommt, oder in der Swedenborgschen Stimmung von *Séraphita* (1834/35). Sein Prosastil hat viele deutliche Schwächen, aber in der Literatur, so meinte er, geht es »nicht darum, keine Fehler zu machen, sondern darum, alle Hindernisse beiseite zu fegen«. Und über diese Eigenschaft verfügte er zweifellos. Als Balzac, kurz nach der Heirat mit einer polnischen Gräfin, im Jahre 1850 unter der Last seiner Arbeit zusammenbrach, wurde sein Sarg von Victor Hugo, Alexandre Dumas, Sainte-Bœuf und einem Minister zum »Père Lachaise«, dem berühmten Pariser Friedhof, getragen.

Links: Beispiel für Balzacs umfangreiche nachträgliche Korrekturen an den Druckfahnen seiner Bücher – in diesem Fall an »Les employées« (Die Beamten, 1838), ursprünglich unter dem Titel »La femme supérieure« (Die überlegene Frau) geplant.

Rechts: Satirische Zeichnung von Honoré Daumier (1809-1879) an die »Gesellschaft, deren Gott das Geld ist«, mit der Bildunterschrift »An alle, die Kapital zu verlieren haben!« Daumier gab ebenso deutliche Kommentare über die sozialen Zustände ab wie Balzac in seinen Romanen. Korruptionsaffären in Politik und Geschäft wurden zunehmend mit dem Mittel der Karikatur angeprangert, und zwar in den Zeitschriften »La Caricature« (1830-34) und »Le Charivari« (1832-93).

Das »Risorgimento« und der erwachende Nationalgeist

Oben: Der italienische Patriot und Partisanenkämpfer Giuseppe Garibaldi. Zweimal (1834 und 1849) scheiterte sein Bemühen um die Unabhängigkeit seines Landes. Beim ersten Mal emigrierte er nach Südamerika, beim zweiten Mal in die USA. Nach abermaliger Rückkehr in die Heimat eroberte er mit dem »Marsch der Tausend« das Königreich Beider Sizilien. Später kämpfte er mit den Franzosen im Deutsch-Französischen Krieg, und 1871 empfahl ihn Victor Hugo sogar – vergeblich – zur Wahl in die neugegründete französische Nationalversammlung. Zu Hause hatte er mehr Erfolg, denn im italienischen Parlament wurde er 1874 Abgeordneter für Rom. Detail eines romantischen Porträts von Garibaldi als Freiheitsheld aus einer Beilage der »Illustrated London News« von 1861.

Oben: Der italienische Dichter der Romantik Giacomo Leopardi, gemalt von S. Ferazzi (1830). (Recanati/Italien, Palazzo Leopardi)

Darunter: Alessandro Manzoni, der mit seinem Roman »Die Verlobten« einer der Begründer des historischen Romans wurde. Porträt von Francesco Hayez. (Mailand, Brera)

Zu Beginn des 19. Jahrhunderts war Italien größtenteils von Frankreich und dem habsburgischen Österreich beherrscht; doch der Geist des *risorgimento*, der »Wiedergeburt« (des Nationalstrebens), regte sich bereits lebhaft, und Geheimbünde wie die *Carbonari* (denen auch Byron behilflich war) bildeten allmählich eine italienische Widerstandsbewegung, und die Romantik und der Einheitsgedanke gingen Hand in Hand.

Der früheste und größte Romantiker Italiens war **Giacomo Leopardi** (1798-1837), der kränkelnde, bucklige Sohn einer Familie des streng katholischen Landadels, bei dem persönliches Unglück und das Streben nach geistiger Befreiung einige der erhabensten Gedichte des Italienischen hervorgebracht haben dürften. Hier ein Auszug aus seinem *L'infinito* (Das Unendliche):

Allzeit war lieb mir der verlaßne Hügel
… Und wie ich jetzt
Des Windes Raunen in den Blättern höre
Und jenen Schweigensabgrund dieser Stimme
Vergleiche, wend ich mich dem Ewigen zu
Und dem Gewesnen und der heutigen Zeit,
Die lebt und mich umlärmt. Und so inmitten
Des Unermeßlichen ertrinkt mein Denken,
Und Schiffbruch leid ich gern in solchem Meere.

Der zweite große Name der italienischen Romantik ist **Alessandro Manzoni** (1785-1873), dessen vielbesprochener und einflußreicher Roman *I promessi sposi* (Die Verlobten, 1821-27) in historischem Gewand die habsburgischen Besatzer attakkierte. Goethe fand, daß er »alles überflügelt, was wir in dieser Art kennen«. Mit dem theoretischen Vorwort *Il romanzo storico* führte Manzoni den Historienroman als literarisches Genre ein.

Wurzeln im Norden

In Dänemark hatte die Romantik nie den gleichen revolutionären Beiklang wie in vielen anderen Ländern, weil hier das politische Klima ohnehin recht mild war.
In seinem Frühwerk verarbeitete der bedeutende dänische Autor **Adam Gottlob Oehlenschläger** (1779-1850) den Geist der romantischen Poesie; seine Stoffe bezog er oft aus altnordischen Legenden.
Henrik Arnold Wergeland (1808-1845), der wichtigste Impulsgeber der neueren norwegischen Literatur, ein revolutionärer Romantiker, war entschlossen, sein Land kulturell von Dänemark und politisch von Schweden loszulösen. Seine Liebesgedichte und Verse über die Schönheit der Natur sind besonders ergreifend.
Gleichzeitig brachten damals **Moe** und **Asbjørnsen** ihre großartige Sammlung norwegischer Volksmärchen heraus.
Der Orpheus der Wildnis, **Elias Lönnrot** (1802-1884), schrieb seine Fassung des finnischen Nationalepos *Kalevala*, in dessen Mittelpunkt die sagenhafte Gestalt des Helden Kaleva steht. Lönnrot veröffentlichte das gewaltige Werk (50 Gesänge mit 22795 Versen) im Jahre 1849, nachdem er das Material dazu – finnisch-karelische Volkslieder, Legenden und Zaubersprüche – größtenteils selbst bei karelischen Sängern gesammelt hatte. Um die Jahrhundertwende sollte ein anderer großer Finne, der Komponist Jean Sibelius (1865-1957), das *Kalevala*-Epos in seinen sinfonischen Dichtungen vertonen, wodurch es weit über Finnlands Grenzen hinausdrang.
In Schweden begann unter Gustav IV. Adolf das 19. Jahrhundert mit einer Zeit der politischen Reaktion. Wie in anderen Ländern zeigte auch die schwedische Romantik oft eine Tendenz zum Eskapismus, war aber weit weniger revolutionär und in ihren Absichten innovativ als anderswo in Europa. Sie war stark von der deutschen Philosophie Schellings beeinflußt und eher eine akademische Bewegung, die an den Universitäten gedieh, wo sie die Aufklärung bekämpfte, Religiosität und platonischen Idealismus sowie eine Begeisterung für die skandinavische Vorzeit predigte.
Einer der Ausgangspunkte der Bewegung war die Zeitschrift *Phosphoros*, die 1810/11 in Uppsala erschien. Der Anführer der sogenannten »Phosphoristen« war der ungewöhnliche Dichter und Dramatiker **Per Daniel Amadeus Atterbom** (1790-1855). Die stilistisch eleganten, sinnlich-phantasievollen Gedichte, die **Erik Johan Stagnelius** (1793-1823) während seines kurzen Lebens verfaßte, gehören zu den kraftvollsten Beispielen der schwedischen Verskunst der Romantik.
Mit Hilfe der *Frithiofssage* (1823), der alten nordischen Sage vom Großbauernsohn Frithiof und der Königstochter Ingeborg, wurde **Esaias Tegnér** (1782-1846) zum größten romantischen Dichter Schwedens. Ein enger Freund von ihm war **Erik Gustaf Geijer** (1783-1847), den die skandinavische (»gotische«) Vergangenheit besonders interessierte. **Carl Jonas Love Almqvist** (1793-1866) verfolgte einen ähnlichen Kurs. Sein Sammelwerk *Törnrosens bok* (Dornrosenbuch, 1832-50) ist von einem exotisch-dämonischen Ton durchdrungen, der eine Widerspiegelung im tragischen Leben des Autors selbst findet: Als Almqvist des Mordversuchs an einem Geldverleiher verdächtigt wurde, flüchtete er aus dem Land. Schon vorher hatte er seine Leser mit seinen Ansichten zur freien Ehe schockiert: Der Titel der Erzählung *Det går an* (Es geht an) ist die Antwort der jungen Sara Widebeck an ihren Freund auf die Frage, ob es denn angehe, nicht zu heiraten.

Oben: Der Autor C. J. L. Almqvist floh 1857 unter Mordverdacht aus Schweden nach Amerika. Dort soll er ein unstetes Leben, geprägt von »Illusionismus und Bigamie«, geführt haben.

Rechts: »Frithiofs Glück«, Illustration einer Ausgabe von Tegnérs romantischer, nordischer Legende (19. Jh.)

Puschkin und Lermontow

Rechts: Rußlands Nationaldichter Puschkin schuf für sein Meisterwerk »Eugen Onegin« einen byronesken Helden. Hier ein Bild des Dichters in Byron-Pose von V. E. Popkow (1932). Die Romantik ließ plötzlich den wilden Nomadenstamm der Donkosaken in der russischen Literatur auftreten. 1834 schrieb Puschkin eine »Geschichte des Pugatschow-Aufstandes« (1773-75), einer gewalttätigen Rebellion gegen den russischen Absolutismus.

Unten: »Die Kosaken schreiben an den Sultan« (1888-91) von Ilja Repin, der sich auf historische Szenen spezialisierte. (Leningrad, Russisches Museum)

Es war nicht nur die Sprachbarriere allein, die Rußland so lange vom Westen isolierte. Bis ins 20. Jahrhundert hinein erhielt sich in Rußland ein beharrlich autokratisches Sozialsystem – die Leibeigenschaft wurde erst 1861 abgeschafft, und zwar von oben herab, also vom Zaren. Zudem fehlte den Russen, die der orthodoxen Kirche angehören, die kulturelle Unterstützung des Katholizismus. Zwar war die Aufklärung von der Zarin Katharina die Große (die etwa zu Voltaire gute Beziehungen unterhielt) gebilligt worden, aber deren Auswirkungen, selbst auf gebildete Schichten, blieben recht gering. Erst als die Romantik durch Europa wogte, entwickelte Rußland eine wirklich eigene Literatur, die ihre Form auch Lord Byron verdankte.

Alexander Puschkin (1799-1837) war eine zutiefst byroneske Figur: Er kam aus adliger Familie und bewegte sich als junger Mann in den Intellektuellenkreisen von Sankt Petersburg, wo auch sein erstes wichtiges Werk – das lange romantische Gedicht *Ruslan und Ludmilla* (1820) – erschien und ihn über Nacht berühmt machte. Bald danach verbannte ihn Zar Alexander I. als gefährlichen Liberalen nach Südrußland, und während dieses fünf Jahre dauernden Exils bereiste er diverse recht entlegene Gebiete seines riesigen Vaterlandes – vor allem den Kaukasus, dessen wilde Gebirgslandschaften in einigen seiner Gedichte und Erzählungen den Hintergrund bilden.

Puschkins Meisterwerk, sein großer Versroman *Eugen Onegin* (1833), wurde ebenfalls in der Verbannung begonnen. Im Mittelpunkt dieses Dramas des zeitgenössischen russischen Lebens, wie der Dichter selbst es nannte, steht ein byronesker Held – melancholisch, verwegen, von Frauen begehrt, aber der Idee der Liebe zutiefst mißtrauisch gegenüberstehend. Es bestehen deutliche Zusammenhänge zwischen dieser brillanten Erzählung und Byrons *Don Juan*, obwohl in den Augen vieler Kritiker Puschkins Gedicht das bessere der beiden ist, weil hier die

Mischung von lyrischer Emotion und beißender Sozialsatire wesentlich vollendeter gelingt. Puschkin war ein vielseitiges Genie: Während das Theaterstück *Boris Godunow* (1831) seine enormen Qualitäten als Historiendramatiker zeigt, offenbaren seine Prosawerke, zum Beispiel die vielbeachtete Novelle *Pique Dame* (1834), ihn als qualitätvollen Romancier. Er starb im Jahre 1837, nachdem er von böswilligem Klatsch über seine schöne Frau dazu provoziert worden war, einen ihm unwerten Gegner zum Duell zu fordern, der ihm eine tödliche Verletzung beibrachte.

Rußlands zweiter großer Romantiker, **Michail Lermontow** (1814-1841) war ebenfalls Byrons Zauber erlegen; doch ihm fehlten der Frohsinn und Humor dieses englischen Dichters. Er war ein sehr melancholischer, selbstzerstörerischer Geist, wie wir in seinem Gedicht *Der Dämon* (1829) sehen, das die Eroberung eines jungen, unschuldigen Mädchens durch einen gefallenen Engel schildert, oder auch in seinem lose konstruierten Roman *Ein Held unserer Zeit* (1840), dessen Hauptfigur Petschorin die »Laster unseres ganzen Geschlechts in ihrer vollsten Entwicklung« verkörpern sollte. Lermontow teilte Puschkins Schicksal: Nachdem er den *Helden unserer Zeit* schon im Alter von 25 Jahren veröffentlicht hatte, fand er ein Jahr später in einem unnötigen Duell den Tod.

Rechts: Lermontow, Gardeoffizier, Poet und Romancier, gab in »Tod eines Dichters« dem »aristokratischen Pöbel« die Schuld an Puschkins Tod – wofür ihn der Zar umgehend aus dem Garderegiment an die Kaukasusfront versetzte. Porträt von R. Sabolotskij. (Moskau, Tretjakowskij-Galerie)

Unten: Der tödlich verwundete Puschkin nach dem Ehrenduell, zu dem ihn angeblich seine Feinde am Hofe des neuen Zaren Nikolaus I. genötigt hatten.

Die Neue Welt

Rechts: Ein berittener Offizier führt seine Soldaten während des amerikanischen Bürgerkriegs in die Schlacht von Antietam (1862). Der Krieg zwischen den Nord- und Südstaaten der USA ging 1895 in die Literatur ein, als Stephen Crane seinen klassischen Roman »Das Blutmal« über diese Zeit schrieb.

Unten: Die Romantik der Neuen Welt war von weither bis zu bildenden Künstlern wie dem italienischen Rokokomaler Giambattista Tiepolo durchgesickert, der gemeinsam mit seinen Söhnen 1752 die gewaltigen Deckenfresken im Treppenaufgang der bischöflichen Rezidenz von Würzburg schuf, auf denen historische und allegorische Szenen die Erdteile darstellen. Dieses Detail zeigt »Amerika« als eine mit Federschmuck und Juwelen angetane »edle Wilde«.

Es dauerte eine Weile, bis der neue Kontinent einen wesentlichen Beitrag zur literarischen Kultur leistete. In der zweiten Hälfte des 18. Jahrhunderts waren die Intellektuellen Amerikas, etwa **Benjamin Franklin** (1706-1790), fast ebenso in Frankreich und England zu Hause wie auf der anderen Seite des Atlantiks. Franklin, der berühmte Staatsmann, Erfinder, Publizist und Literat – er verfaßte seine Lebenserinnerungen unter dem Titel *The Way to Wealth* (Der Weg zum Reichtum) –, ging sogar so weit, Großbritannien unumwunden zu bewundern und sein Vaterland als »unzivilisiert« zu bezeichnen. So dauerte es lange, bis sich in den USA eine eigenständige Literatur durchsetzen konnte.

Washington Irving (1783-1859) war der erste amerikanische Autor, der den Geist der europäischen Romantik nach Amerika importierte und adaptierte; seine literarische Gruppe in New York nannte sich »Knickerbocker Club«, nach Irvings unter diesem Künstlernamen erschienener Pseudochronik *A History of New York ... by Diedrich Knickerbocker* (1809), einer satirischen Mischung von Wirklichkeit und Phantasie. Unter den Novellen in seinem *Sketch Book* (Skizzenbuch), das 1819/20 unter dem Pseudonym »Geoffrey Crayon, Gent.« herausgegeben wurde, findet sich unter anderem die bekannte Erzählung *Rip van Winkle,* die ebenfalls hervorragend das Märchenhafte mit dem Realistischen verbindet.

James Fenimore Cooper (1789-1851) erlangte mit seinen »Lederstrumpf«-Romanen Weltruhm. *The Pioneers* (Die Ansiedler, 1823), *The Last of the Mohicans* (Der Letzte der Mohikaner, 1826) und *The Deerslayer* (Der Wildtöter, 1841) sind nicht nur spannende Trapper- und Indianergeschichten, sondern zugleich auch unvergleichliche Schilderungen der riesigen, unerforschten Weiten Nordamerikas. Daneben verfaßte Cooper auch historische Romane und Seefahrergeschichten.

Bedeutender als Irving und Cooper aber war **Edgar Allan Poe** (1809-1849), der als

Oben: »Des Trappers letzter Schuß« zeigt das damals in Amerika sehr zentrale Thema vom Kampf des Menschen gegen die Natur und der Eroberung der Wildnis. Kolorierte Lithographie nach einem Gemälde von W. Ramsay.

Links außen: James Fenimore Cooper, dessen bekannteste Werke seine Indianerromane sind, wurde von seinen Zeitgenossen – Balzac, Victor Hugo (der ihn noch über Walter Scott stellte) und später auch Joseph Conrad – in Europa sehr bewundert. Sein Landsmann Mark Twain dagegen tadelte ihn wegen seiner uneinheitlichen Stilprinzipien. Die Indianergeschichten faszinieren vor allem die Jugend, obwohl unter der Oberfläche der Handlung auch echtes Mitgefühl und ein Verständnis der Tragik jener Zeit mitschwingen.

Links: Umschlag einer schwedischen Übersetzung von Coopers »Lederstrumpf«, seiner Romanserie über das Indianerleben, die 1823 mit »Die Ansiedler« begann.

Oben: E. A. Poe auf einer Daguerreotypie (1848) von S. W. Hartshorn. Das tragische Gedicht »Der Rabe« verfaßte der Literaturkritiker 1845.

Unten: Illustration von Gustave Doré (1883).

Waisenkind aufwuchs und in Armut lebte und starb. Nach dem Tod seiner jungen Frau wurde er zum Alkoholiker, wodurch seine vielversprechende literarische Karriere frühzeitig endete.

Als Kritiker vertrat Poe die Doktrin von der »Kunst um ihrer selbst willen«; viele seiner faszinierenden Gedichte sind von einer eigenartigen Rhythmik durchdrungen, die französische Autoren wie Baudelaire und Mallarmé später sehr bewunderten. Qualvolle Themen wie Tod, Verlust und das Vergehen von Jugend und Schönheit kehren in seinen bekannten Balladen *The Raven* (Der Rabe), *To Helen* (An Helen), *Ulalume*, *The Bells* (Die Glokken) und *Annabel Lee* immer wieder.

In seinen Novellen und *short stories* belebte Poe – etwa mit *Ligeia* (1838) oder *The Fall of the House of Usher* (Der Untergang des Hauses Usher, 1839) – die Tradition des Schauerromans *(gothic novel)* neu, aber er hob auch – z.B. mit *The Gold Bug* (Der Goldkäfer, 1843) oder *The Murders in the Rue Morgue* (Der Doppelmord in der Rue Morgue, 1841) – die Kriminalerzählung aus der Taufe. Gleichzeitig war *The Narrative of Arthur Gordon Pym* (Die denkwürdigen Erlebnisse des Arthur Gordon Pym, 1838) ein Vorläufer moderner Science-Fiction/Fantasy-Romane.

Irving, Cooper und Poe waren Vertreter der frühen amerikanischen Romantik; doch zwischen 1835 und 1850 nahm diese Bewegung dort eine philosophischere und weniger literarische Richtung. Die sogenannten Transzendentalisten, die von deutschem und orientalischem Denken beeinflußt waren, rebellierten in gewissem Sinne gegen den puritanischen Rationalismus und vertraten eine idealistische Daseinsauffassung – sie suchten Gott in der Natur und glaubten an das Gute im Menschen. Neben der Herausgabe der Zeitschrift *The Dial* (1840-44) stellte die Gruppe kühne Projekte zur genossenschaftlichen Landwirtschaft vor.

Der Anführer dieser Gruppe, **Ralph Waldo Emerson** (1803-1882), legte seine Theorien in Sammlungen von *Essays* (1841 und 1844) vor, wo er in einem fast lyrischen Stil Themen wie Freundschaft, Liebe und Kunst diskutierte. Emersons Essay *Nature* (Die Natur, 1836) gilt als Hauptwerk des amerikanischen Transzendentalismus. Seine Ansichten waren eine Synthese aus Jean-Jacques Rousseaus visionären Überzeugungen und traditionellem Konservativismus der USA. Zeitweise als unitarischer Geistlicher tätig, lernte Emerson auf einer Europareise die englischen Romantiker Wordsworth und Coleridge und den Dichter-Philosophen Carlyle persönlich kennen. Emersons Ruhm gründet auf seinen Vorträgen, seinen moralischen Reflexionen und Kritiken am orthodoxen Christentum sowie einer Handvoll Gedichte.

Henry David Thoreau (1817-1862), auch ein Transzendentalist, war ein so leidenschaftlicher Naturfreund, daß er sich einmal zwei Jahre lang in die Wildnis zurückzog. Seine Erfahrungen dabei beschrieb er später in *Walden* (1854).

Von etwa 1835 an fand sich eine Gruppe von Schriftstellern und Intellektuellen aus den Neuenglandstaaten zu einer losen Vereinigung zusammen, die als »Transcendental Club« bekannt wurde. Unter ihnen waren Ralph W. Emerson, Nathaniel Hawthorne und Henry D. Thoreau. Es ging ihnen primär um die Beziehung der menschlichen Seele zur Natur (Emersons Essay »Nature« war 1836 erschienen). In der Natur suchten sie Gott; körperliche Arbeit war ihnen ebenso wertvoll wie der Austausch von Gedanken. Der Transzendentalismus hatte seine Wurzeln in der deutschen Philosophie und in den Ideen englischer Autoren, etwa des Dichters Coleridge. Thoreaus Protest gegen das Vordringen der Industrie und sein Glaube an die Rückkehr zur Natur wird in dieser amerikanischen Waldszene »Im Mondschein« von J. Shaw gut ausgedrückt.

Das Zweite Kaiserreich

Napoleon III., der Neffe des großen Feldherren, machte sich 1852 nach einem kurzen, aber blutigen Staatsstreich zum Kaiser von Frankreich, was er achtzehn Jahre hindurch blieb. In dieser Zeit veränderte sich das Stadtbild von Paris, denn er ließ seinen Architekten Baron Haussman breite Boulevards durch die engen, teils noch mittelalterlichen Viertel legen und so eine moderne Metropole schaffen, die Europa staunen ließ. Doch trotz des oberflächlichen Prunks und der imposanten Schau von Wohlstand und Eleganz standen die politischen Strukturen des Zweiten Kaiserreichs auf wackligen Fundamenten. Die militärischen Erfolge des Kaisers reichten nicht an jene seines Onkels heran, und nicht nur die Arbeiterklasse, deren Lebensumstände sich trotz etlicher Ansätze von Liberalität stetig verschlechterten, sondern auch die gebildeten Mittelschichten und die Intelligenz protestierten vehement gegen seine Herrschaft. Victor Hugo, der auf den Kanalinseln im Exil leben mußte, gab ihm den Spitznamen »Napoleon der Kleine«. Als der Krieg mit Deutschland ausbrach und für Frankreich zur Niederlage wurde, fiel das ganze System kläglich in sich zusammen, und dem Zweiten Kaiserreich folgte die Dritte Republik. Die proletarische Pariser Kommune, die von der neuen konservativen Regierung brutal niedergeschlagen wurde, zerstörte den Tuilerienpalast und das Hôtel de Ville.

Die glanzvolle Epoche des Zweiten Kaiserreichs in Frankreich endete abrupt mit dem Ausbruch des Deutsch-Französischen Krieges 1870/71. Die Kriegserklärung durch Frankreich im Juli 1870 wurde noch frenetisch von den Parisern bejubelt (rechts). Kaum sechs Wochen später kapitulierte die Armee von Napoleon III. bei Sedan, und Wilhelm I. von Preußen konnte, wie hier (oben) gezeigt, den besiegten Kaiser empfangen. Das Ergebnis war eine tief empfundene nationale Blamage, gepaart mit Zorn auf das Regime, das die Niederlage verschuldet hatte: der Kaiser wurde abgesetzt. An die Stelle des falschen Selbstvertrauens, das in der Monarchie geherrscht hatte, trat nun die Atmosphäre des »fin de siècle« (Ende des Jahrhunderts), eine zweifelnde und mißvergnügte Seelenstimmung.

Charles Baudelaire

Frankreichs größte Dichter des 19. Jahrhunderts waren Victor Hugo und **Charles Baudelaire** (1821-1867), doch abgesehen davon, daß beide Genies waren, kann man sich kaum grundverschiedenere Menschen denken. Hugo war seit frühster Jugend berühmt und blieb bis ins Alter ungewöhnlich erfolgreich. Baudelaire dagegen hielten während seines relativ kurzen Lebens viele Kritiker, darunter Sainte-Beuve, für einen perversen Exzentriker, und auch seine persönliche Geschichte war eine lange Kette von Fehlschlägen und gescheiterten Hoffnungen. Als 1827 sein Vater starb, fing die glücklichste Zeit in seinem jungen Leben an, denn er und seine attraktive, junge Mutter liebten einander innig. Dann aber heiratete Madame Baudelaire den schneidigen Soldaten General Aupick. Damit war das »grüne Paradies der Kinderfreuden« für immer zu Ende. Dieser seelische Schlag dürfte die Ursache für sämtliche Verirrungen in Baudelaires späterem Leben gewesen sein. Als Erwachsener rebellierte er gegen seine Familie, indem er ein so untragbares Verhalten an den Tag legte, daß man einen Vormund bestimmte, der ihm das, was vom Vermögen des Vater geblieben war, in winzigen Sümmchen allmählich auszahlte. Bis zum Tode mußte er von der Hand in den Mund leben und lag ständig im Kampf mit seinen Gläubigern.

Auch privat hatte er Pech. »Die einzige Freude« in seinem Leben war jahrelang die Mulattin Jeanne Duval, eine Schauspielerin, die ihm weder treu war noch echte Zärtlichkeit entgegenbrachte. Doch Unglücklichsein war eine ihm zusagende Verfassung. 1857 erschien *Les fleurs du mal,* die einzige Gedichtsammlung, die überhaupt zu seinen Lebzeiten herauskam, und wie Flauberts *Madame Bovary* wurde das Werk als unmoralisch und obszön von der Polizei verfolgt. Der Dichter, sein Verleger und der Drucker bekamen strenge Strafen, und einige der Verse wurden verboten.

Den Titel *Die Blumen des Bösen* hatte Baudelaire nicht selbst gewählt, und er ist auch etwas irreführend, denn daraus könnte man entnehmen, daß die Beschäftigung mit dem Bösen dem Dichter den Blick verstellt oder einengt. Dies ist jedoch nicht der Fall. »Baudelaires Ideenwelt, die Flur seines Geistes«, schrieb Marcel Proust in *Contre Sainte-Beuve,* ist eine Landschaft, in der jedes Gedicht ein eigenständiges Gebilde ist, das sich »beim Lesen noch mit den anderen vereinigt«, so daß die grandiose Schönheit dieser Gefilde, die sich da vor unseren Augen entfalten, von den unterschiedlichsten Einzelheiten erfüllt ist. Darin ist Platz für Böses und Gutes, für Laster und Tugenden, für Elend und Ekstase, für heidnische Verzweiflung und, hie und da, auch für religiöse Verzückung. Zwar war Baudelaire kein orthodoxer Christ, aber auch kein überzeugter Skeptiker. »Selbst wenn Gott nicht existierte», notierte er einmal, »wäre die Religion dennoch etwas Heiliges.«

Der Dichter verbrachte den größten Teil des Lebens in Paris, das auch den Hintergrund für seine bekanntesten Verse und Prosatexte bildet – die vertrauten alten Viertel ebenso wie die neue, breit angelegte elegante Weltstadt, die der Kaiser und sein Architekt schufen. Baudelaire war von der urbanen Zivilisation fasziniert, und er machte auch als erster die Reize der modernen Großstadt »poesiefähig«; Paris nannte er »wimmelnde Stadt, Stadt voller Träume, wo das Gespenst sich am hellen Tag an den Passanten heftet!« Auch andere profane Reize wie die Launen der Mode und weibliche

Oben: Baudelaire (ca. 1862), porträtiert von Etienne Carjat, einem Zeitgenossen des berühmten französischen Photographen Nadar. Beide schufen viele brillante Aufnahmen bekannter Künstler, darunter Balzac, Hugo und Zola.

Rechts: Trotz eines angeblichen Hanges zu »Dekadenz« und Subversion war Baudelaire einer der größten und einflußreichsten Dichter der französischen Literatur. Skizze (1862-68) von Edouard Manet.

Grazie erfreuten ihn. Nach seinem Motto »Das Schöne ist immer bizarr«, war er ein großer Anhänger des Zeichners Constantin Guys, der sowohl das Elend wie den Glanz des Zweiten Kaiserreichs abbildete.

Arthur Rimbaud, für den Hugo »kolossal vulgär« war, hielt Baudelaire für einen wahren »Seher«, einen visionären Dichter, und der Symbolist Jules Laforgue sagte, er habe eine neue Stimme, eine »klagende« – *un nouveau miaulement* – in die französische Posie eingebracht. Manche seiner Verse sind mittelmäßig, manche sogar »abscheulich«, wie Paul Valéry einmal zu André Gide bemerkte, doch Gide erwiderte darauf, darin zeige sich eben Baudelaires Bestreben, die Distanz zwischen sich und dem gewöhnlichen Leser zu verringern. Trotz dieser gelegentlichen Schwächen sind seine Gedichte auf unheimliche Weise beredt. Während Victor Hugo von seinem Olymp nur höchst selten herabstieg, war Baudelaire ein Mensch, der ruhelos die Straßen durchstreifte – von Natur aus zwar ein poetischer Einzelgänger, in seiner Phantasie aber mit allen Menschen vereint.

Illustration von Adolf Hallman für eine französische Ausgabe (1946) von Baudelaires »Blumen des Bösen«. Kaum eine französische Gedichtsammlung hatte wohl je so viel Wirkung: anfangs schockierten die Verse und lösten Skandale aus, obwohl Théophile Gautier (dem sie gewidmet waren) und andere prominente Kritiker die Gedichtsammlung unterstützten. Als junger Mann war Baudelaire ein ästhetischer Dandy, der die spießbürgerlichen Werte seiner Zeit ätzend verhöhnte. Als ihn seine besorgte Familie einmal auf eine lange Seereise schicken wollte, verließ er das Schiff im nächsten Hafen und kehrte umgehend nach Paris zurück.

Neben den *Blumen des Bösen* schrieb er *Le Spleen de Paris; Petits Poèmes en Prose* (Pariser Spleen; oder Kleine Prosagedichte, 1857) – melodische Texte ohne Rhythmus und Reim, den »lyrischen Strömungen der Seele« und den unsteten Sprüngen des bewußten Denkens nachgeahmt – sowie eine Reihe exzellenter kritischer Essays über Literatur, Malerei und Musik. Die 1887 posthum erschienenen *Journaux intimes* (Intime Tagebücher) geben Einblick in seinen Verstand und in sein Herz.

Spleen von Charles Baudelaire

Als König herrsche ich in einem Regenland
reich, aber ohne Kraft, jung schon an Grabes Rand,
der voll Verachtung für der Höflinge Gezier
sich mit den Hunden langweilt wie mit jedem Tier.
Nichts, weder Wild noch Falkenjagd, kann ihn erfreuen
noch unter dem Balkon des siechen Volkes Schrein.
Die schaurige Ballade seines Lieblingsnarren
treibt von der Stirn nicht weg das grausam kranke Starren;
zum Grab wird ihm das Bett, das Lilien umwinden,
die Hoffräulein, die jeden Prinzen schön erfinden,
schamloser können sie die Kleider nicht ersinnen,
des jungen Grabgerippes Lächeln zu gewinnen.
Dem Weisen, der ihm Gold macht, wollt es nie gelingen,
aus seinem Wesen den verderbten Keim zu zwingen.
Blutbäder nicht einmal, wie sie in Rom geflossen,
wie sie manch Mächtiger als Jungbrunnen genossen,
konnten erwärmen dieses stumpfen Leichnams Blut,
durch den sich träge wälzt der Lethe grüne Flut.

Gustave Flaubert

Unter den Prosaschriftstellern des 19. Jahrhunderts ist besonders **Gustave Flaubert** (1821-1880) zu nennen – er war ein Realist, der in zwei großen Romanen, *Madame Bovary* (1856/57) und *L'éducation sentimentale* (Lehrjahre des Gefühls, 1869) ein detailliertes, präzises Bild zeitgenössischen Gesellschaftslebens zu geben versuchte. Er war ein Stilist, der tagelang an der Formulierung eines einzigen Satzes feilen konnte; aber er war auch ein Romantiker, dessen Phantasie ihn oft in die Vergangenheit trug. Sein gewaltiger historischer Roman *Salammbô* (Salambo, 1862), eine sehr farbenprächtige Beschreibung des antiken Karthago, ist mit so vielen archäologischen Einzelheiten überladen, daß er etwas schwer lesbar wird. 1874 folgt *La tentation de Saint-Antoine* (Die Versuchung des heiligen Antonius), eine kolossale Schau der Verirrungen menschlichen Aberglaubens. *Madame Bovary,* zweifellos Flauberts Meisterwerk, hat ein im Grunde sehr prosaisches Thema – es ist die Geschichte einer Frau, der attraktiven Gattin eines langweiligen Provinzdoktors, die sich von ihren romantischen Sehnsüchten und dem Wunsch, dem öden Alltag zu entfliehen, in zwei verbotene Affären treiben läßt, die ihr nur Kummer und Ruin bringen. Der Autor, der diesen Stoff einem Skandal in einem nahegelegenen Dorf in der Normandie entlehnt haben soll, behandelt ihn ohne Sentimentalität, aber mit tiefer objektiver Sympathie. »Ich selbst bin Madame Bovary!« rief er einmal aus. Dies war kaum verwunderlich, denn Flaubert kannte die Gefahren romantischer Träumerei. Doch bei dem Prozeß wegen Verbreitung von Unmoral in diesem Roman wurde er freigesprochen.

Links: Diese Karikatur von Lemot (1869) hat Flauberts gnadenlose Analyse seiner Figuren zum Thema: »Flaubert beim Sezieren von Madame Bovary«. Der durch und durch professionelle Autor verbrachte bisweilen Stunden mit der Suche nach »le mot juste« (genau dem richtigen Wort), war aber dennoch nur selten vollauf zufrieden mit seinen Werken. Obwohl er ein leidenschaftlicher Mann war, der durchaus genießen konnte, führte er ein etwas einsames, manchmal sogar asketisches Leben. (Paris, Bibliothèque Nationale)

Links außen: Das Grab von Delphine Delamare, deren Leben Flauberts Roman »Madame Bovary« Pate gestanden haben soll. Emma Bovary, wie Madame Delamare die Frau eines Landarztes, sehnt sich nach romantischen Abenteuern, doch ihre Liebesaffären bringen ihr nur Unglück ein, und am Ende begeht sie verzweifelt Selbstmord.

Konversationen im Salon

»Salon des artistes français« (die Pariser Kunstausstellung von 1911) von J.-A. Gruen (1922). Als Gegenbewegung zu den Ausstellungen, die von der (von Ingres als »wörtlich nichts weiter als ein Bilderladen« bezeichneten) Académie des Beaux-Arts bestimmt waren, eröffneten die Impressionisten ihre eigenen Bilderschauen, zum Beispiel den »salon des refusés« (Ausstellung der Abgelehnten). Diese revolutionäre Gruppe stand in engem Kontakt mit führenden literarischen Figuren jener Zeit. (Rouen, Musée des Beaux-Arts)

Das romantische Theater erlebte mit Hugo und Musset nur eine kurze Blüte; dafür entstand als neues dramatisches Genre das »Melodram«, wie es wegen gelegentlicher Musikbegleitung zunächst hieß. Die bürgerlichen Schichten verlangten nun ein Theater nach ihrem Geschmack – wenn etwa unter den handelnden Personen in Hugos *Hernani* ein Kaiser, ein König und drei Fürsten vorkommen, so hatten diese neuen Zuschauer zwar nichts gegen pittoreske Elemente, aber sie waren die grandiosen historischen Figuren und hochtrabenden rhetorischen Einlagen leid. Daher entstand im Zweiten Kaiserreich das »Gesellschafts- oder Konversationsstück«, das vom Alltagsleben der höheren Gesellschaft handelte – geschickt aufgebaute leichte Unterhaltung, die bald alle europäischen Bühnen dominierte. Erfolgreiche Dramen dieser Art schrieben etwa **Eugène Scribe** (1791-1861) oder auch **Alexandre Dumas fils** (1824-1845) mit seiner ergreifenden Komödie *La Dame aux camélias* (Die Kameliendame, 1852). Eugène Scribe hat die mehr als vierhundert unter seinem Namen aufgeführten Boulevardstücke und Opernlibretti fast durchweg in Zusammenarbeit mit anderen Autoren angefertigt. In dieser »Werkstatt« entstanden witzige Stücke, die sich hauptsächlich durch gut gearbeitete, meist auf Intrigen beruhende Plots auszeichnen. 1834 wurde Scribe Mitglied der Académie Française. Überlebt haben seine Komödie *Le verre d'eau* (Das Glas Wasser, 1840) sowie eine Reihe von Libretti, so *Robert der Teufel* und *Die Hugenotten* (für Meyerbeer). Soziale Themen wurden völlig ausgespart, bis am Rande Europas, in Norwegen, Ibsen und Bjørnson eine neue Epoche der Bühnengeschichte einleiteten.

Der Experimentalroman

Zu den drei kritischen Autoren, die das französische Denken in der zweiten Hälfte des 19. Jahrhunderts mitbestimmten, gehörte **Charles Augustin Sainte-Beuve** (1804-1869). Nach einer romantischen Phase wandte er sich der Literaturkritik zu, wobei er mit naturwissenschaftlichem Ansatz die Verbindung zwischen Autorenleistung und historischen Bedingungen zu bestimmen versuchte. Seine allmontaglichen literarischen Porträts und Rezensionen sind in den *Causeries de lundi* (Montagsplaudereien, 1849-61) gesammelt; außerdem schrieb er mit der *Histoire du Port-Royal* (1840-59) eine brillante Studie über die Jansenisten des 17. Jahrhunderts, der religiösen Bewegung, der etwa auch Pascal angehörte.

Zwar schrieb **Ernest Renan** (1823-1892) sein *Avenir de la science* (Die Zukunft der Wissenschaft) schon 1848, erscheinen durfte diese kühne Verteidigung der wissenschaftlichen Methodik aber erst 1890; währenddessen hatten ihn seine unorthodoxen Ansichten längst die Professur gekostet. Sein bekanntes Werk *La vie de Jésus* (Das Leben Jesu, 1863), der großangelegte Versuch einer Analyse der Ursprünge des Christentums unter rein historischen Aspekten, löste heftige Kontroversen aus.

Hippolyte Taine (1828-1893) bemühte sich auch um ein wissenschaftliches Herangehen an Literatur und Kunst. Für ihn folgten die Produkte der menschlichen Phantasie denselben Gesetzen wie andere Naturphänomene und sollten daher nach denselben Maßstäben beurteilt werden: »Unsere Sünden und Tugenden sind Naturerzeugnisse wie Zucker oder Vitriol.« Er schrieb unter anderem *Philosophie de l'art* (Philosophie der Kunst, 1805) und *Histoire de la littérature anglaise* (Englische Literaturgeschichte, 1863).

In der Dritten Republik machte die Prosa in Frankreich eine scharfe Wendung zum Realismus. Aber hier entstand auch – auf etwas populärerer Ebene – der moderne »Zukunftsroman«, die Science-Fiction, deren erster Meister **Jules Verne** (1828-1905) war. Seine Helden fliegen zum Mond, erkunden das Innere der Erde oder schwimmen *20000 Meilen unter dem Meer*. Verne war ein höchst phantasievoller Erzähler, und manche seiner Visionen zeigen recht prophetische Einsicht.

Die wichtigsten Romanciers dieser Zeit waren jedoch die »Naturalisten« – so hieß die Richtung seit 1877. Sie glaubten, der moderne Roman solle ein naturgetreues Abbild der sozialen Umwelt geben, die zu diesem Zweck mit gnadenloser Präzision beobachtet wurde. **Emile Zola** (1840-1902) zum Beispiel, der Autor von *Le roman expérimental* (Der Experimentalroman, 1880) wollte durch die Literatur zum Historiker seiner Zeit werden, und er wählte für jedes seiner Bücher ein ganz bestimmtes Thema aus.

So schildert seine zwanzigbändige Romanserie über das Schicksal einer Fami-

Links: »In der Druckerei« (1893), Plakat von Toulouse-Lautrec. Das Verfahren der Lithographie eröffnete dem Buchhandel völlig neue Möglichkeiten.

Rechts: Kapitän Nemo legt den Kurs seiner »Nautilus« fest. Kupferstich von A. de Neuville für Jules Vernes »20000 Meilen unter dem Meer« (1870).

lie unter dem Zweiten Kaiserreich, *Les Rougon-Macquart* (1871-93), zum Beispiel das Leben in den Pariser Markthallen – *Le ventre de Paris* (Der Bauch von Paris, 1873) –, das Leben der Arbeiter und Besitzer eines Bergwerks – *Germinal* (1885) –, oder den Aufstieg eines großen Kaufhauses – *Au bonheur des dames* (Zum Paradies der Damen, 1883) –, das ein ganzes Viertel verändert und auffrißt. Dabei spickt Zola jedes Thema mit unzähligen genau recherchierten, oft schonungslos enthüllenden Details.

Die Hintergründe von Zolas Geschichten sind oft eindrucksvoller als die Figuren, die darin agieren, aber die Panoramablicke, die er schuf – die ums Überleben ringenden, nach Macht oder Genuß strebenden Menschenmassen –, bleiben dem Leser im Gedächtnis haften. Neben seinem literarischen Talent besaß er einen ausgeprägten Gerechtigkeitssinn, wie er in der »Affäre Dreyfus« bewies, als sein berühmter Artikel *J'accuse* (Ich klage an, 1898) in grandiosen Worten für die Unschuld eines Verleumdungsopfers eintrat.

Zwei Kunsthistoriker, die Brüder **Edmond** (1822-1896) und **Jules de Goncourt** (1830-1870), führten ebenfalls den Naturalismus in den modernen Roman ein. Ihre Erzählungen sind scharf beobachtete, präzise Tatsachendokumentationen der Welt vor ihren Augen. Die Titelfigur von *Germinie Lacerteux* (1865) etwa war die brave Haushälterin der Brüder, die sich nach ihrem Tod als hartgesottene Lügnerin und notorische Diebin erwies. Noch interessanter aber ist das berühmte *Journal* (Tagebuch) der Goncourts, das Edmond nach dem tragischen Ende des jüngeren Bruders weiterführte. Darin findet sich ein herrlich lebendiger, wenn auch bisweilen etwas einseitiger Bericht über das französische Gesellschafts- und Kulturleben von 1851 bis 1896.

Guy de Maupassant (1850-1893) war ein Familienfreund und literarischer Zögling Gustave Flauberts, dem er die stilistische Feinarbeit abgeschaut hatte. Unter Flauberts Anleitung wurde er zu einem enorm produktiven Erzähler, und in seiner kurzen literarischen Karriere – er erlitt 1891 einen Nervenzusammenbruch und starb in geistiger Umnachtung – verfaßte er sechs Romane und fast 300 Novellen. Sein erstes, sehr erfolgreiches Werk *Boule de suif* (Fettkugel) erschien 1880 und war eine Anekdote aus dem Deutsch-Französischen Krieg, in der er den Mut und Patriotismus einer jungen Prostituierten der Feigheit und Heuchelei der prüden Mittelklasse gegenüberstellt.

Cinq Centimes

ERNEST VAUGHAN

L'AURORE

Littéraire, Artistique, Sociale

J'Accuse...!

LETTRE AU PRÉSIDENT DE LA RÉPUBLIQUE

Par ÉMILE ZOLA

LETTRE A M. FÉLIX FAURE

Président de la République

Oben: »Zola wartet auf sein Urteil« von L. Sabatier für »L'Illustration«, und (rechts) die Titelseite der Pariser Zeitung »L'Aurore« vom 13.1.1898 mit Zolas offenem Brief an Félix Faure, den Präsidenten der Republik, in dem der Dichter Regierungsbehörden der Mithilfe bei einem Justizirrtum in der »Affäre Dreyfus« bezichtigt – ein jüdischer Offizier war offensichtlich fälschlich wegen Spionage für Deutschland verurteilt worden. Zola wurde daraufhin der »Verleumdung von Offizieren und Behörden« schuldig befunden, zu einer Geldstrafe und einem Jahr Gefängnis verurteilt und verbrachte darauf einige Zeit im englischen Exil. (Paris, Bibliothèque Nationale)

Nicht minder typisch für Maupassants Weltanschauung ist auch *La maison Tellier* (Das Haus Tellier, 1881), die Studie der Kunden und Hausdamen eines gemütlichen Provinzbordells.
Sentimental sind seine Erzählungen gewiß nicht, aber dennoch fehlt dem Autor nicht die Sympathie mit seinen Figuren. Sein bewegendster Roman trägt den Titel *Une vie* (Ein Leben, 1883) und schildert die Sorgen, Hoffnungen und das langsame Altern einer einfachen Frau; der Roman endet mit der Erkenntnis der Hauptfigur: »Das Leben ist niemals so gut, niemals so schlimm, wie man glaubt.« 1885 erschien Maupassants berühmtestes Werk *Bel ami,* in dem er das düstere Bild einer korrupten bürgerlichen Gesellschaft zeichnet. Maupassant selbst hatte ein Naturell, in dem sich düstere Melancholie und robuste Sinnlichkeit vermischten. Seine Freunde gaben ihm den Spitznamen *le taureau triste,* »trauriger Stier«.

Illustrationen von Maupassants Werken: (oben) von Géo-Dupuis (1903) zu seinem Roman »Pierre et Jean« und (rechts) zu seiner Novelle »Bett Nr. 29« von Jeanniot: »Die schöne Irma zeigt sich den Offizieren«. Maupassant, Zola und andere Naturalisten beschäftigten sich mit den dunkleren, gewalttätigen Aspekten des Gesellschaftslebens ihrer Zeit.

Die Viktorianische Ära

»Viktorianisch« war lange Zeit ein verächtlich gemeinter Begriff und bezeichnete die prüde Moral, die in Großbritannien unter Königin Viktorias langer Regierung (1837-1901) herrschte. Das viktorianische Ethos lenkte aber nicht nur privates Verhalten: Nach dem Studium der britischen Zustände des 19. Jahrhunderts schrieb Karl Marx seine Kapitalismustheorie. Seit der Industriellen Revolution hatte das Land die Akkumulation des Wohlstands und die stetige Zunahme der Armut gesehen. Großbritannien war nun eines der reichsten Länder der Welt, doch wie Benjamin Disraeli, der spätere Premierminister, in seinem Roman *Sybil* (1845) voraussah, waren Arm und Reich bereits zwei verschiedene Nationen innerhalb des Staates geworden – zwischen denen bald ein Konflikt entstehen könne, wie John Ruskin hinzusetzte. Man darf allerdings nicht die gewaltigen – sowohl spirituellen wie intellektuellen – Fortschritte der viktorianischen Ära übersehen, wie es die rebellische Generation der 20er Jahre unseres Jahrhunderts oft tat, darunter Lytton Strachey, der Biograph der Königin. Die Entdeckungen englischer Wissenschaftler waren beinahe so revolutionär wie jene von Locke und Newton im 17. Jahrhundert. Der Ökonom **John Stuart Mill** (1806-1873) verkündete inzwischen den Utilitarismus, eine Philosophie, die Handlungen am sozialen Wert ihrer Folgen maß und deren Ziel in »größtmöglichster Wohlfahrt« für möglichst viele Menschen bestand – und damit eine Idee, die viele Reformer des 19. Jahrhunderts inspirierte. **Charles Darwin** (1809-1882) trug mit seinen Forschungen zu den Ursprüngen der menschlichen Spezies und zur Selektionstheorie dazu bei, die biblische Schöpfungsgeschichte zu unterminieren, die damals von gläubigen Christen noch wörtlich genommen wurde. Darwin förderte aber auch ganz allgemein den Fortschritt mit seiner Vision einer sich ständig weiterentwickelnden Welt, die – zumindest bis zum 2. Weltkrieg – die europäische Kultur bestimmte.

Historiker und Essayisten – Revolutionäre wie Reaktionäre – griffen den nach vorn gerichteten Geist ihrer Epoche auf. **Thomas Carlyle** (1795-1881), ein sturer Schotte, ist heute nicht mehr als Historiker bekannt, sondern als phantasievoller Schriftsteller, der die Geschichte hervorragend dramatisieren konnte. Sein wichtigstes Werk, *The French Revolution* (Die französische Revolution, 1837), enthält zwar absurd vereinfachende Theorien über die Gründe der Volkserhebung (die er teilweise auf die Frivolität und Lasterhaftigkeit des *ancien régime* zurückführt), aber es ist eine wunderschöne, bewegende Erzählung voller brillanter Charakterzeichnungen der Hauptakteure. Carlyle hegte einen gewissen »Heldenkult«, zu dem er in der Schrift *On Heroes, Hero-Worship and the Hero in History* (Helden, Heldenverehrung und das Heldentümliche in der Geschichte, 1841) ausführt, dominante Persönlichkeiten müßten die Lenker menschlichen Schicksales sein – daher seine Bewunderung für Friedrich den Großen. Carlyles letztes großes Werk war die erfolgreiche sechsbändige *History of Frederick the Great* (Geschichte Friedrichs des Großen, 1857-1865), für die er den preußischen Orden »Pour le mérite« erhielt. Im Alter wurden seine Ansichten zunehmend konservativ. Er verabscheute den Industrialismus und die damit verbundenen Erscheinungen, doch einer Parlamentsreform war er ebenso abgeneigt.

»Weihnachten auf Schloß Windsor«, eine um 1850 sehr beliebte Radierung. Nach der skandalösen Regierungszeit ihrer Vorgänger wirkte die tugendhafte Häuslichkeit von Königin Viktoria und ihrem Prinzgemahl besonders anziehend; sie setzte ein Beispiel, dem die bürgerlichen Schichten gerne folgten. Trotz der prüden Moral war das 19. Jh. in Großbritannien aber eine höchst aktive und kreative Epoche. (London, British Museum)

Sein Freund **John Ruskin** (1819-1900) hielt auch nichts von der industriellen Zivilisation. Sein erstes Buch, *Modern Painters* (Moderne Maler, 1843), widmete er zwar einem Zeitgenossen – J. M. Turner –, doch andere Werke wie *Seven Lamps of Architecture* (Die sieben Leuchter der Baukunst, 1849), in dem er sein eigenes »Zeitalter der Häßlichkeit« tadelt, oder *The Stones of Venice* (Die Steine Venedigs, 1851-53) hatten Kunst und Architektur des Mittelalters zum Thema. Im späteren Leben verspürte er leicht prophetische Züge und veröffentlichte 1862 mit dem Buch *Unto This Last* (Die Adern des Reichtums) eine kühne Attacke auf das moderne Wirtschaftssystem, das als »Bibel der britischen Labour Party« gilt und Mahatma Gandhis Lieblingslektüre war. Gleichzeitig blieb er aber auch ein einflußreicher Kunstkritiker und der bedeutendste Fürsprecher der englischen Künstlergruppe der »Präraffaeliten«. Ruskin war ein Meister wohlklingender, oft rhythmisch gegliederter Prosa, und seine unvollendet gebliebene Autobiographie *Praeterita* (1885-89) kommt als faszinierendes Selbstporträt eines großen europäischen Literaten Jean-Jacques Rousseaus *Bekenntnissen* gleich.

Charles Darwin, dessen »Origin of Species by Means of Natural Selection« (Entstehung der Arten durch natürliche Zuchtwahl, 1859) genügend Beobachtungsdaten zur Fundierung der wissenschaftlichen Evolutionstheorie sowie des zugrundeliegenden Prinzips – der Auslese der am besten an ihre Umwelt angepaßten Individuen – anbot. Das Werk wurde sofort ein »Bestseller« wegen des explosiven Inhalts. In der Veröffentlichung »Descent of Man« (Die Abstammung des Menschen, 1871) stellte Darwin eine evolutionäre Verbindung vom Menschen zum Affen her.

Oben: Die Evolutionstheorie war ein ideales Sujet für Karikaturisten. Hier zeigt ein österreichischer Witzbold die Verwandlung eines Cellisten in sein Instrument (funktionelle Anpassung). (Wien, Kunsthistorisches Museum)

Darunter: Für den Kulturkritiker John Ruskin war die Kunst die Krönung des Lebens; doch er setzte sich auch leidenschaftlich für Sozialreformen ein und wetterte laut gegen die moderne Industriegesellschaft. Porträt von Huber von Kerkhomer (1881). (London, National Portrait Gallery)

Charles Dickens

Seit Shakespeare hat kaum ein europäischer Autor so sympathische und auch heute noch lebendige Figuren gezeichnet wie **Charles Dickens** (1812-1870). Er übernahm zwar die englischen Romantraditionen des 18. Jahrhunderts, mit denen er aufgewachsen war, doch er bereicherte und erweiterte diese Traditionen ganz enorm. Die Handlung vieler seiner Bücher entnahm er der eigenen Jugend. Sein gutmütiger, leicht verschusselter Vater – der Prototyp von »Mr. Micawber« – brachte einige Zeit im Schuldturm zu, und Dickens selbst mußte mit dreizehn für lächerlichen Lohn in einer Londoner Fabrik arbeiten. Dieses Erlebnis vergaß er nie: Es flößte ihm so große Angst vor dem Armsein ein, daß er wild entschlossen war, erfolgreich zu werden. 1828 begann er als Parlamentsreporter und schrieb seitdem auch Romane; 1833 spielte er schließlich ein Manuskript mit dem Titel *Sketches by Boz* (Skizzen von Boz) einer populären Monatszeitschrift zu. Der Text wurde angenommen und mit Radierungen des bekannten Karikaturisten George Cruikshank illustriert, und bald danach erschien die Fortsetzungsgeschichte *The Pickwick Papers* (Die Pickwickier, 1836/37), die schon nach wenigen Folgen außergewöhnlich erfolgreich war.

Oliver Twist, ein wesentlich ernsteres Werk – das Dickens erstmals namentlich zeichnete –, erschien 1838. Von da an folgte Triumph auf Triumph. London, die Stadt, die Dickens liebte und – weil er dort seine elende Kindheit verlebt hatte – auch haßte, ist der Hintergrund seiner größten Romane: *David Copperfield* (1850), *Bleak House* (Bleakhaus, 1853), *Little Dorrit* (Klein Dorrit, 1857), *Our Mutual Friend* (Unser gemeinsamer Freund, 1865); und er wurde nie müde, London zu erforschen und zu beschreiben. Dickens verfügte über beachtliche Energien: Was immer er tat – schreiben, Theateraufführungen organisieren, Freunde bewirten –, tat er mit unermüdlichem Eifer und guter Laune. In öffentlichen Lesungen veraus-

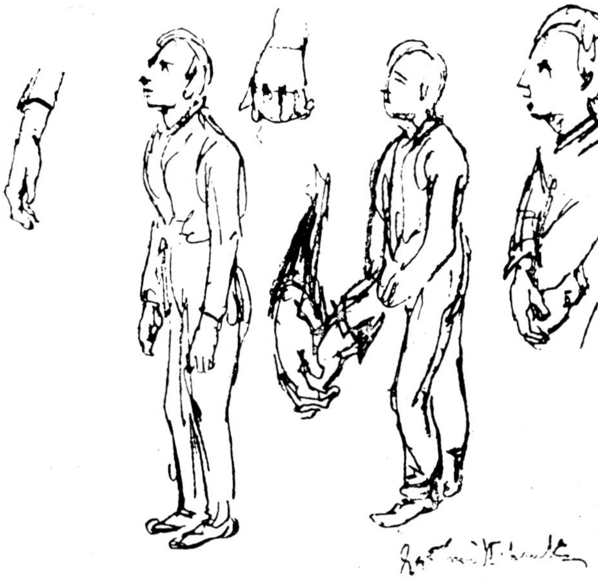

Der vielseitige Karikaturist George Cruikshank (1792-1878) entwarf eine unvergeßliche Serie von Illustrationen für Dickens' »Oliver Twist«.

Links: Eine Seite aus Cruikshanks Skizzenblock mit Versuchen zur Gestalt des Oliver in der berühmten Szene, wo der Junge im Armenhaus frech einen Nachschlag Haferschleim verlangt; (unten) Oliver erlernt das Taschendiebhandwerk. (London, British Library)

gabte er sich manchmal völlig, was vielleicht seinen frühen Tod erklärt. Seine Phantasie hat oft auch eine etwas düstere Färbung, und seinem fraglosen Genie als Erzähler steht ein Hang zu moralisierender Schwarzweißmalerei gegenüber. Seine Heldinnen sind – anders als die männlichen Figuren – meist die personifizierte Tugend; seine eigene, etwas naive Frau behandelte er allerdings nicht eben freundlich, und das Ehegelübde war ihm keineswegs heilig. Dickens besaß viele der guten und manche der schlechten Eigenschaften der Zeit, in der er lebte.

Gegenüberliegende Seite oben: Charles Dickens' extrovertierte, schwungvolle Unterschrift.

Gegenüberliegende Seite unten: »Dickens' Traum«. Dieses unvollendete Bild zeigt den schlafenden Dichter im Arbeitszimmer, umringt von der wuselnden Schar seiner Phantasiegeschöpfe. Gemalt wurde es 1873 von R. W. Buss. Als die »Pickwickier« 1836 als Fortsetzungsgeschichte gedruckt wurden, beging Dickens' ursprünglicher Illustrator Robert Seymour Selbstmord, so daß man dringend einen Nachfolger suchte. Sowohl Buss wie auch W. M. Thackeray bewarben sich um die Stelle, doch sie ging an H. K. Browne, der unter dem Künstlernamen »Phiz« viele der Romane des Dichters bebilderte. (London, Dickens House Museum)

William M. Thackeray

Obwohl er ein fast ebenso guter Autor war, fehlte **William Makepeace Thackeray** (1811-1863), der Dickens als seinen einzigen ernsthaften Rivalen betrachtete, dessen dämonische Kraft und spritzige Phantasie. Gesellschaftskritik schrieb auch er – er prägte das nützliche Wort »Snob« –, allerdings in etwas oberflächlicherer Form. Auch sein Erfolg ließ länger auf sich warten: Erst als nach drei guten, aber weniger bedeutenden Romanen 1848 sein Meisterwerk *Vanity Fair* (Jahrmarkt der Eitelkeit) erschien, feierte man ihn als »Fielding der Neuzeit«. Thackeray hatte als junger Mann in Paris Zeichnen studiert und war selbst ein vollendeter Illustrator.

Zwei emotionale Tragödien, die sein Leben überschatteten, spiegeln sich in seinen Werken wider: seine junge Frau litt an akuter Melancholie und wurde für unheilbar geisteskrank erklärt, er selbst verliebte sich platonisch in die Gattin eines Bekannten, die zwar seine Freundschaft ermutigte, seine Leidenschaft aber nicht erwiderte – wie Dobbin im *Jahrmarkt der Eitelkeit,* der hoffnungslos in die zwar tugendhafte und pflichtbewußte Amelia verliebt ist, die ihn aber nie glücklich machen kann. Krasses Gegenstück ist Becky Sharp, die Hauptfigur des Romans, die als Frau ihre Reize ausnutzt; sie ist so skrupellos und willensstark wie Amelia sanftmütig und unterwürfig. Die meisten viktorianischen Romane haben einen Helden, doch Thackeray hatte vor, einen »Roman ohne Helden« – und ohne positive Heldin – zu schreiben; er wollte auf »vergnügliche Weise zeigen, daß wir alle schrecklich dumm und eigennützig sind ... Ich will meine Leser am Ende des Buches enttäuscht zurücklassen.« Von allen großen Romanciers der viktorianischen Ära war wohl keiner auf so gelassene Weise zynisch. Weitere Romane, unter anderem *Henry Esmond* (1852) festigten Thackerays Ansehen, der auch erfolgreiche Vortragsreisen durch die USA unternahm, was schon damals das einträgliche Indiz literarischer Distinktion war.

Oben rechts: Porträt von William Thackeray (1863) von Samuel Laurence. (London, National Portrait Gallery)

Oben links: Eine Illustration Thackerays für sein »Book of Snobs« (Buch der Snobs, 1848), das schon ein Jahr vorher in Form der Artikelreihe »The Snobs of England« (Die Snobs von England) in der Satirezeitschrift »Punch« erschienen war.

Rechts: Hier erfährt die stattliche Miss Crawley gerade, daß Rebecca (Becky) das Heiratsangebot des alten Sir Pitt ausgeschlagen hat. Aus Thackerays »Jahrmarkt der Eitelkeit«. Illustration von Robin Jacques für eine Ausgabe der Folio Society (1963).

Schriftstellerinnen

Eine der größten, aber auch bescheidensten englischen Romanautorinnen des 19. Jahrhunderts war **Jane Austen** (1775-1817). Als 1811 ihr erster Roman *Sense and Sensibility* (Vernunft und Gefühl) erschien, trug er nur den Vermerk »*By a Lady*« (Von einer Dame). Die Tochter eines Landpfarrers zog nie von zu Hause aus und wurde kaum je beim Schreiben gesehen. Sie wurde schon vor ihrem Tod berühmt und ebenso von Sir Walter Scott wie König Georg III. bewundert, doch suchte sie nie die Öffentlichkeit. Sie schrieb größtenteils zum eigenen Vergnügen über Themen, die sie gut kannte: die Welt der kleinen Grundbesitzer, die mittelständischen Provinzler und ihre stillen Familien sowie die gelegentlichen Bälle, die sie besuchten. Ihre Romane fallen in zwei Gruppen – zwischen 1811 und 1816 kamen *Sense and Sensibility*, *Pride and Prejudice* (Stolz und Vorurteil), *Mansfield Park* und *Emma* heraus; erst posthum erschienen *Northanger Abbey* (Die Abtei von Northanger) und *Persuasion* (Überredungskunst). Jedes dieser Werke ist eine kunstvolle Miniatur – die Autorin selbst verglich ihre Arbeit mit dem Elfenbeinschnitzen –, und aus jedem spricht beißender Witz und ein scharfer Einblick in die menschliche Natur. Jane Austen besaß ein großes Talent zum Erhöhen und Dramatisieren scheinbar höchst alltäglicher Situationen.

Ganz anders – sowohl in der Methode wie in den Themen – verhielt es sich mit drei Autorinnen, die Mitte des 19. Jahrhundert plötzlich berühmt wurden: **Charlotte Brontë** (1816-1855) schokkierte und verblüffte in *Jane Eyre* (1847) manche Zeitgenossen mit dem Porträt einer jungen Frau, die zwar strikt tugendhaft lebt, deren Leidenschaften aber von fast maskuliner Intensität sind. Der Roman wurde gleich bei seinem Erscheinen ein großer Erfolg. Auch ihre Schwester **Anne** (1820-1849) schrieb, vor allem aber **Emily Brontë** (1818-1848), deren verbitterter Held Heathcliff – aus dem wild-ländlichen Schauerroman *Wuthering Heights* (Sturmhöhe, 1847) – sogar Charlotte Angst machte, weil das ganze Buch so von Düsternis durchdrungen ist, brachte es zu bleibendem Ruhm. Auch Emily Brontës Gedichte sind von großer Ausdruckskraft.

Oben links: Jane Austen (ca. 1810), gemalt von ihrer Schwester Cassandra. (London, National Portrait Gallery)

Oben rechts: Die Schwestern Brontë (ca. 1836), gemalt von ihrem Bruder Branwell, deren erste Publikation eine gemeinsame Gedichtsammlung mit dem Titel »Poems by Currer, Ellis and Acton Bell« war. Diese Pseudonyme benutzten sie auch für ihre allein verfaßten Werke. (London, National Portrait Gallery)

Links: Die Moorheide von Yorkshire, in deren Nähe die Schwestern Brontë lebten.

George Eliot (1819-1880), alias Mary Ann Evans, literarisch eine Realistin, war von tiefer Sorge um die sozialen Bedingungen der viktorianischen Ära und die Not der Arbeiter erfüllt, die sie in ihrem Roman *Silas Marner* (1861) eindrucksvoll darstellte. Aber auch ihre Charakterschilderungen sind von hoher Qualität, und ihr *Middlemarch*, das den Untertitel *A Study of Provincial Life* (Aus dem Leben der Provinz, 1871/72) trägt, ist eine Analyse ihrer Zeit vor dem Hintergrund industrieller Entwicklung und parlamentarischer Reformen, jedoch auch eine sehr sensible, mitfühlende Studie widersprüchlicher menschlicher Probleme.

Poeten der viktorianischen Zeit

Oben: Alfred Tennyson (ca. 1840) von Samuel Laurence (London, National Portrait Gallery). Während Tennyson sich mit seinen »Königsidyllen« in die Legenden von König Artus vertiefte, wandten sich andere Künstler seiner Epoche dem keltischen Sagengut zu – der wahnsinnig gewordene Maler Richard Dadd zum Beispiel der Welt der Feen und Elfen.

Rechts: Dadds unvollendetes Bild »Der Meisterschlag des Elfen-Holzfällers« (1855-64) entstand im Londoner Bethlem Hospital, wo er nach dem Mord an seinem Vater interniert war. Er schrieb zu dem Bild ein langes erläuterndes Gedicht »zur Belehrung des gewöhnlichen Verstandes«. Der Holzfäller vorn will gerade eine Haselnuß spalten, um eine Kutsche für Königin Mab daraus zu machen.

Alle frühen englischen Romantiker, sogar Wordsworth während seiner rebellischen Jugend, lehnten sich in gewissem Maße gegen das herrschende System auf; doch **Alfred Tennyson** (1809-1892), der Wordsworth 1850 auf dem Thron des *poet laureate* (Hofdichter) ablöste und 1884 ins Oberhaus kam, entwickelte sich mit den Jahren zu einem stabilen Pfeiler der Konformität. Das letzte Gedicht, in dem er noch echten Abenteurergeist zeigte, das poetische Drama *Maud*, das auch er selbst für seine beste Arbeit hielt, erschien 1855; doch damals war er bereits der gefeierte Verfasser diverser offizieller Oden und patriotischer Hymnen. Tennysons Jugend aber war rastlos und sorgenvoll verlaufen. Aus seiner dritten Gedichtsammlung (von der nur 450 Exemplare gedruckt wurden) spricht eine kreative Phantasie, die, wie ein späterer Kritiker meinte, »am stärksten auf das Zweifelhafte, das Entsetzliche reagierte«. Nostalgische Melancholie, das Gefühl der Nutzlosigkeit menschlichen Strebens durchzieht sein gesamtes Frühwerk. Gedichte wie *The Lotos-Eaters* (Die Lotosesser, 1833) oder *Mariana in the South* (Mariana im Süden) zeigen, daß der spätere Verkünder des viktorianischen Optimismus damals ein visionärer Pessimist war. Der Tod beschäftigte ihn sehr, und als 1833 sein bester Freund aus Cambridge starb, schrieb er die schmerzliche Elegie *In Memoriam* (1833), die zwar formal ganz anders und vermutlich viel tiefer empfunden ist als Miltons *Lycidas* oder Shelleys *Adonais*, diesen Werken aber in nichts nachsteht. Tennyson war ein Dichter, der das eigene Genie überlebte, die Verskunst aber nie verlor: Was ihm blieb, war das Talent zu klanglicher Harmonie, und seine *Idylls of the King* (Die Königsidyllen, 1859), eine romantische Beschwörung der Artuslegenden, wären schon wegen ihrer sprachlichen Kunstfertigkeit der Bewunderung wert. Besonders häufig übersetzt wurde sein Seemannsepos *Enoch Arden* (1864).

Von Tennysons Zeitgenossen **Robert Browning** (1812-1887) sagte der moderne katholische Autor Graham Greene, einige von dessen Zeilen seien ihm »fünfzig Jahre lang im Gedächtnis geblieben« und hätten sein Leben »stärker beeinflußt als die Bergpredigt«. Browning war von Natur aus sehr neugierig und nahm Probleme gern genau unter die Lupe, historische ebenso wie psychologische. Er war ein hervorragender Lyriker, besaß aber auch das Zeug zum Romancier und zum Dramatiker. In seinen Dramen bevorzugt er die Redeform des langen Monologs. Sein erster großer Erfolg, *The Ring and the Book* (Der Ring und das Buch, 1863), erzählt die Geschichte eines Mordes und untersucht die geheimen Motive des Verbrechens. In einer Sammlung kurzer Gedichte mit dem Titel *Men and Women* (Männer und Frauen, 1855) erweckt er Figuren der italienischen Renaissance zum Leben: einen sterbenden Bischof, einen Priester, der eher Heide als Christ ist und sich von seinen unehelichen Söhnen ein prunkvolles Grabmal errichten läßt, und *Andrea del Sarto*, dem »Maler ohne Fehl«, samt seiner schönen, aber treulosen Frau. Wie Tennyson war Browning ein Meister der Sprache, obgleich er weniger poetisch, sondern eher umgangssprachlich formulierte. Als Stilmittel verwendete er oftmals groteske Reime und einen eigenwilligen Satzbau, beides häufig bis an die Grenze der Manieriertheit übertrieben. Viktorianische Kritiker warfen ihm allerdings oft einen unnötig verschlüsselten Stil vor, in dem seine Versuche, die selbst aufgeworfenen Fragen zu beantworten, zu »nichts als grauem Wortstreit« würden. Aus heutiger Sicht ist eher seine ungebremste Weitschweifigkeit zu tadeln. Er war der wortreichste Dichter jener Zeit: Seine gesammelten Werke füllen über 1000 eng bedruckte Seiten. Das zentrale Thema seiner Dichtung ist die Erforschung des menschlichen Seelenlebens, die Ergründung und Darstellung der für Motivzusammenhänge ungewöhnlichen Handlungen in kritischen Situationen. Zu den bekanntesten Werken Brownings gehören neben den bereits erwähnten *Paracelsus* (1835) und *Pippa passes* (Pippa geht vorüber, 1841).

Seine Frau **Elizabeth Barrett Browning** (1806-1861) war viele Jahre lang berühmter als er; ehe er *Der Ring und das Buch* herausbrachte, kannte ihn die Leserschaft nur als den »Mann von Elizabeth Barrett«. Verglichen mit ihrem Gatten war sie dennoch eine Dichterin minderer Bedeutung. 1846 heiratete sie Robert Browning, mit dem sie bis zu ihrem Tod zumeist in Italien lebte. Ihre Liebesgedichte für Robert, die in den Jahren ihrer Ehe entstandenen *Sonnets from the Portuguese* (Sonette aus dem Portugiesischen, 1850), enthalten sehr ergreifende und schöne Verse, die Rainer Maria Rilke so kunstvoll übertragen hat, daß die Spannung zwischen der zwanglosen Diktion und der strengen Sonettform auch im Deutschen erhalten bleibt:

> Wenn du mich lieben mußt, so soll es nur
> der Liebe wegen sein …
>
> Wie ich dich liebe? Laß mich zählen wie.
> Ich liebe dich so tief, so hoch, so weit,
> als meine Seele blindlings reicht, wenn sie
> ihr Dasein abfühlt und die Ewigkeit…

Außerdem verfaßte sie Gedichte zu aktuellen Streitfragen – in der Romanze *Aurora Leigh* (1856) über die Frauenbildung und in *The Cry of the Children* (Der Schrei der Kinder, 1844) über die Kinderarbeit in den Fabriken und Bergwerken jener Zeit.

Rechts und rechts außen: Robert Browning und seine Frau Elizabeth, die er 1846 nach dramatischen Verquickungen heiratete. Brownings obskure Anspielungen und seine absichtliche Verklausuliertheit gaben ihm den Ruf eines »schweren« Dichters. Er nahm damit spätere Strömungen der englischen Verskunst voraus, und seine Ideen waren oft wirkliche poetische Neuerungen, zum Beispiel die Verwendung gewandter Monologe in seiner Serie »Männer und Frauen«. Porträts von M. Gordigiani (1858). (London, National Portrait Gallery).

Unten: Elizabeth Barrett Browning führte eine Kampagne gegen die Kinderarbeit; diese Skizze war einem Parlamentsbericht über Lord Ashleys Bergwerksgesetz von 1842 beigelegt, in dem die Einstellung von Kindern unter 10 Jahren und Frauen als Arbeiter unter Tage verboten wurde. (London, British Library)

Zwei Strömungen

Oben: Vor Hegel betrachtete man frühere Philosophien als Rivalen, mit denen es sich auseinanderzusetzen galt. Er bewertete sie als Studien in der geistigen Entwicklung der Menschheit, die im Widerstand der Extreme voranschreiten und dabei reifere Synthesen liefern. Lithographie von L. J. Sebbers (1828)

Ein Historiker hat einmal die prägenden Momente des 19. Jahrhunderts mit zwei Strömungen verglichen: einer sozialistischen und einer nationalistischen. Nirgendwo schien die Vereinigung dieser Strömungen wahrscheinlicher als in Deutschland, das zu Beginn dieser Epoche gerade als Nation zu entstehen begann und außerdem gewisse demokratische Reformen errang. Und doch waren die beiden Bewegungen nirgendwo so schwer zu vereinbaren. Nach vielen Rückschlägen wurde die nationale Einheit 1871 erlangt, doch gleichzeitig war der preußische Militarismus auf dem Vormarsch: die liberalen Bestrebungen kamen bald unter den Druck mächtiger reaktionärer Kräfte.

Der industrielle und wissenschaftliche Fortschritt hatte in Deutschland währenddessen ein Denken hervorgebracht, das die philosophischen und künstlerischen Ideale der Romantik ablöste. **Georg Wilhelm Friedrich Hegel** (1770-1831) aber baute mit seiner Konzeption der »absoluten Weltvernunft« und der Idee der »Dialektik« – dem Gesetz der Veränderung, das alles menschliche Dasein durchdringt – eine Art Brücke zwischen den Epochen. Radikale und rein materialistische Denker wie **Karl Marx** (1818-1883) und **Ludwig Feuerbach** (1804-1872) lehnten sich an Hegel an, obwohl dieser selbst eher konservative Tendenzen hatte. 1848 gab Marx mit Friedrich Engels das *Kommunistische Manifest* heraus, 1867 den ersten Teil von *Das Kapital.* Das Eindringen der sozialistischen Idee in die Politik beunruhigte die bürgerlichen Schichten und verlieh bestehenden gesellschaftlichen Konflikten zusätzliche Brisanz, was sich auch im zunehmend realistischen Stil der Schriftsteller ausdrückte.

In der ersten Hälfte des Jahrhunderts unternahm der Philosoph **Arthur Schopenhauer** (1788-1860) eine heftige Attacke gegen die Geistesgrößen seiner Zeit. Sein wichtigstes Werk, *Die Welt als Wille und Vorstellung,* erschien schon 1819, aber seine Denkhaltung setzte sich erst ab 1851 durch, als er *Parerga und Paralipomena* (Nebenarbeiten und Zurückgebliebenes) veröffentlichte. Seine pessimistisch-ästhetische Betrachtungsweise des menschlichen Lebenswillens als an sich schon negativer Kraft wurde letztendlich als Alternative zu dem fadenscheinigen Optimismus materialistischer Denker akzeptiert.

Aus dem *Kommunistischen Manifest* von Karl Marx und Friedrich Engels

Die Arbeiter haben kein Vaterland. Man kann ihnen nicht nehmen, was sie nicht haben. Indem das Proletariat zunächst sich die politische Herrschaft erobern, sich zur nationalen Klasse erheben, sich selbst als Nation konstituieren muß, ist es selbst national, wenn auch keineswegs im Sinne der Bourgeoisie.

Die nationalen Absonderungen und Gegensätze der Völker verschwinden mehr und mehr schon mit der Entwicklung der Bourgeoisie, mit der Handelsfreiheit, dem Weltmarkt, der Gleichförmigkeit der industriellen Produktion und der ihr entsprechenden Lebensverhältnisse.

Die Herrschaft des Proletariats wird sie noch mehr verschwinden machen. Vereinigte Aktion, wenigstens der zivilisierten Länder, ist eine der ersten Bedingungen seiner Befreiung.

In dem Maße, wie die Exploitation des einen Individuums durch das andere aufgehoben wird, wird die Exploitation durch die anderen aufgehoben.

Mit dem Gegensatz der Klassen im Innern der Nation fällt die feindliche Stellung der Nationen gegeneinander.

Die Anklagen gegen den Kommunismus, die von religiösen, philosophischen und ideologischen Gesichtspunkten überhaupt erhoben werden, verdienen keine ausführliche Erörterung.

Bedarf es tiefer Einsicht, um zu begrei-

fen, daß mit den Lebensverhältnissen der Menschen, mit ihren gesellschaftlichen Beziehungen, mit ihrem gesellschaftlichen Dasein, auch ihre Vorstellungen, Anschauungen und Begriffe, mit einem Worte, auch ihr Bewußtsein sich ändert?
Was beweist die Geschichte der Ideen anders, als daß die geistige Produktion sich mit der materiellen umgestaltet? Die herrschenden Ideen einer Zeit waren stets nur die Ideen der herrschenden Klasse.
Man spricht von Ideen, welche eine ganze Gesellschaft revolutionieren; man spricht damit nur die Tatsache aus, daß sich innerhalb der alten Gesellschaft die Elemente einer neuen gebildet haben, daß mit der Auflösung der alten Lebensverhältnisse die Auflösung der alten Ideen gleichen Schritt hält.
Als die alte Welt im Untergehen begriffen war, wurden die alten Religionen von der christlichen Religion besiegt. Als die christlichen Ideen im 18. Jahrhundert den Aufklärungsideen unterlagen, rang die feudale Gesellschaft ihren Todeskampf mit der damals revolutionären Bourgeoisie. Die Ideen der Gewissens- und Religionsfreiheit sprachen nur die Herrschaft der freien Konkurrenz auf dem Gebiete des Wissens aus …
Die kommunistische Revolution ist das radikalste Brechen mit den überlieferten Eigentumsverhältnissen; kein Wunder, daß in ihrem Entwicklungsgange am radikalsten mit den überlieferten Ideen gebrochen wird …
Das Proletariat wird seine politische Herrschaft dazu benutzen, der Bourgeoisie nach und nach alles Kapital zu entreißen, alle Produktionsinstrumente in den Händen des Staats, d.h. des als herrschende Klasse organisierten Proletariats, zu zentralisieren und die Masse der Produktionskräfte möglichst rasch zu vermehren …
Die Kommunisten verschmähen es, ihre Ansichten und Absichten zu verheimlichen. Sie erklären es offen, daß ihre Zwecke nur erreicht werden können durch den gewaltsamen Umsturz aller bisherigen Gesellschaftsordnung. Mögen die herrschenden Klassen vor einer kommunistischen Revolution zittern. Die Proletarier haben nichts in ihr zu verlieren als ihre Ketten. Sie haben eine Welt zu gewinnen.

PROLETARIER ALLER LÄNDER, VEREINIGT EUCH!

Seit 1849 hatte Marx in England gelebt, doch eine englische Übersetzung von Band I seines »Kapitals« erschien erst drei Jahre nach seinem Tod. In späteren Jahren schien Marx kaum zu altern, und abgesehen vom Funkeln in seinen Augen ähnelt diese um 1870 entstandene »kolorierte« Photographie fast haargenau einer anderen, die 1882 während einer Kur von ihm gemacht wurde.

»Junges Deutschland«

Unten: Mit »Krähwinkel« schuf Heine die Verkörperung der spießbürgerlichen deutschen Kleinstadt.

Gegenüberliegende Seite: »Heines spitze Feder« bedrohte die Behörden und die Spießer. Beide Illustrationen von Angelo Jank in »Jugend« (7, 1906). Heine hatte sich mit der »Harzreise« (1826) einen Namen gemacht.

Die deutsche Romantik war politisch eher konservativ gewesen, doch in ihrer Auflehnung gegen das Spießbürgertum lag bereits der Keim einer anderen Entwicklung verborgen, die bald Früchte tragen sollte, als 1835 mit der Bewegung »Junges Deutschland« eine ganze Schar von neuen Schriftstellern in den Kampf um Liberalität und Reformen eintrat.

Heinrich Heine (1797-1856), ein führender Dichter in dieser Gruppe, stammte aus einer jüdischen Familie, und obwohl er seiner Religion abgeschworen hatte, fühlte er sich weder in Deutschland noch in Frankreich, seiner geliebten zweiten Heimat, je so ganz heimisch. Als Lyriker erfreute er vor allem die jungen Leute seiner Zeit, etwa mit dem 1827 erschienenen *Buch der Lieder*, einer Sammlung seiner Gedichte mit ihrer Mischung aus Einfachem und Hintergründigem, aus Melancholie und Frohsinn, die zu Klassikern ganz besonderer Art wurden – zum Beispiel *Lorelei, Die beiden Grenadiere* oder *Die Wallfahrt nach Kevlaar:*

Die Mutter Gottes zu Kevlaar
Trägt heute ihr bestes Kleid;
Heut hat sie viel zu schaffen,
Es kommen viel kranke Leut'.

Die kranken Leute bringen
Ihr dar als Opferspend'
Aus Wachs gebildete Glieder,
Viel wächserne Füß' und Händ'.

Und wer eine Wachshand opfert,
Dem heilt an der Hand die Wund';
Und wer einen Wachsfuß opfert,
Dem wird der Fuß gesund.

Nach Kevlaar ging mancher auf Krükken,
Der jetzo tanzt auf dem Seil,
Gar mancher spielt jetzt die Bratsche,
Dem dort kein Finger war heil.

Heine war auch ein brillanter Prosaautor und verfaßte historische und kritische Werke wie *Die romantische Schule* oder *Zur Geschichte der Religion und Philosophie in Deutschland* (1835) und phantasievolle Berichte wie *Reisebilder* (1826-29) und die *Florentinischen Nächte*, die in *Salon III* (1837) erschienen, wo sich unter anderem auch die Beschreibung seines einzigen Besuches in London findet.

In Frankreich lernte er die freie Meinungsäußerung in einem Ausmaß kennen, wie sie in Deutschland unmöglich war, und dort wurde er auch zu einem mächtigen Polemiker. In dem Versepos *Atta Troll* (1841-46), der Geschichte eines alten

Jugend
№ 7 1906
M.
05

Trotz seiner Angriffe auf deutsche Eigenarten bewahrte sich Heinrich Heine immer eine romantische Liebe zu seiner Heimat, die für ihn die Landschaft des Harzgebirges symbolisierte. Theodor Storm (1817-1888), der aus Schleswig stammte, mußte wie Heine einige Jahre im Exil verbringen, und zwar während des Konfliktes zwischen Preußen und Dänemark um Schleswig-Holstein (1853-64). Storms nostalgische Erinnerungen sind vom nebligen Flachland Norddeutschlands bestimmt. Er war nicht nur einer der besten deutschen Lyriker des 19. Jahrhundert, sondern auch ein Meister der Prosa, wie seine Novellen »Immensee« oder »Der Schimmelreiter« beweisen.

Tanzbären, macht er sich etwa über die deutsche sozialistische Partei und deren unklaren Idealismus lustig – obwohl er das Werk als ebenso unfertig bezeichnete »wie alle großen Werke der Deutschen, wie der Kölner Dom, der Schellingsche Gott und die preußische Konstitution«. Heine war auch ein politischer Prophet, der das Wiederaufkommen der germanischen Götter und politischen Aufruhr in Deutschland vorhersagte.
Von einem Rückenmarksleiden an die »Matratzengruft« gefesselt, starb Heine 1856; sein letzter Gedichtzyklus *Romanzero* (1851) ist eine charakteristische Mischung aus heroischen Balladen, satirischen Sticheleien gegen die Kirche und tragischen Andeutungen des nahen Todes.
Wie in England gab es in Deutschland einige Dichter – meist Lyriker –, mit denen Klassizismus und Romantik auch im Realismus weiterlebten. Einer davon war **August von Platen** (1796-1835) – diesem von Selbstvorwürfen zerrissenen Menschen dürfte die Poesie einen Ausgleich für die durch seine Homosexualität ausgelöste Isolation und Entfremdung dargestellt haben. Leicht war dieser Ausgleich nicht: seine Verse betrachtete er als Opfer, die er einem fordernden Gott darbrachte. Makellose Schönheit und künstlerische Vollendung als höchste Werte preisend, fühlte sich der Dichter Platen als Fremder in einer Zeit, die seinen idealen Kunstvorstellungen und strengen Maßstäben kaum Beachtung schenkt. Seiner Einsamkeit und Resignation gab Platen ergreifenden lyrischen Ausdruck, so zum Beispiel in dem Sonett *Wer wußte je das Leben recht zu fassen.*
Die »romantische Agonie«, wie ein moderner Kritiker es nannte, zerstörte auch den österreichisch-ungarischen Dichter **Nikolaus Lenau** (1802-1850), der in einer Heilanstalt endete. Seine Schwermut äußerte sich in melancholischen Bildern – oft in öden Landschaften, die er durchwandern mußte. Lenaus Gabe, die seelischen Vorgänge in seinem Innern in Naturbeschreibungen umzusetzen, machte ihn zum Bindeglied zwischen den frühen Romantikern und den Symbolisten des späten 19. Jahrhunderts. Die Cottaschen Ausgaben seiner *Gedichte* (1832) und *Neueren Gedichte* (1838) begründeten Lenaus Ruf als Dichter des Weltschmerzes.
Um die Mitte des Jahrhunderts setzte sich der Realismus unabhängig von politischen Richtungskämpfen in der Dichtung durch und Ideen kamen auf, für die **Eduard Mörike** (1804-1875) ein wichtiges Beispiel war. Von Natur aus zaghaft und schüchtern, war er für seinen Beruf als Priester nicht geeignet; er flüchtete sich in Mystizismus und romantische Freundschaften, fand aber nur in der Welt der »kleinen Gegenstände« wirkliche Freude. Seine Gedichte sind Betrachtungen, zu denen ihn solche »Dinge« oder »Kleinigkeiten« anregten, etwa die ersten Töne einer Harfe oder ein erlösender Regenfall in sommerlicher Hitze. Vor allem die »Nachtseiten« der menschlichen Existenz beschäftigten Mörike, wie sein Roman *Maler Nolten* zeigt, der auch frühe Lyrik – die »Peregrina-Lieder« – enthält. Berühmt geworden ist auch die Künstlernovelle *Mozart auf der Reise nach Prag.*

Regionale Prosa

Wichtige Impulse bekam die Prosa damals auch aus der Schweiz. Albert Bitzius, besser bekannt als **Jeremias Gotthelf** (1797-1854), kämpfte als Priester wie als Autor für seine Ideale: Christentum und politische Freiheit. Ihm ging es um moralische Seelsorge, doch war er auch ein schöpferischer Künstler und höchst origineller Schriftsteller, nicht nur dank seiner erzählerischen Kraft, sondern auch wegen des realistischen Herangehens an seine Sujets, das sich auf ein Gefühl für menschliche Größe und menschliches Elend gründet. Seine Romane und Novellen spielen alle in der Schweizer Bauernwelt. In *Der Bauernspiegel* (1837) beschreibt er das seelische Erwachsenwerden eines Dorfjungen, den er nach dem eigenen Pseudonym benannte, und in *Uli der Knecht* (1841) und *Uli der Pächter* (1848) schildert er das Schicksal eines Bauernjungen.

Gottfried Keller (1819-1890) schuf mit *Der Grüne Heinrich* (1855) ein Äquivalent zu Goethes Bildungsromanen. Das sprachmächtige Werk beschreibt das Leben eines jungen Malers, der irgendwann zugeben muß, daß ihm die künstlerische Berufung fehlt; schlußendlich wird er in einem Seziersaal zur modernen Wissenschaft und Feuerbachs Philosophie bekehrt. Was Kellers Werk zu einem der wichtigen Bücher des 19. Jahrhunderts macht, ist die Tatsache, daß sein Roman der Ideen von so lebendigen Gestalten bevölkert ist – von Heinrich, der Hauptfigur, und den Frauen rings um ihn. In Kellers Schilderung von Menschen und dem Hintergrund, vor dem sie handeln, schimmert Poesie und Humor durch.

Keller stärkte seine Stellung als realistischer Romancier durch weitere erzählerische Werke, die in Zyklen wie *Die Leute von Seldwyla* (1856-74) und *Zürcher Novellen* (1878) gesammelt sind.

Der Schweizer **Conrad Ferdinand Meyer** (1825-1898), ebenfalls ein Meister der Prosa, tritt 1871 erstmals mit dem Gedichtzyklus *Huttens letzte Tage* hervor. Kennzeichen seiner kunstvollen Prosa sind die Vollkommenheit des bildnerischen Sprachstils, bühnenhaft wirkende Szenen unter Ausnutzung der Rahmenkunst, wie er es in seiner bekannten Novelle *Das Amulett* (1873) virtuos vorführt.

Ein weiterer interessanter Prosaautor der Mitte des 19. Jahrhunderts war **Fritz Reuter** (1810-1874), und zwar deshalb, weil er in seiner Mundart schrieb – dem Plattdeutschen, das er damit zur Literatursprache erhob. Trotz seines unglücklichen Schicksals – aus politischen Gründen wurde er zum Tode verurteilt und dann zu einer langen Festungshaft begnadigt –, stieg er zum beliebtesten Humoristen seiner Heimat Mecklenburg auf, vor allem mit dem Roman *Ut mine Stromtid* (1863/64) und dessen unsterblicher Hauptfigur »Onkel Bräsig«.

Oben: Der fromme Schweizer Pastor Jeremias Gotthelf schrieb seine Romane immer mit belehrender Absicht. Seine realistischen, unsentimentalen Romane und Erzählungen sind meist zur Erbauung seiner Pfarrkinder und im Berner Schwyzerdeutsch verfaßt. Seine Erzählung »Die Schwarze Spinne« (1842) bearbeitet eine mittelalterliche Pestlegende in moderner Umgebung. Holzschnitt von Hänny.

Links: Gottfried Keller, ein anderer Schweizer Romancier, auf einer Skizze von K. Stauffer (1887). Sein Roman »Der Grüne Heinrich« ist zum großen Teil autobiographisch; seine Novelle »Romeo und Julia auf dem Dorfe« – eine volkstümliche Version des alten Tragödienstoffes – war die Vorlage für die gleichnamige Oper des englischen Komponisten Frederick Delius.

»Alles ist tragisch«

Franz Grillparzer war auch ein fähiger Amateurmusiker und ein Freund Schuberts und Beethovens – um 1820 gab es gemeinsame Pläne für eine Oper, und auch sein Stück »Sappho« (1818) sollte ursprünglich eine Oper sein. Aus Bekümmerung über den Niedergang der Macht Österreich-Ungarns verfaßte Grillparzer das Drama »Bruderzwist in Habsburg«. Die Handlung des Stückes, das charakteristisch subtile Analysen enthält, spielt im frühen 17. Jh. und Grillparzer deutet mit den religiösen und politischen Konflikten deutlich auf seine eigene Zeit. Porträt (1844) von F. G. Waldmüller. (Wien, Kunsthistorisches Museum)

Das Drama war in Deutschland wie anderswo auch das Stiefkind des Realismus, vielleicht wegen der begrenzten Darstellungsmöglichkeiten dieser Kunstform. So lebte Goethes und Schillers Stil weiter, wenn er auch einen neuen Tonfall hatte.

Der Österreicher **Franz Grillparzer** (1791-1872) hatte eine enge Beziehung zur griechischen Antike, sowohl in der Wahl seiner Themen, etwa der Tragödientrilogie *Das goldene Vließ* (1821), wie auch in der Lebensauffassung – er hielt *hybris* (Überheblichkeit) für die schlimmste Sünde. Wichtiger als Konflikt und Auflehnung war ihm die philosophische Resignation, obwohl diese in seinem persönlichen Leben oft mit Bitterkeit gekoppelt war. So untersagte er nach dem Fiasko von *Bruderzwist in Habsburg* (1848) – das heute als eines seiner besten Werke gilt – jede weitere Aufführung. Sein Skeptizismus verlieh vielen von Grillparzers Stücken, etwa *Ein treuer Diener seines Herrn* (1828), eine eher konservative Grundstimmung.

Christian Friedrich Hebbel (1813-1863) war sich bewußt, wie eitel aller Ehrgeiz ist. Über seinem Werk liegt wie ein Schatten die Grundidee des »Pantragismus« – nach der »alles tragisch« ist. Seine Stücke zeigen meist einen einzelnen Menschen, der seinen Willen durchsetzt, was zwar notwendig ist, aber dennoch bestraft werden muß, weil es dem »Weltwillen« entgegensteht. In *Maria Magdalene* (1844) wählte Hebbel ein modernes Thema: das tragische Leben einer jungen Frau aus dem Kleinbürgermilieu. Sonst stammen seine Hauptfiguren meist aus dem Adel oder der antiken Literatur. So haben *Judith* (1840), *Herodes und Marianne* (1850), *Gyges und sein Ring* (1856) und *Die Nibelungen* (1862) immer wieder rebellische Helden, die letztendlich gebändigt werden und ihre Niederlage eingestehen müssen.

Sowohl Grillparzer wie Hebbel ließen viele ihrer Stücke in der Vergangenheit spielen, während der junge **Georg Büchner** (1813-1837) den Blick eher nach vorn wandte. In seinem kurzen Leben, das er dem Studium und revolutionären Verschwörungen widmete, verfaßte er mehrere Theaterstücke, die erst ein Jahrhundert später die verdiente Aufmerksamkeit fanden – die Komödie *Leonce und Lena* (1836) und Trauerspiele wie *Dantons Tod* (1835) oder *Woyzeck* (1836), das Alban Bergs Oper »Wozzeck« inspirierte und bereits den Expressionismus vorwegnahm. Wie in seiner unvollendeten Meistererzählung *Lenz*, die das Lebensende des im Wahnsinn gestorbenen Sturm- und Drang-Dichters Reinhold Lenz schildert, ließ sich Büchner zu seinem Woyzeck-Drama durch eine Krankengeschichte, einen Grenzfall des Pathologischen, inspirieren.

Das deutsche Drama war dann sehr lange vom Naturalismus bestimmt; der 1889 gegründete Theaterverein »Freie Bühne« inszenierte zeitgenössische Werke von Strindberg, Ibsen und anderen modernen Dramatikern. Die deutschen Vertreter dieser Richtung sind aber heute nur noch von historischer Bedeutung. Eine Ausnahme bildet **Gerhart Hauptmann** (1862-1946), den Thomas Mann sehr bewunderte, weil er »das Leben selbst zu Worte kommen ließ«. Weithin bekannt wurde er mit *Die Weber* (1892), dem Porträt des schlesischen Weberaufstandes von 1844, wobei Hauptmann, wie Zola, die Not des Individuums dem Leid und dem Kampf der Massen unterordnet. In *Florian Geyer* (1896) schildert er in ähnlicher Weise den Bauernkrieg zur Zeit der Reformation. Hauptmanns witziges, aber beißendes Lustspiel *Der Biberpelz* (1893) ist ebenfalls ein Kommentar auf die sozialen Verhältnisse; gezeigt wird, wie die Justiz Arm und Reich mit zweierlei Maß mißt. Nicht alle Stücke Hauptmanns waren im naturalistischen Stil geschrieben: Die lyrische Traumdichtung *Hanneles Himmelfahrt* (1893) zeigt ihn als Meister der Poesie, während *Die versunkene Glocke* (1896) auf einem Märchenstoff basiert. Mit *Die Ratten* kehrte Hauptmann 1911 jedoch wieder zum naturalistischen Drama zurück.

Links außen: Friedrich Hebbel, der oft mythologische oder biblische Themen bearbeitete, immer aber das menschliche Dasein als Ganzes im Sinn hatte. Unter anderem inspirierte ihn die alttestamentliche Geschichte von Judith. Die Illustration (unten links) zeigt Gustave Dorés »Judith mit dem Haupt des Holofernes« (1865) aus Dorés Bibelserie. Porträt von Karl Rahl. (Wien, Museum der Stadt Wien)

Links: Alban Bergs Oper von 1925 basierte auf Büchners Drama »Woyzeck«, einer eindrucksvollen Tragödie über das trostlose Schicksal eines verwirrten Soldaten, der seine treulose Geliebte tötet. Poster von Jan Lenica für eine polnische Inszenierung von 1964.

Oben: Hauptmanns »Die Weber« regte die deutsche Graphikerin Käthe Kollwitz, deren Werk oft soziales Unrecht anklagte, zu ihrem Zyklus von Radierungen »Der Weberaufstand« (1897/98) an. (Köln, Wallraf-Richartz-Museum)

Links: Gerhart Hauptmann auf einem Gemälde des deutschen Realisten Max Liebermann. (Hamburg, Kunsthalle)

Eine stabile Gesellschaft

Die skandinavische Literatur in der Mitte des 19. Jahrhunderts reflektierte sowohl die Tugenden wie die Laster eines stabilen bürgerlichen Gesellschaftssystems. Revolutionäre Autoren waren von den Behörden verboten, und kontroverse Meinungen äußerten sich eher auf religiösem als auf politischem Gebiet. Almqvist, der gefährlichste Literat Schwedens, war unschädlich gemacht und ins Exil getrieben worden. Der große liberale Dichter **Viktor Rydberg** (1828-1895) schockierte seine Zeitgenossen 1862 viel mehr mit seinen Bibellehren als mit allen anderen rebellischen Schriften.
Der dänische Denker **Søren Kierkegaard** (1813-1855) war ebenfalls ein Rebell, aber nur auf religiösem Gebiet. Seine gewichtigen Werke sind eigentlich keine Literatur, sondern gelehrte Abhandlungen in romantischem Stil. In *Entweder-Oder, Stadien auf dem Lebensweg* (1843) brach er mit dem ästhetisierten Christentum seiner Epoche und verlangte eine radikale Entscheidung zu aktivem Handeln, wozu die etablierte Kirche seiner Meinung nach nicht fähig war. Der Glaube war für Kierkegaard eine Privatsache, die im tiefsten Sinn Leiden bedeutete, die letzte der »Etappen auf dem Lebensweg«. Doch seine Bedeutung nahm zu. Strindberg erinnert sich in *Sohn einer Magd* an die Gewissensbisse, die ihn nach dem Lesen der Werke des großen Kierkegaard packten. Viel später, nach 1945, wurde der Philosoph von Sartre und den Existentialisten wiederentdeckt.

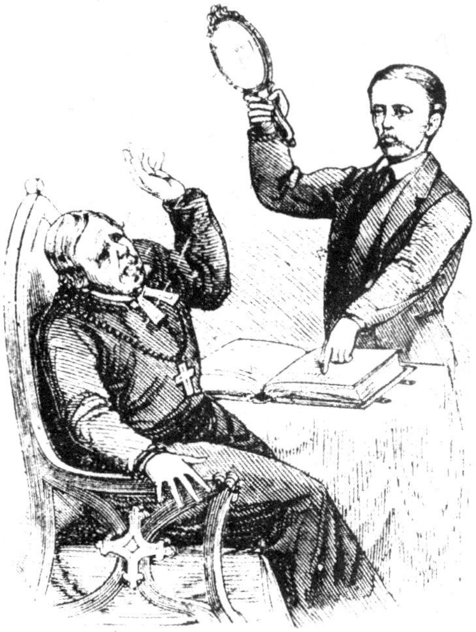

Oben Mitte: Eine schwedische Karikatur (1868) aus »Söndagsnisse« von Viktor Rydberg, der die öffentliche Meinung mit seinen Zweifeln an der Doktrin von der Göttlichkeit Christi schockierte. Hier hält er einem Kleriker den Spiegel der Wahrheit hin, den er in Gegensatz zur Bibel setzt. (Stockholm, Königliche Bibliothek)

Rechts: Kierkegaard beim Spaziergang durch Kopenhagen (ca. 1845). (Kopenhagen, Königliche Bibliothek)

Die Teekanne
von Hans Christian Andersen

Es war eine stolze Teekanne, sie war stolz auf ihr Porzellan, stolz auf ihre lange Tülle, stolz auf ihren breiten Henkel; sie hatte vorn etwas und hinten etwas, die Tülle vorn, den Henkel hinten, und davon redete sie; aber sie redete nicht von ihrem Deckel, der war zerbrochen, der war gekittet worden, der hatte einen Mangel, und von seinem Mangel redet man nicht gern, das tun schon die anderen. Tassen, Sahnegießer und Zuckerschale, das ganze Teegeschirr würde sicherlich das Gebrechen des Deckels eher im Gedächtnis behalten als den guten Henkel und die ausgezeichnete Tülle; das wußte die Teekanne.
»Ich kenne sie!« sagte sie ganz leise für sich, »ich kenne auch wohl meinen Mangel, und ich bekenne mich zu ihm, darin liegt meine Demut, meine Bescheidenheit; Mängel haben wir alle, aber man ist doch auch begabt. Die Tassen bekamen einen Henkel, die Zuckerdose einen Deckel, ich bekam nun beides und noch eine Sache vorweg, die sie nie bekommen, ich bekam eine Tülle, die macht mich zur Königin auf dem Teetisch. Der Zuckerdose und dem Sahnegießer ist es vergönnt, die Dienerinnen des Wohlgeschmacks zu sein, aber ich bin die Geberin, die Gebieterin, ich bringe den dürstenden Menschen Segen; in meinem Inneren werden die chinesischen Blätter in dem kochenden, geschmacklosen Wasser verarbeitet.«
All dies sagte die Teekanne in ihrer freimütigen, jugendlichen Art. Sie stand auf dem gedeckten Tisch, sie wurde von der feinsten Hand hochgehoben; aber die feinste Hand war ungeschickt, die Teekanne fiel hinunter, die Tülle brach ab, der Henkel brach ab, von dem Deckel zu reden lohnt sich nicht, von dem ist genug geredet worden. Die Teekanne lag ohnmäch-

Hans Christian Andersen

tig auf dem Fußboden, das kochende Wasser lief heraus. Es war ein schwerer Schlag für sie, und das schwerste war, daß sie lachten.
»Diese Erinnerung wird wohl niemals von mir weichen!« sagte die Teekanne, wenn sie späterhin ihren Lebenslauf selber erzählte. »Ich wurde Invalide genannt, in eine Ecke gestellt, und am Tage drauf an eine Frau verschenkt, die um Kochfett bettelte; ich geriet in Armut, stand ohne Zweck da, sowohl innen wie außen, aber wie ich da stand, begann mein besseres Leben; man ist etwas und wird doch etwas ganz anderes. Erde wurde in mich hineingetan; das ist für eine Teekanne so, als würde man begraben, aber in die Erde wurde eine Blumenzwiebel gelegt; wer sie da hineingelegt, wer sie geschenkt hatte, weiß ich nicht, geschenkt wurde sie, als Ersatz für die chinesischen Blätter und das kochende Wasser, als Ersatz für den abgebrochenen Henkel und die abgebrochene Tülle. Und die Zwiebel lag in der Erde, die Zwiebel lag in mir, sie wurde mein Herz, mein lebendiges Herz, ein solches hatte ich nie zuvor besessen. Es war Leben in mir, es war Kraft in mir, viel Kraft; der Puls schlug, die Zwiebel keimte, sie war nahe daran, von Gedanken und Gefühlen gesprengt zu werden; diese schossen in Blüte; ich sah sie, ich trug sie, ich vergaß mich selber über ihrer Schönheit; gesegnet ist es, sich selber über anderen zu vergessen! Sie sagte mir keinen Dank; sie dachte nicht an mich; sie wurde bewundert und gerühmt. Ich freute mich so sehr darüber, wie sehr mußte sie es dann erst tun. Eines Tages hörte ich, wie man sagte, sie verdiene einen besseren Topf. Man hieb mich in der Mitte durch; das tat fürchterlich weh; aber die Blume kam in einen besseren Topf, und ich wurde auf den Hof hinausgeworfen, liege da als ein alter Scherben – aber ich habe die Erinnerung, die kann mir keiner nehmen.«

Skandinaviens wohl berühmtester Schriftsteller, **Hans Christian Andersen** (1805-1875), stammte aus armen Verhältnissen, und seine Märchen – *Das häßliche Entlein* etwa – sind oft symbolische Wiederholungen des frühen Elends, das er in seiner Autobiographie *Das Märchen meines Lebens* (1855) in prosaischerem Stil beschreibt. Irgendwann ging er »arm und allein in die Welt hinaus«, hungerte in Kopenhagen und träumte vom Theater und davon, verschiedene Literaturformen auszuprobieren. Von seinen frühen Arbeiten sind nur wenige Bücher geblieben – *Der Improvisator* (1835), *Die zwei Baronessen* (1848), *Nur ein Fiedler* (1837). Als 1835 seine *Märchen, für Kinder erzählt* erschienen, kritisierte der einzige Rezensent, der davon Notiz nahm, es sei unpassend, daß »eine schlafende Prinzessin auf einem Hund reitet, um einen Soldaten zu treffen, der sie sodann küßt«.
Erst 1838, als ihm ein königliches Stipendium die notwendige finanzielle Sicherheit verschaffte, konnte das zum Schwan gewordene häßliche Entlein seine stolzen Schwingen voll entfalten. Andersen litt an schweren Neurosen und wurde von zahllosen Ticks und Phobien geplagt (wie sein Gastgeber Dickens schnell bemerkte), und obwohl seine Geschichten für Kinder geschrieben sein mochten, so lagen ihnen oft pessimistische, düstere Themen zugrunde. Die für Kinder gedachten Märchen, wie *Das Feuerzeug, Die Prinzessin auf der Erbse, Däumelinchen, Des Kaisers neue Kleider,* wurden mit immer größerer Kunstfertigkeit zu Sinnbildern des Lebens gestaltet. Seine poetische Phantasie tritt am besten in Erzählungen wie *Die Schneekönigin* oder *Des Schlammkönigs Tochter* zutage, wo eine Ahnung von der Grausamkeit und Bosheit des Erwachsenendaseins dicht unter der Oberfläche verborgen liegt. Andersen war ein Prosa-Lyriker, der die Wirklichkeit in großartige symbolische Formen goß. Das hier abgedruckte Märchen *Die Teekanne* ist weniger bekannt, hat aber auch den für Andersen ganz typischen Zauber.

Oben: Der Nestor der dänischen Literatur, Hans Christian Andersen, photographiert im Alter von 70. Seine »Märchen« – die ersten entstanden 1835 – wurden sehr bald ins Deutsche und viele andere Sprachen übersetzt. (Kopenhagen, Königliche Bibliothek)

Ibsen und Bjørnson

Kierkegaards Alternative vom »Entweder-Oder« griff kein Autor deutlicher auf als der große norwegische Dramatiker **Henrik Ibsen** (1828-1906). Der Titelheld von *Brand* (1866) zum Beispiel ist ein fanatischer Priester, der – nach der Devise »Alles oder nichts« – seine Familie lieber in einem ungesunden Bergdorf verkommen läßt, als einen Kompromiß einzugehen und wegzuziehen. Zu spät wird ihm klar, daß er nicht dem gnadenlosen »eisernen Willen«, sondern dem christlichen Gott der Liebe hätte dienen sollen.

Oben: Betty Henning als Nora in der Tanzszene aus der Weltpremiere von Ibsens Puppenheim am Königlichen Theater in Kopenhagen 1879. Zehn Jahre später löste eine Inszenierung in London eine heftige Kontroverse über Ibsens Ideen aus.

In *Brand* urteilte Ibsen über sich und sein Volk; dasselbe, wenn auch etwas fröhlicher, tat er in seinem Versdrama *Peer Gynt* (1867), in dem er einen Nordnorweger beschreibt, der lieber Lügengeschichten erzählt und träumt, als sich dem Leben zu stellen.

Wie ein alttestamentlicher Prophet stieß Ibsen in seinen realistischen Dramen die bürgerliche Gesellschaft vor den Kopf. In *Nora oder Ein Puppenheim* (1879) zeigt er die Emanzipation einer Frau; in *Gespenster* (1881) treibt er die Geister der Vergangenheit aus, die sich freien Worten über die Ehe, über Geschlechtskrankheit und Bigotterie widersetzen; in *Ein Volksfeind* (1882) wagt er, daran zu zweifeln, daß die Meinung der Mehrheit automatisch die klügere ist.

Eine andere Gruppe seiner Stücke taucht in die dunklen Tiefen des menschlichen Charakters ein und sondiert dort die »Lebenslüge«. Ibsens Meisterwerk in diesem Genre ist *Die Wildente* (1884), wo er einen zweiten »Peer Gynt« auftreten läßt. Auf Hjalmar Ekdahl, den gescheiterten Pläneschmied, trifft Gregers Werle, der glaubt, er müsse seinen Mitmenschen ihre Lebenslügen zerreißen, damit aber nur Leid und Elend verursacht. Auch hier stellt Ibsen sich selbst mit an den Pranger. Seine späten Dramen – *Rosmersholm* (1886) oder *Hedda Gabler* (1890) – lassen erahnen, daß Ibsens Kenntnisse der menschlichen Natur manche Entdeckungen der Psychologie des 20. Jahrhunderts vorwegnahmen.

International weit weniger bekannt ist **Bjørnstjerne Bjørnson** (1832-1910), der zweite Vorläufer des modernen Dramas aus Norwegen. Wie Ibsen begann er mit historischen Stücken in leichtem, romantischem Geist – dazu gehört etwa *Sigurd Jorsalafar* (1872) –, bald aber wandte er sich der Gesellschaftskritik zu. Er attakkierte die Geschäftsmoral in *Ein Bankrott* (1875), und in *Ein Handschuh* (1883) läßt er eine Frau den Männern mit den gleichen Moralvorstellungen auf sexuellem Gebiet begegnen wie die Männer ihr – ein Gedanke, der Strindberg und viele andere zum Toben brachte. *Über die Kraft* (1882) ist eine Tragödie über religiöse Hysterie, deren zweiter Teil, *Über unsere Kraft* (1894), zum politischen Drama wird. Bjørnson selbst war ein fanatischer Patriot und Mitstreiter von Wergeland, mit dem er sich für die norwegische Unabhängigkeit einsetzte. Mit seinen kräftigen volkstümlichen Geschichten *Synnøve Solbakken* (1857) und *Ein fröhlicher Bursch* (1860) erwarb er sich auch internationalen Ruhm. Der Dramatiker Bjørnson stand im Schatten Ibsens, hatte jedoch großen Anteil an der Entwicklung eines eigenständigen norwegischen Theaters. Bjørnson, der Dichter der norwegischen Nationalhymne, erhielt 1903 als erster Skandinavier den Nobelpreis für Literatur.

»Literatur soll Probleme aufwerfen«

Am Ende des 19. Jahrhunderts zeigte das etablierte Gesellschaftssystem Skandinaviens erstmals gewisse Anzeichen des Zusammenbruchs. Dänemarks Niederlage gegen Deutschland 1864 setzte dem skandinavischen Chauvinismus ein Ende, während der immer sturere Widerstand, den Norwegen der Union mit Schweden entgegensetzte, den idealistischen Traum einer Bruderschaft der Völker unterminierte. Mit der Entwicklung der Industrie kamen neue politische und wirtschaftliche Bedingungen und damit auch neue Ideen und Denkweisen auf. Die Freien Kirchen opponierten gegen die Staatsreligion, die Arbeiterbewegung zusammen mit sozialistischen Politikern attackierten die Werte der Privilegiengesellschaft. Die Literatur in den 70er und 80er Jahren des Jahrhunderts reflektierte und inspirierte diesen Umbruch. Der Romantik folgte ein kritischer Realismus und dann, wie in Frankreich, der Naturalismus.

Ein brillanter Herold dieser neuen literarischen Schulen war der Däne **Georg Brandes** (1842-1927), der in unzähligen Artikeln und Essays seine Überzeugung äußerte, die Literatur solle »Probleme aufwerfen«. In seinen Biographien von Shakespeare, Tegnér, Cäsar und anderen kollidieren allerdings seine radikalen Theorien mit seiner emotionalen Sympathie für berühmte Männer.

Ansonsten waren die dänischen Autoren jener Zeit nicht so selbstbewußt wie ihre norwegischen Kollegen. **Jens Peter Jacobsen** (1847-1885) nahm die »müde« Jahrhundertwende mit seinen Schilderungen von antriebslosen und zum Scheitern verurteilten Charakteren vorweg, etwa in *Frau Marie Grubbe* (1876) und *Niels Lyhne* (1880).

Für die schwedische Literatur begann die neue Ära 1879, als **August Strindberg** (1849-1912) seinen Roman *Das rote Zimmer* herausbrachte. Bekannt wurde er dann mit seinen großen naturalistischen Tragödien *Der Vater* (1887) und *Fräulein Julie* (1888), die bald in ganz Europa ge-

Links: Georg Brandes war ein einflußreicher Kritiker und Redner. Er führte die literarische Avantgarde Skandinaviens an und verhalf ihr zum »modernen Durchbruch«, während seine Essays ihn in ganz Europa berühmt machten. Porträt (1902) von P. S. Krøyer. (Frederiksborg/Dänemark, Staatliches Historisches Museum)

Unten: Der dänische Autor J.P. Jacobsen 1880 bei einer Lesung in der führenden Kopenhagener Literaturgesellschaft. Seine frühen Gedichte, die auf mittelalterlichen dänischen Legenden basierenden »Gurrelieder«, wurden 1913 von Arnold Schönberg vertont. Illustration (1910) von Erik Henningsen. (Frederiksborg/Dänemark, Staatliches Historisches Museum)

spielt wurden. Eine große Rolle spielte in beiden Stücken die neue Psychologie und eine Kunstform, die ihre Wirkung aus der Einheit von Zeit und Raum bezog. Damals erschien auch seine Autobiographie *Sohn einer Magd* (1886-1909), ein beinahe so bemerkenswertes Selbstporträt wie die Bekenntnisse eines Augustinus oder eines Jean-Jacques Rousseau. Weitere Stücke Strindbergs aus dieser Zeit – *Meister Olof* (1874) und *Die Leute auf Hemsö* (1887) – waren vor allem für das heimische Publikum gedacht. Doch mit späteren Dramen wie *Ein Traumspiel* (1901) oder *Nach Damaskus* (1898-1901) und seinen expressionistischen Kammerspielen wie *Die Gespenstersonate* (1907) gesellte er sich wiederum zur internationalen Avantgarde und beeinflußte viele moderne Dramatiker, zum Beispiel Eugene O'Neill.

In ganz anderem Stil schrieb der finnische Autor **Alexis Kivi** (1834-1872) seinen Bauernroman *Die sieben Brüder* (1870), das erste Meisterwerk der finnischen Prosa: eine realistische Schilderung der Wildnis mit Elementen aus Sagen und Legenden und einem Anflug von grotesker Phantasie. Seine Komödie *Der Heideschuster* (1864) ist das erste Beispiel der dramatischen Dichtung in finnischer Sprache und wird heute noch aufgeführt.

Oben links: Strindberg und (darunter) eine Rekonstruktion seines Arbeitszimmers im Stockholmer Nordischen Museum.

Oben rechts: Strindberg in seiner Berliner Zeit. Eine unglückliche Kindheit und drei fehlgeschlagene Ehen zusammen mit einer neurotischen Veranlagung führten ihn zu der Überzeugung vom naturgegebenen Kampf der Geschlechter. Porträt (1895) des norwegischen Malers Edvard Munch. (Stockholm, Nationalmuseum)

Die letzte Autokratie

Demokratische Entwicklungen im übrigen Europa hatten das russische Zarenreich fast hundert Jahre lang überhaupt nicht berührt. Zwar sickerten hie und da aus dem Westen freiheitliche Ideen durch, doch sie befielen nur Studenten und Intellektuelle, nicht die Bauern und Arbeiter. Weder der Dekabristenaufstand von 1825 noch das Attentat auf Alexander II. (1881) hatten direkte revolutionäre Folgen. Politischen Gegnern des Zarenregimes drohte entweder die Hinrichtung oder die Verbannung nach Sibirien.

Daher brauchte ein Schriftsteller im Rußland des 19. Jahrhunderts selbst gar kein Revolutionär zu sein, um von der Notwendigkeit sozialer und politischer Veränderung überzeugt zu sein. Autoren leisteten ihren Beitrag durch Gesellschaftskritik – an den unwürdigen Lebensbedingungen der Bauern ebenso wie am Zustand der gebildeten Schichten, die in den Romanen jener Zeit immer leicht untüchtig wirken: Sie werden mit ihren Problemen nicht fertig und sind von Fragen nach dem Sinn des Lebens und unbewußten Ängsten vor der Zukunft gequält.

So findet sich in den Werken von **Nikolai Gogol** (1809-1852) gewiß keine politische Propaganda. Er war ein natürlicher Romantiker – seine *Abende auf dem Vorwerk bei Dikanka* (1831/32) oder die berühmte Novelle *Taras Bulba* (1835), die ein schönes Bild des Kosakenvolkes gibt, zeigen ihn als traditionellen Erzähler. In seinem größten Roman, *Die toten Seelen* (1842), macht er sich sowohl über Auswüchse des Feudalsystems (wonach jedes Gut nach der Anzahl der »Seelen« oder Bauern darauf bewertet wurde) wie über die Absurditäten der russischen Bürokratie lustig. Seine Werke wurden zu mächtigen Argumenten der Revolution, dabei war er selbst konservativ und ein gläubiger orthodoxer Christ.

Bei **Iwan Turgenjew** (1818-1883) dagegen schwingt in allen Romanen seine liberale Tendenz mit, trotz eines Obertons

Oben: Gogol, der bisweilen als Vater des russischen Realismus in der Literatur gilt, lebte nach dem Erfolg seiner Komödie »Der Revisor« (1836) viele Jahre seines erwachsenen Lebens in Rom. Mit Erzählungen wie »Die Nase« (1835) oder »Der Mantel« (1842) oder mit dem Roman »Die toten Seelen« – der ursprünglich fortgesetzt werden sollte – war Gogol ein Vorläufer von Franz Kafka und den Symbolisten. Porträt von F. A. Moller. (Moskau, Tretjakow-Galerie)

Oben: Die Ermordung von Alexander II. (13. 3. 1881) aus der Sicht eines Künstlers. Die liberale Einstellung des Zaren bewahrte ihn nicht vor dem Attentat, und sein Tod leitete eine neue Zeit der Repression ein.

Darunter: Diese düstere Illustration von Grammaté für »Der Mantel« streicht die kafkaesken Aspekte der Erzählung heraus.

Oben: »Die Wolgaschiffer« (1837), ein Werk von Ilja Repin, dem Professor für Historienmalerei an der Akademie von Sankt Petersburg. Das bäuerliche Leben und die Leiden der Armen waren seine bevorzugten Sujets, was auch für viele Autoren seiner Zeit galt. Repins Werk wurde zum Vorbild der Maler des Sozialistischen Realismus in der Sowjetunion. (Leningrad, Russisches Museum)

von düsterem Pessimismus. Einen Namen machte er sich mit den skizzenhaften *Aufzeichnungen eines Jägers* (1852); hier zeigt sich seine Sympathie für die »gewöhnlichen Leute«, vor allem für die Leibeigenen, deren Not er auf dem Gut seiner tyrannischen Mutter miterlebt hatte. Da er aber selbst aus altem Adel stammte, gehörte er dennoch der Vergangenheit an und mißtraute den Propheten der Zukunft. Sein *Rudin* (1856) ist eine Abart des Selbstporträts, in dem erstmals ein klassischer Charakter der russischen Literatur auftritt: der »überflüssige Intellektuelle«, ein hoffnungsloser Träumer, der zwar lauter hochgestochene Ideen und Ideale hat, aber niemals den Antrieb zum Handeln aufbringt. In dem Roman *Väter und Söhne* (1862), der den Konflikt zwischen dem Alten und dem Neuen behandelt, tritt dafür ein echt revolutionärer Geist auf – seinem Basarow, der die alte Welt vernichten will, bringt Turgenjew widerstrebende Bewunderung entgegen. Der Roman prägte den Begriff »Nihilismus« für die Gedanken mancher revolutionärer Zirkel. Besondere Meisterschaft entwickelte Turgenjew auf dem Gebiet der Novelle, wobei seine nuancenreiche Beschreibungstechnik über Rußland hinaus Schule machte: u. a. *Faust* (1856), *Asja* (1858), *Erste Liebe* (1860).

Leo Tolstoi

Daß **Leo Tolstoi** (1828-1910) – wie Turgenjew – zur Adelsklasse gehörte und Armeeoffizier gewesen war, hatte großen Einfluß auf sein Schreiben, obwohl er sich im späteren Leben danach sehnte, unter den Bauern zu leben und zu arbeiten – man nannte ihn gelegentlich »den reuigen Aristokraten«. In seinen autobiographischen Romanen *Kindheit* (1852), *Knabenjahre* (1854) und *Jugendzeit* (1857) erzählt er vom russischen Gutshofleben und von seiner seelischen Entwicklung, während die *Sewastopoler Erzählungen* (1855/56) von seinen Erinnerungen an den Militärdienst im Kaukasus und auf der Krim berichten – Geschichten vom Krieg ohne romantische Ausschmükkungen.

Der Erfolg dieser Bücher erlaubte es ihm, einen lange gehegten Plan wahrzumachen, woraus sein erstes Meisterwerk entstand: *Krieg und Frieden* (1869), eine Chronik der Zeit von Zar Alexander I. und Napoleons fehlgeschlagenem Rußlandfeldzug. Der sechsbändige Roman glorifiziert nicht die großen Gestalten der Geschichte, sondern das einfache russische Volk. Ebenso kritisch wie den französischen Kaiser schildert Tolstoi dessen russische Gegenspieler und die aristokratische Gesellschaft in Sankt Petersburg. Die Lobpreisungen spart er sich für den armen Soldaten Platon Karatajew und eine Schar kleiner Figuren.

Eine ähnlich kritische Sicht der herrschenden Schicht Rußlands findet sich auch in *Anna Karenina* (1877), wo ebenfalls die Tugenden des einfachen, anspruchslosen Lebens gefeiert werden. Der hart arbeitende Lewin, der in mancher Hinsicht Tolstoi ähnelt, findet Glück in der Ehe, während die schöne Anna, die mit einem pflichtbewußten Offizier verheiratet ist, an ihrer Leidenschaft für den schneidigen Gardeoffizier Vronski zerbricht. Tolstoi, der Inbegriff des russischen Wesens bis in den ungelösten Zwiespalt von Welt und Gott, beeinflußte sehr stark die europäische Romankunst des 19. Jahrhunderts.

Links: Greta Garbo und Freddi Bartholomew in Clarence Browns Verfilmung (1935) von Tolstois »Anna Karenina«.

Unten: Neben seinen literarischen Werken verfaßte Tolstoi zahlreiche Flugschriften und Artikel, in denen er seine sozialen und religiösen Ansichten kundtat. Porträt von J. Kramskol. (Moskau, Tretjakow-Galerie)

Tolstois politischer Radikalismus und sein Abscheu vor Krieg, dem aristokratischen Leben und fleischlichen Genüssen wurden mit der Zeit immer stärker, wobei auch seine religiösen Ansprüche eine Rolle spielten. Er sehnte sich nach Erlösung – die er nie fand. Im Alter sah er selbst in seiner Gattin eine Gegnerin und gab sich im Privatleben große Mühe, die urchristlichen Ideale von mönchischer Armut und Keuschheit einzuhalten. Alle Formen staatlicher Autorität und privaten Eigentums schienen ihm von Übel, Kunst und Literatur waren für ihn sündhafte Verführungen. Seine moralische Krise erzählt er selbst in *Meine Beichte* (1879) und in *Der Tod des Iwan Iljitsch* (1884-86); sein fanatischer Kampf um Reinheit ist das Thema des Dramas *Macht der Finsternis* (1886) und seiner Romane *Die Kreutzersonate* (1890) und *Auferstehung* (1899). Mit 82 Jahren verließ er eines Nachts plötzlich sein Zuhause und starb einsam an einer Bahnstation, ehe ihn seine Frau gefunden hatte. Unter seinen letzten Worten war die Frage: »Die Bauern – wie sterben wohl Bauern?«

Tolstois Roman »Auferstehung« (1899) wurde erfolgreich für die Bühne bearbeitet. Hier (rechts) die atmosphärisch ergreifende Gefängnis-Szene im 3. Akt der Weltpremiere, die 1903 im Stadttheater des schwedischen Göteburg stattfand, und (unten) die Szene im Gerichtssaal mit kompromißlos realistischem Bühnenbild in einer Inszenierung am Moskauer Maxim-Gorki-Theater von 1930.

Dostojewski

Fjodor Michailowitsch Dostojewski (1821-1881) lernte schon sehr früh im Leben Leid und Erniedrigung kennen. Sein tyrannischer Vater wurde von leibeigenen Bauern umgebracht, er selbst litt an Epilepsie. 1849, als er sich als Schriftsteller gerade einen Namen zu machen begann, wurde er verhaftet und wegen angeblicher Beteiligung an einer revolutionären Verschwörung zum Tode verurteilt. Doch das Urteil war ein sadistischer Scherz, den der Zar persönlich befohlen haben soll: Im letzten Moment, als er schon auf dem Schafott stand, wurde die Strafe umgewandelt, so daß Dostojewski statt dessen jahrelang in einem sibirischen Arbeitslager verbringen mußte. Seitdem waren die Macht des Bösen und das Martyrium der Menschheit zentrale Themen seiner Werke, wenn auch geläutert vom Glauben an das Gute im Menschen, das der Autor selbst in seinen düstersten Romanen hie und da wahrnimmt. Persönliche Erfahrungen bilden den Stoff zu seinem ersten großen Werk, *Aufzeichnungen aus einem Totenhaus* (1860-62), der erschütternden Beschreibung eines sibirischen Zuchthauses.

Politisch war Dostojewski weniger »engagiert« als Tolstoi. Ihm ging es weniger um gesellschaftliche Änderungen als um religiöse Errettung. Für ihn besaß das Böse einen metaphysischen Ursprung; und die Probleme, die ihn heimsuchten, hatten mit menschlicher Verantwortung und moralischer Schuld zu tun. Sein Dilemma war, daß der Mensch nur in Freiheit würdevoll ist, seine schlechten Seiten aber nur unter Zwang ablegt. Dostojewski sah die Lösung im Paradox des Christentums, und er verwarf sowohl den abendländischen Rationalismus wie den falschen Optimismus der sozialistischen Doktrin. In seinem frühen Meisterwerk *Schuld und Sühne* (1866) vertritt der Student Raskolnikow den rationalistischen Standpunkt – er beschließt, er habe das Recht, eine »wertlose« alte Frau zu töten, weil er ihr überlegen ist –, während die naive Prostituierte Sonja für Liebe

Links: Weil Dostojewski an einem Treffen von enthusiastischen jungen Leuten teilgenommen hatte, die politische Reformen verlangten, wurde er 1849 zunächst zum Tode und dann zu vier Jahren Zwangsarbeit in einem sibirischen Lager verurteilt. Porträt von B. Perow. (Moskau, Tretjakow-Galerie).

Unten: Vierzig Jahre danach wurden Häftlinge immer noch nach Sibirien verbannt, um dort ihre Strafe abzuarbeiten. Illustrationen aus dem Jahre 1891.

Oben: Der Student Raskolnikow, ein »Rationalist«, sitzt mit brütenden Gedanken mitten in einer Tischgesellschaft. Illustration von P. Reismann für eine Ausgabe von Dostojewskis »Schuld und Sühne« von 1944.

Gegenüberliegende Seite: »Nihilistische Studenten werden von der Polizei verhaftet, Sankt Petersburg 1880«, Darstellung eines zeitgenössischen Künstlers. Den Begriff »Nihilismus« hatte erstmals Turgenjew in seinem Roman »Väter und Söhne« (1892) benutzt, um die Ansichten zahlreicher revolutionärer Gruppen in Rußland zu bezeichnen, nach denen der erste Schritt zu jeder dauerhaften Reform, ohne Rücksicht auf die Konsequenzen, in der Zerschlagung der bestehenden Institutionen bestand, bis von der korrupten alten Ordnung nichts mehr übrig wäre. Etwa 10 Jahre später porträtierte Dostojewski, der inzwischen ein vehementer Gegner aufrührerischer Ideen war, in seinem Roman »Die Dämonen« ebenfalls den Nihilismus. Die Ermordung von Alexander II. 1881 war ein klassischer Akt des nihilistischen Terrorismus: Unter diesem Zaren war die Leibeigenschaft abgeschafft worden, weitere Reformen standen in Aussicht, doch für die Nihilisten waren diese Reformen inakzeptabel, weil das alte Regime sie veranlaßt hatte. Isolierte Gruppen und Einzeltäter verübten im Namen des Nihilismus noch mehrfach Attentate und Sabotageakte.

und Mitgefühl steht. Sie verkörpert Dostojewskis Menschheitsideal – ähnlich wie Fürst Myschkin, der fallsüchtige Narr mit reinem Herzen, in *Der Idiot* (1868/69). *Die Dämonen* (1871/72) ist eine Abrechnung mit den russischen Nihilisten, die hier als diabolische Gestalten direkt aus dem Inferno porträtiert werden. Noch leidenschaftlicher geht der Autor in *Die Brüder Karamasow* (1880) die Fragen von Leiden und Freiheit an. In dem gewaltigen Roman geht es um den unaufgeklärten Mord an dem alten Lüstling Karamasow, um den Prozeß und das dabei ausgesprochene Fehlurteil gegen einen seiner Söhne. Doch für Dostojewski geht es nicht nur um die Gerechtigkeit, denn die Schuld des wahren Mörders trägt jeder mit. So nimmt der verurteilte Mitja die Strafe eines anderen auf sich. Iwan, der begabte Rationalist, hat ein ganz anderes Schicksal; in seinem Gespräch mit dem Teufel, das den Höhepunkt der Handlung darstellt, hört er die »Legende von Christus und dem Großinquisitor« und lernt, daß Glück und Freiheit nie miteinander vereinbar sein werden und daß der Weg des wahren Christen der steinige Pfad nach Golgatha ist. Dostojewski fehlte leider Tolstois Talent für Beschreibungen und dessen literarisches Stilgefühl. Sein Realismus war äußerst subjektiv, und sein einziges Thema das Drama der menschlichen Seele. Sein Genie bestand in der außergewöhnlichen Fähigkeit, seine Gedanken in Gestalt seiner Figuren zum Leben zu erwekken, und mit prophetischer Phantasie sah er schon damals viele Krisen voraus, die die heutige Welt heimsuchen.

Aus *Der Idiot* von F.M. Dostojewski: (über die Todesstrafe)

»... Der Verbrecher war ein kluger, furchtloser, starker Mann, nicht mehr jung, Legros hieß er. Nun, glauben Sie es mir oder glauben es nicht: Als er das Schafott bestieg – weinte er, und sein Gesicht war so bleich, war so weiß wie Papier. Wie ist so etwas nur möglich? Ist das nicht grauenvoll? Welcher Mensch weint denn vor Angst? Ich hätte nie gedacht, daß – nicht ein Kind –, aber ein erwachsener Mensch vor Angst weinen könnte, ein Mann von fünfundvierzig Jahren, der noch nie geweint hat! Was muß mit der Seele in diesem Augenblick geschehen, bis zu welchen Krämpfen wird sie gemartert? Eine Beschimpfung der Seele ist es, weiter nichts! Es heißt 'Du sollst nicht töten' – und nun soll man dafür, daß er getötet hat, wiederum ihn töten? Nein, das darf man nicht. Jetzt ist es schon über einen Monat her, daß ich es gesehen habe, und immer noch glaube ich, es lebendig vor mir zu sehen. Fünfmal hat mir davon geträumt ...«
»Gut wenigstens, daß die Schmerzen nicht so groß sind«, meinte er [der Kammerdiener], »hm, so – wenn der Kopf abgehackt wird.«
»Wissen Sie was«, griff der Fürst angeregt diesen Gedanken auf, »was Sie da soeben bemerkt haben, wird fast von

allen ganz genau so hervorgehoben. Auch wird die Maschine, die Guillotine, heutzutage hauptsächlich deshalb benutzt. Mir aber kam damals etwas anderes in den Sinn: wie, wenn das sogar noch schlimmer ist? Ihnen erscheint meine Annahme vielleicht lächerlich, unmöglich; wenn man sich jedoch ein wenig in die Stimmung des Verurteilten zu versetzen sucht, so kommt einem ganz unwillkürlich der Gedanke an diese Möglichkeit. Denken Sie mal nach – nun, nehmen Sie zum Beispiel die Folter: da gibt es Schmerzen und Wunden und körperliche Qual, die aber lenkt einen doch von den seelischen Qualen ab, so daß einen bis zum Augenblick des Todes nur die Wunden quälen. Den größten, den quälendsten Schmerz aber verursachen vielleicht doch nicht die Wunden, sondern das Bewußtsein, daß, wie man *genau weiß*, in einer Stunde, dann in nur zehn Minuten, dann in einer halben Minute, sogleich, noch in diesem Augenblick – die Seele den Körper verlassen wird, und daß du dann kein Mensch mehr sein wirst, und daß das doch unfehlbar geschehen wird. Das Entsetzlichste ist ja gerade dieses *'Unfehlbar'*... Für einen Mord getötet zu werden, ist eine unvergleichlich schwerere Strafe, als das begangene Verbrechen schwer ist. Laut Urteil getötet zu werden, ist unvergleichlich schrecklicher, als durch Räuberhand umzukommen. Wer von Räubern ermordet wird, nachts, im Walde oder sonstwo, hat zweifellos noch bis zum letzten Augenblick die Hoffnung auf Rettung. Hat man doch Beispiele erlebt, daß dem Betreffenden schon die Kehle durchgeschnitten ist, er aber doch noch zu fliehen oder zu entlaufen sucht. Hier aber wird einem auch diese letzte unwillkürliche Hoffnung, mit der zu sterben zehnmal leichter ist, unwiderruflich genommen; hier ist es das Todesurteil, dem man auf keine Weise entrinnen kann, hier ist es das Bewußtsein der unfehlbaren Vollstreckung desselben, was die größte Qual verursacht – eine größere Qual kann es in der Welt gar nicht geben. Führen Sie einen Soldaten in der Schlacht geradeswegs vor die Kanonen und lassen Sie auf ihn feuern, er wird doch immer noch hoffen, mit dem Leben davonzukommen; aber lesen Sie demselben Soldaten sein Todesurteil vor, das *unfehlbar* an ihm vollstreckt werden wird, so wird er entweder irrsinnig werden oder in Tränen ausbrechen. Wer hat es denn gesagt, daß die menschliche Natur fähig sei, diesen Tod ohne die geringste Geistesverwirrung zu ertragen? Und wozu diese überflüssige, unnütze, so unglaublich überflüssige Beschimpfung des Menschen? Vielleicht gibt es irgendwo einen Menschen, dem das Todesurteil verlesen worden ist, der diese Qualen bis zum letzten Augenblick durchmacht, und dem man dann gesagt hat: 'Geh hin, dir ist die Strafe erlassen.' Ja, solch einer könnte dann vielleicht erzählen. Von dieser Qual und diesem Entsetzen hat auch Christus gesprochen. Nein, so etwas darf man einem Menschen nicht antun!«

Russischer Realismus

Links: **Tschechow bei einer Lesung seiner »Möwe« vor Mitgliedern des Moskauer Kunsttheaters im Jahre 1898.**

Diese großen russischen Romanciers beeinflußten die moderne Literatur für viele Jahrzehnte. Dostojewski hatte uns tiefe Einsichten in den menschlichen Charakter verschafft und gezeigt, daß der Konflikt von Ideen ein enorm fruchtbares Thema ist. Tolstoi seinerseits hatte die Technik des Romans verfeinert. Seine Erzählungen sind mit meisterhafter Leichtigkeit verfaßt. *Krieg und Frieden* zum Beispiel bevölkerte er mit nicht weniger als 539 Personen; und er erfand den »inneren Monolog« lange vor James Joyce oder Virginia Woolf. Echte Naturalisten, wie Zola in Frankreich, gab es in der russischen Literatur allerdings kaum. Eine mechanistische Weltsicht, die den Menschen als unmoralisches Tier begreift, ließ sich mit den religiösen und ethischen Sinnierern der russischen Erzählkunst schwer vereinbaren.

Rechts: Volksfest in Rußland 1894 bei der Thronbesteigung von Zar Nikolaus II., hier der Eindruck eines Künstlers für die französische Zeitschrift »Le Petit Journal«. Der damals 26jährige Nikolaus wollte weder Zar sein, noch war er für diese Rolle geeignet. Sein einziges Ziel während der folgenden Jahrzehnte war es, seinem Erben die volle Machtposition unangefochtener Autokratie zu übergeben; so vertrat er die Meinung, jedes Begehren des Volkes um Beteiligung an der Regierung sei eine »unsinnige Träumerei«. Seine Herrschaft endete im Februar 1917 – er und seine Familie wurden noch im selben Jahr hingerichtet.

Im Gegensatz zu vielen seiner Zeitgenossen hatte **Nikolai Leskow** (1831-1895) eine Schwäche für Idyllen. Trotz eines Gespürs für makabre Dinge war er ein vergnügter Beobachter; seine Romane *Die Klerisei* (1872) oder *Der verzauberte Pilger* (1873) beschreiben in kapriziösem, anekdotischem Stil viele traditionelle Aspekte des damaligen Rußland, riesige Klöster und uralte Kirchen. Leskows Geschichten aus dem Leben russischer Geistlichkeit, aus dem Milieu der Sektierer, *Der versiegelte Engel* (1874), und aus dem Leben des Mittelstandes, *Lady Macbeth von Mzensk* (1866), sind Musterbeispiele virtuoser Sprachkunst.

Anton Tschechow (1860-1904) begann sein literarisches Leben als Autor von komischen Anekdoten für Zeitungen und Zeitschriften, wurde aber noch vor seinem 30. Lebensjahr ein zutiefst ernsthafter Schriftsteller. Seine Theaterstücke – *Die Möwe* (1896), *Onkel Wanja* (1897), *Drei Schwestern* (1901) und *Der Kirschgarten* (1904) – ebenso wie seine Novellen (eine der schönsten ist *Die Dame mit dem Hündchen*) zeigen ihn als Meister im Schildern von Charakteren und Umgebungen, so daß der Leser in einer Figur oder einer Landschaft völlig versinken kann. Es ist eine versonnene, herbstliche Welt, die Tschechow zeichnet. Die Personen darin – Studenten, Freiberufler, Schauspieler und kleine Gutsbesitzer – wirken alle mehr oder minder frustriert und sehen verzweifelt in die Zukunft. Im *Kirschgarten* sind die wunderschönen alten Obstbäume zwar noch nicht gefällt, aber man hört in der Ferne bereits die Axt.

Amerikanische Moralisten

Der Amerikanische Bürgerkrieg (1861-65) eröffnete eine neue Epoche, die von der industriellen Entwicklung der Nordstaaten beherrscht war; doch bis das Maschinenzeitalter literarischen Ausdruck fand, dauerte es noch eine Weile. Romantik und Realismus gingen ineinander auf, und ein wichtiger Vertreter dieser Synthese war **Henry W. Longfellow** (1807-1882), der beliebteste Dichter seiner Zeit, dessen größtes Verdienst für die Literatur im Beschwören der amerikanischen Vergangenheit lag – des Indianerlebens in *The Song of Hiawatha* (Das Lied von Hiawatha, 1855), der Kolonialzeit in *Evangeline* (1847) und *The Courtship of Miles Standish* (Die Brautwerbung des Miles Standish, 1858). Sein Erfolg in England war einzigartig. Er wurde der Hausdichter des Spätviktorianismus: *Evangeline* gehörte zum Bildungsgut des englischen Bürgertums.

Die Romane und Erzählungen von **Nathaniel Hawthorne** (1804-1864) waren immer um psychologischen Realismus bemüht. Der strenge Moralist bewies in seinem besten Roman *The Scarlet Letter* (Der scharlachrote Buchstabe, 1850), der Studie einer gescheiterten Ehe und einer verbotenen Liebesaffäre, sogar beachtliches Verständnis für menschliche Schwächen. Hawthornes Thema vom »Amerikaner in Europa« soll einen gewissen Einfluß auf Henry James gehabt haben.

1852 schrieb **Harriet Beecher Stowe** (1811-1896) den weltweit berühmten Roman *Uncle Tom's Cabin* (Onkel Toms Hütte), eine sentimental-romantische Anklage gegen die Sklaverei. Im Ausland hatte das Werk eine gewaltige Wirkung, und die Figur des großmütigen alten Negers Onkel Tom war so sympathisch gezeichnet, daß das Buch selbst in Frankreich ein »Kultbuch« wurde. Die tatsächliche politische Bedeutung des Romans dürfte allerdings überschätzt worden sein, obwohl Abraham Lincoln die Autorin einmal als die Frau begrüßt haben soll, deren Buch das Ende der Sklaverei eingeleitet habe.

Oben: Amerikas drei populärste Schriftsteller in der Mitte des 19. Jahrhunderts – von links: Nathaniel Hawthorne, Henry W. Longfellow und Harriet Beecher Stowe. Melville und Whitman standen damals noch nicht im Zentrum des Publikumsinteresses.

Links: Die zeitgenössische Darstellung zeigt das Ende des Amerikanischen Bürgerkriegs im April 1865: General Robert E. Lee von der Konföderierten Armee (Südstaaten) kapituliert im Gerichtsgebäude von Appomattox vor General Ulysses Grant (Nordstaaten). (Washington, D.C., Smithsonian Institution)

Unten: Präsident Lincoln im April 1865 auf einer Fahrt durch die Straßen in Richmond/Virginia zur Feier des Kriegsendes. (Washington, D.C., Library of Congress)

Walt Whitman

Walt Whitman ließ in seiner Bohémien-Jugend gerne pittoreske Legenden um sich ranken. Angeblich verlor er 1855 seine Stelle, weil er »eine Sammlung obszöner Gedichte« veröffentlicht hatte. Gemeint waren wohl seine »Grashalme«, die ihn zu Amerikas Nationaldichter machten. Die Leser zeigten sich zunächst schockiert von der Vergötterung einer universalen Liebe, und die freie Versform verblüffte sie außerdem. Der Transzendentalist Ralph Waldo Emerson aber sandte Whitman ein Gratulationsschreiben: »Ich grüße Sie zum Beginn einer großen Laufbahn ... Die ›Grashalme‹ zu lesen, macht mich sehr glücklich, denn große Kraft macht uns glücklich!«

Der Nationaldichter der USA, **Walt Whitman** (1819-1892), stand auf der Schwelle zwischen zwei Epochen. Seine donnernde Selbstbezogenheit und sein Verständnis der Autorenrolle als Prophet und Seher stammt noch aus der Romantik, doch in seiner unersättlichen Hingabe an das amerikanische Leben jener Zeit war er zweifellos ein Realist.
Whitmans Werk hat drei große Themen: der Dichter beim Entdecken der eigenen Identität und seiner fast ekstatischen Liebe zum Leben, die ihren stärksten Ausdruck im *Song of Myself* (Gesang von mir selbst, 1855/1899) findet; die USA, deren literarische Unabhängigkeitserklärung er in dem Gedicht *Pioneers! Oh Pioneers!* (1865) verkündet; und seine Visionen von Demokratie und Verbrüderung – etwa in *Song of the Open Roads* (Lied von der freien Straße, 1856).
Sein Hauptwerk *Leaves of Grass* (Grashalme) erschien erstmals 1855, und im Laufe der Zeit brachte er es neunmal neu heraus – jedesmal in anderer Form, denn er fügte ständig neue Gedichte hinzu und schrieb andere um, bis die Seitenzahl des Werks von 55 auf 550 angewachsen war. Die letzte Ausgabe erschien im Jahr seines Todes; obwohl er so leidenschaftlich von sich selbst eingenommen war, hatte er nie erlaubt, daß sein Name auf der Titelseite genannt wurde. Sein Buch war als autarker Organismus gedacht, der direkt und unmittelbar zum Leser sprechen sollte. Whitman war ein sprachlicher Pionier mit einem unvorstellbar großen Wortschatz, der auf einer genauen Beobachtung der sinnlich erfahrbaren Welt beruhte; sein Vers war wohl frei, aber dennoch sorgfältig komponiert. Seine Technik nahm jene der Surrealisten und Expressionisten des 20. Jahrhunderts vorweg.

Aus *Gesang von mir selbst*
von Walt Whitman

Ich glaube, ein Grashalm ist nicht geringer als das Tagwerk der Sterne,
Und die Ameise ist nicht minder vollkommen, und des Zaunkönigs Ei, und ein Sandkorn,
Und die Baumkröte ist ein Meisterstück vom Höchsten,
Und die Brombeerranken könnten die Hallen des Himmels schmücken,
Und das schmalste Gelenk meiner Hand spottet aller Technik,
Und die Kuh, die wiederkäut mit gesenktem Kopf, übertrifft jedes Bildwerk.
Und eine Maus ist Wunders genug, um Sextillionen von Ungläubigen wankend zu machen.

Ich finde, ich verkörpere Greis, Kohle, langhaariges Moos, Früchte, Ähren, eßbare Wurzeln,
Ich bin über und über mit einer Stukkatur von Vierfüßlern und Vögeln bedeckt,
Ich habe, was hinter mir liegt, aus guten Gründen weit überholt.
Rufe aber, wenn ich es will, alles wieder zu mir heran.

Vergebens Eile und Scheu,
Vergebens speien die plutonischen Schluchten ihre uralte Glut meinem Nahen entgegen,
Vergebens verkriecht sich das Mastodon unter sein eigenes zerstäubtes Gebein ...

Herman Melville

Ehe er mit dem Bücherschreiben begann, war **Herman Melville** (1819-1891) fünf Jahre lang als Matrose und Walfänger zur See gefahren. Seine Themen waren eindrucksvoll realistisch, doch im Stil schwang immer auch seine turbulente, romantische Natur mit. Er probierte mehrere literarische Techniken, bevor er sich dann 1846 mit seinem Reisebericht *Typee* (Taipi), der seine Erfahrungen bei den Kannibalen der Marquesas-Inseln schilderte, einen Namen machte. Er verfaßte auch Gedichte, psychologische Romane und Novellen. 1850 veröffentlichte er den Roman *White Jacket* (Weißjacke), der in künstlerischer Hinsicht einen ersten Höhepunkt seiner erzählerischen Begabung bildet. Als großer amerikanischer Prosaautor gilt er seit *Moby Dick* (1851) – der Roman vermischt die klassisch erzählte Beschreibung des gefahrvollen Walfängerlebens mit einem bewegenden Prosagedicht, in dem sowohl Kapitän Ahab, der den großen weißen Wal jagt, als auch der schreckliche Wal selbst zu geheimnisvollen Symbolgestalten werden. Für den »großen, gottlosen, gottähnlichen« Kapitän Ahab, der an Prometheus und Faust erinnert, ist der weiße Wal »die Personifizierung aller verborgenen Dämonien des Lebens und Denkens.« Zur Gestaltung des titanischen und besessenen Kampfes zwischen Ahab und dem Wal bietet Melville eine reiche und virtuose Skala vielfältigster literarischer Ausdrucksmöglichkeiten auf. Das Werk zählt zu den großen Romanen der Weltliteratur.

Nach dem Erfolg von *Moby Dick* verlor Melville seine Popularität und übernahm eine Stelle beim US-Zoll. Doch während dieser Arbeit schrieb er noch mehrere wichtige Werke – darunter die Sammlung von Erzählungen *The Encantadas* (Die Encantadas oder Verzauberte Inseln, 1854), die auf den Galapagos-Inseln spielen, seinen Roman *The Confidence Men* (Die Hochstapler, 1857) und die 1924 posthum erschienene Seenovelle *Billy Budd,* eine spannende Mischung aus Phantasie und Wirklichkeit, die wie *Moby Dick* wiederum einen stark symbolischen Aspekt besaß. 1856 veröffentlichte Melville die Kurzgeschichten-Sammlung *The Piazza Tales* (Piazza-Erzählungen). Die darin enthaltenen Geschichten *Bartleby the Scrivener* und *Benito Cereno* gemahnen in ihrer Dichte und Geschlossenheit an Kafka.

Gregory Peck als Kapitän Ahab in seinem letzten Kampf mit dem weißen Wal. Szenenfoto aus John Hustons Film »Moby Dick« (1956), zu dem der Science-Fiction-Autor Ray Bradbury das Drehbuch beisteuerte.

Amerika und Europa

Der Realismus begann in Amerika in der Form der Novelle; bedeutende Namen sind hier **Bret Harte** (1836-1902) mit seinen *short stories* aus dem Goldgräbermilieu und Samuel Langhorne Clemens, der unter dem Pseudonym **Mark Twain** (1835-1910) schrieb. Twain schuf mit *Tom Sawyer* (1876) und *Huckleberry Finn* (1885) zwei unsterbliche Figuren, die vor dem schläfrigen Hintergrund des Mississippi ihre Abenteuer erleben. Er vermied zwar direkte Gesellschaftskritik, doch läßt sich meist heraushören, wie er dachte – zum Beispiel, wenn er Huckleberry Finns Freundschaft mit dem entflohenen Negersklaven schildert. Twains Reisebericht *The Innocents Abroad* (Die Arglosen im Ausland, 1869) ist voller satirischer Eindrücke aus Europa, und als Journalist stand er meist auf der Seite der Unterdrückten, so auch in seinen Reportagen vom chinesischen Boxeraufstand.

Henry James (1843-1916) war zwar in Amerika geboren, lebte aber meist in Europa und wurde zuletzt auch britischer Staatsbürger. Hier wie dort gehörte er gewiß zu den größten Romanciers seiner Zeit. Sein literarisches Schaffen ist in drei Phasen unterteilt. Die erste begann 1876 mit dem Erscheinen von *Roderick Hudson,* eines relativ geradlinigen, schlichten Stoffes. In die zweite Phase fallen seine besten Erzählungen, etwa *Daisy Miller* (1879), *The Aspern Papers* (Asperns Nachlaß, 1888) und sein frühes Meisterwerk *Portrait of a Lady* (Bildnis einer Dame, 1881). In der letzten Phase entstanden drei Romane – *The Wings of the Dove* (Die Flügel einer Taube, 1902), *The Ambassadors* (Die Gesandten, 1903) und *The Golden Bowl* (Die goldene Schale, 1904) –, wo er im Bemühen um Klarheit des Ausdrucks einen sehr komplexen Stil voller Anspielungen anwendet.

Ein faszinierendes Thema für Henry James war die Kluft zwischen der Alten und der Neuen Welt, zwischen der Naivität Amerikas und der intellektuellen Raffinesse Europas; und so sind seine Figuren auch meist wohlhabende Menschen mit genügend Muße, ihre persönlichen Ideen und Träume zu verwirklichen. James war ein höchst scharfsinniger Psychologe und ein hervorragender Erzähler. Ohne ein Realist im herkömmlichen Wortsinn zu sein, betonte er doch immer die präzise Charakterisierung und glaubte daran, daß die menschliche Erfahrung nur durch die Kunst auf eine höhere Ebene gehoben werden kann. Reine Reportage verachtete er, und geriet deshalb auch in eine heftige Auseinandersetzung mit seinem jungen Bekannten H.G. Wells. Die Aufgabe des Schriftstellers, so meinte James, sei, aus dem menschlichen Rohmaterial »ein winziges Goldnugget« zu gewinnen und dieses dann »zu heiliger Härte zu hämmern«.

Auf der anderen Seite des Atlantiks nutzten inzwischen die beiden Amerikaner **Stephen Crane** (1871-1900) und **Frank Norris** (1870-1902) das Vorbild des europäischen Naturalismus – ihre Romane sind in leicht aggressivem Stil geschrieben, der sich gegen den wachsenden Materialismus der US-Gesellschaft richtete.

Oben links: Mark Twain auf einem Altersphoto.

Gegenüberliegende Seite oben: Samuel L. Clemens entnahm sein Pseudonym »Mark Twain« der Sprache der Mississippi-Bootsleute, die damit die Tiefe von zwei Faden bezeichneten. (Er hatte selbst als Flußlotse gearbeitet.) In seinen beiden berühmtesten Büchern »Die Abenteuer des Tom Sawyer« und »Huckleberry Finn« beschrieb er seine Kindheit, die er am Mississippi verbracht hatte. Beide Romane sind mehrfach verfilmt worden. Auch als Humorist hatte Mark Twain außerordentlichen Erfolg.

Unten links: Der junge Jackie Coogan als Huckleberry Finn in Norman Taurogs Verfilmung des Romans.

Unten rechts: Henry James im Jahre 1913. Über das von John Singer Sargent gemalte Porträt meinte das Modell: »Sargent war in Höchstform, und der gute alte H. J. war auch nicht übel ... ein sehr lebensnahes Abbild«. (London, National Portrait Gallery)

Von der Romantik zum Symbolismus

Der Tod gießt die Blumen im »Garten des Todes« (1895), einem Gemälde des Finnen Hugo Simberg, der von den Idealen des Symbolismus in der Literatur beeinflußt war. Wie die symbolistischen Dichter verwendet der Maler hier vertraute Objekte der Außenwelt – die Mönchskutten, die Gießkanne, das einfache Küchenhandtuch, den sorgfältig angelegten Klostergarten –, um eine tiefere Wirklichkeit zu vermitteln oder zu symbolisieren. So suggestiv das Bild auch ist, zeigt es doch auch die Schwierigkeiten, mit denen der Schriftsteller zu kämpfen hat, wenn er visuelle Bilder durch das widerspenstige Medium des Wortes darstellen will. Während Simbergs bildliche Metapher sogar etwas zu deutlich scheinen mag, galten die Gedichte dieser Schule oft als recht obskur, weil die gewählten Symbole gerne etwas abseitig und schwer nachvollziehbar waren. (Helsinki, Atheneum-Museum)

Worten, die auf die Silbe *-ismus* enden, begegnet man leicht mit Mißtrauen. Oft leisten sie aber nützliche Dienste – in der Kunstgeschichte fassen sie Hintergründe und Tendenzen einer bestimmten Epoche zusammen.

Ebenso wie die Romantik im Zeitalter der Aufklärung geboren wurde, waren die beiden dominanten Strömungen des 19. Jahrhunderts, Realismus und Naturalismus, vom Symbolismus gefolgt – dem Bekenntnis einer Dichterschule, die sich eher durch suggestive Bildersprache und die Klangmalerei von Worten als mit konkreten Aussagen auszudrücken suchte. Ihren Begründer Charles Baudelaire feierte der junge Arthur Rimbaud als »*prince des poètes*« und als ersten der »visionären Schriftsteller«. Zwar war der Symbolismus im engeren Sinne von kurzer Dauer, seine Grundprinzipien aber hatten entscheidenden Einfluß auf die Literatur des nächsten Jahrhunderts.

Ein weitere Ursache des literarischen Wandels war das wachsende Interesse an psychologischen Forschungen, die von der Wissenschaft angestellt wurden. Charcots Hypnose-Experimente im Pariser Krankenhaus »La Salpêtrière« zum Beispiel regten viele europäische Autoren an, darunter auch August Strindberg. Manche literarische Schulen, die der Romantik nicht ganz abgeschworen hatten, aber auch des »Schuhmacher-Realismus'«, wie der schwedische Autor Heidenstam es einmal nannte, überdrüssig waren, bewegten sich auf den Exotismus oder religiösen Mystizismus zu. Dann gab es die Ästheten, die der Schönheit um ihrer selbst willen ergeben waren und die moralische Freiheit des Künstlers predigten. Zugleich machte sich bei Anbruch des 20. Jahrhunderts unter Schriftstellern ein melancholisches Gefühl der Hilflosigkeit breit, so als hätten sie eine Vorahnung des herannahenden Weltkriegs. Sie meinten nicht mehr, wie Hugo oder Tolstoi, die Rolle des Propheten spielen zu müssen, sondern beschränkten sich darauf, nur noch Zuschauer zu sein, und manche flüchteten sich in den Ästhetizismus und eine oft weltabgewandte Künstlerexistenz.

Der Symbolismus

Paul Verlaine (1844-1896) war vor allem ein »literarischer Musiker«, der seiner Muttersprache bis dahin unerhörte Klangeffekte abgewann und im Laufe seines unsteten Lebens viele berühmte Gedichte schuf, die sprachlich unendlich raffiniert und dabei doch einfach, scheinbar spontan geschrieben sind.

Wie François Villon brachte er den Großteil seines Lebens in Kneipen und Bordellen zu. Nachdem sein Freund Rimbaud ihn von Frau und Zuhause weggelockt hatte, wurde Verlaine ein rastloser Bohémien (einmal mußte er für zwei Jahre ins Gefängnis, weil er auf Rimbaud geschossen hatte) und war bisweilen ein kläglicher Trunkenbold. Doch seine Gedichte verloren nie ihre Leichtigkeit und Frische, die sie nahezu unübersetzbar machen. Hier ein Versuch an seinem *Il pleure doucement sur la ville* (Es regnet sanft auf die Stadt):

Es weint in meinem Herzen,
Wie es regnet auf die Stadt,
Was ist dies wehe Schmerzen,
Das mich durchbohrt im Herzen?
O des Regens sanfter Klang
Auf Boden und Dächer herab!
Dem Herzen, vor Trübsal krank,
O solchen Regens Gesang!
Es weint ohn allen Grund
In diesem verhärteten Herzen.
Was! Kein Verrat ward ihm kund
Solch Gram hat keinen Grund
Ist wohl die ärgste der Peinen,
Nicht zu wissen warum,
– Liebe keine, Haß keinen –,
Mein Herz ist voll der Peinen.

Kaum hatte Verlaine die Gedichte in *Le bateau ivre* (Das trunkene Schiff) des jungen **Arthur Rimbaud** (1854-1891) gelesen, erkannte er in diesem einen neuen Poeten von verwirrender Originalität. Zwischen den beiden entspann sich eine körperlich wie künstlerisch intensive Beziehung; sie fuhren nach London, wo sie die Slums und Wirtshäuser erforschten. Rimbauds Laufbahn als Literat war jedoch bald wieder zu Ende. *Das trunkene Schiff* hatte er 1870 geschrieben, im Alter von 17. Nachdem er 1873 *Une saison en enfer* (Eine Zeit in der Hölle) herausgebracht hatte – den Bericht über das seelische Inferno, durch das er gegangen war –, schrieb er nie wieder etwas, sondern beschloß, die Welt als Abenteurer zu erobern – was er in mehreren seltsamen Berufen tat: als Fremdenlegionär, Zirkuskünstler, Händler in Abessinien und Waffenschmuggler. Er starb mit 37 in Marseille an den Folgen eines Unfalls, der ihm bei einer seiner Afrikareisen zugestoßen war.

Oben: Paul Verlaine war Alkoholiker und homosexuell. Seine leidenschaftliche Beziehung zu dem jungen Dichter Arthur Rimbaud, dessen Genie er sofort erkannt hatte, war ein weiterer Unruhefaktor in seinem Leben. Verlaine wurde zu einem jener Schriftsteller abseits der Gesellschaft, die er selbst in dem berühmten kritischen Essay »Les poètes maudits« (Die verfemten Dichter, 1884) beschrieben hatte. Radierung (1895) des schwedischen Porträtisten Anders Zorn. (Paris, Bibliothèque Nationale)

Links: Die Karikatur von Charles Decaux (ca. 1894) zeigt Rimbaud als aufsässiges Kind, das die Sprache mit dem Malkasten verschmiert. Der Anlaß war das Gedicht »Sonnet des voyelles« (Selbstlaute) gewesen, das die symbolistische Zeitschrift »La Vague« gedruckt hatte. Rimbaud arbeitete darin mit den feingesponnenen Beziehungen zwischen Worten und Farben.

Rechts: Detail eines Gruppenporträts des französischen Malers und Autors Jacques-Emile Blanche (1861-1942), das rechts den Dichter Mallarmé zeigt. (Rouen/Frankreich, Musée des Beaux Arts)

Links: »Nachmittag eines Fauns«, Holzschnitt von Edouard Manet für eine Sonderausgabe (1876) von Mallarmés Gedicht, die der Dichter selbst publizierte, nachdem die Herausgeber der Anthologie »Parnasse contemporain« sein Werk ein Jahr zuvor abgewiesen hatten.

Das trunkene Schiff von Arthur Rimbaud

Ich kenne die Himmel spliTTernd im Blitz
und die Tromben und Brecher und Priele.
Ich kenne den Abend, die Früh aufgekratzt
Und sah mitunter was
dem Menschen schierer Wahn!
Ich sah die NIEdere Sonne
von mystischem Horror befLECKT
gezogene violette Lamellen
illuMINIEREN, die Wellen
als wallten hochgradig antike Mimen
rollend zu knitternden Peripherien!
Mir träumte:
die grüne Nacht mit schnee-blinden Firnen
Kuß, zögernd sich hebend
zu den Augen des Meers
die Zirkulation un-erhörter Säfte
und der gelbe und blaue Wink
zwITschernden Phos-phors

Die modernen Dichter der Jahrhundertwende verdankten Rimbaud vermutlich mehr als jedem anderen Autor des 19. Jahrhunderts, sowohl seiner Lyrik wie seinen Theorien. Victor Hugo nannte er »kolossal vulgär«: Er war ein poetischer Anarchist, der ebenso gern Altes zerstörte, wie er Neues schuf. Das Schreiben von Lyrik, so meinte er, sei eine magische Tätigkeit, und um zu der notwendigen Vision zu gelangen, müsse der Poet sich systematisch »von allen Sinnen entfremden« und zu einem »universellen Kranken, Verbrecher und Verdammten« werden. Die Bildersprache seiner Gedichte ist immer sehr heftig und oftmals gewalttätig. Als Verlaine Rimbauds *Trunkenes Schiff* zum erstenmal gelesen hatte, sagte er, darin sei »das ganze Meer« enthalten. **Stéphane Mallarmé** (1842-1898) sah im Dichten ebenfalls eine magische Beschäftigung. Wörtern brachte er Ehrfurcht um ihrer selbst willen entgegen, sammelte sie und wog oft ihre zentralen Inhalte lange ab, ehe er sie in einem Gedicht verwendete. Er hegte die Idee der *poésie pure,* der »reinen Dichtung« und sprach von der »kleinen Flamme«, die im Werk der großen Dichter leuchte und die er selbst ständig zu entfachen suchte. Später wurde Mallarmé zum Anführer einer Gruppe, die sich jeden Dienstagabend bei ihm einfand. Der gar nicht so umfangreiche Band seiner *Poésie complète* (Sämtliche Gedichte, 1887) enthält auch das berühmte *L'après-midi d'un faune* (Nachmittag eines Fauns, 1876), das Claude Debussy 1894 als »sinfonische Dichtung« vertonte. Das eigenartig sinnliche Werk besteht aus 110 Alexandrinerversen, deren Musikalität aufgelockert ist, und zählt zu den reifsten Gedichten Mallarmés. Eine der ersten deutschen Übersetzungen dieses schwierigen Textes stammt von Stefan George. Außerdem inspirierte das Gedicht Waslaw Nijinski 1912 zu seiner ersten Choreographie für Sergei Diaghilew.

Verlaine ist der verständlichste der drei großen französischen Symbolisten, Rimbaud der revolutionärste, Mallarmé der subtilste und verschrobenste. Gemeinsam erweiterten sie den Horizont der französischen Literatur ihres Jahrhunderts um ein gewaltiges Stück.

1886 veröffentlichte der in Griechenland geborene Iannis Papadiamantopoulos unter dem Pseudonym **Jean Moréas** (1856-1910) in der Zeitung *Le Figaro* ein Manifest, in dem erstmals der Begriff »Symbolismus« für die gesamte Bewegung benutzt wurde. Die von Moréas geprägte Bezeichnung »Symbolismus« bezog sich insbesondere auf die europäische Lyrik seit ca. 1860. Der Symbolismus gilt als letzte große europäische Stilepoche, die in Frankreich nach dem Vorbild Charles Baudelaires entstand. Im Gegensatz zum Naturalismus lehnt der symbolistische Dichter eine gesellschaftsbezogene Dichtung ab. Er zieht sich zurück in seinen Elfenbeinturm und erschafft durch die Formung eigenwilliger Symbole und Bilder einen dichterischen Wirkungsraum mit gesetzhaftem Anspruch.

Der Symbolismus wirkte auch innovativ auf das Theater, was sich bereits in den Spätwerken Ibsens und Tschechows ankündigte. Das naturalistische Drama war in Frankreich ohnehin nie voll entwickelt, und seine Zeit war schon vorüber, als der Belgier **Maurice Maeterlinck** (1862-1949) seine poetischen Dramen *Les aveugles* (Die Blinden, 1890) und *L'oiseau bleu* (Der blaue Vogel, 1909) verfaßte. In ihnen gibt es weder klare Handlungslinien noch psychologische Analysen; es sind lyrische, beinahe statische Werke, deren Sinn nicht offenkundig ist, sondern nur über Symbole zutage tritt.

»Das Reich der Zukunft« – der Azurpalast, »wo die Kinder darauf warten, geboren zu werden«. Illustration (1971) von Touchague zu Maeterlincks »Der blaue Vogel« (1909), eines der beliebtesten Stücke seiner Zeit. Zwei Jahre später bekam Maeterlinck den Nobelpreis für Literatur. Sein Drama »Pelléas et Mélisande« (1892) lieferte Debussy das Libretto für seine Oper.

»Der Bankrott der Wissenschaft«

Rechts: »Verleihe niemals Bücher! Meine Regale sind voll mit Büchern, die ich mir von Freunden geliehen habe«, riet Anatole France, der 1921 den Literatur-Nobelpreis bekam. Kurz nach seinem Tode 1924 veröffentlichte sein ehemaliger Sekretär seine Erlebnisse in »Anatole France en pantoufles« (Anatole France in Pantoffeln), wo er die Geheimnisse des Liebeslebens des großen Autors preisgab. Die Skizze von Birger Lundquist zeigt den schon gealterten France.

François Anatole Thibault schrieb unter dem Namen **Anatole France** (1844-1924) und besaß zwei angeblich typisch französische Eigenschaften: Ironie und Verstand. Er galt als »Taschen-Voltaire seiner Zeit« und war ein talentierter Erzähler, der in seinen beschwingten, leise zynischen Romanen am faszinierendsten ist: *Le crime de Sylvestre Bonnard* (Die Schuld des Professor Bonnard, 1881), *La rôtisserie de la reine Pédauque* (Die Bratküche zur Königin Pédauque, 1893) – deren Held der gutmütige, fröhliche Pater Coignard ist – und *La révolte des anges* (Der Aufruhr der Engel, 1914). Um 1895, als Frankreich von einer Debatte erfaßt wurde, die Freunde entzweite und Familien zerbrach – der »Affäre Dreyfus«, in der es um die fälschliche Verurteilung eines jüdischen Offiziers als deutscher Spion ging –, wurde France, wie Emile Zola, ein glühender »Dreyfusard« und schrieb mit seinem phantastischen Roman *L'île des pingouins* (Die Insel der Pinguine, 1908) eine herrliche Satire auf die Affäre.

Paul Bourget (1852-1935), ein Freund Henry James', war ein produktiver Romancier, den die Kritik wegen seiner tiefen Einsicht in die weibliche Psychologie und in die Spielarten der Liebe pries. Später allerdings wandte er sich ernsthafteren Themen zu; so warnt er in *Le disciple* (Der Schüler, 1889) seine Leser davor, die Welt mit allzu wissenschaftlichen Augen zu betrachten.

Ernest Renans Huldigung der Wissenschaft war 1890 erschienen, doch schon fünf Jahre später diskutierte man den »Bankrott der Wissenschaft«. Beides waren extreme Standpunkte, und die Tragödie des neuen Jahrhunderts war ja auch, daß es keinen Mittelweg fand.

Links: Illustration von B.B. Hedlund für eine Ausgabe von A. Frances »Bratküche zur Königin Pédauque« (1945).

Der Wille zur Macht

Viele Schriftsteller im Deutschland jener Zeit teilten das Credo der Naturalisten nicht, darunter auch der Schweizer **Conrad Ferdinand Meyer** (1825-1898). Mit psychologischem Realismus, aber auch mit einem romantischen Sinn für das Pittoreske porträtierte er historische Figuren in Versepen und Novellen wie *Huttens letzte Tage* (1871) oder *Die Versuchung des Pescara* (1887). Er litt an neurotischen Störungen, und seine Dichtungen drücken auch seine privaten Konflikte aus, wenn auch in objektiver Form, ohne emotionale Kommentare. Er gestattet es seinen Themen, für sich selbst zu sprechen und nimmt damit sowohl die Symbolisten als auch spätere Dichter wie Rainer Maria Rilke vorweg.

Friedrich Nietzsche (1844-1900), der seine Laufbahn als Schüler Schopenhauers begann, formulierte bald seine eigenen brillanten, verwegenen Theorien. Mit den überall vorhandenen demokratischen Tendenzen jener Zeit hatte er nichts im Sinn, sondern setzte sein Vertrauen auf eine Elite; daraus entwickelte er das Konzept des »Übermenschen«, der hoch über allen Gesetzen und überkommenen Moralvorstellungen steht. Ausgangspunkt von Nietzsches Philosophie war sein Haß auf die christliche Religion. Er wollte deren »Sklavenmoral« durch eine »Herrenmoral« ersetzen, der er selbst huldigte; sein Ziel, das er seinerseits mit geradezu religiösem Eifer verkündete, war die »Umwertung aller Werte«.

Nietzsches Leben und Werk waren überschattet von seinen Krankheiten, die ihn von Kindheit an begleiteten und ihn 1879 auch zwangen, mit noch nicht einmal 40 Jahren seine Professur an der Basler Universität aufzugeben, wo er klassische Philologie lehrte. Ende 1889 fiel der »unzeitgemäße« Denker in geistige Umnachtung. In Basel schrieb Nietzsche seine ersten kritischen Werke, u. a. 1872 *Die Geburt der Tragödie* und von 1873-1876 die *Unzeitgemäßen Betrachtungen.* Seine einflußreichsten Werke veröffentlichte er nach Aufgabe der Basler Professur.

Was diesen Einfluß noch vergrößerte, war der fulminante Stil, mit dem er sein Glaubensbekenntnis vorbrachte, vor allem in *Also sprach Zarathustra* (1883-85), wo er als Sprachrohr den altpersischen Propheten verwendete, dessen tatsächlich überlieferte Schriften allerdings nur wenig Ähnlichkeit mit Nietzsches Philosophie haben. Schon die Titel weisen meist auf die generelle Denkrichtung hin: *Jenseits von Gut und Böse* (1886), *Zur Genealogie der Moral* (1887) und *Der Wille zur Macht* – der letztgenannte Text wurde erst nach seinem Tod (1901-06) von seiner Schwester publiziert.

Man kann Nietzsche aber nicht nur als Gegenspieler der intellektuellen Entwicklung seiner Zeit sehen – in gewissem Maße reflektierte er diese ja auch. So ist es ein recht kleiner Schritt von Darwins (falsch verstandenem) »*survival of the fittest*« zu Nietzsches »Wille zur Macht«, dessen Lehre eine kraftvolle Mischung aus den besten und den schlechtesten Tendenzen jener Ära darstellte. Ein deutscher Historiker hat ihn einmal als »dämonisch« bezeichnet, der sowohl im eigenen Innern als auch in der Wirkung, die er hervorrief, gespalten war. Später, in den 30er Jahren des 20. Jahrhunderts, sollte Nietzsches kompromißloses Konzept des »Übermenschen« noch eine sehr düstere Rolle in der deutschen Geschichte spielen.

Aus *Also sprach Zarathustra*
von Friedrich Nietzsche

Seht, ich lehre euch den Übermenschen!
Der Übermensch ist der Sinn der Erde. Euer Wille sage: der Übermensch *sei* der Sinn der Erde!
Ich beschwöre euch, meine Brüder, *bleibt der Erde treu* und glaubt denen nicht, welche euch von überirdischen Hoffnungen reden! Giftmischer sind es, ob sie es wissen oder nicht.
Verächter des Lebens sind es, Absterbende und selber Vergiftete, deren die Erde müde ist: so mögen Sie dahinfahren!
Einst war der Frevel an Gott der größte Frevel, aber Gott starb, und damit starben auch diese Frevelhaften. An der Erde zu freveln, ist jetzt das Furchtbarste, und die Eingeweide des Unerforschlichen höher zu achten, als der Sinn der Erde!
Nicht eure Sünde – eure Genügsamkeit schreit gen Himmel, euer Geiz selbst in eurer Sünde schreit gen Himmel!
Wo ist doch der Blitz, der euch mit seiner Zunge lecke? Wo ist der Wahnsinn, mit dem ihr geimpft werden müßtet?
Seht, ich lehre euch den Übermenschen: der ist dieser Blitz, der ist dieser Wahnsinn! –

Ein etwas uncharakteristisches Porträt Friedrich Nietzsches, das der norwegische Maler Edvard Munch anfertigte – allerdings erst 1905/06, nach dem Tod Nietzsches auf Grund von anderen Porträts und Photographien. (Stockholm, Thielska-Galerie)

Goethes Erbe und das Deutsche Reich

Kaiser Wilhelm II. (auf dem Pferd) wird von dem einst allmächtigen Kanzler Otto von Bismarck gegrüßt (1895). Der junge Kaiser hatte Bismarck 1890 entlassen, aber die beiden versöhnten sich wenige Jahre später wieder. Die herablassende Art des Kaisers und die Unterwerfung des alten Staatsmanns sind ein gutes Bild für die Situation in Wilhelms neuem deutschen Reich. Viele Menschen außerhalb Deutschlands sahen die Geschicke jenes großen Landes in den Händen eines ruhmsüchtigen, labilen Herrschers, und die deutsche Literatur selbst wurde in den Jahren vor dem Ersten Weltkrieg zunehmend kritischer und pessimistischer. Zeichnung von C.W. Albers (1895).

Der – von Bismarck geformte – neue deutsche Staat demonstrierte recht bald seine explosive Kraft. Die deutsche Industrie eroberte sich die Weltmärkte, und das Regime Kaiser Wilhelms II. erwies sich als ebenso aktiv in der Kolonialpolitik wie die übrigen europäischen Mächte. Doch die Jahre vor dem Ausbruch des Ersten Weltkriegs, als Deutschland immer mächtiger und aggressiver wurde, wurde das geistige und intellektuelle Leben von einer Atmosphäre der Resignation, einer pessimistischen Apathie ergriffen. Die Dichter und Denker schienen zu ahnen, daß unter der Oberfläche nicht alles stimmte: daß die böse Saat des 19. Jahrhunderts nun reifte und daß die guten Keime – das Erbe Goethes, die Ehrfurcht vor der Zivilisation und ein moralisches Verantwortungsbewußtsein – dabei allmählich zertrampelt wurden.

Zwar war die deutsche Literatur in jenen Jahre kritischer als je zuvor, doch schien sie gleichzeitig den Ehrgeiz verloren zu haben, die Ungerechtigkeiten der Moderne zu ändern, sondern sie konzentrierte sich auf viel allgemeinere Themen – die Tragödie der menschlichen Existenz, die Hoffnungslosigkeit des Individuums in einem Universum ohne Gott und die einsame Stellung des Künstlers in einer Welt ohne Poesie.

An der Spitze der Dichtergruppe, die der Zeitschrift *Blätter für die Kunst* (1892-1919) Beiträge lieferte, stand **Stefan George** (1868-1933), der manche Ideen – etwa seine Verachtung für alles Massenhafte und materielle Werte – aus Nietzsches Werken entlehnt hatte. Seine absichtlich formbetonten und schwer verständlichen Verse richteten sich nur an einige wenige Eingeweihte. Er sah sich als Prophet der Schönheit und meinte, ein Schriftsteller habe eine ebenso wichtige Aufgabe zu leisten wie jedes andere soziale Wesen. Hier ein Auszug aus *Der Stern des Bundes* (1913), einem Gedichtzyklus, der aus 100 Gedichten in kurzen Formen besteht und in Form und Inhalt Georges einheitlichstes Werk ist:

Da dein gewitter o donnrer die wolken zerreißt
Dein sturmwind unheil weht und die vesten erschüttert
Ist da nicht nach klängen zu suchen ein frevles bemühn?
Die hehre harfe und selbst die geschmeidige leier
Sagt meinen willen durch steigend und stürzende zeit
Sagt was unwandelbar ist in der ordnung der sterne.

Doch George war sich des Schicksals seines Volkes wohl bewußt; und wer ihn eines engstirnigen Nationaldenkens bezichtigt, der vergißt, welche hohen und gestrengen Maßstäbe er sich selbst setzte. Neben anderen Werken brachte er die drei Lyriksammlungen *Das Jahr der Seele* (1897), *Der siebente Ring* (1907) und *Das neue Reich* (1928) heraus. Trotz seines Titels war das letztgenannte Werk aber keineswegs eine Werbung für Hitlers »Tausendjähriges Reich«, und tatsächlich ging George 1933 ins Schweizer Exil, wo er bald darauf starb.

Auch der österreichische Dichter **Hugo von Hofmannsthal** (1874-1929) kann nicht zu den verantwortungslosen Ästheten gezählt werden, trotz seines quasi-religiösen Schönheitskultes. Seine bedeutendsten Werke waren seine Versdramen *Der Tor und der Tod* (1893) und *Der Tod des Tizian* (1901) sowie eine Bearbeitung der mittelalterlichen Moralität *Jedermann* (1911), die in vielen Ländern gespielt wurde und wird. In dem lyrischen Drama *Der Tor und der Tod* beklagt der Ästhet Claudio, daß ihm das Leben entglitten und er völlig bindungslos sei. Dieses höchst musikalische Stück hat den Ruhm des jungen Dichters begründet und ist ein typisches Dokument für die beherrschenden Tendenzen der Literatur um 1900. Im *Jedermann* vereint er die Ideale von Romantik und Klassik, noch dazu in einer beredten, zeitgenössischen Form. In den geistigen Werten der Poesie sah Hofmannsthal die einzige Rettung vor Chaos und Verderben.

Links außen: Stefan George, ein Freund von Mallarmé und Verlaine, hatte großen Einfluß auf Hofmannsthal und Rilke. Porträt »Der letzte Schwan« von Hermann Frobenius.

Links: Hugo von Hofmannsthal war zwar dem Ästhetizismus Stefan Georges verpflichtet, blieb ihm gegenüber aber bis 1905 kritisch eingestellt. Danach folgte die lange Zusammenarbeit mit Richard Strauss, für den er Libretti schrieb – als bekanntestes wohl »Der Rosenkavalier«. Porträt von A. Faistauer. (Wien, Österreichische Galerie)

Unten: Illustration für »Jedermann«, Hofmannsthals »Festspieldrama«. Der berühmte Regisseur Max Reinhardt inszenierte es 1920 bei den ersten Salzburger Festspielen – die von Hofmannsthal, Strauss und ihm selbst ins Leben gerufen worden waren – auf dem Platz vor dem Dom, und dort ist es bis heute unzählige Male wiederaufgeführt worden. Holzschnitt von Erwin Lang für eine Ausgabe von 1961.

Rainer Maria Rilke

Auch **Rainer Maria Rilke** (1875-1926), den viele Literaturwissenschaftler als größten deutschen Dichter nach Hölderlin ansehen, gehörte eine Zeitlang zu Stefan Georges verzaubertem Kreis, verließ diesen aber bald. Wegen seines mannigfaltigen Temperaments ist er schwer zu beschreiben. Nach einer schwierigen Kindheit, in der er kränklich und sehr an seine Mutter gebunden war, meinte er das Leben nur meistern zu können, indem er sich auf großzügige, mitfühlende Frauen verließ. In der kaum verschleierten Autobiographie *Die Aufzeichnungen des Malte Laurids Brigge* (1910) schildert er sich als neurotischen Charakter, der seit frühester Jugend schon ein heimatloser Außenseiter war. Dieses Gefühl der Entfremdung scheint auch im Beginn des hier zitierten Gedichtes *Kindheit* durch:

Da rinnt der Schule lange Angst und Zeit
mit Warten hin, mit lauter dumpfen Dingen.
O Einsamkeit, o schweres Zeitverbringen –
Und dann hinaus: die Straßen sprühn und klingen
und auf den Plätzen die Fontänen springen
und in den Gärten wird die Welt so weit.
Und durch das alles gehn im kleinen Kleid,
ganz anders als die andern gehn und gingen.
O wunderliche Zeit, o Zeitverbringen,
o Einsamkeit.

Trotz seines schmerzenden Mit-Leidens bei jeder Art menschlicher Qual war Rilke zu egozentrisch, um sich für »weltliche« Vorgänge zu interessieren. Was ihn beschäftigte, waren Krisen der individuellen Seele. Im *Stundenbuch* (1905) ringt er mit der Idee des religiösen Glaubens, obwohl sein geistiger Weg ihn nie zum Christentum führen sollte. Er war ein Mystiker, der seiner Berufung in der Kunst folgte. Seine Gedichte sind dennoch wunderbar klar und konkret. Die *Neuen Gedichte* (1907) sollen von den monumentalen Skulpturen Auguste Rodins inspiriert sein, dessen Privatsekretär Rilke damals eine Zeitlang war.

Während der Kriegsjahre verschlimmerte sich Rilkes innere Krise. Seine *Duineser Elegien* (1923), in denen er seine Ängste, seine Sicht der Grausamkeit von Tod und Leben ausspricht, gehören zu den bedeutendsten Beispielen moderner europäischer Lyrik und wurden oft mit T. S. Eliots *Das wüste Land* verglichen. Der Grundtenor ist tragisch und resignativ. So vergleicht er (in der achten Elegie) das unstete Leben des Menschen mit der friedlichen Welt der Tiere und Engel:

... Tod
Ihn sehen wir allein; das freie Tier
hat seinen Untergang stets hinter sich
und vor sich Gott, und wenn es geht, so gehts
in Ewigkeit, so wie die Brunnen gehen.
Wir haben nie, nicht einen einzigen Tag,
den reinen Raum vor uns, in den die Blumen
unendlich aufgehn. Immer ist es Welt
und niemals Nirgends ohne Nicht ...

Doch die späteren *Sonette an Orpheus* (1928) sind wiederum ein ekstatischer Tribut an die Freuden des Daseins. Zu dieser Zeit dürfte Rilke die Vision einer spirituellen Realität erlangt haben, die das Vergängliche der Existenz sowohl akzeptierte als auch überwand.

Oben links: Rilke auf einem Gemälde seiner Freundin, der Expressionistin Paula Modersohn-Becker (1906). (Bremen, Sammlung Ludwig Roselius)

Darunter: Rilkes »Sonette an Orpheus« erschienen drei Jahre vor Cocteaus Drama »Orphée«, das Rilke kurz vor seinem Tode noch zu übersetzen begann. Hier das Gemälde »Orpheus« von Melchior Lechter (1896). (Münster, Westfälisches Landesmuseum)

Rückzug und Beobachtung

Für den raschen materiellen Fortschritt des Deutschen Reichs zeigte die Prosa der Jahrhundertwende wenig Begeisterung. Wohl sahen manche Autoren die herannahende Katastrophe voraus; andere lehnten sich aber nur gegen die Übel des Stadtlebens und der internationalen Kultur auf und flüchteten sich aufs Land. Diese Flucht nahm verschiedene Formen an – vom künstlerischen Realismus bis zu den esoterischen, oft antisemitischen Tendenzen eines Primitiv-Germanentums.

In den frühen Werken Thomas Manns (der im nächsten Kapitel genauer besprochen ist), finden sich keine patriotischen Illusionen über die Wohltaten des nationalen Fortschritts. Sein älterer Bruder **Heinrich Mann** (1871-1950), der seine wichtigsten Werke vor dem Weltkrieg verfaßte, war ebenso frei von Illusionen. Anfangs ahmte er noch die um die Jahrhundertwende beliebte Gesellschaftsprosa nach, deren Geschichten gern vor reichem, oft etwas dekadentem Hintergrund spielten. Doch bald wurde sein Ansatz schärfer, und sein zeitkritischer Roman *Professor Unrat* (1905) erlangte weltweite Berühmtheit, vor allem in der Filmfassung »Der blaue Engel« mit Emil Jannings in der Titelrolle und Marlene Dietrich als Varieté-Sängerin. Noch ätzender wurde Manns Kritik in *Der Untertan* (1918), der Beobachtung eines Opportunisten bei seinem sozialen Aufstieg, die zu einer boshaften, aber weitsichtigen Kritik des wilhelminischen Zeitgeists wurde.

Oben: Heinrich (links) und Thomas Mann. Heinrich stand politisch »weiter links« als sein jüngerer Bruder und schrieb mit seinen Romanen hellsichtige Satiren auf das Leben im Deutschland der Vorkriegszeit. 1933 floh er vor den Nazis nach Frankreich, wo er sich politisch betätigte und 1940 vor den deutschen Truppen überstürzt in die USA weiterfliehen mußte.

Rechts: Marlene Dietrich in »Der blaue Engel«, Josef von Sternbergs klassischer Bearbeitung von Manns »Professor Unrat«.

Revolte gegen die viktorianische Prüderie

Oben: Königin Viktoria bei einem Frankreichbesuch 1897, im Jahr ihres diamantenen Kronjubiläums. Aus »Le Petit Journal«.

Unten: Ein typisches Familienbildnis, »Swinburne mit seinen Schwestern«. (London, National Portrait Gallery)

In England war die wirtschaftliche Entwicklung gegen Ende des 19. Jahrhunderts mit behutsamen liberalen Reformen verbunden. Das britische Empire besaß immer noch Macht und Prestige, obwohl zum Beispiel der Burenkrieg von 1899-1902 im Inland ebenso wie im Ausland viel Kritik erregte. Im Privatleben galt weiterhin der prüde viktorianische Moralkodex, der bislang nicht ernsthaft angefochten war.

Rebellen gab es aber doch – wie etwa **Algernon Charles Swinburne** (1837-1909), Sohn eines Admirals im Ruhestand und Etonzögling, der wie Shelley mit seiner eigenen Schicht völlig brach und überzeugter Atheist wurde. Sein Versdrama *Atalanta in Calydon* (1865) fanden die jüngeren Leser, darunter die »Präraffaeliten«, höchst vergnüglich, die ältere Generation war schockiert. Swinburnes wunderbar fließender Stil und seine fast fieberhafte Phantasie kommen in der Sammlung *Poems and Ballads* (Gesänge und Balladen, 1878) gut zur Geltung, wo er durch kühnen Einsatz erotischer und sadistischer Themen den viktorianischen »guten Geschmack« vor den Kopf stieß. Swinburne war ein glühender Republikaner, der in *Songs before Sunrise* (Lieder vor Sonnenaufgang, 1871) tyrannische Monarchen in ganz Europa attakkierte und die Sache der Demokratie vertrat.

Oscar Wilde (1854-1900) war eine andere Art Rebell, ein Kunstliebhaber und scharfsinniger Ästhet, der schon während des Studiums in Oxford verkündete, er wolle »die Früchte aller Bäume im Garten dieser Welt« kosten. Manche der Früchte erwiesen sich später allerdings als gefährlich: wegen des Vergehens der Homosexualität kam er ins Gefängnis – eine Erfahrung, die ihn persönlich zerbrach.

Von seinen Dramen – »moderne Salonstücke mit rosa Lampenschirmen«, wie er selbst sie beschrieb – wird heute nur noch *The Importance of Being Earnest* (Ernst sein ist alles, 1895) bisweilen aufgeführt – eine zauberhafte Komödie, die, wie er sagte, »ein Schmetterling für Schmetterlinge schrieb«. Oft lieh sich Wilde seine Stoffe aus: Der Roman *The Picture of Dorian Gray* (Das Bildnis des Dorian Gray, 1891), die Geschichte eines skrupellosen Genußmenschen, der ewig jung und schön bleibt, während sein verborgenes Porträt immer älter und entstellter wird, basiert teilweise auf einer französischen Vorlage. Und auch seine Verse, sogar *The Ballad of Reading Gaol* (Ballade vom Zuchthaus zu Reading, 1898), in der er die gräßlichen Erinnerungen an seine Haft wachruft, klingen nie so ganz echt. Wahres Genie bewies er mit seinem Witz, den Aphorismen und Bonmots, als intellektueller Dandy und Stachel im Fleisch der Spießbürger.

Daneben gab es in der zweiten Hälfte des 19. Jahrhundert eine ganze Reihe talentierter sozialkritischer Autoren.

Einer davon war **George Meredith** (1828-1909), dessen größtes Werk, *The Ordeal of Richard Feverel* (Richard Feverels Prüfungen, 1859) die geheiligte Institution der Familie angreift, während er in *Diana of the Crossways* (Diana vom Kreuzweg, 1855) als einer der ersten Männer für Frauenrechte eintritt. Ein Entlarver der viktorianischen Scheinwelt war auch **Samuel Butler** (1835-1902), der Sohn eines Pfarrers. Sein *Erewhon* (1872) – der Titel ist die Umkehr von *nowhere* (nirgends) – stellt eine satirische Utopie über ein imaginäres Land dar. Der autobiographische Roman *The Way of All Flesh* (Der Weg allen Fleisches, 1903) zeichnet ein grausam präzises Bild seiner bürgerlichen Herkunft und seiner frommen, dummen Eltern.

Der Romancier **Thomas Hardy** (1840-1928) gab nicht der Gesellschaft die Schuld am menschlichen Los, sondern »den Göttern«, die es regieren. Wie die griechischen Dramatiker der Antike sah er seine Figuren als Opfer eines unentrinnbaren Schicksals – manche mit Schuld behaftet wie in *The Mayor of Casterbridge* (Der Bürgermeister von Casterbridge, 1886), andere wirklich unschuldige Opfer wie *Tess of the d'Urbervilles* (Eine reine Frau – Tess von d'Urbervilles, 1891). Am Schluß dieses Romans, als die Titelheldin ihre letzte Strafe bezahlt – sie hatte ihren Verführer getötet –, findet sich denn auch ein fast altgriechisches Fazit: »so war der 'Gerechtigkeit' Genüge getan, und das Oberhaupt der Unsterblichen (um eine Äschylische Wendung zu gebrauchen) hatte sein mutwilliges Spiel mit Tess beendet.«

Nicht jeder Romancier bewunderte Hardy. Henry James etwa bemängelte nach der Lektüre der *Tess* Hardys unmöglichen Stil. Dieser ist nun wohl tatsächlich etwas holprig, und die Figuren sind ungeschickt gezeichnet. Hardys Stärke lag in der Landschaftsschilderung – vor allem Wessex im Südwesten Englands

Links: »Auftritt der Herodias«, eine von Aubrey Beardsleys zensurierten Illustrationen für die englische Erstausgabe (1894) von Wildes Tragödie »Salomé«. In London sollte Sarah Bernhardt die Rolle spielen, doch blieb das Stück auf Englands Bühnen bis 1931 verboten. Die Rezension der Londoner Times sah darin »... eine morbide, bizarre, abstoßende Melange aus Blut und Gewalt, höchst anstößig in der Verwendung biblischer Phraseologie auf Situationen, die das krasse Gegenteil von heilig sind ...«

Oscar Wilde, der selbsternannte Ästhet und brillante Dramatiker, auf einem Photo (1882) von Napoleon Sarony, dem berühmten New Yorker Bühnenphotographen, für seine erste Lesungstour in die USA.

Unten: Charles Laughton und Elsa Lanchester als Dr. Chasuble und Miss Prism in einer Inszenierung (1934) des Londoner »Old Vic Theatre« von Wildes »Ernst sein ist alles«.

Oben: Conan Doyle, an Sherlock Holmes gekettet, aber in die Wolken des Spiritualismus – seines Altersglaubens – gehüllt, gezeichnet von Bernard Partridge (1926).

Unten: Basil Rathbone und Nigel Bruce, das berühmteste Filmpaar als »Holmes und Watson« (1939).

liebte er seit der Kindheit und kannte dort die Menschen und ihre Sitten und Gebräuche genau.

Später wandte sich Hardy vom Roman der Lyrik und dem Drama zu. Sein Historienepos *The Dynasts* (Die Dynasten) ist ein beeindruckendes Werk über die Napoleonischen Kriege. In drei Teilen, neunzehn Akten und 130 Szenen beschreibt Hardy in dieser von 1903-1908 erschienenen episch-dramatischen Dichtung die letzten zehn Jahre der Herrschaft Napoleons. Das in Prosa und Blankversen geschriebene monumentale Werk ist charakteristisch für Hardys letzte Schaffensperiode. Die 1898 publizierten *Wessex Poems* enthalten einige zutiefst ergreifende Gedichte.

Kein Autor jener Zeit konnte Landschaften so beschreiben wie Hardy. Bei ihm erscheinen die Tragödien des menschlichen Lebens gleichsam vor dem weichzeichnenden Hintergrund der Natur.

Damals entstand auch das beliebte literarische Genre des Detektivromans, als dessen »Erfinder« **Wilkie Collins** (1824-1889) gilt. Collins' *The Moonstone* (Der Monddiamant, 1868), den T.S. Eliot »den ersten und größten englischen Detektivroman« nannte, steckt voller rätselhafter Details, doch im Zentrum der Handlung der geschickt aufgebauten Erzählung steht die gefahrvolle Suche nach einem unbezahlbaren indischen Juwel.

Der Ruhm von **Arthur Conan Doyle** (1859-1930) in der neuen Gattung gründet sich auf die von ihm geschaffene Figur und ihre Requisiten: den Meisterdetektiv Sherlock Holmes mit seiner Geige, seiner Schwäche für Drogen, der Junggesellenwohnung in der Baker Street und seinem bewundernden Jünger Dr. Watson. Bei Millionen von Lesern war Holmes derart beliebt, daß jedesmal, wenn der Autor ihn sterben ließ, die Proteste ihn zwangen, den Helden neu zu beleben. Wohl kein anderer Autor hat seine »Krimis« je um eine so faszinierende Figur gesponnen, die zum Inbegriff des cleverdurchtriebenen Meisterdetektivs wurde.

Weltreich Britannia

Um die Jahrhundertwende verspürten die englischen Leser eine romantische Sehnsucht nach fernen Ländern, was zweifellos durch die Expansion des britischen Empire angeregt wurde.
Ein weitgereister Romancier war der Schotte **Robert Louis Stevenson** (1850-1894) – er starb auf einer Südseeinsel, wo er die Lungentuberkulose zu kurieren hoffte. Bekannt wurde er 1883 mit dem grandiosen Abenteuerroman für junge Leser *Treasure Island* (Die Schatzinsel). Eine spannende historische Abenteuergeschichte, die zur Zeit der Rosenkriege in England spielt, ist die Erzählung *The Black Arrow* (Der schwarze Pfeil, 1883). Doch seine Meisterwerke *Kidnapped* (Verschleppt, 1886), *David Balfour* (1893) und *The Master of Ballantrae* (Der Herr von Ballantrae, 1889) spielen alle im Schottland des 18. Jahrhunderts. *Dr. Jekyll and Mr. Hyde* (1886) dagegen ist ein relativ moderner Roman; sein »Held« steht symbolhaft für eine gespaltene Persönlichkeit, die von zwei widerstreitenden Naturen – einer tugendhaften und einer wahnsinnigen – zerrissen wird.

Aus *Der seltsame Fall von Dr. Jekyll und Mr. Hyde* von Robert Louis Stevenson:

... »Ich weiß nicht, ob Sie diesem Mr. Hyde jemals begegnet sind, Mr. Utterson?«
»Ja«, antwortete der Anwalt, »ich habe einmal mit ihm gesprochen.«
»Dann müssen Sie, ebensogut wie wir anderen alle, wissen, daß diesem Herrn etwas Sonderbares anhaftet – etwas, das einem einen Stich versetzte – ich weiß nicht, wie ich es ausdrücken soll – etwas, das einem durch Mark und Bein ging.« ...

Ähnlich wie später der Russe Vladimir Nabokov schrieb der Pole Józef Teodor Konrad Korzeniowski nicht in seiner Muttersprache, sondern wurde unter dem Namen **Joseph Conrad** (1857-1924) ein gefeierter englischer Schriftsteller. Anders als Nabokov lernte er aber erst als Erwachsener Englisch, als er als Seemann die Tropen befuhr. 1884 nahm er die britische Staatsbürgerschaft an und veröffentlichte 1895 seinen ersten Roman, *Almayer's Folly* (Almayers Wahn). Wie in seinen meisten Büchern schildert er hier – vor dem Hintergrund einer ebenso schönen wie grausamen Natur – die Auswirkung einer dramatischen Krise auf die Seele eines Menschen, wobei der Held alle Gefahren durch Pflichtbewußtsein und Ehrgefühl überwindet. Conrad hatte sehr ritterliche Ideale und blieb im Herzen immer ein altmodischer Gentleman. Sein Leben war hart, und seine Bücher fanden zwar lobende Erwähnung, brachten ihm aber keine sofortige Popularität ein, was ihn schwer ent-

In seiner Blüte umspannte das britische Empire den ganzen Erdball, was bei den Engländern großes Interesse an fremden Ländern auslöste.

Unten links: R.L. Stevenson (1887), ein Meister der Abenteuergeschichte, gemalt von Sir W. B. Richmond. (London, National Portrait Gallery)

Unten rechts: Dieser französische Druck zeigt Soldaten aus verschiedenen Teilen des Empire, darunter aus Indien, Australien, Kanada, Afrika, Britisch-Guayana und Borneo.

Rechts: Die Wölfe beim Beraten darüber, ob das Menschenjunge Mogli ins Rudel aufgenommen werden und dort das Gesetz des Dschungels lernen soll. Szene aus Walt Disneys Trickverfilmung (1967) von Kiplings »Dschungelbuch«.

Unten rechts: Kipling 1899, ein Jahr bevor er auf einer Reise nach Südafrika plötzlich feststellte, daß man da »ein bißchen Krieg führte« (den Burenkrieg nämlich), worauf er Kriegsberichterstatter wurde und »eine herrliche Zeit verlebte«. Das Porträt wurde von seinem Vetter Sir Philip Burne-Jones, dem Sohn des bekannten Präraffaeliten, gemalt. (London, National Portrait Gallery)

Unten links: Joseph Conrad, der in Polen geborene Schriftsteller, hörte mit 21 zum erstenmal in seinem Leben Englisch, wurde aber dennoch in dieser Sprache ein berühmter und sprachlich höchst interessanter Romancier.

täuschte; er sprach von seiner »großen Isolation von der Welt«. Seine beiden wichtigsten Romane, *The Nigger of the Narcissus* (Der Nigger von der Narzissus) und *Lord Jim*, erschienen 1898 und 1900, doch kam erst 1914 mit *Chance* (Spiel des Zufalls) – der Geschichte einer gefährdeten Liebe – endlich der literarische Durchbruch und damit die finanzielle Sicherheit, die er so lange ersehnt hatte.

Rudyard Kipling (1865-1936) wurde der literarische Prophet des britischen Empire. Er war seinem Geburtsland Indien innerlich tief verbunden, in das er als junger Reporter zurückkehrte. Seine 1888 erschienenen ersten Erzählungen, gesammelt in *Plain Tales from the Hills* (Schlichte Geschichten aus Indien) und *Soldiers Three* (Soldaten-Geschichten), enthalten wunderbar lebensechte Schilderungen des alten britischen Kolonialindiens mit seinen Soldaten und Beamten bei Arbeit und Freizeit und ihren Umgang mit den Einheimischen.

Weniger realistisch waren *The Jungle Books* (Das Dschungelbuch, 1894/95), in denen der kleine Mogli von gutmütigen, menschenähnlichen Wölfen aufgezogen wird, die ihn vor den Gefahren des Urwalds bewahren. Bei Kipling ähneln alle Tiere den Zöglingen einer englischen Privatschule, egal ob es sich um brave Wölfe, Bären oder Pythons oder um bösartige, grausame und äußerst unfaire Tiger handelt, und die Erzählungen sind faszinierend, wenn auch recht unglaubwürdig. Auf Beobachtungen aus erster Hand dagegen basiert *Kim* (1901), die Geschichte eines anglo-indischen Waisenkindes bei seiner langwierigen Wanderung durch den indischen Subkontinent, auf der ihn ein weiser Buddhist begleitet; sogar in Indien gilt das Buch heute noch als hervorragender Bericht über Land und Leute um die Jahrhundertwende. Kipling ist einer der großen europäischen Erzähler, der mit *Puck of Pook's Hill* (Puck vom Buchsberg, 1906) und *Rewards and Fairies* (1910) auch zwei Kinderbücher mit Geschichten und Sagen des alten, legendären England verfaßte. Kipling besaß ein enormes Talent, aber eine seltsam begrenzte Weltsicht. Freundschaft war ihm vertraut, aber mit dem Thema geschlechtlicher Liebe befaßte er sich fast nie. Er bewahrte sich ein jungenhaftes Gemüt – die Lust an Maschinen, den Ehrenkodex aus der Schulzeit und einen Respekt vor brutaler Gewalt. Erst in seinen letzten Erzählungen zeigt er Einblick in dunklere und komplexere Seiten des Erwachsenendaseins. Auch Lyrik floß ihm leicht aus der Feder, und seine Gedichte wurden von T. S. Eliot hoch geschätzt.

Die wunderbare Reise

Die Zeit vor der Jahrhundertwende war eine der großen Epochen der schwedischen Literatur, in der sich Patriotisches, Exotisches und Mystisches – fast alle Elemente der Romantik – vereinten.
Ein typischer Vertreter war **Verner von Heidenstam** (1859-1940), der schon 1888 seine Gedichtsammlung *Wallfahrt und Wanderjahre* vorlegte, eine Mischung aus fernöstlichen Mythen, Begeisterung für die heimatliche Landschaft und einer vergnüglichen Unfrömmigkeit, die von einer auf Nietzsche beruhenden Verachtung der »Sklavenreligion« geprägt war. Sein historischer Novellenzyklus *Karl XII. und seine Krieger* (1897/98) feierte den Mythos jenes unglücklichen Herrschers.
Die Lyrik war damals immer noch die Stärke der schwedischen Literatur. 1891 publizierte **Gustaf Fröding** (1860-1911) *Gitarre und Ziehharmonika* und verzauberte seine Leser mit ländlichem Humor und ironischen Liebesgedichten.
Frödings düstere Religiosität, die in späteren Dichtungen zu spüren ist, dürfte ein Vorbote seines nahenden Nervenzusammenbruchs gewesen sein. Bekannt sind etwa der Gedichtband *Gralstropfen* (1898) und *Spritzer und Fetzen* (1896), eine Sammlung mystisch-religiöser Grübeleien in Versform, die heute als stilistisch geniales, vollendetes Werk der schwedischen Literatur gelten.
Wie bei allen skandinavischen Dichtern war die Sprache für Fröding und Heidenstam ein großes Hindernis, und dies trifft noch mehr auf **Erik Axel Karlfeldt** (1864-1931) zu, den dritten großen Autor jener Zeit. Sein Erstlingswerk *Lieder von der Liebe und der Wildnis* (1895) und auch die später erschienenen *Fridolin*-Gedichte mit ihrer sehr nordischen Naturverbundenheit sind nahezu unübersetzbar.
Dafür hat die Prosaautorin **Selma Lagerlöf** (1858-1940) einen festen Platz in der europäischen Literatur. Ihr erstes Buch, *Gösta Berling* (1891) wurde 1924 mit Greta Garbo in der Hauptrolle verfilmt. Phantasievolle Personenschilderung und einen leidenschaftlichen Moralbegriff zeigte Lagerlöf in *Jerusalem* (1901/02), und ihr Kinderbuch *Wunderbare Reise des kleinen Nils Holgersson mit den Wildgänsen* (1906/07) wurde in viele Sprachen übersetzt.
Auch die norwegische Literatur ließ am Ende des Jahrhunderts eine neue Stimme ertönen: **Knut Hamsun** (1859-1952) machte sich damals einen Namen mit den kurzen, lyrischen Romanen *Hunger* (1890), *Pan* (1894) und *Victoria* (1898), in denen einsame Träumer mit der Natur Zwiesprache halten, ohne den sozialen Problemen ihrer Zeit auch nur die geringste Beachtung zu schenken. Hamsuns Vorstellung vom »Übermenschen« und sein kompromißloser Individualismus verwirren den Leser bisweilen, doch in seinem großen Roman *Segen der Erde* (1907) hatte er für die vom Krieg zerrissene Welt eine wichtige Botschaft: seinen Glauben an das Gute im Menschen und an die heilsame Kraft der Natur. Seine späteren Romane handeln von verschiedenen Themen und zeigen Hamsun als Meister der Sprache.
Im Zweiten Weltkrieg begrüßte Hamsun den Einmarsch der deutschen Besat-

Links: Gustaf Fröding im Jahre 1909, nach seinem Nervenzusammenbruch. Porträt von Richard Bergh.

Mitte: »Karl XII. in der Schlacht von Narwa«. Trotz zahlenmäßiger Unterlegenheit erzielte der schwedische König bei Narwa im ersten Jahr des 2. Nordischen Krieges (1700-21) einen legendären Sieg über die Truppen von Zar Peter dem Großen. Verner von Heidenstam besang den schwedischen Soldatenkönig in seinen Novellen. Gemälde (1905) von Gustav Cederström. (Stockholm, Nationalmuseum)

Unten: Der norwegische Autor und Kritiker Knut Hamsun als junger Mann. Er erwarb sich später internationalen Ruhm und erhielt 1920 den Nobelpreis für Literatur.

Oben: Detail aus S. Hansens Entwurf (1956) für den Schutzumschlag einer dänischen Ausgabe von Johannes V. Jensens »Himmerlandgeschichten«, die erstmals 1898 erschienen. Den Literaturnobelpreis bekam Jensen viel später, im Jahre 1944.

Rechts: Schutzumschlag für eine schwedische Ausgabe der im 14. Jh. angesiedelten epischen Trilogie »Kristin Lavranstochter« der norwegischen Autorin Sigrid Undset. Als man ihr 1928 den Literaturnobelpreis zuerkannte, hatte sie keine Zeit für Interviews. »... Ich studiere zur Zeit gerade die Scholastiker«, entschuldigte sie sich bei den Reportern.

zungstruppen, wofür er später zeitweilig in eine Anstalt eingewiesen wurde. In seinem autobiographischen Werk *Auf überwachsenen Pfaden* (1949) – einer Abrechnung mit seinen Richtern – beschreibt er die Erlebnisse in jener traumatischen Zeit. Gewaltiger und prosaischer war **Sigrid Undset** (1882-1949), die wie Hamsun den Literaturnobelpreis bekam. In ihren ersten Romanen – etwa in *Jenny* (1911) – trat sie mit Frauenporträts und zeitkritischen Anmerkungen hervor, obwohl ihre ethischen Bewertungen zuweilen den Blick auf das künstlerische Talent verstellen. Doch in *Kristin Lavranstochter* (1920-22) gelang es ihr, dem Stoff eine autarke literarische Form zu geben. Hauptthema dieses mittelalterlichen Epos ist die Verwandlung einer starken, dominanten Frau, die in den Worten der Autorin »vor der Ernte zur Reife gebracht« wird. Sigrid Undset erweckt die Vergangenheit zum Leben und beweist großes Können im Beschreiben, etwa wenn sie von sexueller Vereinigung, vom Tod eines Kindes oder dem Tod an sich erzählt. In *Gymnadenia* (1929) und *Der brennende Busch* (1930) ist ihr Stil von der Rückwendung zum katholischen Glauben geprägt.

Der Däne **Johannes V. Jensen** (1873-1950) war ebenfalls ein Romantiker, der sowohl in kritischen Schriften wie in seinen Romanen etwas gewagte Spekulationen über die Wichtigkeit von Arbeit und Umwelt, die Überlegenheit der nordischen Völker und mögliche Fortschritte in Wissenschaft und Technik anstellte. Heute noch berühmt sind seine realistischen Erzählungen aus Jütland, die einmaligen *Himmerlandgeschichten.* In dem sechsbändigen Romanzyklus *Die lange Reise* (1908-22) versuchte Jensen, die Entwicklung der Menschheit von der Eiszeit bis Kolumbus im Geiste Darwins darzustellen. Am bekanntesten wurden der erste und der zweite Roman des Zyklus'. In *Das verlorene Land* (1919), in dessen Mittelpunkt die Gestalt des Fyr, des Feuerbringers, steht, schildert Jensen die Anfänge der Menschheit. In *Der Gletscher* (1908) nimmt der Dreng, einer der Nachfahren des Fyrs, den Kampf mit der Kälte auf.

Die Tradition sozialer Fragestellungen wurde von dem dänischen Arbeiterdichter **Martin Andersen-Nexø** (1869-1954) fortgeführt, der sein erzählerisches Talent in den großen Romanen *Pelle der Eroberer* (1906-10) und *Ditte Menschenkind* (1917-21) bewies, wenn ihn auch seine politischen Sympathien gelegentlich zu irrigen Vereinfachungen führten.

Rauch und Stahl

Der sozial bewußte amerikanische Naturalismus bildete im 20. Jahrhundert den Ausgangspunkt der englischen Prosa beiderseits des Atlantik, die sich anfangs in zwei Hauptströmungen teilte, wovon sich die eine vor allem dem Tendenzroman verschrieb. Zu den Autoren dieser Richtung gehört **Upton Sinclair** (1878-1968), der in *The Jungle* (Der Sumpf, 1906) die skandalösen Zustände auf den Schlachthöfen Chicagos beschrieb und damit eine Regierungsuntersuchung auslöste, die schließlich ein neues US-Lebensmittelgesetz brachte. Sinclair und seine Freunde bekamen von konservativen Journalisten und Kritikern den Spitznamen »*Muckrakers*« (Dreckschleudern).
Auch manche Bücher des enorm populären Erzählers **Jack London** (1876-1916) zeigen eine sozialistische Tendenz – etwa *The Iron Heel* (Die eiserne Ferse, 1907), die prophetische Vision eines autoritären Staates. In späteren Werken zeichnete er eigene Erlebnisse auf und verarbeitete viele damals aktuelle literarische Trends – den Kult des »Übermenschen« in *The Sea Wolf* (Der Seewolf, 1904) und in *Martin Eden* (1909), den Traum vom einfachen Leben in *Call of the Wild* (Ruf der Wildnis, 1903) und anderen Abenteuergeschichten aus der Zeit des Goldrausches von Klondike.
Die zweite Strömung der amerikanischen Prosa war weniger offenkundig propagandistisch orientiert. Die Romane von **Theodore Dreiser** (1871-1945) schildern, oft in dokumentarischer Form, nicht nur das Scheitern des Amerikanischen Traums, sondern die Grausamkeit des Lebens an sich. Der Roman *Sister Carrie* (Schwester Carrie, 1900) basiert auf seinen Erinnerungen an das tragische Schicksal seiner Schwester, die in Chicago ihr Glück hatte machen wollen. *The Financier* (1912) und *The Titan* (1914) beschrieben – vor genaustens beobachtetem Hintergrund – die Karriere eines modernen amerikanischen Wirtschaftstycoons, der sich erfolgreich ein Vermögen aufbaut; der Held aus *An American Tragedy* (Eine amerikanische Tragödie, 1925), Clyde, dagegen ist zwar ebenso gierig und ehrgeizig, findet aber ein böses Ende. Clydes Aufstieg und Fall sind verständnisvoll und mitfühlend berichtet, obwohl seine Charakterzüge getadelt werden. Da Dreiser seine amoralischen, ja kriminellen Figuren nie einem Werturteil aussetzte, erregten einige seiner Bücher den Unmut der Zensur.
Vor dem Ersten Weltkrieg war die ameri-

Oben: Der amerikanische Romancier und Journalist Jack London. Er verlebte eine harte Jugend in Kalifornien, ging dann zur See, durchwanderte Amerika und wurde Goldgräber in Klondike. Seine Erlebnisse beim »Goldrausch« in Alaska verarbeitete er im »Ruf der Wildnis«; der Held des Romans, der Schlittenhund Buck, freundet sich in Klondike mit dem Goldsucher Thornton an, der von Indianern getötet wird, worauf Buck in die Wildnis Alaskas davonläuft. Die Geschichte hat viele Filmregisseure gereizt: erstmals kam der Stoff 1908 auf die Leinwand, und 1935 drehte William Wellman mit Clark Gable eine sehr romantische Version des Stoffes ab.

Mitte: Mit den menschenunwürdigen Arbeitsbedingungen auf Chicagos Schlachthöfen um 1880 beschäftigte sich »Der Sumpf«, einer von mehreren sozial engagierten Romanen Upton Sinclairs.

Links: Szene aus Ken Annakins Remake von »Ruf der Wildnis« (1972) mit Charlton Heston in der Hauptrolle.

Die Gerichtssaal-Szene in Josef von Sternbergs Verfilmung (1931) von Theodore Dreisers »Eine amerikanische Tragödie«. Das Buch war ein frühes Beispiel für die Verwendung von tatsächlich verhandelten Gerichtsfällen in der Literatur und rief sowohl wegen der Thematik als auch wegen der generellen Kritik an der Industriegesellschaft heftige öffentliche Kritik hervor.

Rechts: Emily Dickinson, auf einem Bild aus der 1924 erschienenen Ausgabe ihrer »Gesammelten Lyrik«. Zu ihren Lebzeiten wurden nur acht ihrer fast 1800 Gedichte publiziert.

Rechts außen: Die Familie Dickinson beim Besuch der 18-jährigen Emily am Mädchenpensionat von Mount Holyoke, Massachusetts. Der Scherenschnitt (1848) stammt von einem Freund der Familie.

kanische Lyrik der Prosa jedoch an Einfluß noch weit überlegen; und auch danach gaben die Lyriker große Anstöße zur Befreiung des Prosastils.

Neben Whitman hatte das 19. Jahrhundert nur eine wichtige Dichterfigur hervorgebracht: **Emily Dickinson** (1830-1886) war eine höchst sensible Einsiedlerin, die zu Lebzeiten nichts Besonderes publizierte, und deren erste Lyriksammlung *(Poems)* erst 1890 erschien. Sie schrieb kurze, scheinbar ganz spontane Verse, deren zerbrechliche Natur ein intensives Gefühl verbirgt und tiefgründige Reflexionen über den Tod und die emotionale Einsamkeit der Autorin ausdrückt.

Eine Revolution der Lyrik trat 1912 ein, als die Zeitschrift *Poetry* in Chicago gegründet wurde; die Gedichte, die darin erschienen, hatten etwas von Whitmans stürmischer Kraft. Der Kopf dieser literarischen Bewegung war **Carl Sandburg** (1878-1967), der seiner Sammlung *Chicago Poems* (1916) die berühmten Zeilen voranstellte:

> Schweinemetzger der Welt,
> Werkzeugfabrik, Weizenstapelplatz,
> Spieler mit Eisenbahnen, Warenhändler der Nation,
> Stürmisch, rauh, lärmend,
> Stadt der breiten Schultern …

Damals warf man Sandburg seinen »unpoetischen« Stil vor, aber möglicherweise war er gerade deshalb ein typischer Dichter des 20. Jahrhunderts. Sandburg geht seine Themen an wie ein Steinmetz, gleichzeitig aber sind seine Naturschilderungen voll atmosphärischer Schönheit. Die Opfer des Industrialismus lagen ihm immer sehr am Herzen; schon die Titel seiner späteren Werke deuten an, worum es ihm ging – *Smoke and Steel* (Rauch und Stahl, 1920), *Good Morning America* (Guten Morgen, Amerika, 1928) und *The People, Yes* (Das Volk, jawohl, 1936).

Vachel Lindsay (1879-1931) war ein weiterer amerikanischer Dichter, der dem Puls seiner Zeit nachspürte und dabei davon träumte, die Massen für Poesie zu begeistern. Er schuf meisterhafte Reime – man lese *General Booth Enters into Heaven* (General Booth kommt in den Himmel, 1913) und *The Congo* (Der Kongo, 1914) – und verwendete oft gängige Redewendungen aus Heilsarmeeslogans und dem Jazz-Vokabular der Schwarzen.

Mit **Edgar Lee Masters** (1869-1950), der mit seinem Werk zum Wegbereiter der modernen, desillusionierenden amerikanischen Lyrik wurde, betrat noch ein Lyriker aus Chicago die Szene, und zwar mit seiner *Spoon River Anthology* (Die Toten vom Spoon River, 1915), einer Sammlung von Grabreden im freien Vers auf die Einwohner der erfundenen Stadt Spoon River. Er belebte das klassische griechische Epigramm zu einem modernen Zweck neu, und seine lyrischen Vignetten sind scharfzüngige Kommentare auf die Beschränktheit des idyllischen amerikanischen Provinzlebens. Hier der bissige Nachruf auf *Knowlt Hoheimer:*

Ich fiel als erste Frucht bei Missionary Ridge.
Als ich die Kugel fühlte, wie sie in mein Herz drang,
Wünscht' ich, ich wär' daheim geblieben, und hätt' dafür, daß ich
Die Schweine Curl Trenarys stahl, mich ins Gefängnis stecken lassen,
Statt fortzulaufen und zu den Soldaten.
Tausendmal lieber ins Kreisgefängnis,
Statt hier zu liegen unter diesem Marmorbild mit Schwingen,
Und diesem Sockel aus Granit, der
Die Worte trägt: PRO PATRIA.
Was heißt das überhaupt?

Oben: Porträtstudie von Carl Sandburg, angefertigt von seinem Schwager, dem bekannten Maler und Photographen Edward Steichen. Sandburg gewann 1940 seinen zweiten Pulitzer-Preis für »The War Years« (Die Kriegsjahre), einen Teil seiner großen sechsbändigen Biographie Abraham Lincolns (1926-1939).

Darunter: Eines der Blasorchester aus New Orleans, die Märsche zu Jazz machten, ca. 1890. Vachel Lindsay ließ sich von allen Bildern und Klängen des amerikanischen Lebens inspirieren, ob es Blasorchester, fromme Choräle oder die Texte des schwarzen Jazz waren.

Der deutsche Bankrott

In Deutschland sollten sich die düsteren Vorahnungen der Jahrhundertwende und der Zeit nach 1918 auf schrecklichere Weise bewahrheiten, als selbst die größten Pessimisten geglaubt hatten. Der verlorene Weltkrieg hatte das Land ausgeblutet; politisch und moralisch herrschte – wie anderswo in Westeuropa auch – eine Dauerkrise, jedoch reagierten die Deutschen darauf besonders verzweifelt. Adolf Hitlers nationalsozialistisches Programm machte sich die bürgerliche Angst vor den Kommunisten und auch die Forderungen der Proletarier nach einem Wandel zunutze, womit er seine Gegner geschickt gegeneinander ausspielte.

Der wichtigste Ansatz zur Heilung der Übel jener Zeit kam im 20. Jahrhundert von der Psychologie – sie stellte die Einheit des individuellen Charakters in Frage, unterstrich die Rolle des Unbewußten und erschütterte das klassische Verständnis von Schuld und Verantwortung. Beträchtliche Auswirkungen auf die Literatur hatte die Technik der Psychoanalyse, die der österreichische Nervenarzt **Sigmund Freud** (1856-1939) um die Jahrhundertwende entwickelte; auch der Tiefenpsychologe **C. G. Jung** (1875-1961) – Anfangs Schüler Freuds, später ein polemischer Gegner –, der weniger sexuelle Triebmuster, sondern vor allem sogenannte »Archetypen« und die kulturelle Symbolik der Menschheit untersuchte, hatte großen literarischen Einfluß.

Rechts: Hitler am 30. 1. 1937 bei der Parade zur Feier des vierten Jahrestages seiner Machtergreifung.

Oben: »Wo man Bücher verbrennt, verbrennt man am Ende auch Menschen«, schrieb Heinrich Heine, der deutsch-jüdische Dichter, dessen »nichtarische« Werke zusammen mit 20.000 anderen Büchern am 10. 5. 1933 vor der Berliner Oper in Flammen aufgingen.

Rechts: Sigmund Freud 1938 in seiner Wiener Praxis, kurz vor der Emigration nach England.

Thomas Mann

1901 veröffentlichte **Thomas Mann** (1875-1955) den Roman *Die Buddenbrooks,* der den Untertitel »Verfall einer Familie« trug und die Probleme erörterte, die Mann während seiner bisherigen literarischen Karriere beschäftigt hatten: der Konflikt zwischen der Forderung des Künstlers nach individueller Freiheit und den Maßstäben der herkömmlichen Moral. Für Thomas Mann, der einer reichen Lübecker Kaufmannsfamilie entstammte, besaßen beide Extreme ihren Wert. Nach diesem ersten Erfolg schrieb er viele lange Novellen, darunter *Tristan* (1903), *Der Tod in Venedig* (1913), *Tonio Kröger* (1914), und auch hier war sein Hauptthema das Streben des Individuums nach Ruhe und Frieden im Gegensatz zu dem ebenso verständlichen Wunsch, am Leben der anderen Menschen teilzunehmen. Daß Mann politischen, auch demokratischen Programmen skeptisch gegenüberstand, zeigen seine *Betrachtungen eines Unpolitischen* (1918).

Nach dem Ersten Weltkrieg jedoch wurde ihm klar, daß diese Position unhaltbar war, und er suchte von da an nach einem neuen Weg für Europa und die gesamte Menschheit. In seinem Roman *Der Zauberberg* (1924), der in einem Schweizer Sanatorium spielt, sind alle kontroversen Ideen der Zwischenkriegszeit in einer stürmischen Erzählung zusammengefaßt. Der Held des Buches, der Hamburger Patriziersohn Hans Castorp, sucht sich darin zurechtzufinden. Den Ausweg findet er, indem er den engstirnigen deutschen Nationalismus gegen eine humanistische Weltsicht und den Glauben an die Liebe eintauscht.

Die Machtergreifung der Nazis zwang Mann zum Emigrieren, zuerst in die Schweiz, später in die USA, wo der einstmals unpolitische Autor »seinen Kriegsdienst mit den Waffen des Geistes« ableistete. Zwischen 1933 und 1943 schrieb er auch die Romanserie *Joseph und seine Brüder,* die »vermittelst einer mythischen Psychologie eine Psychologie des Mythos« entwickeln sollte. Trotz des verworrenen, symbolbeladenen Stils sind die vier *Joseph*-Bücher ein faszinierender Versuch, die Tiefe von Familienbanden und den Ursprung der Kultur zu erforschen. Gleichzeitig machte sich Mann die Distanz seines Exils für eine objektive Betrachtung des deutschen Temperaments und seiner Bildungsideale zunutze. *Lotte in Weimar* (1939) ist ein amüsanter Roman über den alternden Goethe, als dessen »Stellvertreter auf Erden« der Literaturnobelpreisträger Thomas Mann schon bezeichnet wurde, während der brillante Komponist Adrian Leverkühn, die Hauptfigur des Spätwerks *Doktor Faustus* (1947), Züge von Nietzsche und des Autors selbst in sich vereint. Der faustische Pakt, den Leverkühn mit dem Teufel schließt, symbolisiert nicht nur die Buße des Künstlers für sein Genie, sondern auch die Kollaboration, die das glücklose deutsche Volk mit den tückischen Mächten des Bösen eingegangen war. Unvollendet blieb Manns Ich-Roman *Bekenntnisse des Hochstaplers Felix Krull* (1954). Den ersten Teil der »Bekenntnisse« veröffentlichte er 1922, wandte sich aber erst 1951 wieder dem Roman zu, in dem seine Lebensthematik – die Spannung zwischen Künstlertum und Bürgertum – parodiert wird.

Oben: »Der Club« in Lübeck, in dem Christian Buddenbrook, das schwarze Schaf der Familie aus Thomas Manns gewaltigem Roman, seine Zeit verbrachte.

Darunter: Thomas Mann kam am Ende seines Lebens schon deshalb zu einer optimistischen Weltsicht, weil sein »eigenes Dasein ... ganz und gar davon abhängt, daß sittliche Bemühungen möglich sind.«

Hermann Hesse

Hermann Hesse (1877-1962) begann seine literarische Laufbahn als Romantiker: Seine ersten Gedichte, die *Romantischen Lieder* kamen 1899 heraus, und sein Roman *Peter Camenzind* von 1904 ist ein idyllisches autobiographisches Bild seiner süddeutschen Heimat. Doch diese Themen erwiesen sich bald als unzureichend, und Hesses Erlebnisse im Ersten Weltkrieg gaben ihm eine düstere Weltsicht, zumal er außerdem persönliches Unglück und eine schwere innere Krise durchleben mußte.

Nach einem Nervenzusammenbruch wurde Hesse von einem Schüler C.G. Jungs analysiert, und während einer Indienreise geriet er in den Bann des Buddhismus und anderer östlicher Denkschulen, so daß seine Romane *Demian* (1919) und *Siddharta* (1922) voll harter Kritik an der daniederliegenden westlichen Kultur stecken.

Nach einer zweiten Krise in den 20er Jahren erschien Hesses berühmtestes Werk, der *Steppenwolf* (1927), die Studie einer Geisteskrankheit, in der sowohl die Wichtigkeit als auch die Gefahren des freien Spiels der menschlichen Gelüste in beredeten Worten geschildert sind.

In späteren Jahren gelang es dem Autor, die in ihm widerstreitenden Kräfte in so etwas wie ein harmonisches Gleichgewicht zu bringen. Die Romane aus dieser Zeit, *Narziß und Goldmund* (1930) und *Die Morgenlandfahrt* (1932), verbinden Elemente von Mystizismus, indischer Philosophie und eine unbestimmte Religiosität miteinander – eine Mischung, die Hesse bei der nach Seele hungernden modernen Jugend wieder äußerst beliebt machte. Sein literarisch bestes Buch, *Das Glasperlenspiel* (1943), für das er 1946 den Nobelpreis erhielt, ist die Beschreibung eines imaginären Staates, in dem niemand Macht ausübt und wo ein offenbar nutzloses Spiel mit Glasperlen die edelste Beschäftigung der Menschen darstellt. Der Stoff scheint an Hesses romantische Jugendjahre zu gemahnen; doch dieser Romantizismus ist nun durch ein langes Leben geläutert, durch viel Leid und viel Nachdenken.

Oben: 1972 verfilmte der junge amerikanische Regisseur Conrad Rooks Hermann Hesses Roman »Siddharta«, und zwar in Indien mit indischen Schauspielern und Shashi Kapoor in der Titelrolle.

Links: Der Schriftsteller Hermann Hesse. Sein Vater und sein Großvater waren Missionare in Indien gewesen, und er bereiste den Subkontinent 1911 selbst. Danach lebte er in der Schweiz, deren Staatsbürgerschaft er 1923 annahm, und arbeitete während des Ersten Weltkriegs für das Rote Kreuz. Er war von dem Schweizer Psychiater C. G. Jung sehr beeinflußt.

Der Expressionismus

Die Auflehnung gegen die Vergangenheit und alles, was damit zu tun hatte, äußerte sich literarisch in der Bewegung des »Expressionismus«, die die Zerschlagung der äußeren Formen bei der Suche nach innerer Bedeutung forderte. In der Malerei wurde eine ähnliche Tendenz von Klee und Kandinsky angeführt.

Lyrik und Drama waren die bevorzugten Ausdrucksformen der Expressionisten, die sich schon vor dem Ersten Weltkrieg mit der Zeitschrift *Die Aktion* ein Organ geschaffen hatten. Der prominenteste expressionistische Dichter, der Österreicher **Georg Trakl** (1887-1914) veröffentlichte 1913 einen Lyrikband, aber ihre volle Entfaltung fand die Bewegung erst in den schwierigen Zwischenkriegsjahren, in denen ihre Vertreter oft mit der radikalen Linken gleichgesetzt wurden.

Mit dem Stück *Die Bürger von Calais* (1914) verfaßte **Georg Kaiser** (1878-1945) einen scharfen Angriff auf die Traditionen von Patriotismus und Militarismus. Später jedoch, etwa in *Gas* (1918-20), schrieb er rein expressionistische Dramen, die durch einen Chor und raschen Szenenwechsel geprägt sind.

Von **Ernst Toller** (1893-1939) stammen politische Dramen wie *Die Maschinenstürmer* (1922), *Masse Mensch* (1921) oder *Hoppla, wir leben!* (1927), das den wahnwitzigen Hexensabbat im Deutschland um 1918 nachzeichnet. Erstmals in der Theatergeschichte wurde hier der Film zur Gestaltung des Bühnenbildes eingesetzt. In dem Stück läßt Toller, der 1939 Selbstmord beging, eine Figur sagen: »So dreht euch weiter im Karussell, tanzt, lacht, weint, begattet euch – viel Glück! Ich springe ab ... O Irrsinn der Welt!«

Ein mächtiges Gespür für soziales Unrecht durchdringt die Werke des Öster-

Oben: Georg Trakl, der österreichische »visionäre Poet« auf einer Zeichnung von Oskar Kokoschka (1888-1980) im expressionistischen Stil. Nach einer Apothekerlehre wurde Trakl als Sanitätsleutnant in den Ersten Weltkrieg einberufen, beging aber nach wenigen Monaten Selbstmord durch eine Drogenüberdosis. Die gräßlichen Wunden und das Leid der Soldaten, die er behandeln mußte, hielt er nicht aus. Sein Dichterfreund Franz Werfel stellte posthum eine Lyriksammlung (1915) zusammen.

Links: Gasangriffe und die Greuel des Krieges sollten viele Schriftsteller auf Dauer verändern. Ernst Toller zum Beispiel meldete sich 1914 freiwillig, kehrte aber als verbitterter Pazifist zurück. Erwin Piscator inszenierte Tollers Nachkriegsdrama »Hoppla, wir leben!« mit neuen Effekten. Die bissige Karikatur aus jener Zeit (unten) zeigt, wie er einem Schauspieler dabei hilft, den richtigen Effekt zu erzielen!

Die Aktion

WOCHENSCHRIFT FÜR POLITIK, LITERATUR, KUNST

III. JAHR HERAUSGEGEBEN VON FRANZ PFEMFERT NR.29

INHALT: Richter-Berlin: Haus zwischen Hochbahn und Kanal (Titelzeichnung) / Franz Pfemfert: Die Revolutions G. m. b. H. / André Gide: Die Rückkehr / Ernst Stadler: Ueber ein Essaybuch / Hellmuth Wetzel: Nomaden / Ignotus: Paris von Gütersloh / Franz Vallentin: Wenn ich mein Hemd fallen lasse / Oskar Kanehl: Breslauer Vergnügungspark / Benno Wels: „Weder - weder" / Friedrich Eisenlohr: Seine Brücke / Stöffel: Buschbeck. Eine Tragikomödie / Alfred Lichtenstein: Die Welt / Gustav Specht: An Heinrich Mann

VERLAG / DIE AKTION / BERLIN-WILMERSDORF

HEFT 30 PFG.

Rechts: In den Anfängen des literarischen Expressionimus (ca. 1910-25) wurden zwei Zeitschriften gegründet, die den Autoren dieser Bewegung eine Plattform boten: »Die Aktion« (hier eine Ausgabe von 1913) und »Der Sturm«.

Rechts: Robert Musil (1930), von seiner Frau Marta gezeichnet. Musil war zu Lebzeiten kaum bekannt und wurde erst Ende der 40er Jahre »entdeckt«. Trotz einer ruhmreichen Militärlaufbahn im Ersten Weltkrieg und guten Karriereaussichten widmete er sich der Schriftstellerei und starb als verarmter Emigrant aus dem faschistischen Wien während des Zweiten Weltkriegs in Genf. (Rom, Sammlung Gaetano Marcovaldi)

Unten: Die schwedische Ausgabe (1960) von Hermann Brochs »Der Tod des Vergil«, übersetzt von Harry Järv, der auch das Design dieses Umschlags entwarf. Genau wie Musil gab Broch gute Karriereaussichten (er war Leiter der Textilfabrik seines Vaters) für die Schriftstellerei auf. 1938 konnte er nach einer Intervention ausländischer Bekannter, darunter James Joyce, in die USA emigrieren.

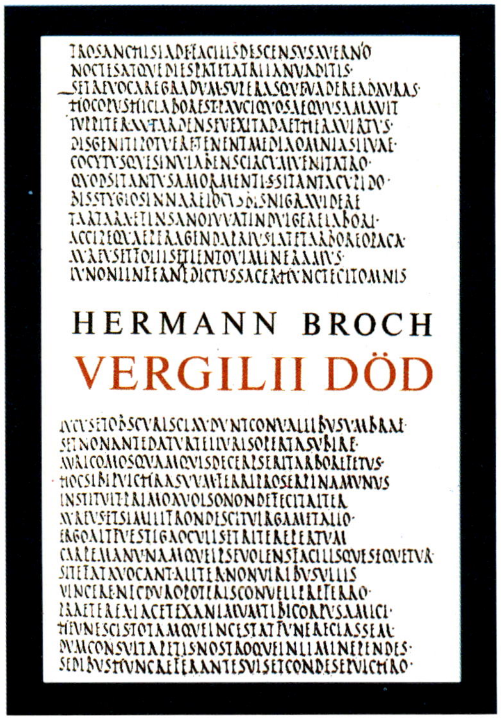

reichers **Franz Werfel** (1890-1945); für ihn selbst aber war die einzige Rettung vor dem Chaos das religiöse Erlebnis. In seinen Gedichten sieht er oft das Bild eines Wesens, dessen Antlitz in Nebel gehüllt ist, doch dessen Gegenwart er sich auch in all der Wirren und des Schmutzes des menschlichen Daseins immer bewußt ist. Das folgende Zitat ist Werfels *Gebet um Sprache* (1942) entnommen:

> Gib mir nicht Macht über die Sprache,
> Gib mir der Sprache Macht über mich!
> Ich mag nicht mit flinkem Fingerspiel
> Silben fädeln wie geglättete Kugeln.
> Laß mich an überraschender Biegung
> Dir begegnen im Dornbusch des Wortes,
> Im stotternd zerrissenen Strauch,
> Der mit der bläulichen Flamme
> Deines Gleichnisses brennt!

Die Revolte jener Zeit gegen die Generation der Väter kommt in der Novelle *Nicht der Mörder, der Ermordete ist schuldig* (1920) zum Ausdruck. Gleichzeitig schrieb Werfel Gedichte und verfaßte und inszenierte expressionistische Dramen – später kamen von ihm auch eher realistische Romane.

Der ebenfalls aus Österreich stammende **Robert Musil** (1880-1942) war anfangs auch ein Expressionist, wurde jedoch vor allem mit der Pubertätsstudie *Die Verwirrungen des Zöglings Törless* (1906) sowie dem großen unvollendeten, erst 10 Jahre nach seinem Tod publizierten Roman *Der Mann ohne Eigenschaften* (1930-42) bekannt, einer grandiosen Mischung aus psychologischer Analyse und Satire, die aus wenig Handlung, sondern langen, erörternden Gesprächen besteht. Der Roman spielt in (dem k.u.k. Österreich nachempfundenen) Kakanien, dessen Herrscher trotz eines nahenden Weltkriegs Vorbereitungen für ein idiotisches Jubiläum treffen. Die zentrale Gestalt des Romans ist Ulrich, dessen Familienname »aus Rücksicht auf seinen Vater verschwiegen« wird – wie der Erzähler in ironischer Anspielung bemerkt. Als Satire auf das sinnlos dahinlebende Vorkriegseuropa ist das Werk etwas zu schwerfällig, doch symbolisiert es ganz allgemein die Vergeblichkeit menschlicher Anstrengungen.

Ein dritter Österreicher, **Hermann Broch** (1886-1951), ging mit seinem großen Roman *Der Tod des Vergil* (1946) in die moderne Weltliteratur ein. Das Werk hatte er schon 1938 begonnen, als er beim Einmarsch der Nazis einige Wochen ins Gefängnis kam. Broch sprengt darin die traditionelle Erzählweise völlig, er setzt den inneren Monolog ein und spielt mit höchst unterschiedlichen Ausdrucksformen; manche seiner Sätze gehen über vier oder fünf Seiten. Die eher dürftige Handlung – der sterbende Vergil kehrt nach Rom zurück und trifft dort Kaiser Augustus und die ihm nachgefolgten Dichter – ist relativ unwichtig. Viel eher fesseln uns die Gefühle und Gedanken des Autors, seine subjektive Ansicht über das Leben und die Liebe, das Schöne und das Böse, die Macht und die Kunst, und vor allem über die Idee des Todes.

Franz Kafka

Obwohl **Franz Kafka** (1883-1924) auch eine Spielart des Expressionismus vertrat, ist er enorm schwer einzuordnen. Er entstammte der deutsch-jüdischen Minderheit in Prag – und abgesehen von einigen Krankenhausaufenthalten wegen Tuberkulose verbrachte er sein kurzes Leben in dieser Stadt, ohne Kontakt zu den literarischen Zirkeln Deutschlands. Zu Lebzeiten veröffentlichte er auch nur unbedeutende Werke wie *Betrachtung* (1913) und die Novellensammlung *Der Hungerkünstler* (1923). Nach seinem Tod jedoch – gegen seinen ausdrücklichen Wunsch – brachte sein Freund Max Brod die wichtigeren Hauptwerke heraus.

Die zentrale Erfahrung, die Kafkas Romanen zugrundeliegt, ist Einsamkeit. Seine Gestalten sind immer hilflos isoliert in einer gefühllosen, unpersönlichen Gesellschaft, und ihr Leid symbolisiert das menschliche Gefangensein in einem Universum, das ihm nichts entgegenbringt. So wird die Hauptfigur in *Der Prozeß* (1925), Josef K., eingesperrt, beschuldigt, verurteilt und hingerichtet, ohne daß jemals klargestellt wird, für welches Verbrechen ihm all dies widerfährt. In ähnlicher Weise wird in dem Romanfragment *Das Schloß* (1926) alles von geheimen Mächten bestimmt, die das Schloß bewohnen, die aber niemand sehen darf. Das Schloß ist Kafkas Symbol für die ersehnte »normale« Existenz, aber auch für die unentrinnbare väterliche Autorität, gegen die er sich immer auflehnte. Das Romanfragment *Amerika* (1927), von Kafka gesprächsweise das Manuskript seines »amerikanischen Romans« genannt, enthält Elemente von Komik und Humor, und die kapriziöse Handlungsvielfalt deutet das Fehlen jeglichen Sinns an, das für einen Pessimisten das ganze Leben kennzeichnet. Max Brod publizierte nicht nur Kafkas drei unvollendete Romane, er bearbeitete *Das Schloß* und *Amerika* auch für die Bühne. So verdanken wir Brod diese »Trilogie der Einsamkeit«. Trotz seinem Hang zu Symbolen schrieb Kafka einen streng realistischen, sachlich-prägnanten Stil mit Ansätzen zu ätzendem Witz. Er hat heute neue Berühmtheit erlangt, weil seine Alpträume über die Hilflosigkeit des Individuums auf so schaurige Weise wahr wurden.

Rechts: Werk und Persönlichkeit des Autors Franz Kafka scheinen eben jene psychologische Spekulation herauszufordern, die er selbst gern pflegte. Seine Beziehung zu dem dominanten Vater mag hinter seiner Angst vor gesellschaftlicher Macht gestanden haben. Viele seiner Erzählungen und Aphorismen (die »kleine Prosa«) erschienen schon zu seinen Lebzeiten, doch seine bekanntesten Romane (»Der Prozeß«, »Das Schloß« und »Amerika«) wurden erst posthum und gegen seinen Wunsch herausgegeben.

Links: Illustration von Herbert Fronius für »Das Schloß«, in der die Atmosphäre dieses Romans recht gut eingefangen ist – der Held, Josef K., (der dem Autor in vielem ähnelt) hat hier auch ein »kafkaeskes« Aussehen.

Die »Neue Sachlichkeit«

Oben: Lew Ayres (Mitte) in einer Szene aus Lewis Milestones Verfilmung (1930) von Remarques klassischem Kriegsroman »Im Westen nichts Neues«.

Unten: Bert(olt) Brecht. Der Meister des politischen Theaters war stark von den bahnbrechenden Ideen des Regisseurs Erwin Piscator beeinflußt und bekannt für seine experimentellen Bühnenversionen und für die lehrstückhafte Natur seiner Werke. Das von ihm so genannte »epische Theater« nutzte den »Verfremdungseffekt« als Stilmittel, um dem Zuschauer statt illusionistischer Bühnenerlebnisse ein rationales, objektives Betrachten aus der Distanz zu ermöglichen. Nach der Rückkehr aus dem Exil (1949 nach Berlin-Ost) gründete Brecht mit seiner Frau Helene Weigel das »Berliner Ensemble«, das im Deutschen Theater und später im Theater am Schiffbauerdamm spielte. Die Produktionen waren ebenfalls durch den Einsatz von Bühnenkommentaren, Masken, Transparenten, Filmprojektionen und andere Effekte gekennzeichnet.

Der Expressionismus fand in den schwierigen Jahren nach dem Ersten Weltkrieg seinen Platz, doch die Autoren, die Ende der 20er Jahre auf den Plan traten, richteten mehr und mehr ihr Augenmerk auf soziale Mißstände, die sie mit Hilfe einer realistischen Technik namens »neue Sachlichkeit« in Angriff nahmen. Es dauerte eine Weile, bis die tatsächlichen Erlebnisse aus dem Weltkrieg ihren literarischen Ausdruck fanden. Dann aber veröffentlichte 1929 **Erich Maria Remarque** (1898-1970) *Im Westen nichts Neues*, eine detaillierte Schilderung der Brutalität und der Langeweile des Stellungskriegs. In seinem nächsten Buch, *Der Weg zurück* (1931), beschrieb Remarque die Schwierigkeiten der heimkehrenden Frontkämpfer bei der Anpassung an das Zivilistenleben, und in seinem noch späteren Roman *Strandgut* (1941) gesellte er sich zu den vielen anderen deutschen Emigranten, die sich mit der Macht der Feder gegen das Naziregime erhoben.

Nicht minder objektiv in seiner Auffassung war **Bertolt Brecht** (1898-1956), auch wenn er der kühnste aller Expressionisten zu sein schien. Da er seit den 20er Jahren Marxist war, haben seine Dramen oft propagandistischen Lehrzweck; aber schon in *Trommeln in der Nacht* (1919) zeigte er, wie die revolutionären Ideale des Frontsoldaten den wirtschaftlichen Bedürfnissen einerseits und den Träumen vom kleinen häuslichen Glück andererseits weichen müssen.

Brechts erstes Meisterwerk – die von Kurt Weill vertonte *Dreigroschenoper* – erschien 1929. Es ist eine Art moderne von Dieben und Gaunern bevölkerte *Bettleroper*, hinter deren beißendem Zynismus kraftvolle politische Gefühle liegen. Dieselbe Mischung aus Zynismus und politischer Leidenschaft, versetzt mit etlichen starken Tropfen Sentimentalität, zeichnet sowohl die beiden zu jener Zeit entstandenen Lyriksammlungen als auch das prophetische Opernstück *Aufstieg und Fall der Stadt Mahagonny* (1930) aus.

1933 wurde Brecht ins Exil getrieben, das 15 Jahre lang dauern sollte; in dieser Zeit entwickelte er sein Konzept des »epischen Theaters«, das mit Hilfe eines Erzählers die Kraft und auch die Distanz großer Epen aufs Theater überträgt. Zu dieser Gruppe von Stücken gehören *Das Leben des Galileo Galilei* (1938) und *Mutter Courage und ihre Kinder* (1939), während Brecht in *Der gute Mensch von Sezuan* (1943) und *Der kaukasische Kreidekreis* (1945) die marxistische Doktrin in orientalischer Verkleidung predigt.

In seinen vor allem für Jugendliche geschriebenen Romanen – Klassikern wie *Emil und die Detektive* (1929), *Pünktchen und Anton* (1931) oder *Das fliegende Klassenzimmer* (1933) – verschrieb sich auch **Erich Kästner** (1899-1974) der »neuen Sachlichkeit«. In dem Roman *Fabian* (1931), dem Roman eines Moralisten, schildert er die chaotischen großstädtischen Zustände des Berlins von 1930, an denen der Moralist Fabian scheitert. Sein wahrhaft poetisches Talent aber zeigt sich in seinen Gedichtsammlungen *Herz auf Taille* (1927) und *Lyrische Hausapotheke* (1935). Bei Kästner drückte sich oft das Gefühl des Scheiterns aus, das seiner Generation nachhing.

Nach der Machtergreifung der Nationalsozialisten 1933 gingen fast alle hier angeführten Autoren ins Exil oder wurden auf andere Weise mundtot gemacht. Von da an teilte sich die deutsche Literatur in die Emigranten und Schriftsteller, die vom Naziregime geduldet oder sogar gefördert wurden.

Oben: Ulla Sjöblom als Brechts Mutter Courage, in einer Inszenierung des Skåne-Theaters in Malmö (1978).

Rechts: 1968 inszenierte das Berliner Ensemble, noch unter der Leitung von Helene Weigel, »Die heilige Johanna der Schlachthöfe«, Brechts 1932 entstandene Satire auf den amerikanischen Kapitalismus.

Die Krise der Philosophie

Der französischen Gesellschaft blieben die Prüfungen und Probleme des 20. Jahrhunderts nicht erspart. Beide Weltkriege fanden auf französischem Boden statt, und das Land war von Wirtschaftskrisen, Korruptions- und Finanzskandalen geschüttelt.

Oben: Die Kriegsgräber auf dem Schlachtfeld von Verdun. Diese gewaltige Materialschlacht, die als »französischer Sieg« gefeiert wurde, dauerte von Februar bis November 1916 und kostete etwa 600.000 französische und deutsche Soldaten das Leben.

Rechts: Der französische Philosoph Henri-Louis Bergson, gezeichnet von Michael Cauvet. Sein Buch »L'Evolution créatrice« (Die schöpferische Evolution, 1907) legte seinen Glauben an eine immanente »Lebenskraft« (élan vital) dar, die den Evolutionsprozeß antreibe. Der Gedanke beeinflußte viele Dichter und Denker, vor allem den Dramatiker George Bernard Shaw. (Paris, Bibliothèque Nationale)

Die geistige Krise Frankreichs war ebenso gravierend. Die traditionellen Werte und alten Weltanschauungen hatte die Wissenschaft davongefegt, ohne aber dafür neue anzubieten. Obwohl der Geist in voller Blüte stand und die moderne Technik sich rascher entwickelte als erwartet, wurde das Scheitern des zeitgenössischen Gedankenguts auf den Gebieten von Moral, Ethik und zwischenmenschlichen Beziehungen immer klarer. Und als der Erste Weltkrieg das Vertrauen auf den stetigen Fortschritt der Menschheit zunichte gemacht hatte, war nichts da, das an seine Stelle treten konnte.

Schon vor dem Ende des 19. Jahrhunderts gab es zum Naturalismus als Philosophie zunehmend kräftige Gegenströmungen. Der Denker **Henri Bergson** (1859-1941) erklärte, die menschliche Psyche folge ganz anderen Gesetzen als die materielle Welt, und die Intuition sei höher einzuschätzen als die Vernunft.

Trotz der 1905 verkündeten offiziellen Trennung von Kirche und Staat gab es Anzeichen für ein Erstarken der Stellung der katholischen Kirche, die sehr an Ansehen eingebüßt hatte, als sie sich im Zuge der Dreyfus-Affäre auf die Seite der Konservativen gestellt hatte. Der jüdische Hauptmann A. Dreyfus wurde 1894 von einem Militärgericht in einem völlig regelwidrigen Verfahren des Landesverrats zugunsten des Deutschen Reiches für schuldig erklärt und zu lebenslänglicher Haft verurteilt.

Auf dem politischen Schlachtfeld bezogen die Rechte und die Linke währenddessen nicht nur propagandistisch Stellung gegeneinander, sondern griffen sogar manchmal zum Mittel der Gewalt. Die Arbeiterbewegung war zersplittert, und die Linke errang erst 1936 politische Macht, als die »Volksfront« unter Léon Blum den Staatschef stellte. Auf der extremen Rechten predigte die Tageszeitung *L'Action Française* (1908-44) eine beinahe totalitäre Ideologie.

André Gide

Ein Autor, der viele Jahre lang eine bedeutende Rolle im Geistesleben Frankreichs spielte – sowohl als Künstler wie als Exponent neuer, von Kritikern oft als subversiv bezeichneter Ideen –, war **André Gide** (1869-1951), eine gespaltene Persönlichkeit: Er kam aus puritanischer Familie, war aber auch den Genüssen des Fleisches nicht abgeneigt. Sein ererbter Puritanismus lag ständig in Fehde mit dem rebellischen Hedonismus, und sein ganzes Leben lang litt er an seiner »Moral«. Er bemühte sich nie, seine homosexuellen Neigungen zu verbergen; die Ehe mit einer frommen, pflichtgetreuen Cousine dürfte ein platonisches Verhältnis geblieben sein. Diese unglückliche Beziehung verursachte ihm lebenslange Schuldgefühle. Auf ideologischer Ebene verkörperte er geradezu das moralische Dilemma seiner Epoche: Dem Christentum hatte er abgeschworen, aber die christlichen Werte konnte er nicht ablegen.

Während einer Reise nach Nordafrika durchbrach er, mit Hilfe eines neuen Bekannten aus England, Oscar Wilde, erstmals die Barrieren seiner sexuellen Hemmungen; das literarische Ergebnis dieser Erfahrung waren die Prosahymnen in *Les nourritures terrestres* (Uns nährt die Erde, 1897), einem Werk, das während der Zwischenkriegszeit zum Evangelium romantischer Hedonisten und »Lebensanbeter« wurde. Doch in seinen nächsten Werken, *L'immoraliste* (Der Immoralist, 1902) und *La porte étroite* (Die enge Pforte, 1909), erkennt Gide die damit zusammenhängenden persönlichen Probleme und gibt seine moralischen Zweifel zu.

Ein weiteres Problem, mit dem dieser auf schmerzliche Weise selbstbezogene Autor kämpfte, war ein Mangel an starken, impulsiven Gefühlen; daher träumte er vom *acte gratuit* – der spontanen, nur für sich selbst stehenden Handlung, wie sie etwa der junge Held in *Les caves du Vatican* (Die Verliese des Vatikan, 1914) begeht, als er plötzlich beschließt, einen harmlosen Fremden aus dem Zug zu stoßen. Doch in der Meisternovelle *La symphonie pastorale* (Die Pastoralsymphonie, 1919) meint Gide, kein Mensch möge glauben, er sei ein völlig freies Wesen.

Eines von Gides spannendsten Büchern ist seine Autobiographie *Si le grain ne meurt* (Stirb und werde, 1920-26), in der er seine emotionale Entwicklung und sein Leben vor der Ehe schildert. Die schonungslose Aufrichtigkeit beleidigte viele Kritiker, die dabei die verborgene moralische Tendenz übersahen. 1926 erschien auch Gides großer Roman *Les faux-monnayeurs* (Die Falschmünzer), in dem er wiederum mit früheren Überzeugungen brach. Der Titel meint die falschen Werte der modernen Gesellschaft, und das Grundthema ist, wie immer bei Gide, die eigene prekäre Lage – die Situation eines jungen Christen, der seine Abneigung gegen Frauen zunächst als Tugend erlebt, dann aber feststellt, daß es sich nur um eine Manifestation seiner latenten Homosexualität handelt. *Die Falschmünzer* trug viel zur Entwicklung der Romantechnik des 20. Jahrhunderts bei.

Später in seinem Tagebuch *Journal 1889-1949*, dessen erste Bände in den 30er Jahren erschienen, erklärte Gide die Wandlungen seiner politischen und auch literarischen Ansichten. Eine Zeitlang war er Mitglied der Kommunistischen Partei, doch nach einer UdSSR-Reise (1936) ließ diese Sympathie nach, was seine Tagebuchaufzeichnungen deutlich belegen. Er distanzierte sich vom Sozialismus, weil er die Interessen des Individuums, an denen ihm vor allem gelegen war, von diesem mißachtet sieht. André Gide führte nicht nur zeit seines Lebens Tagebuch, sondern die Tagebuchaufzeichnung war auch das dominante formale Prinzip seines vielgestaltigen Werks.

Unten: Der junge André Gide. Sein erzählerisches Hauptwerk, der Roman »Die Falschmünzer«, beschäftigt sich mit dem Schreiben selbst, mit der Diskrepanz »zwischen den Tatsachen, die von der Realität vorgeschlagen werden, und der idealen Realität«. 1947 bekam Gide den Nobelpreis für Literatur.

Rechts: Umschlag einer schwedischen Ausgabe der »Falschmünzer« von 1933. Die Intensität von Gides Ausdruck läßt sowohl seinen leidenschaftlich selbstbezogenen Charakter als auch den starken Effekt erahnen, den er auf die intellektuelle Welt seiner Zeit hatte.

Individuum und Kollektiv

Oben: Marcel Proust gemalt von J.-E. Blanche. Seine Bewunderung für John Ruskin, dessen Werk er übersetzte, ließ ihn auch das eigene Talent erkennen. (Paris, Sammlung Madame Proust)

Unten: Eine elegante Konditorei in Paris. Aus dem Pariser Gesellschaftsleben bezog Proust die Motive für sein mehrbändiges Panorama »Auf der Suche nach der verlorenen Zeit«.

Zwar war **Marcel Proust** (1871-1922) zur Hälfte Jude und daher von der Dreyfus-Affäre tief betroffen, ansonsten aber nahm er kaum Anteil an sozialen oder politischen Fragen. Sein gewaltiger Romanzyklus *A la recherche du temps perdu* (Auf der Suche nach der verlorenen Zeit, 1913-17) behandelt ausschließlich das Leben des Einzelmenschen, das Wesen der Liebe, die komplexe und ständig wechselnde Beziehung des Erzählers zu den Menschen, die er liebt oder haßt, immer mit dem Beobachterblick auf eine etwas begrenzte Welt, in die der Autor als neugieriger Außenseiter eindringt, um sie zu erforschen. Neben einigen Skizzen und Essays publizierte er nur wenig.

Der Sohn eines hervorragenden Arztes und der sympathischen, belesenen Tochter einer begüterten jüdischen Familie litt an schwerem Asthma und betrachtete sich als chronischen Invaliden, der einen beträchtlichen Teil des Lebens im Bett verbringen mußte.

Eines der Markenzeichen eines großen Romanciers ist seine Fähigkeit, Charaktere zu schaffen und unsere Sicht der Welt – wenn auch nur minimal – zu ändern. Dies gelang Proust in seinen Romanen zweifellos. Gestalten wie der Baron de Charlus, Madame Verdurin, Swann, Odette, Saint-Loup und die Gräfin de Guermantes sind heute Teil einer fiktiven Welt geworden, während seine Studien von Liebe und Eifersucht, von dem Zusammenwirken des Gestern mit dem Heute dabei geholfen haben, das Verständnis der Welt, in der wir leben, zu formen.

Das Werk von **François Mauriac** (1885-1970) ist vom Begriff der Sünde durchzogen. Seine Romane spielen fast alle in Haushalten, die einen Hof oder Weinberg in der Nähe von Bordeaux bewirtschaften. *Le nœud de vipères* (Natterngezücht, 1932) beschreibt den ewigen Konflikt zwischen der Gier nach körperlicher Befriedigung und der Sehnsucht nach geistiger Erfüllung – ein Thema, das in anderen Büchern wie *Thérèse Desqueyroux* (1927), *Les anges noirs* (Die schwarzen Engel (1935) und seinem Drama *Asmodi* (1948) wiederkehrt.

Wesentlich herausfordernder traten die Romane von **Georges Bernanos** (1888-1948) dem Zeitgeist gegenüber. Seine etwas gesellschaftsfeindliche Persönlichkeit kombiniert mit radikalem Katholizismus ergab einen – für Christen und Atheisten gleichermaßen beunruhigenden – Standpunkt, der in *Sous le soleil de Satan* (Die Sonne Satans, 1926) und *Journal d'un curé de campagne* (Tagebuch eines Landpfarrers, 1936) zutage tritt.

Der erste französische Autor, der seine Erlebnisse im Ersten Weltkrieg direkt verarbeitete, war **Henri Barbusse** (1873-1935) in dem Antikriegsroman *Le feu* (Das Feuer, 1916) und – mit etwas politischerem Ansatz – in *Clarté* (Klarheit, 1918). Einer seiner Mitstreiter für Friede und Internationalismus war **Romain Rolland** (1868-1944), dessen zehnbändiges Romanwerk *Jean-Christophe* (Johann Christof, 1903-12) einen deutschen Komponisten zur Hauptfigur hat, der gewisse Ähnlichkeiten mit Beethoven aufweist. Rollands Pazifismus erregte allerdings beträchtlichen Unmut in Frankreich, so daß er in die Schweiz flüchten mußte, wo er im Kriegsjahr 1915 *Au-des-*

sus de la melée (Der freie Geist) veröffentlichte, ein geharnischter, erbitterter Protest gegen den Wahnsinn der modernen Kriegsführung.

Georges Duhamel (1884-1966), der als Sanitätsoffizier an der Front gedient hatte, hielt seine Kriegseindrücke in *Vie des martyrs* (Leben der Märtyrer, 1917) und in *Civilisation* (Zivilisation, 1918) fest. Später widmete er sich eher den Problemen des Individuums: In *Vie et aventures de Salavin* (Leben und Abenteuer Salavins, 1930-32) erzählt er die Geschichte eines kleinen Angestellten, der seiner beschränkten Welt entkommen will. In dem Wunsche, seine Identität zu ändern, geht Salavin in die Politik und opfert sich schließlich in den eigenen altruistischen Anstrengungen. In Duhamels Romanzyklus *Chronique des Pasquier* (Chronik der Familie Pasquier, 1933-44) gibt ein Moralist sein Gesamtbild der zeitgenössischen Gesellschaft.

Die Gesellschaft und nicht das Individuum steht im Zentrum des ersten Bandes einer Reihe von Erzählungen, die zum Schluß 27 Bände umfaßte und teilweise den Titel *Les hommes de bonne volonté* (Die guten Willens sind, 1932-47) trug. Ihr Autor war **Jules Romains** (1885-1972) – so lautete das Pseudonym von Louis Farigoule. Dramatischer Mittelpunkt ist der Erste Weltkrieg: *Verdun* etwa schildert den Konflikt so, daß man vom einzelnen Soldaten nur ganz kurze Momentaufnahmen im allgemeinen Greuel der Szenerie erkennt. Romains formulierte seinen Glauben an die Seele und die Einheit des kollektiven menschlichen Bewußtseins in einer Theorie, die er »Unanimismus« nannte.

In seinem Romanzyklus *Les Thibault* (Die Thibaults, 1922-40) malte **Roger Martin du Gard** (1881-1958) ein Panorama Frankreichs bis zum Ende des Ersten Weltkriegs. Ein Brüderpaar repräsentiert darin zwei gegensätzliche Aspekte des Nationalcharakters – revolutionäre Begeisterung und bedächtige Vernunft. Der autoritäre Vater der Gebrüder Thibault

Oben links: Henri Barbusse (Mitte) mit Freunden um 1923. In »Das Feuer«, einem der meistgelesenen Bücher über den Ersten Weltkrieg, beschreibt er das Leben der Frontsoldaten. Anfang der 20er Jahre wurde Barbusse ein militanter Kommunist, später verfaßte er Biographien von Lenin und Stalin.

Oben rechts: Romain Rolland während des Krieges im Schweizer Exil. Der glühende Pazifist bekam 1916 den Nobelpreis für Literatur, kurz nachdem er »Der freie Geist« veröffentlicht hatte, ein Werk, das in offiziellen Kreisen als defätistisch angesehen wurde. Außerdem ist Rolland mit der Musikerbiographie »Johann Christof« bekannt geworden.

Titelblatt der ersten Ausgabe (Mai 1924) der schwedischen Version von »Clarté« (Klarheit) – Barbusse hatte die Zeitschrift nach seinem Roman benannt.

schickt den einen Sohn in eine von ihm gegründete Besserungsanstalt und verkörpert ganz allgemein jene für das Bürgertum, dessen Verfall und Niederlage der Autor beschreibt, typische unbewußte Heuchelei. Der 1940 verfaßte Epilog von *Die Thibaults* ist ein Plädoyer für bedingungslosen Pazifismus.

André Malraux (1901-1976) war immer für leidenschaftliches politisches Engagement bekannt. Als aktiver Kommunist begleitete er in den 20er Jahren Tschu Enlai in China und kämpfte im Spanischen Bürgerkrieg mit den linken Regierungstruppen. *Les conquérants* (Die Eroberer, 1928) und *La condition humaine* (So ist der Mensch, 1933) beziehen ihren Erzählstoff aus dem chinesischen Revolutionskampf, während *Le temps du mépris* (Zeit der Verachtung, 1935) eines der ersten Bücher eines Franzosen war, in dem das Nazi-Regime angegriffen wurde. *L'espoir* (Die Hoffnung, 1937) beschreibt Malraux' Erlebnisse im Spanischen Bürgerkrieg – sowohl Form wie Inhalt dieses Werkes brachten ihm einen hohen Rang in der modernen Literatur ein. Der Ablauf des Romangeschehens folgt dem tatsächlichen Verlauf der Ereignisse; Hauptepisoden sind die Auflösung der republikanischen Front in Toledo und der für die Republikaner in der ersten Phase erfolgreiche Kampf um Madrid. Neben Kampfberichten stehen Darstellungen von Einzelschicksalen. Malraux schildert den Krieg, so wie er ist und beschönigt nichts. Als Literat und Mann der Tat, der sich aus Überzeugung als Freiwilliger auf die Seite der Republikaner stellte, wurde er bald zur Legende.

Antoine de Saint-Exupéry (1900-1944) – Sproß einer adligen Familie –, der als Pilot während eines Aufklärungsfluges über dem besetzten Frankreich getötet wurde, beschäftigte sich auch intensiv mit der Zukunft der Menschheit. Aus der Kameradschaft des Fliegerlebens bezog er leidenschaftliches Vertrauen in Solidarität jenseits von politischen Überzeugungen. Mit seinem lyrischen Stil gelang ihm die Eroberung der Lüfte. *Vol de nuit* (Nachtflug, 1931), *Terre des hommes* (Wind, Sand und Sterne, 1939) oder *Pilote de guerre* (Flug nach Arras, 1942) atmen die nachdenkliche Ideenwelt des Autors. Das melancholische Märchen *Le petit prince* (Der kleine Prinz, 1943) aber, die Geschichte eines Jungen, der von einem rätselhaften Stern kommt und wieder dorthin zurückkehrt, während sein Körper als leere Hülle auf der Erde bleibt, ist immer noch sein meistgelesenes und beliebtestes Buch.

Oben: Antoine de Saint-Exupéry illustrierte seine Erzählung »Der kleine Prinz« selbst. »Vor kurzem habe ich versucht«, schrieb er, »ihn zu zeichnen, und das hier ist daraus geworden ... Natürlich ist das Bild nicht so hübsch geworden wie er selbst es ist ...«

Rechts: Saint-Exupéry, kämpfte im Zweiten Weltkrieg als Pilot im französischen Widerstand.

Unten: André Malraux (links) im Jahre 1938. Er kehrte damals aus dem Spanischen Bürgerkrieg zurück, in dem er eine Fliegerstaffel der regierungstreuen Truppen kommandiert hatte. Er sah den Großen Krieg als Selbstmord des liberalen Geistes in Europa und das moderne Leben als lächerlichen Konflikt zwischen dem toten Glauben an den Fortschritt der menschlichen Vernunft und dem Menschen, wie er wirklich ist – einem »Monster der erfüllten Wünsche«, das in Einsamkeit und Leiden gefangen ist. Seine politische Einstellung wandelte sich jedoch: vom Kommunisten wurde er zum Anhänger de Gaulles, und in den 60er Jahren ernannte ihn dieser zum französischen Kultusminister.

Das neue Theater

Dem französischen Theater der Zwischenkriegszeit hauchten kühne Schauspieler und Bühnenregisseure – Jacques Copeau, Louis Jouvet, Jean Vilar, Jean-Louis Barrault – neues Leben ein. Beachtliche Stücke waren auch vorher entstanden, darunter das absurde Drama *Ubu Roi* (König Ubu, 1896) von **Alfred Jarry** (1873-1907) – in dem dieser eine mythische Gestalt in einer Welt grotesk verzerrter Bilder schuf –, doch hatte bis dahin noch niemand gewagt, sie tatsächlich aufzuführen.

Paul Claudel (1868-1955) war zwar der talentierteste dramatische Dichter seiner Zeit, gab aber wenig auf klassische Formen des Theaters. Er war vor allem Poet und verbrachte – als Berufsdiplomat – große Teile seines Lebens im Ausland. Die Rückkehr zum katholischen Glauben und eine tragische Liebesaffäre waren die emotionalen Erlebnisse, mit denen er sich immer wieder intensiv beschäftigt hat. *Partage de midi* (Mittagswende) behandelt seine inneren Konflikte so freimütig, daß Claudel die Aufführung lange nicht zuließ; so wurde das 1906 verfaßte Stück erst 1948 inszeniert. In seinem – ebenfalls lange zurückgehaltenen – imposanten Drama *Le soulier de satin* (Der seidene Schuh, 1928/29), symbolisiert der Schuh den hinkenden Fortschritt der Menschheit, die zwischen der Liebe zu Gott und den Anwandlungen irdischer Leidenschaften hin- und hergerissen ist. Hier eine kleine Probe aus dem Gedicht *Maria am Mittag* (1942):

> Mittag. Die Kirche steht offen. Ich muß eintreten.
> Mutter Gottes, ich komme nicht um zu beten,
> Denn zu fordern habe ich nichts, und nichts anzuvertraun,
> Ich komme, Mutter, bloß um dich anzuschaun,
> Dich anzuschauen, zu weinen vor Glück, denn ich weiß,
> Daß ich dein Sohn bin, und du bist mit mir, ganz leis.

Claudels Drama *Le livre de Christophe Colomb* (Das Buch von Christoph Kolumbus, 1927) mit der Musik von Darius Milhaud war noch größer angelegt – es ist ein christliches Mysterienspiel, das beinahe so schwer aufzuführen ist wie Goethes *Faust II*, aber auch ähnliche Höhenflüge der Phantasie enthält.

Die Einführung religiöser Themen war nicht unbedingt symptomatisch für das damalige französische Drama, das sich eigentlich eher gegen soziale Mißstände und kriegtreiberischen Chauvinismus wandte. Mit *Siegfried et le limousin* (1922), auf der Bühne kurz *Siegfried* genannt, gab der scharfsinnige Satiriker **Jean Giraudoux** (1882-1944) eine gut beobachtete Interpretation der widersprüchlichen Aspekte des deutschen Nationalcharakters – dem durch Goethe symbolisierten Humanismus und dem preußischen Militarismus. In *La guerre de Troie n'aura pas lieu* (Der trojanische Krieg findet nicht statt, 1935) zeigte er, wie machtlos gute Absichten gegen die Kriegstreiber sind. In diesem erfolgreichen Drama, ebenso wie in *Amphitryon* (1938), griff Giraudoux auf alte Fabeln zurück, die er satirisch umbaute.

Der geistreichste der jüngeren Dramatiker ist **Jean Anouilh** (1910-1987), der die eleganten Traditionen von Marivaux und Musset wiederbelebte. Er teilte sein Werk in »schwarze« und »rosa« Stücke ein, wobei zu den *»pièces roses«* etwa die beachtenswerte, von ihm selbst als Ballett-Komödie bezeichnete Produktion *Le bal des voleurs* (Ball der Diebe, 1938) zählt. In den »schwarzen Stücken« stellt er den Konflikt zwischen jugendlicher Unschuld und der schmutzigen, vulgären Alltagswelt dar – zum Beispiel in seinen Bearbeitungen klassischer griechischer Stoffe wie *Eurydice* (Euridike, 1942), *Antigone* (1944) und *Medea* (1946). Hie und da, etwa in *Colombe* (1951), macht er sich über den eigenen Idealismus auch lustig. Anouilh war ein so talentierter Schriftsteller, daß Kritiker den Ernst in seinem Werk leicht übersehen.

Oben: Jarrys »König Ubu«, mit dem das absurde Theater vorweggenommen wurde. (Malmö, 1978)

Mitte: Claudels »L'Annonce faite à Marie« (Verkündigung, 1912).

Unten: Jean Anouilh schuf nach den Worten eines Kritikers das »wahrscheinlich vollendeteste Theater unserer Zeit«.

Die Existentialisten

Oben links: Jean-Paul Sartre, der existentialistische Philosoph und Schriftsteller, mit seiner Lebensgefährtin Simone de Beauvoir (1908-1986). Gemeinsam gründeten sie 1941 die Zeitschrift »Les Temps Modernes«. Wie Sartre setzte Beauvoir die Literatur dafür ein, ihre Ansichten über die Wichtigkeit der Freiheit und der individuellen Entscheidung durch täglich neue Gestaltung des eigenen Lebens zu formulieren. »Le sang des autres« (Das Blut der anderen, 1944) spielt im Frankreich kurz vor dem Krieg und während des Widerstands, während »Les mandarins« (Die Mandarine von Paris, 1954) die Welt der Pariser Intellektuellen höchst lebhaft beschreibt. »Le deuxième sexe« (Das andere Geschlecht, 1949) kann man als Wegbereiter der feministischen Bewegung betrachten.

Oben rechts: Gertrud Fridh und Max von Sydow in Sartres Stück »Die Eingeschlossenen«, in dem er das Thema der (deutschen) Kriegsschuld zu einer Erörterung der moralischen Verantwortlichkeit im allgemeinen verwendet. Szenenphoto vom Stockholmer Königlich-Dramatischen Theater (1960).

Rechts: Albert Camus gewann nach einem Philosophiestudium seine Lebenserfahrung als Journalist, Lehrer und Schauspieler-Autor-Regisseur. Er bekam 1957 den Literaturnobelpreis zuerkannt, wenige Jahre vor einem tödlichen Autounfall.

Jean-Paul Sartre (1905-1980) war – vor allem mit seinem philosophischen Werk *L'Être et le Néant* (Das Sein und das Nichts, 1943) – Mitbegründer einer Philosophie, die immer im Hintergrund seines literarischen Schaffens stand: Der Existentialismus sieht in radikalem Pessimismus und der Erkenntnis der Absurdität des Lebens den einzig realistischen Ausgangspunkt menschlicher Handlungen. Diese etwas düstere Weltanschauung führte Sartre aber dennoch zu vehementer politischer Stellungnahme: Er war lange Zeit Kommunist. Er selbst meinte einmal, er sei »ohne Illusionen, aber voller Vertrauen in die menschliche Größe«.

Sein Roman *La nausée* (Der Ekel, 1938) und die Erzählungen in *Le mur* (Die Mauer, 1939) zeigen diese Einstellung gut. Wichtiger noch aber waren seine Dramen. *Les mouches* (Die Fliegen) erschien 1943 und zeichnete in meisterhafter Weise das moralische Dilemma der Franzosen unter der deutschen Besatzung nach. Spätere Stücke wie *Huis-clos* (Bei geschlossenen Türen, 1945), *Les mains sales* (Schmutzige Hände, 1949) oder *Les séquestrés d'Altona* (Die Eingeschlossenen, 1960) verkündeten ebenfalls den Existentialismus, obwohl er hier von der Beschreibung des Individuums zur Betrachtung von Gesellschaft und Politik gelangt.

Auch für den Franko-Algerier **Albert Camus** (1913-1960) war die Absurdität des Daseins ein dominierendes Thema; in seinem Roman *L'étranger* (Der Fremde, 1942) und der philosophischen Essaysammlung *Le mythe de Sisyphe* (Der Mythos von Sisyphos, 1942) drückte er eine dem Existentialismus sehr ähnliche Weltsicht aus. Camus' großer Roman *La peste* (Die Pest, 1947) zeigt den Faschismus als zerstörerische Epidemie. In diesem Roman kontrastiert die Nüchternheit des Chronisten mit der Menschenfreundlichkeit des Arztes, der die Pest bekämpft. Er war sich der Probleme seiner Zeit und der eigenen Rolle wohl bewußt und fand es daher immer schwerer, eine klare politische Position zu beziehen. *L'homme révolté* (Der Mensch in der Revolte, 1951) ist ein mutiger Versuch, seine Sicht des Stalinismus und des revolutionären Prinzips zu formulieren, während Camus in *La chute* (Der Fall, 1957), seinem letzten Roman, offene Rechnungen mit selbstgerechten Parteianhängern begleicht.

Ein surrealer Dschungel

Im 20. Jahrhundert dürfte der Roman die wohl wichtigste literarische Form sein, doch auch die Lyriker eröffneten neue Formen der Phantasie. Auf ihrer Suche nach neuen Ausdrucksmöglichkeiten beschritten sie die Wege des Surrealismus, des Expressionismus und des Dadaismus.

Guillaume Apollinaire (1880-1918), der früheste dieser Dichter in Frankreich, stand in enger Beziehung mit jungen Malern wie Picasso, Braque und Modigliani, deren Prophet und Sprecher er wurde. »Wir sollten diese Zeit lieben«, schrieb er, »... wir leben in einer großartigen Zeit der brennenden Phantasie und faszinierender Fortschritte«; und er und seine Freunde sahen einer »grundlegenden Erneuerung ... der Gesellschaft, der Mythen, der Künste und der Philosophie« entgegen. Apollinaire war ein fleißiger Autor, der neben vielen anderen Werken einen pornographischen Roman schrieb. In seiner witzigen, unheimlichen Lyrik voller Anspielungen aber bewies er sein wahres Genie.

Inzwischen war 1916 die Bewegung des Dadaismus entstanden, von der ihr Hauptvertreter, der Rumäne **Tristan Tzara** (1896-1963) sagte, sie sei kein literarisches Phänomen, sondern ein Protest gegen die Gesellschaft an sich, vor allem gegen das Spießbürgertum, das damals noch vor den Schrecken des Ersten Weltkriegs erzitterte.

Noch wichtiger und dauerhafter als der Dadaismus (der sehr kindische Aspekte besaß) war der Surrealismus, eine Weiterentwicklung des Symbolismus, der alle früheren Mittel des künstlerischen und literarischen Ausdrucks umkrempeln und die Welt mit neuen, klaren Augen zeigen wollte – als einen viel fremderen, wilderen Ort, als man je geglaubt hätte, wo hinter jeder Ecke ein Phantom lauert. Auf die Vernunft gaben die Surrealisten wenig, denn sie entnahmen ihr Material der Bildersprache der Träume. Das »Erste Surrealistische Manifest« verfaßte 1924 **André Breton** (1896-1966), einer der füh-

Oben: »Apollinaire und seine Freunde« (1909), gemalt von Marie Laurencin. In diesem Ausschnitt sieht man: Gertrude Stein und Alice B. Toklas (ganz links), Apollinaire (Mitte), und rechts Picasso mit seiner Freundin Fernande Olivier – der Mann mit Bart ist möglicherweise Ezra Pound – und die Künstlerin selbst. (Paris, Sammlung Apollinaire)

Links: »Riesentage« (1928) von dem surrealistischen Maler René Magritte. Apollinaire prägte den Begriff »Surrealismus« in einem Kommentar zu dem Ballett »Parade« von Cocteau/Massine (1917): »... eine Verbindung von bildender Kunst und Theater ... die Fusion von Picassos Bühnenbild und Massines Choreographie erreicht ... einen Sur-Realismus, den ich als Ausgangspunkt für weitere Unternehmungen im Sinne dieser neuen Geisteshaltung ansehe ...« Auch sein Stück »Les mamelles de Tirésias« (Die Brüste des Teiresias, 1917) nannte Apollinaire ein »drame surréaliste«. (Brüssel, Musée des Beaux-Arts)

»Das Treffen der Freunde« (1922) – nämlich der Begründer des Surrealismus – von dem in Deutschland geborenen Maler und Plastiker Max Ernst. Vordere Reihe (von links nach rechts): René Crevel (am »Piano«), Ernst auf dem einen Knie von Dostojewskis Geist, Jean Paulhan auf dem anderen – dahinter Théodore Fraenkels Gesicht –, Benjamin Perel, Johannes Baargeld und Robert Desnos. Zweite Reihe (von links nach rechts): Philippe Soupault, Hans Arp mit halb erhobenem Arm, Max Morise, der Geist Raffaels, Eluard, Aragon hinter Bretons Arm, Giorgio di Chirico und Gala Eluard. Viele der Abgebildeten waren damals auch im Dadaismus engagiert. Das Interesse des Surrealismus am Irrational-Unbewußten zeigte deutliche Affinitäten zum Dada, wie auch zum Symbolismus und zu den Theorien Freuds. (Hamburg, Privatbesitz)

Links: Paul Valéry, gemalt von J.-E. Blanche. Er begann als Symbolist unter dem Einfluß Mallarmés, hörte dann für eine Weile mit dem Dichten auf, schrieb aber weiter an den »Cahiers« (Notizbücher), die nach seinem Tode in 29 Bänden (1957-61) publiziert wurden und sich als wichtige Ergänzung zu seinem literarischen Werk erwiesen. T. S. Eliot meinte einmal, Valéry müsse wohl als »der repräsentative Dichter« der ersten Hälfte des 20. Jahrhunderts gelten. Der »Friedhof« aus seinem berühmten Gedicht ist der seiner Geburtsstadt Sète in Südfrankreich. (Rouen, Musée des Beaux-Arts)

renden Dichter der Bewegung, dessen bekannteste Lyriksammlung den provokativen Titel *Le revolver à cheveux blancs* (Der weißhaarige Revolver, 1948) trägt. Darin enthalten ist das Gedicht *Ein Mann und eine Frau vollkommen weiß:*

> Ich sehe ihre Brüste eine Sonnenspitze in die tiefe Nacht werfen
> Der Takt in dem sie sich heben und senken ist das einzig genaue Maß des Lebens
> Ich sehe ihre Brüste sie sind Sterne auf den Wogen
> Ihre Brüste in denen für immer die unsichtbare blaue Milch weint

Die Dichter verstanden den Surrealismus als echten Bruch mit sämtlichen literarischen Konventionen.

Andere Autoren, die aus dem surrealistischen Dschungel hervortraten, waren **Paul Eluard** (1895-1952), der Verfasser ergreifender Liebesgedichte, und der Kommunist **Louis Aragon** (1897-1983), der in einer ganzen Serie von sehr gut geschriebenen Romanen seine starken politischen Sympathien bekundete. In der Tetralogie *Le monde réel* (Die wirkliche Welt, 1934-45), bestehend aus den Romanen *Die Glocken von Basel* (1934), *Die Viertel der Reichen* (1936), *Die Reisenden der Oberklasse* (1941) und *Aurélien* (1945), stellt Aragon der sterbenden Welt des Kapitalismus die neuen Kräfte des Sozialismus gegenüber.

Zwei mehr oder minder vom »Trend« ihrer Zeit unabhängige Dichter waren **Jules Supervielle** (1884-1960) und Marie-René-Alexis Léger, der unter dem Pseudonym **Saint-John Perse** (1887-1975) schrieb. Supervielles Gedichte – etwa *Gravitations* (1925) oder *L'escalier* (Die Treppe, 1960) – sind trotz ihrer modernen Bilder sehr sorgsam und rational komponiert. Das Hauptwerk von Perse dagegen, *Anabase* (Anabasis, 1924) ist ein epischer Bericht eines antiken Eroberervolkes, der Assoziationen an die gesamte Weltgeschichte zuläßt. In *Vents* (Winde, 1946) und *Amers* (Seemarken, 1957) feiert er die Großartigkeit der Natur, die Schönheiten des Windes, des Meeres und der Liebe:

> Und auf dem Strand meines Leibes hat sich der Mann, der Meer-Geborene, ausgestreckt. Er erfrische sein Antlitz an der Quelle unter dem Sand; und er erheitere sich auf meinem Boden, gleich dem Gott, der bemalt ist mit männlichem Farn – Dürstet dich, mein Geliebter? Ich bin ein Weib, das deinen Lippen neuer als der Durst ist. Und mein Gesicht zwischen den deinen Händen wie in den frischen Händen des Schiffbruchs, ah! es sei dir in heißer Nacht Frische der Mandel und Geschmack der Frühe, und erste Kenntnis der Frucht auf fremder Küste.

Paul Valéry (1871-1945) steht in der großen Tradition der französischen Poesie. Für ihn war der klare Gedanke »der einzige Verbündete, den ein Dichter braucht«. Sein Meisterwerk *Le cimetière marin* (Der Friedhof am Meer, 1920) ist eine lange, harmonische und wunderbar disziplinierte Meditation auf das Thema von Liebe, Tod und verlorenem Glück. Anderswo, zum Beispiel in seinem philosophischen Gedicht *Le serpent* (Die Schlange) geht er weniger direkt vor, so daß seine Technik oft an Mallarmés verschlungenen Stil gemahnt. Valéry verfaßte auch bedeutende Prosawerke – darunter einen Essay auf Leonardo da Vinci und *La soirée avec Monsieur Teste* (Der Abend mit Herrn Teste, 1895), in dem er eine Art intellektuellen Quietismus predigt.

Soziales und Koloniales

Zu Beginn des 20. Jahrhunderts konnten die Engländer ruhiger schlafen als ihre kontinentalen Nachbarn. Das britische Sozialsystem war relativ stabil, was natürlich nicht heißt, daß es keine Konflikte gab. Die Stimmen gegen die viktorianische Moral wurden immer lauter, vor allem nach dem Ersten Weltkrieg, als so viele schöne Ideen und Ideale sinnlos geworden schienen. Dennoch war die englische Literatur der Zwischenkriegszeit keineswegs nur von diesen Umwälzungen bestimmt. Viel eher drückte sie häufig den Versuch des Menschen aus, sich an eine Welt anzupassen, die sich mit dem Fortschritt von Wissenschaft und Technik sowie dem rapiden Wachstum der Industrie stärker veränderte, als es je zuvor der Fall gewesen war.

Herbert George (H.G.) Wells' (1866-1946) Interesse galt vor allem Zukunftsvisionen. Er hatte eine wissenschaftliche Ausbildung und unter T.H. Huxley studiert, doch einen Namen machte er sich als Autor utopischer Romane – besonders gute und bekannte Beispiele sind *The Time Machine* (Die Zeitmaschine, 1895) und *The War of the Worlds* (Der Krieg der Welten, 1898).

H. G. Wells schrieb aber auch realistische Romane – *Love and Mr. Lewisham* (Mr. Lewisham und die Liebe, 1900), *Kipps* (1905) oder *Tono-Bungay* (Der Traum, 1909). Hier schilderte er für gewöhnlich, was er am besten kannte: das englische Kleinbürgertum. Er war ein engagierter Sozialist, der auch viel für die Volksbildung tat und etwa eine Kulturgeschichte vom Standpunkt seiner autodidaktischen Weltsicht verfaßte.

Außer vielleicht in *Mr. Lewisham und die Liebe* war Wells kein sehr guter Autor, denn seine Figuren sind oft etwas hölzern. Er wollte seine Leser bilden und aufstacheln, nicht ihr Kunstempfinden befriedigen. Henry James (dessen gewählten Stil Wells mehrfach lächerlich machte) erklärte einmal den himmelweiten Unterschied zwischen ihnen: Wells, so sagte er, liebe seine Mitmenschen nicht, sondern glaube, er könne sie verändern, er dagegen liebe die Menschheit zwar, zweifle jedoch stark daran, daß sie sich je ändern werde. Letztlich verachtete Wells die Kunst; was seine Bücher lesenswert macht, sind natürliche Energie und Humor. Obwohl sein Optimismus oft enttäuscht wurde, bewahrte er sich den hartnäckigen Glauben an den Fortschritt.

Arnold Bennett (1867-1931) war ebenso wie Wells ein Kleinbürger, der aus dem industriellen Norden Englands kam, aus dem Gebiet der Keramik erzeugenden »Fünf Städte«, die er in *Anna of the Five Towns* (Anna von den fünf Städten, 1902) mit melancholischer Zärtlichkeit, aber nur wenig Bewunderung beschreibt. Der wohl beste seiner vielen Romane ist *The Old Wives' Tale* (Konstanze und Sophie oder Die alten Damen, 1908), die – von den Werken der Goncourts und anderer französischer Naturalisten inspirierten – Geschichte des langen, unbefriedigten Lebens einer Frau. Ansonsten opferte er oft die Kunst dem Kommerz und produzierte gut verkaufte Kolportageliteratur. Ein anderer erfolgreicher Autor, der den französischen Naturalisten viel verdankte und seine Themen aus erster Hand

Oben: Illustration von Ann Margaret Dahlquist-Ljungberg für eine schwedische Ausgabe (1969) von Wells' Roman »The First Men in the Moon« (Die ersten Menschen im Mond, 1901).

Links: H. G. Wells im Jahre 1923. Sein idealistischer Optimismus wurde immer wieder von der bedrohlichen Weltlage unterminiert. Zeichnung von Boardman Robinson, einem der Mitarbeiter der New Yorker Sozialistenzeitschrift »The Masses« (1911-17).

Oben: Galsworthys »Forsyte Saga« war einer der ersten Romane, die fürs Fernsehen bearbeitet wurden, was dem Autor eine riesige Welle neuer Leser bescherte. Die englische BBC startete diese bemerkenswerte Serie im Jahre 1968. »Wir Forsytes sterben nicht; das ist gegen unser Prinzip«, doch als das Unvermeidliche geschieht, kommen alle beim Begräbnis des alten Roger Forsyte zusammen, das mit den Requisiten der Jahrhundertwende abgehalten wird.

Rechts: John Galsworthy und seine Frau im Jahre 1926. Den »Forsyte«-Zyklus – »The Man of Property«, »Indian Summer«, »In Chancery«, »Awakening«, »To Let« (Der reiche Mann, Nachsommer, In Fesseln, Erwachen, Zu vermieten) – beendete er 1922, und zehn Jahre später bekam Galsworthy den Literaturnobelpreis zugesprochen.

kannte, war **John Galsworthy** (1867-1933). Sein berühmter Romanzyklus *The Forsyte Saga* (Die Forsyte Saga), deren erster Teil 1906 erschien, zeigt gewisse Ähnlichkeiten mit Thomas Manns *Buddenbrooks* und verfolgt die Geschicke einer Großbürgerfamilie, die bei aller egoistischen Selbstgefälligkeit den Keim des Verfalls in sich trägt. Eigentum ist den Forsytes heilig, und Galsworthys Hauptfigur Soames Forsyte handelt zwar immer untadelig korrekt, hat aber etwas Unmenschliches an sich, das ihm seine Frau entfremdet: Ohne es zu wollen, betrachtet er sie als Teil seines Haushalts, wie ein Möbelstück. *The Dark Flower* (Die dunkle Blume, 1913) behandelt – wenn auch vor dem Hintergrund des gleichen Milieus – ein anderes Thema: den zerstörerischen Effekt sexueller Leidenschaft auf eine ruhige, wohlgeordnete Welt. In Stücken wie *The Silver Box* (1906), *Strife* (Kampf, 1909) oder *Justice* (Justiz, 1910) beschreibt er grausame Justizirrtümer und drückt seine kritische Einstellung zur Gesellschaft aus.

Edward Morgan (E.M.) Forster schrieb seine ersten Romane und Novellen in traditionell realistischem Stil. Er lebte zurückgezogen und wuchs von der Mutter und einer Tante behütet auf, aus deren Haushalt er sich nur mühevoll lösen konnte, obwohl er sich gegen den moralischen Einfluß der Frauen auflehnte. Er war homosexuell, und in seinen Büchern beschreibt er oft das Aufeinanderprallen gehemmter Engländer auf die warmblütigen Völker des Südens, den Konflikt von puritanischer Ethik und dem romantischen Heidentum, das seine englischen Helden schwärmerisch bewundern. Das 1924 erschienene *Passage to India* (Auf der Suche nach Indien) ist zweifellos sein bester Roman – ein enorm lebendiges Bild der englischen Kolonialzeit in Indien und der Inder selbst. Diesen vor allem gilt Forsters Sympathie, wenn er zeigt, wie seine Hauptperson von der kolonialen Gesellschaft ausgestoßen wird, weil sie zu einem befreundeten Inder hält, der zu Unrecht eines Verbrechens beschuldigt wird. Das Ende des Romans ist ein wenig rätselhaft – die englische Hauptperson bleibt verwirrt zurück, und Indien hat seine Geheimnisse nicht preisgegeben.

William Somerset Maugham (1874-1965), ein talentierter Erzähler und volkstümlicher Dramatiker, war ein illusionsloser Mann, den diverse unglückliche Erlebnisse verbittert hatten – eine rauhe Jugend, der frühe Verlust der geliebten Mutter und ein demütigendes Stottern, das er nie ganz überwinden konnte. Viele seiner Gestalten leiden an einer ähnlichen Behinderung. In *Of Human Bondage* (Des Menschen Hörigkeit, 1915) schildert er einen Menschen, der als Gefangener seiner Triebe und Illusionen immer wieder scheitert, während *The Moon and Sixpence* (Silbermond und Kupfermünze, 1919) auf dem Leben des Malers Gauguin basiert und den schmerzlichen Kampf des Künstlers gegen die spießbürgerliche Umwelt schildert. Maughams Sicht der Welt war scharf, aber begrenzt: Er sah nicht viel mehr als die eigene Erfahrung.

Gilbert Keith Chesterton (1874-1936) dagegen liebte das Leben und würzte seine Romane und Novellen – *The Man Who Was Thursday* (Der Mann, der Donnerstag war, 1908) und *The Flying Inn* (Das fliegende Wirtshaus, 1914) – mit Realismus, Witz und Phantasie. Chesterton war ein gläubiger Katholik; doch er genoß auch die schönen Dinge des Lebens, vor allem guten Wein. Der sehr produktive Autor schrieb neben Erzählungen und Balladen auch hochinteressante kritische Essays. Seine zeitloseste Schöpfung dürfte aber wohl »Pater Brown« sein, der Priester, der nebenbei als naiver, aber gerissener Amateurdetektiv tätig ist. Alec Guinness (1954) und Heinz Rühmann (1960) verkörperten diese dankbare Rolle im Film. In den zwischen 1911-1935 erschienenen *Father Brown Stories* (Die Geschichten von Pater Brown) läßt sich der sanftmütig wirkende, scheinbar zerstreute katholische Priester Pater Brown immer wieder dazu verleiten, als Detektiv tätig zu werden, was ihm von kirchlicher Seite Ärger und Sanktionen, insbesondere Strafversetzungen, einbringt.

Oben: G. K. Chesterton. Sein Stil ist so mit Wortspielen und Paradoxen beladen, daß er bisweilen etwas schwer zu lesen ist. Eines seiner Lieblingsmotive ist jenes des lachenden Spielergottes, der die Welt nur zum Scherz erschaffen hat, und die Überwindung des Absurden durch den Menschen, der die Herausforderung annimmt.

Links: Somerset Maugham auf dem berühmten Porträt (1949) von Graham Sutherland. Maugham war Maupassants Schüler in der Kunst der realistischen Novelle mit kräftigen Pointen. Viele seiner Werke handeln von Europäern in den Tropen, etwa die bekannte Erzählung »Rain« (Regen, 1932). Sein Roman »Cakes and Ale« (Derbe Kost, 1930), der vielleicht auf dem Leben von Thomas Hardy beruht, zeichnet die Laufbahn eines Schriftstellers nach, wobei Maugham ätzende Kommentare auf die Literaturszene einfließen ließ. (London, Tate Gallery)

Irische Dramatiker

Die irische »Renaissance der Literatur« nahm ihren Anfang, als viele Schriftsteller kurz vor der Jahrhundertwende die Forderungen der Loslösung von England mit zu unterstützen begannen.

Oben: Dublins berühmte Sackville Street auf einem zeitgenössischen Photo, heiß umkämpft während des niedergeschlagenen Osteraufstandes, den W. B. Yeats in seinem berühmten Gedicht »Easter 1916« (Ostern 1916) thematisiert.

Rechts: Britische Soldaten durchsuchen einen mutmaßlichen Anhänger der Sinn-Fein-Bewegung während der Unruhen, die 1921 zur Gründung des Freistaats Irland führte.

Viele bekannte englische Autoren schrieben auch für die Bühne. Doch seine Renaissance verdankte das englischsprachige Schauspiel einer Gruppe von exzellenten Dramatikern aus Irland, die zwar ihre Erfolge in Londoner Theatern erzielten, dabei aber in ihren Sympathien und Anschauungen durch und durch irisch blieben.

George Bernard Shaw (1856-1950) war in den Seitengassen Dublins aufgewachsen und kam erst mit 20 Jahren nach London; während seine Mutter sich und den Sohn mit Gesangstunden durchbrachte, versuchte er sich mit dem Schreiben von Romanen – so schrieb er zwischen 1876 und 1885 immerhin fünf Bücher, die aber kein Verleger haben wollte. Daher wurde er Literatur-, ab 1888 auch Musikkritiker und zog unter dem Pseudonym »Corno di Bassetto« erstmals die Aufmerksamkeit auf sich. Seine beiden Helden waren Wagner und Ibsen, und sein erstes Stück, *Widowers' Houses* (Die Häuser des Herrn Sartorius), in dem es um Slums und Slum-Vermieter ging, wurde 1892 aufgeführt. Ebenso umstritten wie dieses war auch das nächste Drama, *Mrs Warren's Profession* (Frau Warrens Gewerbe), das 1893 geschrieben, aber erst 1902 inszeniert wurde. Das Thema war die organisierte Prostitution. Das Streiten lag Shaw, auch wenn er Legenden oder historische Stoffe verarbeitete; Shakespeare mochte er nicht, weil dieser, wie er einmal sagte, »keine Ideen hatte«.

Shaws Ideen jedenfalls waren immer brillant und aggressiv formuliert, oft auch wild und paradox. Als Mitglied der sozialistischen »Fabian Society« kritisierte er fast alles an der modernen englischen Gesellschaft – in *Arms and the Man* (Helden, 1894) den Patriotismus, in *Pygmalion* (1913) die Absurdität der Klassenschranken. Das historische Drama *Saint Joan* (Die heilige Johanna), sein großer Publikumserfolg, kam 1923 heraus.

William Butler Yeats (1865-1939) war in vieler Hinsicht Shaws Antithese schlechthin – in seiner Jugend war er ein romanti-

scher Dichter, der der keltischen Mythologie nachhing, im späteren Leben wurde er ein versonnener Philosoph und Meister der englischen Sprache, der einen tiefen, dauerhaften Einfluß auf die moderne Lyrik hatte. Am Herzen lag ihm immer das Dubliner »Abbey Theatre«, das 1904 als Rivale der Londoner Schauspielhäuser gegründet worden war und für das er wichtige irische Dramen schrieb, darunter *The Land of Heart's Desire* (Das Wunschland des Herzens, 1894) und *Cathleen ni Houlihan* (1902). Danach gab Yeats die schwärmerische Romantik weitgehend auf, vereinfachte und schärfte seinen lyrischen Stil. Die Gedichtsammlung *The Tower* (Der Turm, 1928) enthält einige seiner besten Werke.

Der Dramatiker **John Millington Synge** (1871-1909) war wesentlich prosaischer und direkter als Yeats. *Riders to the Sea* (Reiter ans Meer, 1904) und *Playboy of the Western World* (Der Held der westlichen Welt, 1907) sind voller scharfer Beobachtungen des Alltags und Einlagen des irischen Humors. **Sean O'Casey** (1884-1964) dagegen drückte seine politischen Sympathien deutlich aus. Seine hervorragenden Stücke *Juno and the Paycock* (Juno und der Pfau, 1924) und *The Plough and the Stars* (Der Pflug und die Sterne, 1926) spielen mitten in Dublins uralten, verrottenden Armenvierteln. O'Casey stellt darin die Ideale des irischen Nationalismus in Frage, weil der Krieg das Volk nur noch in größeres Elend stürzt.

Oben links: »GBS« (1945) von Erik Hermansson. George Bernard Shaw lebte in London, seit er 20 war, doch sein erstes Stück brauchte 15 Jahre, bis es auf die Bühne kam. Der Sozialist Shaw, der sein Publikum mit scharfen Spitzen und gesundem Menschenverstand reizte, erläuterte seine Ansichten in den Vorworten zu den Dramen in kraftvoller, klarer Prosa.

Oben rechts: W. B. Yeats (ca. 1910), gezeichnet von Augustus John. Wie Shaw hatte Yeats seine Karriere in London begonnen, aber er kehrte 1896 nach Irland zurück, wo er ein Führer der sogenannten irischen »literarischen Renaissance« wurde. Das Goldene Zeitalter des irischen Theaters begann 1904 mit der Gründung des berühmten »Abbey Theatre« in Dublin, dessen erste Leiter Yeats und Lady Gregory waren. Yeats verliebte sich damals in die irische Revolutionärin Maud Gonne, die ihn aber zurückwies; 1914 heiratete er und ließ sich in »The Tower« nieder, nach dem er eine seiner größten Lyriksammlungen betitelte. (London, National Portrait Gallery)

Schöne neue Welt

Der Erste Weltkrieg rief in England keine politische Krise wie in Deutschland hervor, dennoch markierten die Kriegsjahre eine Trennlinie der literarischen Epochen. Nach dem kollektiven Wahnwitz der Schlachten konnte niemand mehr die Allmacht der Vernunft zitieren. Eher schienen die Lehren von Freud und anderen Psychiatern über die unbewußten Ursprünge menschlichen Verhaltens anwendbar. Zur gleichen Zeit nahm die Religion wieder an Bedeutung zu, veränderten sich die sexuellen Moralvorstellungen und forderten die Frauen neuerlich Gleichheit und Freiheit ein.

In Prosa und Poesie war dies eine gleichermaßen experimentelle Epoche, und zu den kühnsten Experimentatoren gehörte der »moderne Rousseau« **David Herbert (D.H.) Lawrence** (1885-1930). In den ersten Romanen beschreibt er sich selbst, den schwindsüchtigen Sohn eines Bergarbeiters, an die Mutter gefesselt, aber von der Sehnsucht nach einem besseren Leben gequält. *The White Peacock* (Der weiße Pfau, 1911) war 1913 von *Sons and Lovers* (Söhne und Liebhaber) und 1915 von *The Rainbow* (Der Regenbogen) gefolgt. Sie alle sind leicht autobiographisch gefärbt, und sie alle deuten schon das Thema an, das der Autor bald mit so prophetischer Energie verkünden sollte – das Maschinenzeitalter und die Anbetung des Intellekts hätten die tiefsten Wurzeln der Menschheit ausgerissen und die einzige Erlösung läge darin, den dunklen Göttern zu huldigen, dem Ruf des Blutes zu folgen und die lebensspendende Kraft der Sexualität freizusetzen.

Auf der Jagd danach reiste Lawrence um die ganze Welt; seine Erlebnisse schilderte er vor dem Hintergrund der Orte, die er dabei kennenlernte. So spielt *Aaron's Rod* (Aarons Stab, 1922) in Italien, *Kangaroo* (Känguruh, 1923) in Australien und *The Plumed Serpent* (Die gefiederte Schlange, 1926) in Mexiko. Lebhaft beschreibt er Landschaften und *Birds, Beasts and Flowers* (Vögel, Tiere und Blumen), wie eine 1923 erschienene Lyriksammlung hieß; die Personen dagegen sind nicht immer so überzeugend. Seine Einschätzung der sexuellen Befriedigung trat oft ins Zentrum seiner Werke; in *Lady Chatterley's Lover* (Lady Chatterley) drückte er diese Idee so deutlich und freizügig aus, daß der Roman eine Zeitlang verboten war. (1928 erschien eine »gesäuberte« Fassung, die erste ungekürzte Version kam 1929 in Paris heraus, was in England bis 1960 dauerte.)

Links: D.H. Lawrence am Ende seines Lebens und (rechts) sein Entwurf für den Umschlag seines Romans »Der Regenbogen«. Das Buch wurde bei seinem Erscheinen 1915 als obszön verboten. (In den USA kam 1916 eine gekürzte Fassung heraus.) 1929 wurde eine Ausstellung mit Lawrence' Bildern wegen deren »Anstößigkeit« geschlossen.

Während Lawrence der Erlösung auf dem Wege des Fleisches nachjagte, suchte **Aldous Huxley** (1894-1963) sie anfangs im Verstand, später in der Seele, denn er wandelte sich vom Atheisten zum Mystiker. Sein erster Roman *Crome Yellow* (Crome-Yellow, 1921), eine hübsche Gesellschaftssatire im Stil von Shelleys Freund Thomas Love Peacock (1785-1866), ist sein bestes und ohne Zweifel sein amüsantestes Buch. *Those Barren Leaves* (Parallelen der Liebe, 1925) und *Point Counter Point* (Kontrapunkt des Lebens, 1928) sind ehrgeiziger im Ansatz, aber nicht so gelungen. Das bekannte *Brave New World* (Schöne neue Welt, 1932) ist eine prophetische Vision in eine schaurige totalitäre Zukunft, und in Huxleys Spätwerk dominieren die besagten mystischen Tendenzen. Die spirituelle Errettung der Menschheit wurde sein

Hauptanliegen, wobei er auch den etwas abenteuerlichen Weg des Drogengenusses ging.

Während Huxleys Stil raffiniert, aber letztlich konventionell war, schenkte der Ire **James Joyce** (1882-1941) – nach der Novellensammlung *Dubliners* (Dublin, 1914) und dem autobiographischen Roman *Portrait of the Artist as a Young Man* (Jugendbildnis, 1916) – der Welt 1922 sein revolutionäres Erzählwerk *Ulysses.* Er wollte damit eine moderne Variante der *Odyssee* schreiben und erzählt auf den etwa 800 Seiten einen Tag im Leben des jüdischen Annoncenvertreters Leopold Bloom, der Dublin durchstreift. Blooms Erlebnisse sind Parodien auf das, was Odysseus widerfahren ist, oft aber ebenso schockierend wie vulgär. Dabei ist Bloom selbst eine sympathische Gestalt, und die Szenerie – die Straßen Dublins voller Menschen – schildert Joyce mit einer unnachahmlichen Mischung aus rückblickender Liebe und Haß. Sein Stil ist meisterhaft; man könnte fast sagen, er habe eine neue literarische Sprache erfunden. Besonders eindrucksvoll ist sein Einsatz des »inneren Monologs« zur Wiedergabe von Blooms trägem Gedankenfluß, seiner Erinnerungen und seiner Hoffnungen auf Glück. Joyce verfaßte die einzelnen Kapitel in verschiedenen Stilen, wobei er zwischen dem Jargon von Lehrern, Anwälten, Soldaten, Modistinnen, Fleischern und Kupplerinnen souverän hin- und herspringt. Seine literarische Bildung zeigt sich deutlich, und neben der Imitation der *Odyssee* parodierte er auch die englischen Klassiker. Sein letzter Roman, *Finnegans Wake* (Finnegans Nachtwache, 1939) enthält zwar viele geniale, phantasievolle Passagen, erreicht sein Ziel aber nicht – die sprachlichen Experimente sind so kühn, daß viele Leser eher verwirrt sind.

Den inneren Monolog verwendete auch **Virginia Woolf** (1882-1941). Ihr erster Roman, *The Voyage Out* (Die Fahrt hinaus, 1915), erzählt noch eine relativ geradlinige Geschichte, doch in *Mrs Dalloway*

(1925) und *To the Lighthouse* (Die Fahrt zum Leuchtturm, 1927), ihrem wohl besten Buch, hatte sie schon eine völlig neue Technik, die darin bestand, kräftige, wenn auch zusammenhanglose Eindrücke aneinanderzureihen und dabei die Gedanken und Gefühle in den Köpfen ihrer Figuren aufzuzeichnen. Ihr Werk bezieht seinen Zauber nicht aus den Geschichten, die sie erzählt, sondern aus dem stilistischen Gefüge, mit dem sie das tut, aus der feinen Balance der Gestalten und Szenen, aus den Einfällen und Beschreibungen. In späteren Büchern – etwa *The Waves* (Die Wellen, 1931) – läßt sie ein wenig nach; sie wirken zu verrätselt, und die Prosa fast zu lyrisch.

In den 30er und 40er Jahren tauchten mehrere Romanciers auf, die zum Teil die Tradition des psychologischen Romans fortführten und eine Welt schilderten, die ihrem Empfinden nach immer chaotischer wurde. Ein brillanter Neuling war **Graham Greene** (geb. 1904), der

Oben: Aldous Huxley (links) auf einem Foto von Cartier-Bresson und (rechts) Leonard Rosomans Illustration (1971) für eine Ausgabe von »Schöne neue Welt«, in der die Menschen von der Droge Soma ruhiggestellt werden.

Unten »Die Liebe der Lady Chatterley«, Marc Allégrets Verfilmung (1955) des Romans von D. H. Lawrence.

Rechts: Virginia Woolf mit 20 Jahren (1902), ein Photo aus einer berühmten Serie von G. C. Beresford. Zu dieser Zeit besuchte sie die Academy School, wo sie gute Erfolge hatte – nur in den »damenhaften« Fächern fiel sie regelmäßig durch, vor allem wenn es darum ging, sich graziös auf der Tanzfläche herumdrehen zu lassen. (London, National Portrait Gallery)

seine ersten Erzählungen, meisterliche »Thriller«, einmal »Unterhaltungsliteratur« nannte. Seine Themenwahl aber – in so unterschiedlichen Romanen wie *The Power and the Glory* (Die Kraft und die Herrlichkeit, 1940) oder *A Burnt-Out Case* (Ein ausgebrannter Fall, 1961) – wurde immer ernster. Greene trat früh zum katholischen Glauben über und stellt, wie sein großer französischer Bewunderer François Mauriac, oft dunkle Fragen über das Problem der Sünde.

Arthur Koestler (1905-1983) kam aus Ungarn und wurde später Engländer. Er schrieb scharfsinnige, bittere Analysen eines Lebens, das immer mehr von mechanischen und menschlichen Robotern dominiert wird: *Darkness at Noon* (Sonnenfinsternis, 1940), die plastische Beschreibung eines Spionageprozesses in der UdSSR, oder *Arrival and Departure* (Ein Mann springt in die Tiefe, 1943), der erste literarische Bericht über ein KZ.

Aus *Ulysses* von James Joyce (das Ende von Molly Blooms 50-Seiten-Monolog):

… das ist die Natur und wenn die sagen es gibt keinen Gott dann kann ich bloß sagen ich pfeif auf ihre ganze Gelehrsamkeit wieso gehn sie nicht hin und schaffen selber mal was hab ich ihn oft schon gefragt diese Atheisten oder wie die sich nennen solln doch

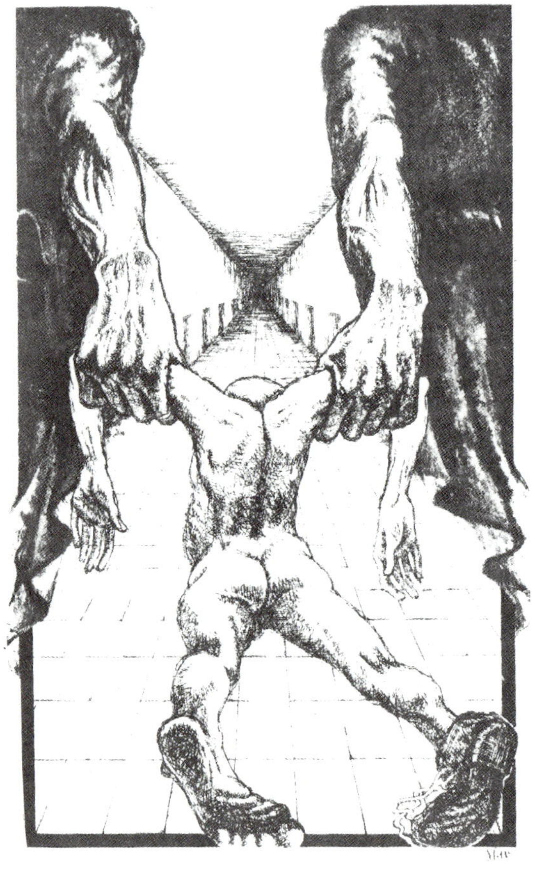

Links außen: Arthur Koestler im Jahre 1967 und (links) eine Illustration von Jaroslav Bradác (1970) für Koestlers »Sonnenfinsternis«. Die Zeichnung zeigt den Bolschewistenführer Rubaschow, der Stalins Säuberungen in den 30er Jahren zum Opfer fiel und hier zur Hinrichtung weggeschleift wird. Koestler beschäftigte sich später intensiv mit Parapsychologie.

Gegenüberliegende Seite: James Joyce (oben) auf einer Karikatur (1967) von David Levine und (unten) auf einem Portrait (Detail, 1935) von J.-E. Blanche. Der »Ulysses« erschien 1922. (London, National Portrait Gallery)

erstmal vor ihrer eigenen Haustür kehren aber dann heulen sie nach dem Priester wenn ans sterben geht und warum ja warum weil sie Angst vor der Hölle haben wegen ihrem schlechten Gewissen ah ja mir machen die nichts vor wer war denn das erste Wesen im Weltenraum bevor daß sonst noch jemand da war der alles geschaffen hat wer denn ah das wissen sie nicht genau so wenig wie ich da sitzen sie da sie könnten ebenso gut versuchen daß sie die Sonne am aufgehn hindern morgen früh die Sonne die scheint für dich allein hat er damals gesagt an dem Tag wo wir unter den Rhododendren lagen oben auf dem Howth in dem grauen Tweedanzug und mit dem Strohhut an dem Tag wo ich ihn so weit kriegte daß er mir den Antrag gemacht hat ja zuerst hab ich ihm ein bißchen von dem Mohnkuchen aus meinem Mund gegeben und es war Schaltjahr wie jetzt ja vor 16 Jahren mein Gott nach dem langen Kuß ist mir fast die Luft ausgegangen ja er sagte ich wäre eine Blume des Berges ja das sind wir alle Blumen ein Frauenkörper ja da hat er wirklich mal was Wahres gesagt in seinem Leben und die Sonne die scheint für dich allein heute ja deswegen hab ich ihn auch gemocht weil ich gesehn hab er versteht oder kann nachfühlen was eine Frau ist und ich hab auch gewußt ich kann ihn immer um den Finger wickeln und da hab ich ihm die ganze Lust gegeben die ich konnte und hab ihn so weit gebracht daß er mich gebeten hat ja zu sagen und zuerst hab ich gar keine Antwort gegeben hab bloß so rausgeschaut aufs Meer und über den Himmel ich mußte an so viele Sachen denken von denen er gar nichts wußte Mulvey und Mr Stanhope und Hester und Vater und der alte Captain Groves und die Matrosen die alle Vögel fliegen hoch und ich ruf bückt euch und Geschirrspülen wie sie das nannten spielten am Pier und die Wache vor dem Haus des Gouverneurs mit dem runden Ding um den weißen Helm der arme Teufel halb gebraten war er und die spanischen Mädchen wie sie immer am lachen waren in ihren Schals und mit den großen Kämmen und die Versteigerungen morgens immer die Griechen und Juden und Araber und weiß der Teufel wer sonst noch alles von allen Enden Europas und die Duke Street und der Geflügelmarkt wie das alles am gackern war vor Larby Sharon und die armen Eselchen wie die halb im Schlaf da langschlichen und die Gammelbrüder mit den Mänteln die auf den Treppenstufen schliefen im Schatten und die großen Räder der Ochsenkarren und das alte Schloß tausende von Jahren alt schon ja und die hübschen Mauren alle ganz in weiß und mit Turbanen wie Könige wie sie einen baten man soll doch Platz nehmen in ihren winzig kleinen Lädchen und Ronda mit den alten Fenstern der posadas hinterm Gitter zweier Augen Glanz für ihren Liebhaber daß er das Eisen küßt und die Weinhandlungen die immer halb offen hatten nachts und die Kastagnetten und an dem Abend wo wir das Fährschiff in Algeciras verpaßt hatten der Wächter wie er so heiter und alles in Ordnung und oh der reißend tiefe Strom oh und das Meer das Meer glührot manchmal wie Feuer und die herrlichen Sonnenuntergänge und die Feigenbäume in den Alamedagärten ja und die ganzen komischen kleinen Straßen und Gäßchen und rosa und blauen und gelben Häuser und die Rosengärten und der Jasmin und die Geranien und Kaktusse und Gibraltar als kleines Mädchen wo ich eine Blume des Berges war ja wie ich mir die Rose ins Haar gesteckt hab wie die andalusischen Mädchen immer machten oder soll ich eine rote tragen ja und wie er mich geküßt hat unter der maurischen Mauer und ich hab gedacht na

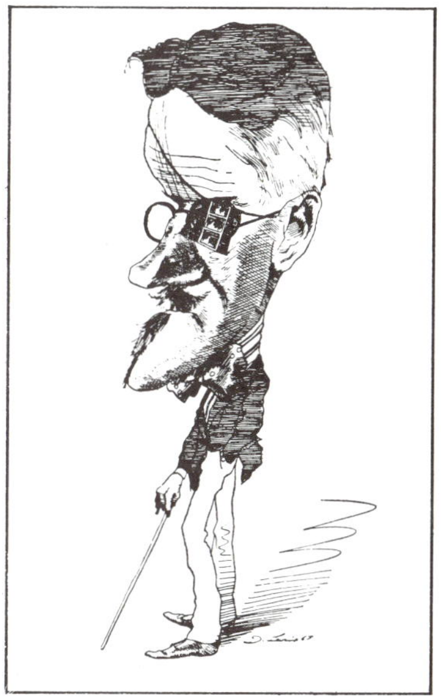

schön er so gut wie jeder andere und hab ihn mit den Augen gebeten er soll doch nochmal fragen ja und und dann hat er mich gefragt ob ich will ja sag ja meine Bergblume und ich hab ihm zuerst die Arme um den Hals gelegt und ihn zu mir niedergezogen daß er meine Brüste fühlen konnte wie sie dufteten ja und das Herz ging ihm wie verrückt und ich hab ja gesagt ja ich will Ja.

Eine neue Sprache der Poesie

Ein Prophet der neuen Dichtung war Ezra Pound (siehe S.280), ein Amerikaner, der Europa zu seiner Heimat gemacht hatte. Obwohl die Bedeutung seines gewaltigen Versepos *The Cantos* (Cantos), an dem er 50 Jahre lang arbeitete, gelegentlich in Frage gestellt wurde und wird, besteht wohl kein Zweifel über seine Vorreiterrolle.

Im September 1914 traf Pound **Thomas Stearns (T.S.) Eliot** (1888-1965), der auch Amerikaner war, aber britischer Staatsbürger wurde. Von Pounds Anregungen für seine Dichtung ermutigt und inspiriert, nahm Eliot bald den Platz des größten englischen Lyrikers und Kritikers seiner Generation ein.

Oben: Der Märtyrertod des heiligen Thomas Becket 1170 im Dom zu Canterbury, aus der »Legenda aurea« (Goldene Legende, ca. 1260). T.S. Eliot wollte mit dem Stück »Mord im Dom« das Genre des poetischen Dramas zu neuem Leben erwecken. Nach seiner Konversion 1928 erklärte Eliot, er sei »anglo-katholisch in der Religion ... ein Freund der Klassiker in der Literatur, und ein Royalist in der Politik«.

Rechts: T. S. Eliot 1949, gesehen von dem englischen Maler Patrick Heron. (London, National Portrait Gallery)

In seinem ersten Gedichtband, *The Love Song of J.Alfred Prufrock* (J. Alfred Prufrocks Liebesgesang, 1917), nahm er den französischen Symbolisten Jules Laforgue zum Vorbild, dessen Mischung aus Ironie und lyrischem Pathos er eine faszinierende Wendung gab. Eliot war auch ein maßgeblicher Kritiker, der 1919 die Theorie formulierte, nach der ein Schriftsteller das »objektive Korrelat« suchen sollte – nicht die persönlichen Erfahrungen, sondern deren »objektive« Entsprechung sollten dargestellt werden.

In seinem berühmten Verszyklus *The Waste Land* (Das wüste Land, 1922) kam er von Laforgues Stil weitgehend ab. Hier entwickelte er keine poetischen Vignetten mehr, sondern stellt eine einzigartige Vision der tragischen modernen Welt vor, deren Öde er mit einer kalten Leidenschaft schildert, die an Dantes *Inferno* gemahnt:

Das Zelt des Flusses barst: die letzten Blattfinger
Greifen und sinken ins nasse Ufer. Der Wind
Durchläuft lautlos das braune Land. Die Nymphen flohen.
Sweet Thames, run softly, till I end my song.
Der Fluß trägt nicht mehr leere Flaschen, Butterbrotpapiere,
Seidene Taschentücher, Pappschachteln, Zigarettenstummel,
Noch sonstige Zeugnisse von Sommerfreuden. Die Nymphen flohen.
Und ihre Freunde, bummelnde Erben von Bankdirektoren;
Sie flohen, ließen keine Adresse zurück.
An den Wassern des Genfersees saß ich und weinte ...
Sweet Thames, run softly, till I end my song,
Süße Themse, fließ ruhig dahin, mein Sang ist nicht laut noch lang.
Aber hinter mir hör' ich im frostigen Wind Knochengeklapper und breitverzerrtes Gelächter.

Eliots Gedichtsammlung *Ash Wednesday* (Aschermittwoch) erschien 1930, nach seinem Übertritt zur anglikanischen Kirche, und enthält konservativ-christliche Elemente. Diese Haltung prägt auch das Drama *Murder in the Cathedral* (Mord im Dom, 1935), das wahres Märtyrertum nicht als das Opfer des eigenen Lebens deutet, sondern als Verzicht auf egoistische Wünsche. *The Family Reunion* (Familientag, 1939) und *The Cocktail Party* (Die Cocktailparty, 1950) erinnern bisweilen an alte Mysterienspiele in modernen Kostümen. *The Four Quartets* (Vier Quartette, 1935-42) sind sehr melodiöse, oft etwas mysteriöse Gedichte. Eliot sinniert darin über die Verbindung von Gestern und Heute, Erfahrung und Glaube, Erinnerung und Phantasie. Den lyrisch-humorvollen Texten von *Old Possum's Book of Practical Cats* (Old Possums Katzenbuch, 1936) entnahm Andrew Lloyd Webber die Idee zu seinem Musical *Cats*.

Von den jungen Dichtern, die Eliot nachfolgten, war **Wystan Hugh Auden** (1907-1973) der interessanteste. Seine Versuche, sich in dem modernen wüsten Land zurechtzufinden, waren von dramatischen Extremen geprägt: von Freud und Marx bis zu jenem Mystizismus, dem Aldous Huxley schließlich anheimfiel. Wichtiger aber ist wohl, daß er in all diesen Wandlungen außergewöhnlichen Sinn für die Sprache entwickelte und ein wirklich origineller Autor wurde. Höchste Anerkennung fand Audens barocke Ekloge *The Age of Anxiety* (Das Zeitalter der Angst, 1947). In dieser vielschichtigen, in knapper Prosa geschriebenen Dichtung treffen vier Menschen zufällig während des Zweiten Weltkriegs in einer New Yorker Bar zusammen; sie suchen Nähe und Unterhaltung, jedoch keiner hört dem anderen zu, sondern jeder wartet nur auf ein Stichwort, um sich selbst sprechen zu hören.

Poesie der Revolution

Nach der Oktoberrevolution von 1917 war die Stellung der russischen Schriftsteller lange Zeit unklar. Da sie in den Wirren weder Leser noch Verleger hatten, saßen sie viel in Wirtshäusern und Cafés, wo sie in endlosen literarischen Diskussionen ein Ventil für die aufgestauten Energien fanden. Dies war die »Café-Periode« der Sowjetliteratur. Als schließlich wieder Bücher verlegt wurden, stand die revolutionäre Aktivität im Vordergrund, die auch die Schriftstellerei erfaßt hatte. Eine zentrale Figur war hier **Alexander Blok** (1880-1921), vor dem Krieg ein prominenter Symbolist, der nun seine politischen Überzeugungen mit der uralten Gewißheit verband, es sei das Schicksal Rußlands, die Welt zu erretten. In seinem Gedicht *Die Skythen* (1918) übernimmt er stolz den Schimpfnamen, mit dem Europa bis dahin das russische Volk bedacht hatte – dessen urwüchsige Kraft würde eine neue Epoche der Weltgeschichte einleiten, daran glaubte er fest. In seinem Versepos *Die Zwölf* (1918) läßt er Christus selbst an der Spitze von zwölf johlenden, plündernden Soldaten durch eine Winternacht marschieren.

Ebenfalls auf der Suche nach neuen literarischen Ausdrucksformen war **Wladimir Majakowski** (1893-1930), der eindrucksvollste und auch entschiedenste Vertreter des sogenannten Futurismus, für den er 1915 die programmatische Gedichtsammlung *Wolke in Hosen* schrieb. Nach der Revolution bot er dem Kommunismus »all seine klingende Kraft« an und verfaßte lyrische Plaudereien, die er überall in der Sowjetunion und auch im Ausland vortrug. Hier ein Auszug aus *Verse vom Sowjetpaß* (1929):

... für das Sichel-
und-Hammer-Wappen
in meinem
sowjetischen Paß.
Mit Wolfszähnen wollt ich
den Amtsschimmel fassen,
ich spotte
jedes gestempelten Scheins.
Jeden Aktenwisch
würd ich dem Teufel überlassen,
jedes Amtsformular.
Bis auf eins –
Das will ich
aus breitem Hosenbausch ziehn –
meines Daseins
unschätzbaren Lohn
Da, lest, beneidet mich,
seht,
wer ich bin:
Bürger der Sowjetunion

Oben: Die alljährliche Maiparade auf dem Roten Platz in Moskau erinnert an den Triumph der Arbeiterbewegung und an die Revolution von 1917.

Mitte: Oktober 1917: mit dem Sturm auf den Winterpalast in Petrograd ergriffen die Bolschewisten die Macht über Kerenskis provisorische Regierung. An dessen vorangegangener Februarrevolution, bei der das Zarenregime gestürzt war, hatten weder Lenin noch seine Partei Anteil gehabt, deshalb dauerte es mehrere Jahre, bis die Bolschewisten das russische Leben kontrollierten. Bis in die Mitte der 20er Jahre galten Kunst und Literatur als Verbündete der Revolution und waren daher interessant und aufregend. Öffentliche Lesungen von Dichtern wie Majakowski (rechts) fanden die Zustimmung des Publikums.

Oben: Sergei Jessenin und Isadora Duncan. Die Liebe währte nicht lang in ihrer kurzen Ehe (1922), die von Exzessen in Gewalt und Alkohol geprägt war. Die bolschewistische Revolution hatte Jessenin in naiv-mystischer Weise als das Erstarken des bäuerlichen Rußland bejubelt; später sah er in ihr einen Verrat. 1919 suchte er geistige Zuflucht bei den »Imaginisten«, einer Dichtergruppe, deren wildes Bohémienleben er in »Das Moskau der Schenken« (1924) schildert.

Darunter: Boris Pasternak, gezeichnet von seinem Vater Leonid. »Doktor Schiwago« darf erst neuerdings in der UdSSR gedruckt werden.

Zu Majakowskis Unglück war er jedoch kein banaler Propagandist, und gegen Ende der 20er Jahre nahm seine Poesie eine geradezu aufrührerische Richtung nach innen. 1930 beging er Selbstmord, vermutlich aufgrund einer unglücklichen Liebe. Doch trotz dieser Flucht in den bourgeoisen Individualismus, wie es offiziell hätte genannt werden müssen, blieb er mit Stalins Unterstützung auch nach seinem Freitod ein Nationaldichter.

Noch mehr Pech hatte **Sergei Jessenin** (1895-1925). Bei allem guten Willen konnte er sich der revolutionären Gewalt nicht mit dem Enthusiasmus Majakowskis verschreiben; dafür waren seine Bande zum bäuerlichen Leben des alten Rußland zu stark, in dem er aufgewachsen war und dem er einige seiner schönsten Gedichte widmete. Jessenin hatte etwas von einem fahrenden Sänger des Mittelalters und war in der Industriegesellschaft nie zu Hause. Seine kurze, unglückliche Ehe mit der amerikanischen Tänzerin Isadora Duncan war wohl ein Ausbruchsversuch; einige Jahre später beging er, noch vor Majakowski, ebenfalls Selbstmord.

Der dritte große Dichter der Revolution, **Boris Pasternak** (1890-1960) hatte sich jahrelang aus der Politik möglichst herausgehalten; die Themen seiner kühnen experimentellen Lyrik waren universelle Dinge wie Natur, Liebe und Tod. Einen Namen machte er sich erstmals 1922 mit *Meine Schwester - das Leben.* Als aber viel später (1957) sein gewaltiger Roman *Doktor Schiwago* erschien, an dessen Ende eine Reihe von Gedichten steht, schien er sich nicht nur gegen das Sowjetregime, sondern gegen die materialistische Weltanschauung schlechthin zu stellen; daher wurde das Buch in der UdSSR verboten und zuerst auf italienisch publiziert. 1958 untersagte man Pasternak, den Literaturnobelpreis anzunehmen. Dennoch wurde er ein Symbol für den dichterischen Geist, der sich weltlichen Mächten nicht beugt.

Schon lange davor war die russische Dichtung geradezu erstarrt. Eine Reihe von Parteidirektiven hatten sie gegen Ende der 20er Jahre darauf verpflichtet, ausschließlich dem Ziel der kommunistischen Gesellschaftsordnung zu dienen. Die Zeit der experimentellen Literatur war vorüber. Lenin selbst befand, ein Gedicht, das zu den Massen sprechen sollte, dürfte nicht mit althergebrachten Formen brechen. Die Literatur bekam die Rolle eines Propagandamediums im Dienste der Partei – was sie auch wurde, und zwar mit katastrophalen Folgen.

Augenblicksgewitter, ewig
von Boris Pasternak

Abschied nahm der Sommer wieder
Dann vom Dorfbahnhof. Die Mütze
Zog, schuf hundert Blendaufnahmen,
Souvenirs, der Donner nachts. (...)

Frostig war die Ankunftsstunde,
Mühselig schleppte ich mich hin.
Als hättest Du Wasser in Deinem
  Mund,
Sich Dein Blick an der Decke verfing.

Du schwiegst – und doch zog zu niemand
Es mich mit solcher Macht wie zu Dir.
Wenn sich ein Schloß für die Lippen
  fand,
Warum kein zweites für Deine Tür?

Sozialistischer Realismus

Auch die Prosaautoren waren nach 1917 geteilter Meinung über das kommunistische Regime. Zu jenen, die ihr Land irgendwann verließen, gehörte der spätere Nobelpreisträger **Iwan Bunin** (1870-1953), dessen Romane und Novellen im Geiste Tschechows geschrieben sind und oft – unter anderem in *Das Dorf* (1910) – die halbdunkle Welt der altmodischen Bauernhäuser beschreiben.

Autoren, die so wie er empfanden, gab es bald nicht mehr viele – es waren größtenteils ältere Männer, die den Einfluß der vorrevolutionären Kultur nicht völlig ablegen konnten. Eine Zeitlang bildeten sie einen kleinen literarischen Zirkel und publizierten auch ein Manifest, das auf ihrer Überzeugung basierte, daß Kunst immer für sich selbst stünde – eine Doktrin, die im damaligen Klima keinen Bestand haben konnte.

Maxim Gorki (1868-1936) dagegen war schon seit der Jahrhundertwende ein revolutionärer Autor; er unterstützte die neue Regierung vehement und gilt als Begründer des Sozialistischen Realismus. Anfangs porträtierte er kleine Gauner, Bettler und gescheiterte Existenzen ohne direkte politische Bezüge – zum Beispiel in seinen Stücken *Nachtasyl* (1902) und *Die Kleinbürger* (1905). Dabei versuchte er, zweifellos unter dem Einfluß von Nietzsche, seine verlorenen Seelen zu Übermenschen emporzustilisieren. Später, als seine revolutionären Sympathien offenkundiger wurden, kam er unter dem Zarenregime ins Gefängnis und lebte jahrelang im Exil. Sein größtes literarisches Werk war die Trilogie autobiographischer Romane – *Meine Kindheit* (1913), *Unter fremden Menschen* (1916), *Meine Universitäten* (1923) –, und auch sein Porträt des alten Leo Tolstoi, den er gut kannte und schätzte, ist ein sehr aufschlußreiches kleines Buch. Bei seiner Rückkehr in die Sowjetunion wurde er Vorsitzender der Schriftstellergewerkschaft und fand bei Stalin großes Lob.

Die erste Generation von orthodoxen Kommunisten unter den Autoren entnahm ihre Themen oft dem Bürgerkrieg – etwa **Alexander Serafimowitsch Popow** (1863-1949) in *Der eiserne Strom* (1924), **Isaak Babel** (1894-1941) in *Budjonnys Reiterarmee* (1926) oder **Michail Scholochow** (1905-1984) in seinem berühmten Roman *Der stille Don* (1928-33), der den Beitrag der Donkosaken zur Revolution zeigt und zu den frühen Vertretern der Sowjetliteratur zählt, die sich künstlerisch und stilistisch mit den Spitzenwerken der westlichen Welt messen konnten. Eher propagandistisch angelegt ist allerdings Scholochows *Neuland unterm Pflug* (1935), eine recht naive Geschichte der Konflikte um die Kollektivierung der Landwirtschaft, die viele Leben gekostet und großes Leid übers Land gebracht hatte.

Auch **Konstantin Fedin** (1892-1977) behandelt in dem Roman *Städte und Jahre* (1924) die Geschichte der Revolution, und in *Die Brüder* (1928) zeichnete er die schwierige Situation nach, in der die Intellektuellen waren, als sie sich an ein neues System anpassen mußten. Der talentierte Journalist **Ilja Ehrenburg** (1891-1967) dagegen bereiste mehrfach den Westen und frequentierte die dortigen literarischen Zirkel. In seinen Romanen beschuldigte er den Kapitalismus, die Menschen zu verarmen und das Leben zu mechanisieren. *Der Fall von Paris* (1941), eine Beurteilung der französischen Niederlage am Anfang des Zweiten Weltkriegs, ist eine Mischung aus direkter Reportage und beschreibender Prosa. Viel später geriet Ehrenburg mehrfach in politisch gefährliche Situationen; gelegentlich wurde er der Abweichung von der Parteilinie geziehen. Dennoch leitete sein Roman *Tauwetter* (1954-56) die danach benannte Zeit der ersten vorsichtigen Kritik an Stalin ein.

1928 begann die Sowjetunion mit ihrem Fünfjahresplan zur Industrialisierung, was für Schriftsteller härtere Bedingungen hieß. Anfang der 30er Jahre bekam die Literatur den offiziellen Auftrag, zur Verwirklichung des Plans beizutragen;

Mitte: Die »Babuschka« (Großmütterchen) ist das ewige Symbol der russischen Bauersfrau.

Unten: Maxim Gorki bewahrte sich in den 20er Jahren im Exil seine Unabhängigkeit von der kommunistischen Regierung. Er gilt heute als »Vater der Sowjetliteratur«.

Oben: Sowohl künstlerisch wie politisch wurde Michail Scholochow immer mehr zum Sprachrohr der etablierten Sowjetliteratur gegen Solschenizyn und andere.

Oben rechts: »Peter der Große inspiziert einen neuen Hafen« von Valentin Serow (1907) und (rechts) »Iwan der Schreckliche mit seinem ermordeten Sohn« von Ilja Repin (1885). Solche Werke fanden Beifall als Beispiele der Anwendung des Sozialistischen Realismus auf die Geschichte und als »richtige« Interpretationen der Zarenzeit. (Moskau, Tretjakow-Galerie)

alle Autoren wurden damit nach Stalins Vorstellungen zu »Ingenieuren der menschlichen Seele« – man schrieb nun über Zementfabriken, Elektrizitätswerke, Kanalbauten und die kollektive Landwirtschaft. Die Resultate besaßen alle Schwächen, die solche tendenziöse Literatur unweigerlich auszeichnen.
Schließlich protestierte der alte Maxim Gorki dagegen, daß Bücher vorfabrizierten Schablonen zu entsprechen hatten; ab der Mitte der 30er Jahre durften die Schriftsteller dann wieder über Individuen und deren Konflikte schreiben. Da damals der russische Nationalismus immer stärker wurde, konnten sie auch Themen aus der vorrevolutionären Vergangenheit wählen. So zeigt **Alexei Nikolajewitsch Tolstoi** (1882-1945) in seinem unvollendeten Roman *Peter der Große* (1929-45) diesen weitblickenden Tyrannen als Architekt der Nation und als Reformator, der mit alten Vorurteilen aufräumte. Auch in zwei Stücken über Iwan IV. (genannt Iwan der Schreckliche, der 1547 Zar wurde) schildert er einen sadistischen Despoten, der im Grunde ein Mann des Volkes ist.

Gegenüberliegende Seite: Gorki (rechts) zu Besuch bei Leo Tolstoi auf dessen Landsitz Jasnaja Poljana (1901). Tolstois Genie wurde von den Kommunisten akzeptiert, wenn auch seine mythische Verehrung bäuerlicher Tugenden nicht eben zur Diktatur des Proletariats paßte. Auch Gorki war keineswegs ein linientreuer Schriftsteller. Über Tolstoi schrieb er einmal: »Solange dieser Mann lebt, bin ich nicht ohne Vater auf der Welt.« Später war er seinerseits Vaterfigur für viele junge Autoren, protestierte aber trotz seiner Stellung als Vorsitzender der Schriftstellergewerkschaft vergeblich gegen die politischen Säuberungen.

Mammon auf tönernen Füßen

Oben: Menschenmengen vor einer New Yorker Bank beim großen Wall-Street-Krach von 1929. Der Zusammenbruch der Börse setzte dem beschwingten Optimismus und der Frivolität der 20er Jahre ein Ende. Überall im Land machten die Banken bankrott und Millionen von Familien in Stadt und Land verloren ihre ganzen Ersparnisse. Im folgenden Jahrzehnt wurden die Farmen im Mittelwesten von einem weiteren Verhängnis getroffen, als mehrere Dürreperioden den einst reichen Ackerboden in Staub verwandelten. (John Steinbeck bezog daraus den Stoff für »Die Früchte des Zorns« – siehe S. 278). Innerhalb von kaum 20 Jahren wurde das traditionelle kleinstädtische Leben in Amerika so völlig umgestaltet.

Unten: Sinclair Lewis, der Schöpfer von »Babbitt«, dem typischen kleinen Geschäftsmann in einer typischen Kleinstadt, deren Engstirnigkeit Lewis hart attackierte. Heute jedoch beurteilt man diese Haltungen in der Rückschau anders. 1930 erhielt Lewis als erster Amerikaner den Nobelpreis für Literatur.

Mit dem Börsenkrach am Schwarzen Freitag von 1929 brach Amerikas Nachkriegs-Boom abrupt und mit katastrophalen Folgen zusammen. Während der 20er Jahre aber hatten vor allem einige Intellektuellen so manche Illusionen gehegt. Kritik gab es eher an den seelischen Mängeln des zunehmend wohlhabenderen Systems.

Wie der Dichter Edgar Lee Masters (siehe S. 241) machte **Sinclair Lewis** (1885-1951) sich über Verdummung und Engstirnigkeit des amerikanischen Provinzlebens lustig, zum Beispiel in *Main Street* (Die Hauptstraße, 1920) und vor allem in *Babbitt* (1922) entlarvt er den Normalbürger, den »kleinen Mann auf der Straße« – damals Idealbild der Amerikaner. Für gewöhnlich tut Lewis dies mit einer Prise Humor, und *Martin Arrowsmith* (Dr.med. Arrowsmith, 1925) zeigt, daß er auch Licht am Ende des Tunnels sah. *Elmer Gantry* (1927) aber ist eine beißende Karikatur des Sektenunwesens in den USA.

Den Protest gegen den »*American way of life*« griff auch **Sherwood Anderson** (1876-1941) auf, der die fatale Mechanisierung in einer Welt attackiert, wo gesunde sexuelle Impulse brutal unterdrückt werden. *Winesburg, Ohio* (1919) und *Dark Laughter* (Dunkles Lachen, 1925) zeigen Anklänge an Sigmund Freud und D. H. Lawrence. Der Held in *Dark Laughter* tauscht die erstickende Atmosphäre seines spießbürgerlichen Bürolebens gegen eine unsichere, aber freiere Daseinsform ein, wie es Anderson selbst einige Jahre zuvor getan hatte.

Lewis und Anderson hatten am Weltkrieg nicht aktiv teilgenommen, aber jüngere Autoren, die Zeugen der zermürbenden Grabenkämpfe gewesen waren, sahen das Leben weniger optimistisch und entwickelten andere literarische Techniken. Der Begriff der »*Lost Generation*« (Verlorene Generation) für diese Leute stammte von **Gertrude Stein** (1874-1946), einer wortgewaltigen jüdisch-amerikanischen Prophetin, deren innovativen Stil ihr Kollege Wyndham

Lewis »ein kolossales intellektuelles Stottern« nannte. Mit der fiktiven *Autobiography of Alice B. Toklas* (1933) verfaßte sie eine außergewöhnliche Sammlung von Erinnerungen an ihre Zeit in Paris, wo sie viele der dort lebenden Künstler um sich scharte.

Einer ihrer Schützlinge war **Ernest Hemingway** (1899-1961). Den Ersten Weltkrieg hatte er als junger Rotkreuz-Sanitäter miterlebt; später beobachtete er den Spanischen Bürgerkrieg als umherziehender Journalist. Sein Leben lang faszinierten ihn anstrengende, männliche Aktivitäten, die Kraft und Ausdauer fordern – Schießen, Boxen, Hochseefischen. Von seinen ersten Büchern schildert *Fiesta* bzw. *The Sun also Rises* (Fiesta, 1926) die Erlebnisse einer Gruppe von Amerikanern beim spanischen Stierkampf und *A Farewell to Arms* (In einem anderen Land, 1929) den Krieg an der Italienfront 1917 und eine gefahrvolle Liebesaffäre zwischen den sich bekämpfenden Linien. Hemingways lebendiger, aber extrem knapper Erzählstil bildete fraglos sein größtes Kapital; seine größte Schwäche lag wohl in seinem Männlichkeitskult, der gelegentlich für Mißtöne sorgt. Er war neurotischer, aber auch viel empfindsamer und mitfühlender, als er seine Leser gerne glauben machen wollte.

Hemingways Vater hatte Selbstmord begangen, und diesem traurigen Beispiel sollte er trotz Ruhm und Wohlstand folgen. Der große Fehler seiner Helden ist ihre Unfähigkeit, eigene Ängste einzugestehen. Hemingways wohl härteste Kurzgeschichte, *The Short Happy Life of Francis Macomber* (Das kurze glückliche Leben des Francis Macomber, 1938), handelt von einem Löwenjäger, den die Frau wegen seiner Feigheit verläßt; dann aber beweist er unerwarteten Mut, was ihm nur eine Kugel in den Kopf einträgt. In seinen langen Romanen – *To Have and Have Not* (Haben und Nichthaben, 1937), der Geschichte eines glücklosen Schmugglers in der Karibik, und *For Whom the Bell Tolls* (Wem die Stunde schlägt, 1940), einem Bild des Spanischen Bürgerkriegs – zeigt er eine umfassendere Sicht der menschlichen Probleme. Später ließ seine Erzählkraft nach, doch er hatte bereits die Technik des modernen amerikanischen Romans revolutioniert. Ein Auszug aus einem seiner Romane findet sich auf S. 277.

Oben links: Gertrude Stein mit »Basket«, für den sie sogar einmal einen Hermès-Mantel kaufte, als sie aus der »Autobiographie von Alice B. Toklas« etwas Geld einnahm. Ihre kühnen Sprachexperimente ebenso wie ihre dominante Persönlichkeit machten das Stein-Haus in Paris zum Lieblingstreffpunkt vieler Intellektueller. Gemälde (1935) des bretonischen Künstlers Pierre Jacob Tal Coat. (Paris, Sammlung H. Benezit)

Oben rechts: Ernest Hemingway kreierte einen lakonischen Stil mit knappen Sätzen, deren Bedeutung unter der Oberfläche verborgen liegt; (unten) Humphrey Bogart und Lauren Bacall in Howard Hawks' Verfilmung (1944) von Hemingways »Haben und Nichthaben«.

Rechts: Gospelsänger in New Orleans. Auch nach dem Bürgerkrieg waren die Schwarzen eine ausgebeutete Klasse geblieben, die sich nur in ihrer Musik voll ausdrücken konnten. Sie waren als Sklaven von Westafrika in die Neue Welt gekommen, und ihre Lieder wurden zu Spirituals; aus dem Gesang der Baumwollpflücker, den Blaskapellen mit ihren Märschen und dem Blues entwickelte sich der Jazz.

Unten: William Faulkner. Für ihn war der Süden der USA ein Gelobtes Land, über dem der Fluch der Vergangenheit schwebte.

Der Mythos der »lustigen Zwanziger«, des berauschenden »*Jazz Age*«, verblaßte in der Wirtschaftskrise rasch. Doch während er noch anhielt, genoß **F. Scott Fitzgerald** (1896-1940) die Freuden des Bohémien-Lebens. Neben einer Unzahl von rasch geschriebenen, sehr lukrativen Kurzgeschichten wurde Fitzgerald mit seinem Meisterwerk *The Great Gatsby* (Der große Gatsby, 1925) auch zum literarischen Historiker dieser Zeit. Geld faszinierte ihn, sagte Hemingway einmal; er glaubte, »die Reichen sind anders«, und so handelt der Roman von einem sehr reichen Mann, einem romantischen Emporkömmling, dessen Reichtum wie auch die romantischen Träume auf Selbstbetrug und Täuschung beruhen. Gatsby gibt rauschende Parties, um die Frau zu becircen, die er liebt, und die ihn auch lieben muß, so glaubt er; am Ende wird er getötet, mehr oder minder aus Versehen.

William Faulkner (1897-1962), der an den Folgen eines Flugzeugabsturzes litt, gehörte auch zu der »verlorenen Generation«. Für ihn war das Leben ständig von Niederlage und Tod bedroht. Seine Bücher spielen meist in der tiefsten Südstaatenprovinz, über der eine drückende Atmosphäre lastet. Viele Figuren kehren in mehreren Büchern wieder. Oft sind es kränkliche, groteske Gestalten, manchmal Opfer des Krieges, die sich an das Zivilistenleben nicht gewöhnen können, etwa in *Soldier's Pay* (Soldatenlohn, 1926), manchmal körperliche oder seelische Krüppel wie in dem Experimentalroman *The Sound and the Fury* (Schall und Wahn, 1929) oder ruinierte Verschwender wie in *As I Lay Dying* (Als ich im Sterben lag, 1930). Seine Grundaussage ist, daß starke, energische Menschen Unheil bringen, doch da ihre Leidenschaften sie selbst vernichten, sind sie nicht ganz verantwortlich für das Chaos, das sie anrichten. Dies zeigt sich in seinem wohl bedeutendsten Roman *Light in August* (Licht im August, 1932) mit der Hauptfigur des Mulatten Christmas. Faulkner schrieb zwar nie Propaganda, er trat aber immer für die Schwarzen in den Südstaaten ein, und in dem szenischen Roman *Requiem for a Nun* (Requiem für eine Nonne, 1951), der an die in Faulkners Werk *Sanctuary* (Die Freistatt, 1931) geschilderten Ereignisse anknüpft, entlarvt er die Heuchelei der Weißen.

Ebenso ausgeprägt wie Faulkners Todesthema war die Gier nach Leben, die in den Büchern von **Thomas Wolfe** (1900-1938) spürbar wird – gewiß auch eine Folge der Kriegserlebnisse, die er und seine Generation hinter sich hatten. Wolfes Werk ist durchweg autobiographisch. Gefühle und Eindrücke sammelte er zu gewaltigen Bergen von Notizen, aus denen er dann seine chaotischen Romane entwarf. Unsterblich wurde er vor allem dank seines lyrisch-deklamatorischen Stils und des Talents zur lebhaften Beschreibung. Während seines kurzen Lebens erschienen nur *Look Homeward, Angel* (Schau heimwärts, Engel, 1929) und *Of Time and the River* (Von Zeit und Strom, 1935), doch nach seinem Tod kamen noch zwei gigantische Bücher dazu, und zwar *The Web and the Rock* (Geweb und Fels, 1939) und *You Can't Go Home Again* (Es führt kein Weg zurück, 1940).

aus *Tod am Nachmittag*
von Ernest Hemingway

Ehe die Toten begraben sind, verändern sie irgendwie jeden Tag ihr Aussehen. Bei den kaukasischen Rassen verändert sich die Farbe von weiß über gelb, gelbgrün zu schwarz. Lange genug in der Hitze gelassen, beginnt das Fleisch Holzteer zu ähneln, besonders dort, wo es aufgerissen und zerfetzt ist, und es schillert auch ganz deutlich wie Teer. Die Toten schwellen jeden Tag mehr an, bis sie manchmal viel zu groß für ihre Uniformen sind und diese ausfüllen, bis sie so stramm sind, daß sie fast zu bersten scheinen. Die einzelnen Glieder können in unglaublichem Maß an Umfang zunehmen, und Gesichter können sich so prall und kugelförmig wie Ballons füllen. (...) Ihre letzte Lage, bevor man an ein Begräbnis denken kann, richtet sich nach der Anbringung der Uniformtaschen. Bei der österreichischen Armee waren diese Taschen hinten in den Hosen, und die Toten lagen demzufolge nach kurzer Zeit alle auf dem Bauch, beide Hüfttaschen umgestülpt und um sie herum im Gras verstreut all jene Papiere, die die Taschen enthalten hatten. (...) Das erste, was einem an den Toten auffiel, war, daß sie wie Tiere starben, wenn sie schlimm genug getroffen waren. Manche schnell an einer kleinen Wunde, von der man nicht denken würde, daß sie ein Kaninchen töten könne. Sie starben an kleinen Wunden, wie Kaninchen manchmal von drei oder vier Schrotkörnern sterben, die kaum die Haut zu durchlöchern scheinen. Andere starben wie Katzen; mit zertrümmertem Schädel und Eisen im Hirn liegen sie zwei Tage lang lebendig da wie Katzen, die mit einer Kugel im Hirn in den Kohlenkasten kriechen und nicht eher sterben, als bis man ihnen den Kopf abschneidet. Möglicherweise sterben Katzen auch dann nicht, da sie ja bekanntlich neun Leben haben, aber die meisten Menschen sterben wie Tiere und nicht wie Menschen. Ich hatte niemals einen sogenannten natürlichen Tod gesehen (...)

Oben: Besiegte Regierungstruppen beim Rückzug zur französischen Grenze in den letzten Phasen des Spanischen Bürgerkriegs (Winter 1938/39). Der erbarmungslose Kampf zwischen Francos aufständischen Truppen und der republikanischen Volksfront-Regierung führte in vielen Ländern zu erbitterter Anteilnahme. Freiwillige, unter ihnen viele Schriftsteller, schlossen sich – in einer Art Kreuzzug gegen den Faschismus – den »Internationalen Brigaden« an, die gegen Francos Falangisten kämpften. George Orwell und André Malraux gehörten zu diesen Brigadisten, und der chilenische Dichter und Diplomat Pablo Neruda sagte, die Zeit in Spanien habe seine ganze Weltanschauung verändert. Hemingway beobachtete die Kämpfe als Kriegsberichterstatter und schrieb auf der Basis seiner Erlebnisse den Roman »Wem die Stunde schlägt.«

In »Tod am Nachmittag« (1932) erläutert Hemingway den spanischen Stierkampf. Dabei verwendet er die Technik des ständigen Zwiegesprächs mit einer »alten Dame«; seine Gesprächspartnerin stellt Fragen, und er informiert sie über so esoterische Tatsachen wie Ursachen und Folgen von Geschlechtskrankheiten, und in Kapitel 12 gibt er »A Natural History of the Dead« (Eine Naturgeschichte der Toten), der hier die nebenstehende Leseprobe entnommen ist.

Aus »Ich« wird »Wir«

Mitte: John Steinbeck, und (oben) eine Szene aus John Fords Verfilmung (1940) der »Früchte des Zorns«, mit Henry Fonda als Tom Joad.

Unten: Richard Wright, dessen Autobiographie »Black Boy« (Ich Negerjunge, 1945) die Bewunderung Gertrude Steins erregte, worauf er sich in Paris niederließ. Zu den weißen Autoren, die Verständnis für die Probleme der Schwarzen in den Südstaaten zum Ausdruck brachten, gehörten Erskine Caldwell und auch Ellen Glasgow (1874-1945).

Die Wirtschaftskatastrophe von 1929, die Krise danach und der bereits drohende nächste Weltkrieg förderten eine Renaissance des sozial engagierten Romans. Die Prosa der 20er Jahre betonte oft die erste Person Singular, in den 30er Jahren wurde – bei einigen bedeutenden Romanciers jedenfalls – aus diesem »ich« ein »wir«. Als literarisches Thema schien die Agonie des Individuums nun weniger fesselnd als die Ängste einer ganzen Gesellschaft.

Erstmals kam dieser Ansatz von **John Dos Passos** (1896-1970), dessen *Three Soldiers* (Drei Soldaten, 1921) der überzeugendste der vielen pazifistischen Romane jener Zeit ist. Obwohl das Kriegserlebnis seine Arbeit stark beeinflußte, engagierte er sich mit der stilistischen Weiterentwicklung ganz allgemein politisch. Seine besten Romane – *Manhattan Transfer* (1925) und die Trilogie *USA* (1930-36) – haben keine Einzelhelden, sondern verfolgen das Schicksal verschiedener Männer und Frauen, wobei oft Zitate aus zeitgenössischen Zeitungen und Filmen mit einbezogen werden – andere Autoren solcher »dokumentarischer« Literatur griffen diese Idee bald auf.

Auch **John Steinbeck** (1902-1968) versuchte mit scharfem Realismus und seinem großartigen Witz über den Tendenzroman hinauszukommen. Anfangs experimentierte er mit verschiedenen Erzählformen – etwa dem humoristischen Roman *Tortilla Flat* (Die wunderlichen Schelme von Tortilla Flat, 1935) und der Schilderung eines Streiks in *In Dubious Battle* (Stürmische Ernte, 1936). Mit der später dramatisierten Erzählung *Of Mice and Men* (Von Mäusen und Menschen, 1937) und der Kurzgeschichtensammlung *The Long Valley* (Das Tal des Himmels, 1938) erlangte er literarische Reife. Sein Hauptwerk *The Grapes of Wrath* (Früchte des Zorns, 1939) schildert die Odyssee verarmter weißer Tagelöhner nach Kalifornien und verdient einen Platz unter den wichtigsten realistischen Romanen unserer Zeit.

Diese kritische Linie beherrschte die US-Prosa bis zum Zweiten Weltkrieg, und viele Werke standen auf hohem künstlerischen Niveau. Einer der wichtigsten Vertreter dieser Linie war **James T. Farrell** (1903-1979), dessen Trilogie *Studs Lonigan* (1932-35) junge irische Einwanderer in Chicago beschreibt; ein anderer war **Erskine Caldwell** (1903-1987) mit seiner Schilderung der gräßlichen Armut des weißen Proletariats in den Romanen *Tobacco Road* (Die Tabakstraße, 1932) und *God's Little Acre* (Gottes kleiner Acker, 1933); später ging es ihm auch um die Not der schwarzen Amerikaner, etwa in *Trouble in July* (Ein heißer Tag, 1940).

Auch schwarze Autoren kritisierten nun Amerikas Behandlung ihrer Rasse in literarischer Form – vor allem **Richard Wright** (1908 1960), der sich erstmals einen Namen mit *Native Son* (Sohn dieses Landes, 1940) machte, der Aufarbeitung des tragischen Schicksals seines Volkes in der Neuen Welt. Auch Wrights letzter Roman *The Long Dream* (Der schwarze Traum, 1958) spielt wieder im »schrecklichen« Süden, der Heimat Wrights, und thematisiert noch deutlicher als *Native Son* die tragische Situation der Schwarzen.

Das amerikanische Theater

Nun entstand auch eine wirklich uramerikanische Theaterform; ihr frühester Vertreter war **Eugene O'Neill** (1888-1953), der verschiedene Stile probierte, ohne sich von einem davon versklaven zu lassen. Meist baute er seine Stücke auf brutalen Tatsachen auf, doch die Figuren haben immer auch eine zweite Dimension in ihrer verwirrten Spiritualität und dem Sehnen nach Gott. Sein erster Einakter basierte auf seinen Erlebnissen als Seemann; die Technik ist hier rein realistisch, ebenso wie in der ländlichen Tragödie *Desire under the Elms* (Gier unter Ulmen, 1924). Anderswo aber schrieb er eher expressionistisch, etwa in dem Monolog *The Emperor Jones* (Kaiser Jones, 1920) oder in *The Great God Brown* (Der große Gott Brown, 1926), wo Masken zwischen bloßen Gesichtern das konventionelle Alltags-Ich des Menschen und seine tiefsten Tiefen symbolisieren. In *Strange Interlude* (Seltsames Zwischenspiel, 1928) zerreißt er den Dialog mit endlosen inneren Selbstgesprächen, und in *Lazarus Laughed* (Und Lazarus lachte, 1927) gibt er eine Variation des griechischen Chors. O'Neills Bühnentrilogie *Mourning Becomes Electra* (Trauer muß Elektra tragen, 1931) versetzt den Mythos von Elektra und Orestes ins 20. Jahrhundert und erläutert die Handlung mit freudianischer Psychologie.

Nach *Days without End* (Tage ohne Ende, 1934), wo sich O'Neill der Religion annähert, verstummte er für zwölf Jahre, und nach dieser Zäsur schien er das persönliche Leid überwunden zu haben – er war Alkoholiker und litt an der Parkinsonschen Krankheit. Sein Werk drückte nun eine stillere Philosophie mit weniger metaphysischen Spekulationen aus. *The Iceman Cometh* (Der Eismann kommt, 1946) ist oberflächlich zwar besoffenes Barthekengeplauder, zugleich aber auch eine vielstimmige Fuge über das menschliche Dasein als Ganzes. O'Neills wichtigstes Drama *Long Day's Journey into Night* (Eines langen Tages Reise in die Nacht, 1956 posthum) zeichnet den Zusammenbruch einer Familie durch Krankheit und Drogensucht nach. Jeder ist schuldig, doch keiner wird gerichtet – »eine Handlung von Dostojewski mit einem Dialog von Strindberg«, sagte ein Kritiker.

Amerikas anderer großer Dramatiker, **Maxwell Anderson** (1888-1959), besaß nicht ganz O'Neills Statur. Er schrieb einen anti-realistischen, beinahe klassizistischen Stil – da Theater ohnedies nie mehr als stilisierte Realität darstellen könne, wandte er sich der Form des Versdramas zu. Zunächst versuchte er sich damit an historischen Stoffen wie *Elizabeth the Queen* (Königin Elisabeth, 1930) und *Mary of Scotland* (Maria von Schottland, 1933), doch *Winterset* (Wintertag, 1935) spielt in der Gegenwart und ist wie *Key Largo*, dessen Schauplatz Spanien zur Zeit des Bürgerkriegs ist, (1939) ein Ideendrama vor dem Hintergrund verbrecherischer Aktivitäten.

In dieser Zeit erreichten auch andere Bühnenautoren internationalen Ruhm, der aber bald wieder verblaßte. Vor allem **William Saroyan** (1908-1978), der in seinen Romanen und Kurzgeschichten das Talent eines orientalischen Märchenerzählers bewies; die Dramen, etwa *My Heart Is in the Highlands* (Mein Herz ist im Hochland, 1939), sind auf romantische Weise undiszipliniert. Doch sein optimistischer Glaube an das Potential zum Guten der Menschheit nach dem Zweiten Weltkrieg wirkt heute etwas überholt.

Großartige Dramen schrieb auch **Tennessee Williams** (1914-1983). *The Glass Menagerie* (Die Glasmenagerie, 1944) und *A Streetcar Named Desire* (Endstation Sehnsucht, 1947) – das bewegende Porträt einer eingebildeten, labilen Frau, die in einer vulgären Traumwelt lebt – haben nicht nur psychologischen Scharfsinn, sondern auch enorme Bühnenwirksamkeit. Sein Zeitgenosse **Arthur Miller** (geb. 1915) dagegen konnte nie so recht den durchschlagenden Erfolg seines *Death of a Salesman* (Tod eines Handlungsreisenden, 1949) wiederholen, dem Bild eines »kleinen Mannes«, dessen Leben von den verlogenen Werten der modernen Industriegesellschaften zerstört wird: Willy Loman, der einstmals erfolgreiche Handlungsreisende, wird im Alter von 63 Jahren von seiner Firma entlassen. In Rückblenden wird sein Leben und sein Traum vom Erfolg beschworen, dem er letztlich zum Opfer fällt.

Mitte: Eugene O'Neills autobiographisches Stück »Eines langen Tages Reise in die Nacht« in einer Inszenierung des Stockholmer Königlich-Dramatischen Theaters (1965). O'Neill war Sohn eines irischen Wanderschauspielers und später Mitbegründer der »Theatre Guild«.

Unten: Ein Porträt von Eugene O'Neill, der unbedeutenden Gestalten Poesie und tragische Würde geben konnte.

»Auch ich bin Amerika«

Der einflußreichste Dichter dieser Zeit war **Ezra Pound** (1885-1972). Er huldigte anfangs dem Imagismus, einer poetischen Schule, die viel von den französischen Symbolisten hat und versucht, Gefühle in kurzen, prägnanten Gedichten mit einem konkreten Bild im Zentrum auszudrücken. Pound meinte, Gedichte sollten »Gleichungen menschlicher Emotionen« sein. Trotz der sorgfältig disziplinierten Struktur ist seine Lyrik oft schwer verständlich; eine Grundregel war für ihn, daß man in einem poetischen Bild nie Abstraktes und Konkretes miteinander verbinden dürfe.

Seine frühen – in *Personae* (Personae, Die Masken Ezra Pounds, 1908-10) gesammelten – Gedichte sind voller Anspielungen auf Klassiker, je antiker und rätselhafter, desto besser. Er zitierte sogar aus dem Chinesischen und fügte entsprechende Schriftzeichen ein. Die Verachtung des amerikanischen Kapitalismus trieb Pound letztlich in die Arme des Faschismus. Nach dem Zweiten Weltkrieg der Kollaboration mit dem Feind angeklagt, kam er erst in ein Militärstraflager, dann in eine Heilanstalt. Seine *Cantos* jedoch, die seit 1925 erschienen und an denen er noch kurz vor dem Tod arbeitete, zeigen eine ungebrochene Schaffenskraft. Er wollte darin ein zeitgenössisches Versepos schaffen, das einen Vergleich mit Dantes »Gesängen« nicht zu scheuen brauchte.

Vor dem Krieg aber war Pound ein unermüdlicher Sprecher der modernen Poesie; unter anderem gab er T. S. Eliot für dessen Verszyklus *Das wüste Land* viele Hinweise und Verbesserungsvorschläge. Zahlreiche junge Dichter schrieben für die von ihm publizierte Zeitschrift *Poetry* – zu einer Zeit, als Buchhandlungen vor so schwachen »Bestsellern« überquollen

Ezra Pound, 1938 von dem englischen Maler und Schriftsteller Wyndham Lewis porträtiert. Beide schrieben für die Zeitschrift »Blast« (1914/15), das Organ der lyrischen Bewegung des »Vortizismus«. Lewis, der ebenfalls ein gefährliches Nahverhältnis zum Faschismus unterhielt, verfaßte mit »Apes of God« (Die Affen Gottes, 1930) eine beißende Satire auf die Literaten der 20er Jahre. (London, Tate Gallery)

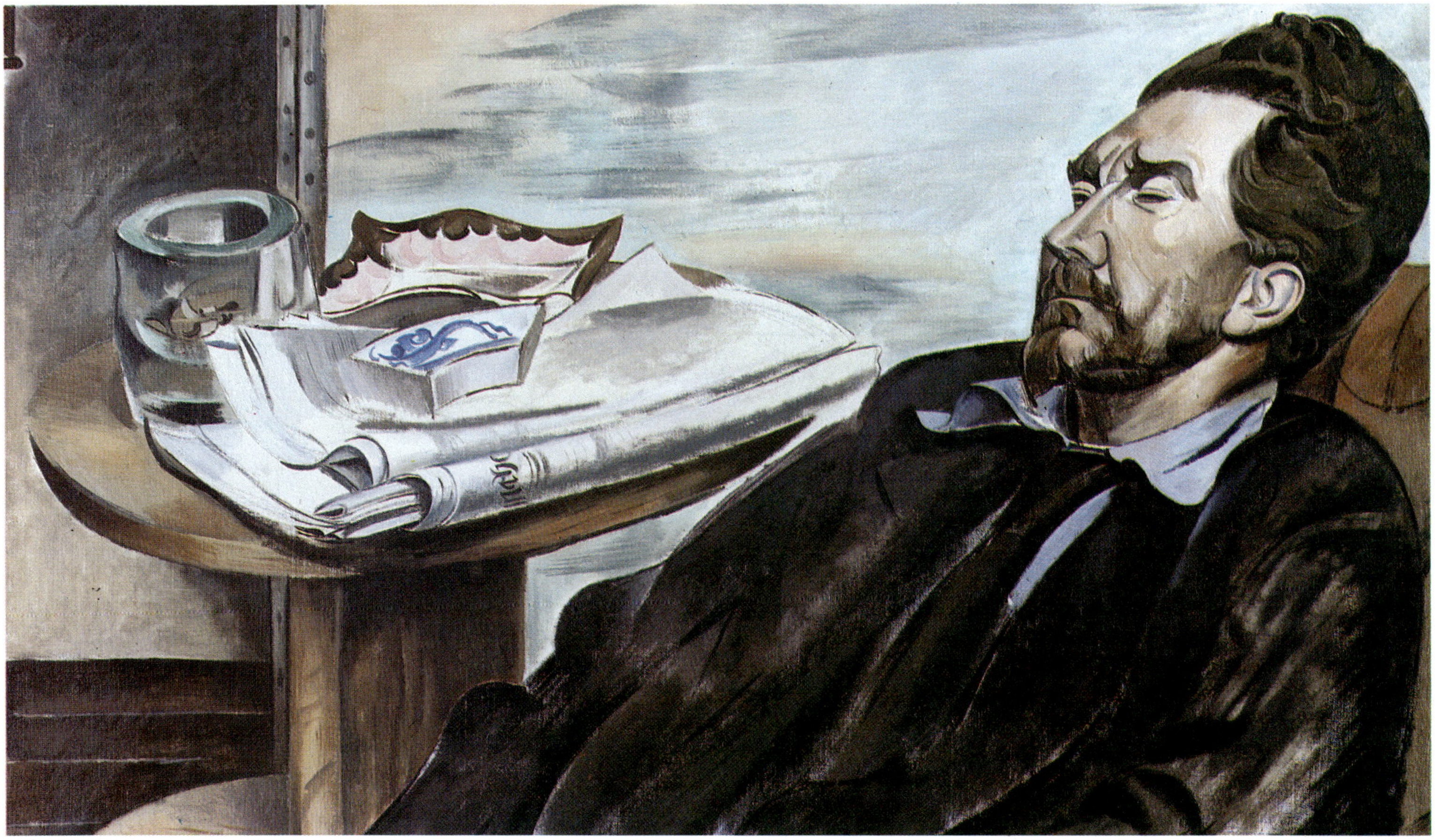

wie Margaret Mitchells *Gone with the Wind* (Von Winde verweht, 1936).
Andere Lyriker waren zwar literarisch sehr originell, aber nur »Eingeweihten« bekannt, so daß sie nur geringe Auflagen erreichten. **E. E. Cummings** (1894-1962) zum Beispiel stellte kühne Experimente mit Worten, Versformen und Typographie an – *Is 5* (Ist 5, 1926) etwa, dessen Titel auf die Gabe des Dichters anspielt, aus 2+2 fünf zu machen. Er war bis zu seinem Tod als poetisches enfant terrible berühmt. **Archibald MacLeish** (1892-1982) verfaßte mit *Conquistador* (1932) ein episches Gedicht auf die Eroberung Mexikos und mit *J. B.* (Spiel um Job, 1958) eine Aktualisierung der biblischen Legende vom Leiden Hiobs. Der früh aus dem Leben geschiedene **Hart Crane** (1899-1932) schrieb in *The Bridge* (Die Brücke, 1930) eine lyrische Sinfonie auf die Brooklyn Bridge, die für ihn die Krönung des Maschinenzeitalters war. Auch schwarze Dichter leisteten nun ihren Beitrag zur modernen amerikanischen Lyrik, darunter der großartige **Langston Hughes** (1902-1967). In seiner Autobiographie *The Big Sea* (Ich werfe meine Netze aus, 1940) berichtet Hughes von seiner Jugend in Missouri und Ohio, seinem Aufenthalt in Mexiko und seinen Jahren in New York, wo er ein Studium begann, das er aber bald wieder aufgab. Er heuerte daraufhin auf einem Schiff an, um Afrika und Europa kennenzulernen. Später kehrte er nach New York zurück und lebte in den 20er Jahren in Harlem, wo seine dichterische Begabung entdeckt wurde. Seinem Buch, das die Atmosphäre dieser Jahre anschaulich vergegenwärtigt, ließ er 1956 die Fortsetzung *I Wonder as I Wander* (Ich wandere und staune) folgen. In dem Kurzgeschichtenband *Laughing to keep from Crying* (Lachen um nicht zu weinen, 1952), in dem für die Erfahrung der gesamten schwarzen Bevölkerung der USA typische Ereignisse geschildert werden, reicht der geografische Rahmen von Harlem bis Nevada, von Boston bis Paris.

Links: Die Brooklyn Bridge in New York war für den Dichter Hart Crane ein grandioses Symbol menschlichen Strebens und Schaffens.

Unten links: Vivien Leigh als Scarlett O'Hara in David Selznicks Verfilmung (1939) von »Vom Winde verweht«, die sie und ihr Partner Clark Gable in die Kinogeschichte eingehen ließ, obwohl die Romanvorlage nur wenig literarischen Wert besitzt.

Unten rechts: Die Rassenvorurteile fanden in den USA ihren extremsten Ausdruck in den Aktivitäten des Ku-Klux-Klan. Hier ein Mitglied dieses Geheimbunds vor dem blasphemischen Symbol des Flammenkreuzes.

Auch ich von Langston Hughes

Auch ich singe Amerika.

Ich bin der dunklere Bruder.
Sie schicken mich zum Essen in die Küche,
wenn Gäste kommen;
doch ich lache
und esse gut
und werde stark

Morgen
werde ich mit am Tische sein,
wenn Gäste kommen.
Niemand wird wagen,

dann
zu mir zu sagen:
»Iß in der Küche.«

Zudem
werden sie sehen, wie schön ich bin,
und beschämt sein –

Auch ich bin Amerika.

Auftritt des Proletariats

Oben: Szenenphoto aus Jan Troells Film »Hier hast du dein Leben« (1966) nach Eyvind Johnsons Romanvorlage. In dem Film führte Troell auch die Kamera.

Unten: Der schwedische Autor Vilhelm Moberg bei einer Demonstration.

Am Anfang des Jahrhunderts spielte die Arbeiterklasse in Skandinavien eine viel wichtigere literarische Rolle, als es anderswo in Europa möglich gewesen wäre, dies dank einer erstarkenden Demokratie und des hohen Niveaus der Volksbildung. Der Dichter **Dan Andersson** (1888-1920) zum Beispiel, ein Waldarbeiter in der Wildnis, besuchte eine der neuen schwedischen Volkshochschulen, ebenso wie der Dramatiker **Vilhelm Moberg** (1898-1973), der dort freies, ungebundenes Denken lernte, wie sein Roman *Reit heute nacht* (1941) beweist.

Die Arbeiterdichter leisteten oft sozial ebenso wichtige Arbeit wie literarisch. Als **Eyvind Johnson** (1900-1976) und **Harry Martinson** (1904-1978) gemeinsam den Nobelpreis erhielten, war diese Anerkennung besonders wichtig, weil sie beide aus verarmten Verhältnissen kamen und ihren Weg zum Ruhm unter großen Anstrengungen erkämpft hatten. Johnson war international mit dem autobiographischen Roman *Hier hast du dein Leben* (1934-37) bekannt geworden. Martinson legte in Prosa und Lyrik, von *Kap, leb wohl!* (1933) bis zum *Weg nach Glockenreich* (1948) großes schöpferisches Können an den Tag. Leider ist seine Lyrik nur schwer übersetzbar; so läßt sich sein bestes Werk, das utopische Versepos *Aniara* (1956) kaum in eine Fremdsprache übertragen, ohne massiv an Wirkung zu verlieren.

Eine frühe Figur der dänischen Arbeiterdichtung, Martin Andersen-Nexø wurde im vorigen Kapitel erwähnt, und von dem Dano-Norweger **Aksel Sandemose** (1899-1965) kam eine interessante psychologische Variation dieser Gattung. Viele seiner frühen Bücher, zum Beispiel *Ein Flüchtling kreuzt seine Spur* (1933), basieren auf seinen Erlebnissen auf See.

Der isländische Autor und Nobelpreisträger **Halldór Kiljan Laxness** (geb. 1902) schrieb in seinem Roman *Salka Valka* (1931/32) ebenfalls über das Leben der Armen; doch er betrachtete es aus sicherer, bequemer Distanz, so wie auch der Finne **Frans Eemil Sillanpää** (1888-1964), der den Nobelpreis für *Silja, die Magd* (1931), die Geschichte eines Bauernmädchens, bekam.

Mit dem Tode Strindbergs war die große Zeit des skandinavischen Dramas vorerst vorbei. Die expressionistischen Einakter des Schweden **Pär Lagerkvist** (1891-1974) waren interessant und lösten Diskussionen aus, aber immer nur im eigenen Land. Internationale Bekanntheit errang er mit seinen Romanen und Erzählungen *Der Zwerg* (1944), *Barabbas* (1950) oder *Die Sibylle* (1956), einem religiösen Gleichnisroman, in dem Lagerkvist geschickt zwei einander fremde Motive miteinander vereint, und zwar die altjüdische Ahasver-Legende und die griechische Pythia-Sage.

Der Däne **Kaj Munk** (1897-1944) gehörte zwar nach der Jahrhundertwende zu den meistgespielten skandinavischen Dramatikern, doch waren seine Stücke nicht eben originell. Ihr Leben bezogen sie aus dem Bezug zu hochaktuellen Fragen der Zeit und aus Munks Fähigkeit zum Schreiben großartiger Rollen. In *Ein Idealist* (1928) porträtierte er die Tragödie eines Herrschers, und in *Er sitzt am Schmelztiegel* (1938) wendet er sich vehement gegen die Rassenverfolgung durch die Faschisten. Munks Ermordung durch die Gestapo, die Entsetzen und Hochachtung hervorrief – zugleich aber auch eine fast aristotelische Katharsis zu sein schien –, war seine letzte Tragödie.

Der Norweger **Nordahl Grieg** (1902-1943) begann mit dem Schauspiel *Unsere Ehre und unsere Macht* (1935) eine vielversprechende Karriere; 1937 folgte Griegs wohl bedeutendstes Bühnenwerk, das Ideendrama *Die Niederlage*, zu dem er von den Ereignissen und von der Niederlage der Freiheitskämpfer im spanischen Bürgerkrieg angeregt worden war. Leider beendete der Krieg sein Leben als Essayist und Dichter nur allzu früh. In Skandinavien ist er mehr als jeder andere Autor zum Symbol der »toten Jugend« geworden.

Oben: Harry Martinson, der seine Wanderjahre in dem Gedicht »Nomade« (1931) erzählt.

Darunter: Pär Lagerkvists Stück »Der Mann, der sein Leben nochmals lebte«, in einer Inszenierung des Stockholmer Königlich-Dramatischen Theaters (1961).

Freiheit oder Tod

Allen Musikern des gewaltigen Orchesters der Weltliteratur auf so begrenztem Raum die Ehre zu erweisen, wäre unmöglich – daher hier nur einige der übrigen international berühmten Schriftsteller:
Der wohl bekannteste italienische Autor war **Luigi Pirandello** (1867-1936). In Stücken wie *So ist es, wie Ihnen scheint* (1917), *Sechs Personen suchen einen Autor* (1921) und *Heinrich IV.* (1922) experimentierte er auf der Bühne mit Zeit und Raum und betonte immer das menschliche Bedürfnis nach Illusion. Zentrales Anliegen war für ihn die Beziehung von Sein und Schein: Er meinte, die Rollen, die wir spielen, sind von unserem wahren Selbst nicht zu trennen; etwaige Unterschiede sind Täuschung. Pirandello, der auch ein talentierter Erzähler war, bekam 1934 den Nobelpreis zuerkannt.
Der spanische Dichter und Dramatiker **Federico García Lorca** (1898-1936) wurde während des Spanischen Bürgerkriegs vermutlich von Faschisten ermordet. Wie in einem Shakespeare-Drama verbinden seine balladesken Stücke gewagten, blutrünstigen Realismus mit lyrischer Sprache. Trotz seines großen sozialen Engagements wählte er die zeitlosen Konflikte primitiver Triebe und uralter Ehrbegriffe zum Thema. *Bluthochzeit* (1933) handelt von einem Brautraub und der damit herausgeforderten grausamen Rache; im Zentrum von *Yerma* (1934) steht eine unfruchtbare Frau, die ihren Gatten erdrosselt. Lorca sang seine Texte – darunter Balladen aus der Sammlung *Zigeunerromanzen* von 1928 – gerne zur eigenen Gitarrenbegleitung. Sie sind eine bemerkenswerte Mischung aus extremem Modernismus und Anklängen an alte spanische Volkslieder. Hier ein Auszug aus der *Somnambulen Romanze:*

> Grün wie ich dich liebe, grün.
> Grüner Wind. Und grüne Zweige.
> Barke auf des Meeres Wasser
> und das Pferd in hohen Bergen.
> Auf der Balustrade träumt sie,
> Schatten gürtet ihre Lende,
> grüne Haut und grünes Haar,
> Augen ganz aus kaltem Silber.
> Grün wie ich dich liebe, grün.
> Unter dem Zigeunermunde
> sehen sie die Dinge an,
> welche sie nicht ansehen kann.

Der Grieche **Nikos Kazantzakis** (1885-1957) war auf Kreta geboren, als es noch unter türkischer Herrschaft stand, was seinen rebellischen Geist erklärt haben soll. Er hatte Philosophie studiert und bezog seine Themen aus der Geschichte und der Gegenwart. Sein umfangreiches Werk umspannt fast jede literarische Form – Dramen über den Halbgott Herakles, über Prometheus und Jesus Christus ebenso wie das gewaltige Revolutionsepos *I Odysseia* (1938), einer freien Fortsetzung der homerischen Sage. Außerhalb Griechenlands wurde er vor allem mit seinen späteren Romanen bekannt: *Alexis Sorbas* (1946), *Freiheit oder*

Oben: Lorcas Wanderbühne bestand von 1931 bis 1935. »Dichter bringt man nicht um«, sagte er, doch kurz nach Beginn des Brügerkriegs wurde er ermordet.

Darunter: Pablo Picassos berühmtes Wandbild »Guernica« (1936), das seinen Abscheu vor Gewalt ausdrückt. (Madrid, Prado)

Tod (1953) und die erstaunliche Christuslegende *Die letzte Versuchung Christi* (1953), die Jesus als boshaften Übeltäter mit dennoch ganz eindeutig göttlichen Zügen darstellt.
Einige der führenden Dichter Lateinamerikas kommen aus Chile. Lucila Godoy Alcayaga, die unter dem Pseudonym **Gabriela Mistral** (1889-1957) schrieb, gilt – obwohl selbst kinderlos – als die Dichterin der Mutterliebe, vor allem wegen des kraftvollen, bewegenden *Poema del hijo* (Lied des Sohnes), enthalten in der Sammlung *Desolación* (Trostlosigkeit, 1922; deutsch als »Spürst du meine Zärtlichkeit?«). Ihre Lyrik ist formal eher konservativ, aber aus ihr spricht immer ein tiefes Gefühl für die Gequälten und Zurückgewiesenen. Als Gabriela Mistral 1945 den Literaturnobelpreis bekam, ging er damit erstmals an eine Frau und auch erstmals nach Lateinamerika.
Ihr Landsmann **Pablo Neruda,** sein bürgerlicher Name war Neftalí Ricardeo Reyes Basualto, (1904-1973), auch er ein Nobelpreisträger, wurde im Tod zum kollektiven Symbol seines Volkes – eine Rolle, die er gerne zu Lebzeiten eingenommen hätte und die sein Werk auch durchaus beanspruchen darf. Nerudas feierliches Begräbnis war eine Geste des Widerstands gegen Pinochets Militärjunta, die nach dem gewaltsamen Tod Salvador Allendes eben an die Macht gekommen war. Bei allem Modernismus fand er nicht immer den volkstümlichen Ton. Einen Namen machte er sich mit seinen Liebesgedichten, später wandte er sich politischem Engagement zu, etwa in seinem *Canto a Stalingrado* (Gesang für Stalingrad, 1943). Sein Hauptwerk *Canto general* (Der große Gesang, 1950) ist das gewaltige Epos des südamerikanischen Kontinents – eine lange Sammlung sehr unterschiedlicher Gedichte, in denen sich neben Nerudas Beschäftigung mit sich selbst, seine Liebe zu Chile und den Chilenen wie auch sein Haß auf politische Gegner spiegelt, die er oft beim Namen nennt. Hier ein Auszug aus dem *Großen Gesang:*

Amerika, Liebe (1400) von Pablo Neruda

Vor Perücke und Seidenfrack
waren die Ströme, Ströme arterienhaft,
waren die Kordilleren, auf deren kahler
Welle
der Kondor und der Schnee unbeweglich schienen:
war die Feuchte und das Dickicht, der
noch
namenlose Donner, die Planetensteppen.

Erde war der Mensch, Gefäß, Lidschlag
des zitternden Lehms, Gebilde aus Ton,
wie karibischer Krug, Chibcha-Krug,
kaiserlicher Pokal oder araukanischer
Kiesel.
Zart und grausam war er, aber in dem
Knauf
seiner Waffe aus benetztem Kristall
waren eingezeichnet
der Erde Initialen.

Niemand vermochte
später sich ihrer zu erinnern: der Wind
vergaß sie, die Sprache des Wassers
wurde verscharrt, die Schlüssel gingen
verloren
oder wurden von Schweigen überflutet
oder Blut. (...)

Ich, Inkamächtiger des Schlammes,
rührte an den Stein und sprach: Wer
erwartet mich? und preßte die Finger
um eine Handvoll tauben Kristalls.
Aber zwischen den Zapotekenblüten
schritt ich,
und sanft wie ein Edelwild war das
Licht
und der Schatten ein grünes Augenlid.

Du mein Land ohne Namen, ohne Namen Amerika,
der Äquinoktien Blütenfaden, Purpurlanze,
dein Duft klomm auf zu mir durch die
Wurzeln
bis zur Schale, die ich leerte, bis zum
zartesten
Wort, noch ungeboren von meinem
Mund.

Oben: König Gustav VI Adolf von Schweden begrüßt Pablo Neruda bei der Nobelpreisverleihung 1971.

Darunter: Illustration von José Venturelli für eine deutsche Ausgabe von Nerudas »Großem Gesang«. 1924 schrieb Neruda seine »Zwanzig Liebesgedichte« und ein »Lied der Verzweiflung«. Bald danach wurde er Diplomat, unter anderem in Spanien; in Barcelona gab er in den 30er Jahren eine surrealistische Zeitschrift heraus und lernte Lorca kennen; nach dem Krieg trat er in Chile der KP bei. Er sah die Dichtung als Ausdruck der Solidarität mit dem »einfachen Volk«. Unter Allendes Volksfrontregierung war er Botschafter in Paris (1970-72).

»Höchste Zeit zum Teilen der Früchte der Erde«

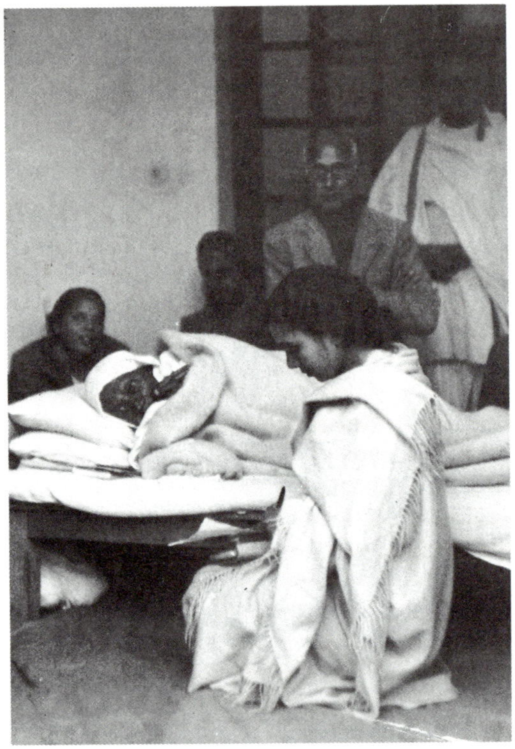

Oben rechts: Rabindranath Tagore, einer der berühmtesten Vertreter der bengalischen Literatur. Er wurde in Kalkutta als Sohn wohlhabender Eltern geboren, die ihm die Überzeugung mitgaben, die praktische Lebensauffassung des Westens lasse sich auf harmonische Weise mit der spirituellen Erkenntnis und der Ästhetik Indiens vereinen. Aus der von ihm gegründeten Schule wurde 1922 die Visva-Bharati-Universität.

Oben: Mohandas Karamchand Gandhi, der »Mahatma« (Große Seele), während seiner letzten Fastenzeit. Die »Hungerstreiks« waren eine starke Waffe gegen die britischen Kolonialherren, die er aber 1947 auch einsetzte, um das Gemetzel zwischen Hindus und Moslems nach der Unabhängigkeit und Teilung der ehemaligen Kolonie zu beenden. Im Januar 1948 wurde er von einem Hindu-Fanatiker ermordet.

1913 erhielt der bengalische Dichter **Rabindranath Tagore** (1861-1941) den Nobelpreis für Literatur zugesprochen – ein historisches Ereignis, denn damit bekam erstmals ein moderner Autor der »Dritten Welt« einen internationalen Preis, und dies löste in Indien und vielen anderen Ländern Asiens große Freude aus. Tagore hatte eine Weile in London studiert, und erreichte philosophisch wie literarisch eine Synthese des altindischen Denkens mit dem westlichen Humanismus. Wenn es westlichen Lesern bisweilen schwerfällt, die großartige Poesie der Gedichte in den Sammlungen *Der Gärtner* (1912) und *Gitanjali* (Das Liedopfer, 1913) zu genießen, so liegt dies teilweise an sprachlichen Einbußen durch die Übersetzung. Tagore schrieb auch Romane, etwa *Gora* (1910), und Theaterstücke wie *Das Opfer* und *Das Postamt* (1912).

Die bengalischen Gedichte, die ursprünglich dazu bestimmt waren, gesungen zu werden, übertrug Tagore meist selbst ins Englische – allerdings reimen sie sich in der Übersetzung nicht, sondern sind Paraphrasen in Prosaform. Sein Werk fand großes Lob bei dem großen irischen Dichter W. B. Yeats, der im Vorwort zur ersten englischen Ausgabe von *Gitanjali* begeistert schreibt: »Wer einen Vers von Tagore liest, vergißt alle Sagen der Welt.«

In seiner Landessprache schrieb auch **Mahatma Gandhi** (1869-1948), dessen faszinierende Autobiographie *Die Geschichte meiner Experimente mit der Wahrheit* (1927-29) zuerst auf Gudscharati erschien. Der Nationaldichter Pakistans, **Mohammed Iqbal** (1873-1938) benutzte für seine Gedichte und politischen Essays sowohl das Persische wie das Urdu, die heutige Staatssprache Pakistans. Nicht nur die Sprachbarriere hindert uns daran, diese Verse angemessen zu genießen – sie waren auch oft zur Rezitation durch den Dichter selbst gedacht. Iqbal setzte sich in seiner persisch verfaßten Lyriksammlung *Botschaft des Ostens* (1923) mit der westlichen Philosophie auseinander und schuf so bewußt ein Gegenstück zu Goethes *West-östlichem Diwan.*

Die moderne Literatur Chinas ist für westliche Leser vor allem wegen ihres ideologischen Hintergrundes interessant. Nach der Revolution von 1911, in der das alte Kaiserreich abgeschafft wurde, kam es 1917 zur »literarischen Revolution«, in der man die klassische Hochsprache *(wen-yen)* durch eine allgemeinverständliche Umgangssprache *(pai-hua* bzw. *bai-hua)* ersetzte. Literarisch verwendet wurde sie erstmals vom »Gorki Chinas« **Lu Hsün (Lu Xün)** (1881-1936). Lange Zeit war die chinesische Prosa vom Sozialistischen Realismus der UdSSR beeinflußt. *Dorf im August* (1935) von **Tien Chun (Tian Shun)** (geb. 1908), schildert den Kampf gegen die japanische Besetzung der Mandschurei und gehört zu den ersten modernen chinesischen Romanen, die in westliche Sprachen übersetzt wurden. **Mao Tun (Mao Dun)** (1899-1980), **Pa Chin (Ba Jin)** (geb. 1904) und **Lao She** (1898-1966) sind ebenfalls im Westen bekannt, letzterer mit seinem Roman *Der Rikscha-Kuli* (1937). Der Realismus dieses Werks ist sogar derart gnadenlos, daß sich der damalige englische Übersetzer veranlaßt sah, von sich aus ein »Happy-End« zu erfinden.

Links außen: Szene aus dem traditionellen japanischen »kabuki«-Theater in einer Darstellung (17. Jh.) von Hishikawa Moronobu. Kabuki war eine volkstümliche, lyrische Form der strengen, klassischen Tradition des no-Spiels, das sich wiederum aus uralten rituellen Tempeltänzen entwickelt hatte. Ohne jede Kulisse, aber mit prächtigen Kostümen und zwei Hauptfiguren, ist dies das höfische Drama auf seiner höchsten Stufe. Kabuki besitzt auch seine Konventionen, erlaubt dabei jedoch mehr Spielraum – zum Beispiel dürfen die Schauspieler durch den Zuschauerraum auf die Bühne kommen. Beide Genres haben bis heute überlebt.

Links: Mao Tse-tung während des Langen Marsches. Der spätere Staatschef schrieb Gedichte ebenso wie seine Gedanken nieder, oft in der wunderschönen kalligraphischen »Grasschrift«.

Vor und während der kommunistischen Revolution von 1948/49 machten sich mehrere Lyriker einen Namen: **Kuo Mo-jo (Guo Mo-ruo)** (1892-1978), **Wen Yi-to (Wen Yi-do)** (1899-1946), **Tsang Ko-chia (Cang Go-jia)** (geb. 1910), **Ai Ching** (geb. 1910) und der langjährige Parteivorsitzende **Mao Tse-tung (Mao Zedong)** (1893-1976), der seine Revolutionsgedichte in der klassischen Literatursprache mit Stilmerkmalen des 11. Jahrhunderts verfaßte.
Auch die japanische Literatur wurde nun für westliche Kritiker interessant. An der 17-silbigen *haiku*-Form versuchten sich schon viele Übersetzer, und diverse *no*-Spiele gelangten auf westliche Bühnen. Mit Romanen wie *Die scharlachrote Bande von Asakusa* (1930), *Schneelandschaft* (1947) und *Tausend Kraniche* (1949) wurde der Literaturnobelpreisträger **Yasunari Kawabata** (1899-1972) international bekannt. Mit seinem Roman über das Vergnügungsviertel Asakusa leitete Kawabata eine weitreichende Beschäftigung mit diesem verrufenen Viertel Tokios ein, das von Strolchen, Prostituierten und Revuegirls bevölkert wird. Weltberühmt wurde auch **Yukio Mishima** (1925-1970), sowohl als Dramatiker wie als Romanschriftsteller – gute Beispiele seines Stils geben *Geständnis einer Maske* (1949) oder *Die Brandung* (1954). Sein ritueller Selbstmord vor großem Publikum entsprach seinem Hang zu selbstverachtenden altjapanischen Traditionen.

Der Krieg Tsiang-Kuangsi (1929)
von **Mao Tse-tung**

Wind, Gewölk zieht auf,
Kriegsherrn, wieder beginnen sie Kampf.
Verschüttet die Menschen alle von Gram,
von gelber Hirse nur Traum und Trug.

Rote Fahnen flattern am T'ing-Fluß,
gradwegs hinunter Lung-yen zu, Shang-hang.
Zu holen vom Goldgefäß eine Scherbe,
zu teilen Feld und Flur, ist es Zeit.

»Die Welt wird von nun an eine andere sein«

Rechts: Über die Atombombe sagte der Physiker Albert Einstein schon 1946, sie habe die Welt so radikal verändert wie keine andere Erfindung des Menschen bisher, der sich und sein Denken nun auf eine völlig neue Situation einstellen müsse.

Unten: J. Robert Oppenheimer, der amerikanische Physiker, der unter dem Codewort »Manhattan Project« den erfolgreichen Bau der Atombombe leitete. Die erste dieser Vernichtungswaffen wurde am 6. 8. 1945 über Hiroshima abgeworfen, eine zweite drei Tage später über Nagasaki, worauf Japan kapitulierte.

Als sich 1945 die Tore von Auschwitz geöffnet hatten, sagte der deutsche Philosoph **Theodor W. Adorno** (1903-1969), von nun an könne nichts mehr geschrieben werden, womit er meinte, die Welt sei so gräßlich und unbegreiflich geworden, daß Literatur und Malerei sie weder wirklich widerspiegeln noch ernsthafte Hoffnung hegen könnten, sie zu beeinflussen.

Obwohl Adorno von der gewaltigen Masse der seither erschienenen Romane, Theaterstücke und Gedichte eindeutig widerlegt worden ist, mußten die Autoren und Künstler der jüngsten Zeit doch Eigenheiten und Möglichkeiten des menschlichen Wesens aus ganz anderen, oft höchst erschreckenden Gesichtspunkten sehen. Sie betrachten sich heute meist nicht mehr als Anführer oder Reformer, sondern beschränken sich darauf, die chaotischen Zustände des Lebens im 20. Jahrhundert zu beschreiben und zu beklagen.

Zu den positiven Errungenschaften unserer Zeit darf man wohl die rasche Emanzipation der Frau, zumindest in der westlichen Welt, und die Entkolonialisierung zählen. Zugleich aber hat die technische Entwicklung die Kluft zwischen industrialisierten Staaten und Entwicklungsländern kraß vertieft, während die Industrie zusammen mit der Bevölkerungsexplosion der Umwelt womöglich unheilbare Schäden zugefügt haben. Den wissenschaftlichen Fortschritt kann man nicht mehr – wie noch H. G. Wells – nur als etwas Gutes sehen. Robert Oppenheimer, der »Vater« der Atombombe, sagte dazu: »Die Physiker haben erfahren, was Sünde ist.« Er setzte hinzu, daß die Welt von nun an eine andere sein würde, und diese Ansicht haben unzählige Autoren auf ihre Weise ausgedrückt. Zwei amerikanischen Schriftstellern verdanken wir besonders lebhafte Schilderungen des kollektiven Wahnsinns, der die Menschheit im Zweiten Weltkrieg ergriff.

Joseph Heller (geb. 1923) schrieb 1961 den Roman *Catch-22*, eine makabre Parodie auf die alptraumhafte Logik des Krieges: Der Bomberpilot Yossarian will für verrückt erklärt werden, damit er keine Lufteinsätze mehr fliegen muß. Doch schon die Tatsache, daß er mit dem Fliegen aufhören möchte, beweist seine geistige Gesundheit – deshalb gibt es für ihn kein Entrinnen. Das ist der Haken – der *»catch«* – aus dem Titel. In *Something Happened* (Was geschah mit Slocum, 1974) beschwört Heller trotz des friedlichen amerikanischen Hintergrundes eine Atmosphäre des Entsetzens herauf.

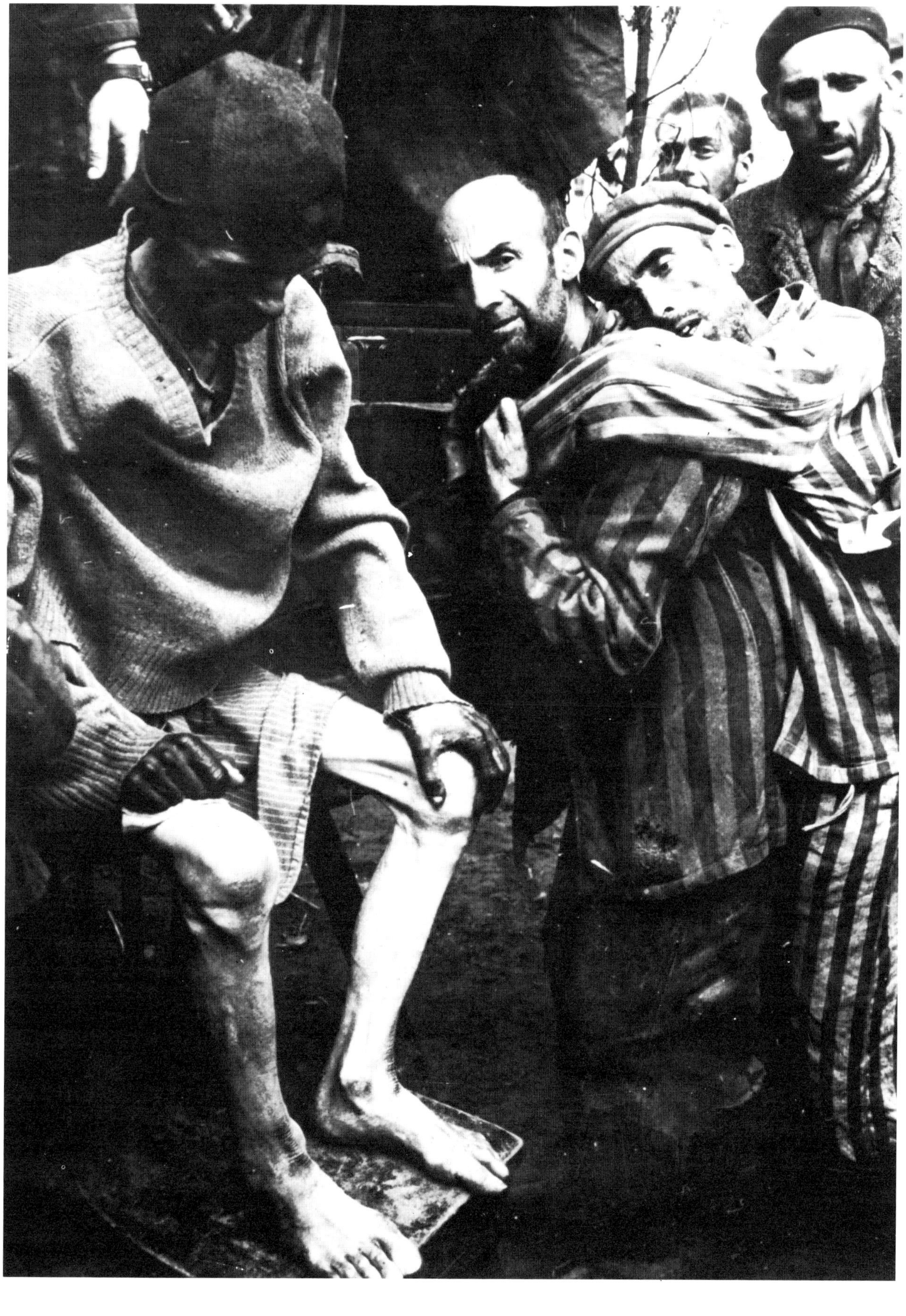

Überlebende eines Todeslagers der Nazis im Zweiten Weltkrieg. Der menschliche Drang, fremdes Leben zu vernichten, egal ob unter dem Vorwand militärischer Notwendigkeit oder im Namen einer bestimmten Überzeugung oder Ideologie, scheint von Anfang an zur »Zivilisation« zu gehören. In unserem Jahrhundert jedoch wirkt Hitlers Plan zur Ausrottung der gesamten jüdischen Bevölkerung in seinem Machtbereich als geradezu satanische Ausformung dieses Drangs. Es ist kein Wunder, daß mehrere Autoren daraufhin den Begriff des Fortschritts vollkommen verwerfen. Das jahrhundertealte Paradox, daß der einzelne Mensch sich nach Frieden sehnen mag, die politischen Gebilde, in denen er lebt, aber oft Grausamkeit und Krieg anzetteln, brachte Kurt Vonnegut zu der Überlegung, weshalb eigentlich Schriftsteller Bücher schreiben, wenn Präsidenten, Generäle und Senatoren sie ohnehin nicht lesen, und davon ausgehend zu dem Vorschlag, dann müsse man eben »die Leute einfangen, bevor sie Präsidenten, Generäle und Senatoren werden, und ihre Gehirne mit Menschlichkeit infizieren«.

Oben: Günter Grass. Die Filmversion seines Romans »Die Blechtrommel« gewann 1979 einen Oscar. Er selbst entwarf die Umschlaggrafik für die Erstausgabe. Auch in »Hundejahre« (1963) und »Der Butt« (1977) experimentierte er mit neuen Techniken.

Rechte Seite oben: Der Umschlag der schwedischen Ausgabe zu Kurt Vonneguts Roman »Slapstick«. Vonneguts gnadenlose Anklagen gegen die Zivilisation sind ebenso brutal wie treffend und dabei noch extravagant witzig.

Kurt Vonnegut (geb. 1922), auch ein Vertreter des »schwarzen Humors«, wurde mit *Slaughterhouse 5* (Schlachthof 5, 1969) bekannt, der Mischung aus Science-fiction-Parodie und grausigen Erinnerungen an die Bombardierung Dresdens, die der Autor als Kriegsgefangener miterlebte. Die exzentrischen Inhalte von Werken wie *Slapstick* (1976) verbergen eine sehr ernst gemeinte Gesellschaftskritik.

Für deutsche Literaten in Hellers oder Vonneguts Alter kam zu den Schwierigkeiten im Umgang mit der Nachkriegswelt noch als zusätzliche Dimension die Tatsache hinzu, daß sie in einem diskreditierten Land aufwuchsen.

Günter Grass' (geb. 1927) 1959 erschienener Roman *Die Blechtrommel* bildet zusammen mit der Novelle *Katz und Maus* (1961) und dem Roman *Hundejahre* (1963) die Danziger Trilogie, in der am Beispiel des Modells Danzig die Vorkriegs-, Kriegs- und Nachkriegszeit aus der Perspektive von Kleinbürgern geschildert wird. Held des Romans *Die Blechtrommel,* der neue literarische Normen etablierte, ist der freiwillig zum Zwerg gewordene Oskar Matzerath, der in einer Irrenanstalt sitzt und seine Lebensgeschichte verfaßt; dabei wird die Geschichte Danzigs zwischen 1933 und 1945 aus der Ich-Perspektive dieses monströsen Zwergs entfaltet. Dieser Oskar nun erzählt, daß er schon bei seiner Geburt wieder in den Mutterleib zurückwollte; und weil das nicht ging, beschloß er, an seinem dritten Geburtstag sein Wachstum anzuhalten. Zum selben Zeitpunkt bekam er eine Blechtrommel geschenkt. Seitdem entwickelte er sich zum Trommelkünstler und blieb ein Gnom; der Entschluß im Alter von 21 Jahren, nun doch noch zu wachsen und sich als ein ganz normales Mitglied der Nachkriegsgesellschaft in diese einzugliedern, scheitert. So ergibt sich für die Schilderung des Nationalsozialismus und der Kriegsjahre die Perspektive buchstäblich von unten.

Mit seinem großen historischen Roman *Der Butt* (1977) und dem vielschichtigen, fabulierfreudigen Geschichtenbuch *Die Rättin* (1986) hat Grass seinen Ruhm als Epiker neu etablieren können.

Heinrich Böll (1917-1985), neben Grass der international bekannteste Schriftsteller der Bundesrepublik Deutschland und Nobelpreisträger von 1972, setzte sich vor allem in den frühen Erzählungen und Romanen, zum Beispiel in *Wo warst du Adam?* (1951), *Und sagte kein einziges Wort* (1953) – der Geschichte einer an den Nachkriegsverhältnissen scheiternden Ehe – und *Haus ohne Hüter* (1954), mit dem Grauen und den Folgen des Krieges, der Sinnlosigkeit von Gewalt und Zerstörung, der Orientierungslosigkeit der Heimkehrer und dem Schicksal der Kriegerwitwen und Waisen, wie im letztgenannten Roman, auseinander. Der zeitkritische Roman *Billard um halbzehn* (1959) erzählt die Geschichte einer Kölner Architektenfamilie über die Jahre 1907-1958 vor dem Hintergrund der deutschen Entwicklung vom Kaiserreich, der Weimarer Republik, über das Dritte Reich bis hin zur Wirtschaftswundergesellschaft der BRD. Erfolgreich als Paradestück der Gesellschaftssatire, die Böll wie kaum jemand beherrschte, war auch der Roman *Ansichten eines Clowns* (1963), in dem »die Kapitulation des deutschen Katholizismus vor dem Nachkriegsopportunismus« aufgezeigt wird. Als Bölls künstlerisch überzeugendster Roman gilt *Gruppenbild mit Dame* (1971), dessen wichtigstes Motiv die Verteidigung des individuellen Wohn- und Freiheitsraumes ist. Dieser Roman fordert zum aktiven Lesen auf, denn aufgrund der formalen Offenheit auf der zeitgeschichtlichen Ebene ist der Leser gehalten, diese mit Hilfe seiner eigenen Vergangenheitserfahrungen selbst zu vervollständigen.

Wolfgang Koeppen (geb. 1906), der in seiner Nachkriegstrilogie *Tauben im Gras* (1951), *Das Treibhaus* (1953), *Tod in Rom* (1954) moderne Erzähltechniken anwendet, wie z. B. den inneren Monolog und die Montagetechnik, provozierte inhaltlich all jene, die unter dem Deckmantel des wirtschaftlichen Aufschwungs in der Adenauer-Ära an die Vergangenheit nicht erinnert werden wollten. In *Tauben im Gras* beschreibt er einen Tag im amerikanisch besetzten München und schildert die Ängste, Hoffnungen und Überlebensversuche der Menschen. Während das Thema der Wiederaufrüstung im *Treibhaus* im Mittelpunkt steht, wird in *Tod in Rom* die Rückkehr der ehemals Herrschenden in die Machtpositionen der jungen Bundesrepublik kritisch durchleuchtet.

Mit der Kriegs- und unmittelbaren Nachkriegszeit setzt sich auch **Siegfried Lenz** (geb. 1926), der aus den Ostgebieten stammt und neue literarische Themen mitbrachte, in seinem Roman *Die Deutschstunde* (1968) auseinander. In dieser gelungenen späten Aufarbeitung des Faschismus enthüllt der Fürsorgehäftling Siggi den Konflikt zwischen dem Maler Nansen und seinem Vater, einem pflichtbewußten Gendarmen, der während der Nazizeit das gegen den Maler verhängte Malverbot überwacht.

Als exemplarisches und repräsentatives Werk, das neben Grass' *»Blechtrommel«* einen Höhepunkt in der Prosaentwicklung der Bundesrepublik markierte und sofort ein großer Erfolg wurde, gilt **Uwe Johnsons** (1934-1984) kurz nach seiner Übersiedlung veröffentlichter Roman *Mutmaßungen über Jakob* (1959). In diesem Roman thematisiert Johnson das Leben im sozialistischen Alltag der DDR und das Problem der Teilung Deutschlands mit seinen Auswirkungen auf das Leben der Normalbürger. Mit seiner umfangreichen Tetralogie *Jahrestage* (1970, 1971, 1973, 1983) knüpfte Johnson inhaltlich und formal an seinen ersten Roman an. Im Mittelpunkt steht die Gesine Cresspahl – eine der Hauptgestalten der »Mutmaßungen« –, die ihrer Tochter Marie das Leben in Deutschland während der Weimarer Republik, des Nationalsozialismus, des Zweiten Weltkriegs und im geteilten Deutschland schildert. Die deutsche Vergangenheit wird konfrontiert mit Gesines Leben in Amerika.

Sprachlich und stilistisch traditioneller ausgerichtet sind die Erzählungen und Romane **Martin Walsers** (geb. 1927), dessen Thema die Darstellung von Individuen der bürgerlichen Mittelschicht ist, so z. B. in seinem ersten Roman *Ehen in Philippsburg* (1957) und in der Trilogie *Halbzeit* (1960), *Das Einhorn* (1966), *Der Sturm* (1973), in denen die Geschichte des sozial angepaßten Anselm Kristlein erzählt wird.

Den erwähnten Schriftstellern und einigen weiteren zur **Gruppe 47** gehörenden Autoren wie **Günter Eich** (1907-1972), **Ilse Aichinger** (geb. 1921), **Ingeborg Bachmann** (1926-1973), **Hans Magnus Enzensberger** (geb. 1929) und **Jürgen Becker** (geb. 1932), um nur einige zu nennen, ist es gelungen, der deutschen Literatur nach den traumatischen Erfahrungen während der Zeit des Nationalsozialismus wieder Weltgeltung zu verschaffen.

Links: Daß Heinrich Böll das schriftstellerische Gewissen der Bundesrepublik war, bewies er auch mit seiner Erzählung »Die verlorene Ehre der Katharina Blum« (1974), mit der er sich direkt in die politische Diskussion um die Terroristenszene einschaltete, sowie mit seinen beiden letzten Werken »Bild-Bonn-Boenisch« (1984) und »Frauen vor Flußlandschaft« (1985), in denen er sich gegen gesellschaftspolitische Mißstände in der Bundesrepublik wandte.

Die Flucht vor der Vernunft

Oben: Szenenphoto aus einer Inszenierung des Stockholmer Stadttheaters (1964) von Genets »Wände überall«. In diesem vielschichtigen Bühnenwerk, einem Kolossalgemälde des Algerienkrieges mit einer Spieldauer von 6-8 Stunden, beschwört Genet die Geschichte der Besitzlosen, Geächteten, Diebe und Verräter und zeigt, wie die unterdrückten Algerier durch eine Revolution den Sprung in die Freiheit vollziehen.

Oben rechts: Jean Genet hatte seine Eltern nie kennengelernt, war ein Homosexueller und eingestandener Krimineller. In seinem Werk schildert er die Verbrechen, für die er ins Gefängnis kam, und versucht dabei, das eigene paradoxe Universum mit Hilfe eines kraftvollen literarischen Stils zur Würde zu erheben. Jean-Paul Sartres »Saint Genet, comédien et martyr« (Heiliger Genet, Komödiant und Märtyrer, 1952) ist eine existentialistische Analyse des Schriftstellers.

Die bitter-komischen Zerrbilder eines Günter Grass oder Kurt Vonnegut spiegeln direkt Kriegserlebnisse wider und vertreten die These, daß das menschliche Dasein absurd und das Leben eine grausige Farce ist. Diese Überzeugung, eine der Hauptthemen in der europäischen Literatur der 50er Jahre, drückte sich auch oft auf der Bühne aus. Allerdings war der größte Prophet des absurden Theaters schon tot, ehe sein Einfluß so richtig spürbar wurde. Der Schriftsteller, Schauspieler und Regisseur **Antonin Artaud** (1896-1948) verbrachte etwa zehn Jahre in diversen Heilanstalten. Sein programmatisches Werk *Le théâtre et son double* (Das Theater und sein Double) erschien 1938. Mit dem von ihm selbst so genannten Konzept des »Theaters der Grausamkeit« wollte Artaud das Leben so brutal und unbarmherzig darstellen, wie es seiner Meinung nach war.

Artauds Landsmann **Jean Genet** (1910-1986) ging literarisch in eine ähnliche Richtung, ohne viel mit ihm gemein zu haben. In Stücken und Romanen, die meist von Verbrechen und Homosexualität handeln, schmiedete er Erlebnisse von menschlicher Erniedrigung zu einer düsteren, nihilistischen Philosophie, die sich durch besonders kraftvollen Sprachgebrauch ausdrückte. In seinen Prosawerken wie *Miracle de la rose* (Wunder der Rose, 1946) oder *Journal d'un voleur* (Tagebuch eines Diebes, 1948) vermischen sich Passagen religiöser Spekulation mit Fetzen des Gauner- und Zuhälterslangs. Die Theaterstücke *Les bonnes* (Die Zofen, 1947) oder *Les paravents* (Wände überall, 1961) verherrlichen mit paradoxer Argumentation und großem dramatischen Können Verbrechen und Verrat. Nur wenige Monate nach seinem Tod erscheint Genets letztes bekenntnishaftes Buch *Un captif amoureux* (Ein verliebter Gefangener, 1986) – eine Art Aufarbeitung seiner persönlichen Zuneigung zu den Palästinensern, vermischt mit Reflexionen, Betrachtungen und Analysen.

Der Ire **Samuel Beckett** (1906-1989) lebte in Frankreich und schrieb auch meist französisch. Er kannte James Joyce noch gut, und wie dieser war er von einer ebenso intensiven wie extensiven Lust an der Sprache geprägt. Diese Freude, die sich auch in komplizierten, oft vulgären Wortspielen kundtat, erinnert daran, daß Beckett (wie Joyce) trotz aller offenkundigen Innovation der irischen Literaturtradition eines Swift, Yeats oder Synge entstammt, in der Verzweiflung, Hilflosigkeit und sinnlose Auflehnung anklingen. Beckett übersetzte sich immer selbst; sein bekanntestes Stück *En attendant Godot* (Warten auf Godot) wurde erstmals 1955 auf englisch aufgeführt. Zwei Landstreicher warten auf den mysteriösen Godot, der aber nie erscheint; viele Kritiker gingen dem Autor auf den Leim und versuchten krampfhaft, das Stück zu erklären. *Oh! les beaux jours* (Glückliche Tage, 1961) zeigt eine Frau, die langsam in einer Sandgrube versinkt, während ihr Ehemann unsinnige Aktionen unternimmt. Auch die Romane *Murphy* und *Watt* (1953) sowie die Trilogie *Molloy* (1951), *Malone meurt* (Malone stirbt, 1951) und *L'innommable* (Der Namenlose, 1953) haben ebenso lächerliche wie tragische Helden. Beckett bekam 1969 den Nobelpreis für Literatur.

Eugène Ionesco (geb. 1912) ist zwar gebürtiger Rumäne, aber ein durch und durch französischer Dramatiker. Seine Stücke zeigen das Absurde des menschlichen Lebens in farcenhaften Handlungen – oder im Fehlen jeglicher Handlung wie etwa in *La cantatrice chauve* (Die kahle Sängerin, 1950), wo die Personen nur Phrasen aus einem alten Reisesprachführer wechseln. *La leçon* (Die Unterrichtsstunde, 1951) variiert das gleiche Thema – die allgemeine Verständnislosigkeit und Grausamkeit der Welt. Die Titelfigur kommt zum Privatunterricht bei einem alten Professor, versteht aber ihren Lehrer nicht und wird deshalb schließlich von ihm ermordet. In *Les chaises* (Die Stühle, 1952) und *Rhinocéros* (Die Nashörner, 1960) zeigte Ionesco sogar einen Anflug von sozialer Thematik, obwohl er immer wieder ausdrücklich sagte, er verabscheue jede Form politischer oder propagandistischer Schriftstellerei.

Ein Vertreter des absurden Theaters in den USA ist **Edward Albee** (geb. 1928). In *The Zoo Story* (Die Zoogeschichte, 1958) überredet ein junger Homosexueller einen Unbeteiligten, ihn zu töten; *Who's Afraid of Virginia Woolf?* (Wer hat Angst vor Virginia Woolf?, 1962) zeigt mit hervorragendem schwarzen Humor in ätzenden Dialogen das Böse im Trivialen. *Tiny Alice* (Winzige Alice, 1964) schildert den unseligen Einfluß der »reichsten Frau der Welt« und ist voller komplexer Symbolismen, dafür beschreibt *A Delicate Balance* (Empfindliches Gleichgewicht, 1966) die Schrecken des Familienlebens nur allzu realistisch.

Mitfühlendes Interesse an der Menschheit ist keineswegs ungewöhnlich bei den sogenannten absurden Schriftstellern. Sowohl Beckett wie Albert Camus, die das Konzept des »Absurden« mitentwickelten, waren leidenschaftliche Antifaschisten und gehörten der französischen Résistance an. Dennoch wäre es falsch, eine direkte politische »Bewegung« in dieser literarischen Richtung zu sehen.

Oben: Der irische Schriftsteller und Dramatiker Samuel Beckett, dessen »Warten auf Godot« bei der Uraufführung von der Kritik viel analysiert und diskutiert wurde. Vielleicht hat das Stück ja mehr mit »Charlot« (Charlie Chaplin) als mit »Godot« (Gott) zu tun.

Unten: Die berühmten Typen des Stücks – die Landstreicher Estragon und Wladimir –, hier in einer Inszenierung des Stockholmer Königlich-Dramatischen Theaters von 1978.

Neue Theaterformen im deutschsprachigen Raum

Oben: Rolf Hochhuth, der Verfasser des Stücks »Der Stellvertreter«, das heftige Proteste und erbitterte Diskussionen auslöste.

Unten: Szene aus der Uraufführung von Hochhuths »Stellvertreter«. Freie Volksbühne Berlin, 1963.

Als extremer Gegenpol zum absurden Theater hat sich in der Mitte der 60er Jahre in der Bundesrepublik als neue dramatische Form das Dokumentartheater mit seiner aufklärerisch-politischen Intention durchgesetzt. Kurz nach dem Krieg hatten bereits **Wolfgang Borchert** (1921-1947) in *Draußen vor der Tür* (1947) – die erschütternde Klage und Anklage eines vom Krieg verschlissenen Heimkehrers, der sich nicht mehr zurechtfindet –, sowie **Carl Zuckmayer** (1896-1977) in *Des Teufels General* (1946) das Thema artikuliert, das im Dokumentartheater der sechziger Jahre zum Schlagwort wurde: die Bewältigung der Vergangenheit. Beide Stücke, die als Abrechnungs- und Bilanzversuche der Nazijahre zu verstehen sind, fanden eine beispiellose Resonanz. Ähnlich spektakulär war auch der Theatererfolg des Schauspiels *Der Stellvertreter* (1963 uraufgeführt) von **Rolf Hochhuth** (geb. 1931), das neben **Heinar Kipphardts** (1922-1982) Stück *In der Sache J. Robert Oppenheimer* (1964) und **Peter Weiss'** (1916-1982) Drama *Die Ermittlung* (1965) zu den Stücken zählt, die das Dokumentartheater als neue dramatische Form auf den deutschen Bühnen durchsetzten. Im Dokumentartheater greift der Autor auf Dokumente und Fakten zurück, er folgt dem historisch vorgegebenen Geschehensablauf und will damit die Frage nach dem Verhältnis von Literatur und Realität neu beantworten. Es wird unterschieden zwischen der Prozeßform – hierzu gehören z. B. *In der Sache J. Robert Oppenheimer,* **Rolf Schneiders** (geb. 1932) Werk *Prozeß in Nürnberg* (1968), **Hans Magnus Enzensbergers** (geb. 1929) Stück *Das Verhör von Habana* (1970) – und der Berichtform, in der Dokumente und Fiktion vermischt werden. Diese Form des Dokumentartheaters ist vor allem bei Hochhuth zu finden.

In **Hochhuths** aufsehenerregendem Stück *Der Stellvertreter,* das eine weitläufige Diskussion über das Verhältnis von Kirche und Staat zur Zeit des deutschen Faschismus auslöste, stehen sich Papst Pius XII und der junge Jesuitenpater Riccardo Fontana gegenüber. Fontana versucht vergeblich, den Papst zu einem Protest zugunsten der deportierten Juden zu bewegen, was Pius XII jedoch mit verschwommenen Ausflüchten aus diplomatischen Rücksichten ablehnt. Fontana begleitet daraufhin einen Judentransport nach Auschwitz und wird dort ermordet. Hochhuths These lautet also: Papst Pius XII habe sich mitschuldig gemacht, weil er vom Mord der Nationalsozialisten an den Juden gewußt hätte, sich aber dennoch nicht einmischte. Auch in den nachfolgenden Stücken, z. B. in *Soldaten* (1967), der amerikanischen Revolutionstragödie *Guerillas* (1971), in der Dokumentation *Eine Liebe in Deutschland* (1978) und in *Juristen* (1979), hält Hochhuth an seiner entlarvenden politischen Auseinandersetzung auf der Bühne fest.

Im Gegensatz zu Hochhuth lassen Kipphardt und Weiss in ihren Stücken die Personen direkt aus den Quellen sprechen. **Peter Weiss** stützte sich in *Die Ermittlung* auf die Zeugenaussagen im Frankfurter Auschwitzprozeß, den er als

Links außen: Der Schweizer Dramatiker Friedrich Dürrenmatt errang seinen ersten Bühnenerfolg mit der Tragikomödie »Der Besuch der alten Dame« (1956), in der er die Rache einer reichen Frau an den geldgierigen Heuchlern ihres Heimatortes beschreibt.

Links: Dürrenmatts »Die Physiker« zeigt die Welt in den Klauen eines Verrückten. Drei andere »Verrückte« (die in Wahrheit geistig völlig gesund sind) treten in den Rollen von Einstein, Newton und einem Emissär von König Salomon auf (der eigentlich der geniale Physiker Möbis ist). (Sheffield Playhouse, 1968)

Prozeßbeobachter verfolgte. Dieses Material hat Weiss dann konzentriert und streng formalisiert zu seinem »Oratorium in elf Gesängen« verarbeitet. Seine Verfahrensweise hat er wie folgt erläutert: »Das dokumentarische Theater enthält sich jeder Erfindung, es übernimmt authentisches Material und gibt dies, im Inhalt unverändert, in der Form bearbeitet, von der Bühne aus wieder. Im Unterschied zum ungeordneten Charakter des Nachrichtenmaterials, das täglich von allen Seiten auf uns eindringt, wird auf der Bühne eine Auswahl gezeigt, die sich auf ein bestimmtes, zumeist soziales oder politisches Thema konzentriert.« *(Das Material und die Modelle).*

Heinar Kipphardt bezog in seinem Stück *Oppenheimer,* das nach seinem Erscheinen großes öffentliches Interesse erregte, den Stoff aus den 1954 zum ersten Mal veröffentlichten Protokollen eines amerikanischen Hearings über die Rolle des Physikers Oppenheimer bei der Entwicklung der Atombombe. Kipphardt geht es in diesem Stück um die Spannung von Wissenschaft und gesellschaftlicher Verantwortung. Er wirft seinem Protagonisten, dem Leiter des US-Atombauprogramms im Zweiten Weltkrieg, einen »Verrat am Geist der Wissenschaft« vor. Während Kipphardt in diesem Werk den exemplarischen Fall darstellt und das Thema der Verantwortung des Naturwissenschaftlers in der modernen Gesellschaft behandelt, gibt er in seinem posthum erschienenen Schauspiel *Bruder Eichmann* (1982) Einblick in den Gewissenshaushalt des Schreibtischtäters Eichmann, des Organisators der Judendeportationen, der mit Begriffen wie Gehorsam und Pflichterfüllung seine Handlungen rechtfertigt.

Mit dem Thema der Verantwortung der Wissenschaft gegenüber der Menschheit setzt sich auch der Schweizer **Friedrich Dürrenmatt** (geb. 1921) im Drama *Die Physiker* (1962) auseinander. Dürrenmatt verkettet die Motive von Forschung, Wissenschaft, Politik, Wahnsinn und Vernunft jedoch zu einem paradox-grotesken Spiel und will damit zeigen, daß er die Probleme nur noch in ihrer Abstrusität darstellen, aber keine Lösungsvorschläge mehr machen kann. Mit den »Physikern« wiederholte Dürrenmatt den Theatererfolg, den er mit seiner Komödie *Der Besuch der alten Dame* (1956) erzielte, in der er am Modell einer kleinen Gemeinde die Korrumpierbarkeit des einzelnen durch den Wohlstand aufzeigt.

Sein Landsmann **Max Frisch** (geb. 1911), einer der meistgelesenen Autoren der fünfziger Jahre, hat sich als Romanautor, vor allem durch die Romane *Stiller* (1954), *Homo Faber* (1957), *Mein Name sei Gantenbein* (1966), wie als Dramatiker hervorgetan. In *Biedermann und die Brandstifter* (1958) zeigt Frisch, wie anfällig, feige und schwach sich ein wohlsituierter Bürger gegenüber einer staatsstreichähnlichen Gewalt verhält, sie sogar in ihrem Vorhaben unterstützt: Der brave Biedermann gibt den Brandstiftern auch noch die Streichhölzer. In *Andorra* (1961) analysiert Frisch das Phänomen des Antisemitismus und der sozialen Vorurteile am Beispiel des fiktiven Staates Andorra.

Diese Form des parabolischen Theaters eines Frisch und Dürrenmatt – wegweisend für das Theater der 50er Jahre – wurde vom Dokumentartheater abgelöst, das das Faktische und das Politische ins Drama hereinholte.

Neue Inhalte, neue Formen

Rechts: Alain Robbe-Grillet, der in den fünfziger Jahren den »Nouveau Roman« (Neuen Roman) nicht nur als Autor, sondern auch als Filmregisseur und Kritiker propagierte. In seinem Drehbuch für Alain Resnais' Film »Letztes Jahr in Marienbad« (1961) jonglierte er virtuos mit Vergangenheit und Gegenwart.

Unten: William Golding, dessen Werk immer wieder von mystischen Strömungen durchzogen ist. In »The Inheritors« (Die Erben, 1955) schildert er die Not der letzten Horde von Neandertalern, die von einem Trupp Homo sapiens gejagt wird – den »Erben« eben.

In den frühen 50er Jahren entstehen in Frankreich eine Reihe von experimentellen Romanen, die sich von den Strukturen des herkömmlichen Romans lösen und – im Urteil der Kritiker als auch der Autoren – besser als dieser geeignet sind, der Realität der Menschen im Zeitalter der technischen Massenzivilisation künstlerisch gerecht zu werden. Im Vorwort zu **Nathalie Sarrautes** *Portrait d'un inconnu* (Porträt eines Unbekannten, 1948) hat Jean-Paul Sartre für die neue Romanform den Begriff »Antiroman« verwendet. Kennzeichen dieser literarischen Form, die unter dem Namen »Nouveau Roman« bekannt wurde, sind z. B. überlange Satzgebilde, in die Gedanken und Assoziationen des Erzählers einfließen, der Verzicht auf eine kontinuierliche, kausal entwickelte Handlung, die Durchbrechung des linearen Zeitablaufs und die psychologisch begründete Darstellung der Charaktere. Hauptvertreter in Frankreich sind **Alain Robbe-Grillet, Michel Butor** (geb. 1926), **Claude Simon, Nathalie Sarraute** und **Marguerite Duras** (geb. 1914) in ihren nach 1962 entstandenen Filmdrehbüchern und Romanen, z. B. in *Le vice-consul* (Der Vizekonsul, 1966), *L'amante anglaise* (Die englische Geliebte, 1967), *Abahn, Sabana, David* (1971).

In den Romanen von **Alain Robbe-Grillet** (geb. 1922) – *Le voyeur* (Der Augenzeuge, 1955) oder *La jalousie* (Die Jalousie oder Die Eifersucht, 1957) – gibt es weder Handlung noch psychologische Entwicklung. Statt dessen bestehen sie aus einer Folge lebhafter, aber oft unlogisch verknüpfter Bilder, und seine Figuren sind eigentlich keine Menschen, sondern »Löcher mit menschlichen Konturen«. Auch mit »Botschaften« und Symbolen räumt Robbe-Grillet völlig auf. Seine Texte enthalten ebenso viele Unter- und Obertöne und geheime Botschaften wie die Realität, mit der wir konfrontiert sind. Einen Sinn in der Welt zu suchen, hat keinen Wert, erklärt Robbe-Grillet, denn »sie ist weder sinnvoll noch absurd; sie *ist* einfach nur.«

Michel Butor (geb. 1926) und **Claude Simon** (geb. 1913), Nobelpreisträger für Literatur von 1985, arbeiten mit einer ähnlichen Technik. In ihren Werken gibt es kaum äußere Handlung; Zeitebenen werden vermischt, Figuren zerfließen oder vermischen sich miteinander. Die Romane der beiden Autoren sind jedoch nicht so straff konstruiert wie die Robbe-Grillets, weil Simon (aber auch Butor) in erster Linie Dichter ist. Simons *La route de Flandres* (Die Straße in Flandern, 1960) besteht aus einem endlosen Monolog, der die Welt als rätselhaft, hintergründig und letztlich zertrümmert beschreibt. Trotz des monotonen und schwer verständlichen Stils ist der Text von einer suggestiv-lyrischen Schönheit.

Die eigentliche Revolutionärin in der Geschichte der modernen französischen Prosa ist **Nathalie Sarraute** (geb. 1902), die mit *Le planétarium* (Das Planetarium, 1959) und ihrem den Literaturbetrieb angreifenden Roman *Les fruits d'or* (Die goldenen Früchte, 1963) zur Erneuerung des französischen Romans beitrug.

Abgesehen von Samuel Beckett hat die englische Prosa den von James Joyce vorgezeichneten Weg eigentlich kaum weiter verfolgt. Eine Ausnahme macht hier jedoch **William Golding** (geb. 1911), der Literaturnobelpreisträger von 1983. In *The Lord of the Flies* (Herr der Fliegen, 1954) schildert er, wie eine Gruppe von Schuljungen, die vor einem drohenden Atomkrieg evakuiert werden soll, auf einer unbewohnten Insel abstürzt. Alle Erwachsenen kommen um, und die Jungen schaffen sich ihre eigene Gesellschaft mit brutalen, primitiven Zügen. Goldings spätere Werke sind experimenteller angelegt. *The Spire* (Der Turm der Kathedrale, 1964) handelt vom Bau eines mittelalterlichen Kirchturms auf unsicherem Boden. Nach längerer Schreibpause erschien von Golding 1979 *Darkness Visible* (Das Feuer der Finsternis); 1980 folgte *Rites of Passage* (Äquatortaufe), das fiktive Tagebuch über eine gefahrvolle Reise von England nach Australien im 19. Jahrhundert.

Anthony Burgess (geb. 1917) stellt immer wieder neue stilistische Versuche an, sogar mit musikalischen Tempi. Sein bekanntester Roman, *A Clockwork Orange* (Uhrwerk Orange, 1962) ist eine grausige Utopie über ein moralisch verkommenes England aus der Sicht eines sadistischen jungen Bandenchefs, der eine Vorliebe für Beethoven hat und mit seinen Freunden, den »Droogs«, gewalttätige Streifzüge unternimmt.

An konventionellerer Literatur der 50er und 60er Jahre ist etwa *Lucky Jim* (Glück für Jim, 1954) von **Kingsley Amis** (geb. 1922) zu erwähnen, der zu den erfolgreichsten englischen Nachkriegsromanen zählt. Jim Dixon, der Held oder vielmehr »Anti-Held« des Romans, ist eine zornige, gerissene und tolpatschige, im Grunde aber ehrliche und äußerst amüsante Figur.

Zugleich wurden drei Schriftstellerinnen bekannt. **Muriel Spark** (geb. 1918) bewies beißenden Scharfsinn in *Memento Mori* (1959) oder *The Mandelbaum Gate* (Das Mandelbaumtor, 1965). **Iris Murdoch** (geb. 1919) betrachtete die Menschheit phantasievoll und aus der Sicht der Moralphilosophie, etwa in *The Flight from the Enchanter* (Flucht vor dem Zauberer, 1956) oder *The Bell* (Die Wasser der Sünde, 1958). **Olivia Manning** (1915-1980) schließlich schrieb fesselnde halb autobiographische Romane, von denen wohl *The Balkan Trilogy* (Die Balkan-Trilogie, 1960-65) am erfolgreichsten war.

In der französischen Lyrik, die nach dem Ersten Weltkrieg zu stagnieren schien, ist **Henri Michaux** (1899-1984) zu nennen, der mit *Un barbare en Asie* (Ein Barbar in Asien, 1932) als Reiseschriftsteller und Dichter bekannt wurde. Auch der romantisch-katholische **Pierre Jean Louve** (1887-1976), der »Poet der Einsamkeit«, verdient eine Erwähnung.

Einer der bemerkenswertesten Dichter des 20. Jahrhunderts war der Portugiese **Fernando Pessoa** (1888-1935), dessen Werk erst lange nach seinem Tode erschien. Er schrieb unter vier verschiedenen Pseudonymen, die für ihn separate »poetische Individuen« darstellten – außer dem eigenen Namen waren das der Modernist **Alvaro de Campos**, der klassische Traditionalist **Ricardo Reis** und

Links: Alex und seine »Droogs« (Freunde) bei einem gewalttätigen Streifzug in Stanley Kubricks »Uhrwerk Orange« (1971) nach dem Roman von Anthony Burgess.

Mitte: Maggie Smith bekam einen Oscar für ihre Rolle einer exzentrischen Lehrerin in Ronald Neames Verfilmung (1969) von Muriel Sparks Erzählung »The Prime of Miss Jean Brodie« (Die besten Jahre der Miß Jean Brodie, 1961).

Unten: Jennie Linden und Lee Remick in Dick Clements Verfilmung (1970) von Iris Murdochs Roman »A Severed-Head« (Maskenspiel, 1961), einer Ehebruchsgeschichte.

der intellektuelle Starrkopf **Alberto Caeiro**. So vertrat Pessoa allein die vier größten portugiesischen Dichter seit Camoẽs. In der englischen Nachkriegslyrik tat sich vor allem **Ted Hughes** (geb. 1930) hervor, von dem 1957 die Gedichtsammlung *Hawk in the Rain* erschien. Mit *The Less Deceived* (Die weniger Getäuschten, 1955) machte sich der präzise Spätromantiker **Philip Larkin** (1922-1985) einen Namen. Ein Fall für sich war der dionysische Wortzauberer aus Wales, **Dylan Thomas** (1914-1953): Er liebte die Sprache und ging ihr mit kühner, sprühender Energie zu Leibe. Seine Lyriksammlung *Deaths and Entrances* (Tode und Tore, 1946) drückt sowohl seine intensive Beschäftigung mit der eigenen Kindheit als auch seinen keltischen Naturkult aus.

In den 50er Jahren erneuerte sich auch das Theater. **John Osborne** (geb. 1929) schuf in *Look Back in Anger* (Blick zurück im Zorn, 1956) den »zornigen jungen

Mann« *(angry young man)*, der sich gegen etablierte Werte wendet. **Harold Pinter** (geb. 1930) ließ *The Birthday Party* (Die Geburtstagsfeier, 1957) und *The Caretaker* (Der Hausmeister, 1960) an alltäglichen Orten unter alltäglichen Menschen spielen – nie geschieht etwas Besonderes oder Romantisches, aber die markant knappen, umgangssprachlichen Dialoge lassen eine Atmosphäre von Angst, Schrecken und Spannung entstehen.

Für die Bühne schrieben auch **Alan Ayckbourn** (geb. 1939) und **Tom Stoppard** (geb. 1937). Ayckbourns *How the Other Half Loves* (Wie die andere Hälfte liebt, 1970) spielt in zwei Räumen zugleich, und Stoppards *Rosencrantz and Guildenstern are Dead* (Rosenkranz und Güldenstern sind tot, 1966) lenkt das Interesse auf zwei unbedeutende Nebenrollen aus *Hamlet* – denen die tragischen Ereignisse rings herum gar nicht bewußt werden. In seinem gesellschaftskritischen Fernsehspiel *Professional Foul* (1978) schildert Stoppard die Gefahren des freien Denkens in geschlossenen Gesellschaften.

Oben: Dylan und Caitlin Thomas mit ihrer Tochter Aeronwy, 1945. Zu dieser Zeit entstand das Hörspiel »Under Milk Wood« (Unter dem Milchwald, 1953), das Thomas erstmals bei einer Lesung in den USA vortrug.

Rechts: Warren Mitchell in einer Neuinszenierung von Pinters erstem großen Erfolg, »Der Hausmeister«, am Londoner National Theatre 1980.

Mitte: »Rosenkranz und Güldenstern sind tot« mit Christopher Timothy und Richard O'Callaghan in den Titelrollen und Philip Locke als Spieler in einer Wiederaufführung (1975) des Londoner »Young Vic« von Tom Stoppards vielbeachtetem Stück. In dem philosophischen Ausritt »Jumpers« (Akrobaten, 1972) kombiniert der Autor Witz mit virtuoser Sprachgewalt.

Der Wind des Wandels

1960 sprach der damalige britische Premierminister Macmillan in Kapstadt von einem »Wind des Wandels«, der durch Afrika blase. Tatsächlich haben seither die meisten ehemaligen Kolonien überall auf der Welt die Unabhängigkeit erlangt, womit zugleich eine erstaunliche literarische Blütezeit einsetzte. Schriftsteller benutzten auf einmal die Sprache ihrer einstigen Herren, um die Menschen, die Geschichte und die Landschaften ihrer Heimat zu schildern – und manchmal, um das Beobachtete zu verurteilen.
Die meisten Bücher in den früheren afrikanischen Kolonien erscheinen auf Französisch, Englisch oder Portugiesisch, da die zahlreichen Stammessprachen als umfassendes Verständigungsmittel ungeeignet sind. Die beiden Pioniere der »schwarzen Lyrik«, der Senegalese **Léopold Sédar Senghor** (geb. 1906) – der lange Zeit auch Präsident seines Landes war – und **Aimé Césaire** (geb. 1913) aus Westindien schrieben beide Französisch. Ein Zentrum der afrikanischen Literatur liegt heute in der Bucht von Guinea, wo die Nigerianer **Amos Tutuola** (geb. 1920) und **Chinua Achebe** (geb. 1930) sowie der Kameruner **Mongo Beti** (geb. 1932) leben und wirken. Nigeria dürfte in der Tat die größte Zahl von talentierten schwarzen Autoren stellen, die dort Englisch schreiben; bekannt sind auch **John Pepper Clark** (geb. 1935), **Christopher Okigbo** (geb. 1932), **Gabriel Okara** (geb. 1921) und **Wole Soyinka** (geb. 1934). Der politisch engagierte nigerianische Erzähler und Dramatiker, der in seinem Werk das Leben in nigerianischen Dörfern und der Hauptstadt Lagos ebenso behandelt wie existentielle Fragen des modernen Menschen, erhielt 1986 als erster Schwarzafrikaner den Nobelpreis. Soyinka sieht seine Rolle als Künstler darin, politisch aktiv an gesellschaftlichen Veränderungen mitzuwirken, was sich in seinen Stükken und Romanen widerspiegelt, z. B. in *Madmen and Specialists* (Verrückte und Spezialisten, 1971), *The Interpreters* (Die Dolmetscher, 1964) und *Seasons of Anomy* (Die Plage der tollwütigen Hunde, 1973). Südafrikas größter schwarzer Schriftsteller, **Peter Abrahams** (geb. 1919), muß schon seit langer Zeit im Exil leben. *A Wreath for Udomo* (Ein Kranz für Udomo, 1956), der bekannteste seiner vielen Romane, hat den damaligen Präsidenten von Ghana, Kwame N'Krumah, zur Hauptperson.

Befreiung von Léopold Sédar Senghor

Die Ströme meines Blutes zischten die Dämme meiner Zelle entlang.
Des Nachts und Tagen, die einsamer sind als die Nacht.
Unter den Stößen des Rammbocks waren die Deiche fest und die Mauern von bösem Gewicht.
Da lag ich und behämmerte meinen Kopf verzweifelt wie ein reizbares Kind.
Ich habe meiner Seele Frieden geboten aufs Zeichen meines Schutzengels,
Doch was für ein Kampf ohne Leibkneter, wenn er ganze Körper zermahlt.
Mit Bauerngeduld feilte ich bis zu siebzehn Stunden an Sommertagen,
Wenn man die Ernte einbringen muß und fern ein Wetter grollt.
Am anderen Morgen – vergessen die Tage und die Kreispräfekturen –
Spürte ich auf meiner Wange die frische Milch der Wahrheit.
Draußen war noch Nacht und kein Stern stand überm verlorenen Gehöft.
Mich badete Dämmerung nach und nach und das zarte Grün eines feuchten Rasens, dessen Sanftheit nicht log.
Als ich den Blick hob: hinter der Sonne, im Osten
Sah ich die Sterne aufgehn und hörte den Friedensgesang.
Und meines Gefängnisses frei, trauerte ich schon dem Schwarzbrot nach und der Pritsche der Schlaflosigkeit.

Oben: Léopold Sédar Senghor, der schon seit den 30er Jahren leidenschaftlich für die schwarze Sache und den Wert der afrikanischen Kultur kämpft. Er bemerkte einmal: »Wir sind die Hefe, die das weiße Mehl braucht« – um den Mängeln der westlichen Zivilisation entgegenzuwirken, die »keine Mutterbrust, nur Nylonbeine« kennt. Senghor wurde 1960 zum ersten Präsidenten der westafrikanischen Republik Senegal gewählt. Das Amt hatte er 20 Jahre inne, und es gelang ihm, dieses Amt ohne gewaltsamen Bruch seinem Nachfolger zu übergeben. Von den zahlreichen internationalen Auszeichnungen ist die 1984 erfolgte Aufnahme in die Académie Française sicher die wichtigste.

Ein Kontinent im Aufbruch

Links: Der mexikanische Schriftsteller und Kritiker Carlos Fuentes, der auch bei einem Filmprojekt mit Buñuel zusammenarbeitete. Sein weit ausholender, von Joyce und ähnlichen Autoren beeinflußter Roman »La región más transparente« (Landschaft in klarem Licht, 1958) bemüht sich, die sozialen Veränderungen seit der mexikanischen Revolution zu definieren. Der technisch sehr ehrgeizige Roman »Cambio de piel« (Hautwechsel, 1967) untersucht die sich ändernden Beziehungen zwischen vier Hauptpersonen.

Rechts: Originalumschlag von »Der grüne Papst«, dem zweiten Band einer Trilogie des Literaturnobelpreisträgers von 1967, Miguel Angel Asturias. 1967 erschien auch sein Roman »Mulata de tal« (Eine gewisse Mulattin), in dem die Technik des »magischen Realismus« noch ausgeprägter war.

Lateinamerika ist größtenteils schon seit langem unabhängig, doch mit Ausnahme des brasilianischen Romanciers **Machado de Assís** (1839-1908) gab es im 19. Jahrhundert relativ wenige literarische Talente. Dann aber, vor allem während des Zweiten Weltkriegs, nahm der Kontinent seinen Platz in der Weltliteratur ein. Als einer der größten lateinamerikanischen Lyriker ist hier vor allem der Chilene **Pablo Neruda** (1904-1973) zu nennen, der 1971 den Nobelpreis für Literatur erhielt. Neben Neruda ist der bekannteste Autor der neuen Schule der argentinische Schriftsteller **Jorge Luis Borges** (1899-1986), dessen skeptische, verrätselnde Romane, Gedichte und Erzählungen wie *Informe sobre Brodie* (David Brodies Bericht, 1970) oft auf spekulativ-philosophischen Grundlagen aufbauen. Borges hat ein umfangreiches Werk hinterlassen, in dem er sich als einen der vielseitigsten und originellsten Autoren Argentiniens erweist. Zu seinen wichtigsten Werken gehören neben dem erwähnten Erzählband *Ficciones 1935-1944* (Fiktionen, 1944), *El Aleph* (Das Aleph, 1949), *El libro de arena* (Das Sandbuch, 1975) sowie der Kurzprosa und Lyrik vereinende Band *El Hacedor* (Borges und ich, 1960).

In den 50er Jahren beginnend, aber vor allem die 60er Jahre beherrschend ist die Loslösung der lateinamerikanischen Literatur von den bis dahin kulturbestimmenden nordamerikanischen und europäischen Einflüssen. Dies spiegelt sich in Gedichten, Romanen und Erzählungen wider, die durch Originalität und Eigenständigkeit die lateinamerikanischen Leser begeisterten und allmählich den europäischen Büchermarkt eroberten. Das Verhältnis zwischen Lateinamerika und Europa ist zentrales Thema im Werk des Kubaners **Alejo Carpentier** (1904-1980), dessen großangelegter Roman *La consagración de la Primavera* (Frühlingsweihe, 1978) eine Bilanz des 20. Jahrhunderts, eine Synthese der Kulturen Europas und Lateinamerikas ist.

Zu den wirklich bahnbrechenden Romanen der 60er Jahre aber werden **Julio Cortázars** (1914-1984) in seiner Durchdringung von Phantastik und Realität meisterhafter Roman *Rayuela* (Rayuela, 1963), **José Lezama Limas** (1910-1976) Romanexperiment *Paradiso* (Paradies, 1966) und **Gabriel García Márquez'** (geb. 1928) weltberühmt gewordenes Epos *Cien años de soledad* (Hundert Jahre Einsamkeit, 1967), in dem am Beispiel des imaginären Dorfes Macondo die geschichtliche Wirklichkeit und die Tragödie Lateinamerikas enthüllt wird. Mit diesem Roman gelingt dem Kolumbianer García Márquez der literarische Durchbruch, und er macht ihn zum meistgelesenen Autor Lateinamerikas. García Márquez beweist auch in seinen nachfolgenden Romanen, Erzählungen und Reportagen, daß er ein exzellenter Erzähler und scharfsichtiger Beobachter südamerikanischer Verhältnisse ist. Er brilliert in der kleinen Erzählform, z. B. in *Crónica de una muerte anunciada* (Chronik eines angekündigten Todes, 1981), ebenso wie im großen Liebesroman *El amor en los tiempos del cólera* (Die Liebe in den Zeiten der Cholera, 1985), beherrscht die spannende Reportage *La*

aventura de Miguel Littín clandestino en Chile (Die Abenteuer des Miguel Littín, 1986) und zieht den Leser in den Bann mit seinem ergreifenden, historischen Porträt Simón Bolívars, des glorreichen Generals des Südamerikanischen Unabhängigkeitskrieges in *El general en su laberinto* (Der General in seinem Labyrinth, 1989). Neben Márquez, Cortázar und Fuentes zählt der Peruaner **Mario Vargas Llosa** (geb. 1936) zu den vier großen lateinamerikanischen Schriftstellern der Gegenwart. Vargas Llosa hat bereits ein gewaltiges erzählerisches Werk geschaffen, das durch seine sprachliche Gestaltung und seine reiche Skala formaler Techniken dem Autor internationale Anerkennung brachte. In seinem Roman *La ciudad y los perros* (Die Stadt und die Hunde, 1962) durchleuchtet er die Zustände in einer vom Militarismus beherrschten Kadettenanstalt in Lima und setzt sich auch in seinen späteren Romanen mit der konfliktgeladenen gesellschaftlichen Wirklichkeit Perus auseinander, so in *La casa verde* (Das grüne Haus, 1965), *Historia de Maytas* (Maytas Geschichte, 1984) und *Quién mató a Palomino Molero* (Wer hat Palomino Molero umgebracht? 1986).

Als Nachfolger des genialen Borges galt **Miguel Angel Asturias** (1899-1974). Der Guatemalteke stammte von einer indianischen Mutter ab. Seine Romane *El señor presidente* (Der Herr Präsident, 1946) und *Los ojos de los enterrados* (Die Augen der Begrabenen, 1960) enthalten oft scharfe Attacken gegen den nordamerikanischen Kapitalismus – gewaltige Bilder der Not der Indios und der armen Bananenpflükker. Asturias, der die Thematik seines Werkes mit den Worten »Realität und Gerechtigkeit« umfaßte, bezeichnete den dieser Thematik angemessenen Stil als »magischer Realismus« – ein Realismus, der poetische Wirklichkeit mit indianischen Mythen vermischte.

Andere wichtige lateinamerikanische Literaten der letzten Jahrzehnte sind die mexikanischen Schriftsteller **Octavio Paz** (geb. 1914), **Carlos Fuentes** (geb. 1928) und der kommunistisch beeinflußte Romancier **Jorge Amado** (geb. 1912) aus Brasilien. **Paz**, der viele Jahre in Europa verbrachte, ist stark vom Surrealismus geprägt. Berühmt wurde sein Essay *El laberinto de la soledad* (Das Labyrinth der Einsamkeit, 1950). Sein dichterisches Spätwerk, *Poemas (1935-1975)*, seit 1979 in der derzeit gültigen Ausgabe (Gedichte) vorliegend, geht vom Gefühl der Einsamkeit aus, aus der heraus die Verskunst als tröstendes Prinzip begriffen wird. Octavio Paz erhielt 1990 den Nobelpreis für Literatur. Als bedeutendstes Werk **Fuentes** gilt sein Roman *La muerte de Artemio Cruz* (Nichts als das Leben, 1962), in dem Fuentes in wechselnder, assoziativer Erzähltechnik die Sinnlosigkeit des Kampfes um Macht und Reichtum überzeugend gestaltet. Der enorm produktive **Amado** war anfangs ausschließlich sozialen Anliegen verpflichtet, wie etwa im realistischen Roman *Terras do sem fim* (Kakao, 1942), in seinen späteren Werken, z. B. in seinem wohl reifsten Werk *Tieta do Agreste* (Tieta aus Agreste, 1977), wendet er sich einer vielschichtigeren Gesellschaftskritik zu.

Links: Gabriel García Márquez, Journalist und Schriftsteller, veröffentlichte mit »La hojarasca« (Laubsturm, 1955) seinen ersten Roman. Der Nobelpreis für Literatur wurde ihm 1982 für sein Prosawerk verliehen, in dem sich nach Ansicht der Schwedischen Akademie »das Phantastische und das Realistische in einer vielfacettierten Welt der Dichtung vereinen.«

Unten: In seinem ersten historischen Roman »Der General in seinem Labyrinth« (1989) beschreibt Márquez die letzte Reise des 47jährigen Simón Bolívars, der 1830 nach seinem Rücktritt als Präsident des von ihm geschaffenen Staates Kolumbien schwerkrank und mit nur noch wenigen Getreuen den Magdalenen-Strom hinabfuhr, um möglicherweise ins Exil zu gehen.

Zwischen Ost und West

Rechts: Salman Rushdie, der in seinem vielgerühmten Roman »Shame« (Scham und Schande, 1983) – einer verschleierten Allegorie, die diverse Ereignisse in Pakistan nachzeichnet – die Korruption des einzelnen unter einem korrupten Regime analysiert.

Unten: V. S. Naipaul beschäftigte sich viel mit den eigenen Wurzeln und verfaßte mit »The Suffrage of Elvira« (Wahlkampf auf Karibisch, 1958) einen Roman über die Geschichte von Trinidad.

Derek Walcott (geb. 1930), ein Dichter aus der Karibik, hat bisher schon mehrere Sammlungen herausgebracht, darunter *In a Green Night* (In grüner Nacht, 1962) und *The Castaway* (Der Ausgestoßene, 1965). Er hat einen scharfen Blick für Details, ein feines Gehör und beherrscht die englische Sprache meisterhaft. Walcott verfaßte auch diverse erfolgreiche Theaterstücke. Aber auch die Prosa florierte in der Karibik, wie man an den Werken des 1927 auf Barbados geborenen **George Lamming** unschwer ersehen kann, etwa an seinem Erstlingsroman *In the Castle of my Skin* (In der Burg meiner Haut, 1953), dem eindrucksvollen *The Emigrants* (Mit dem Goldstrom, 1954) oder *Season of Adventure* (Zeit der Abenteuer, 1960).

Aus einer indischen Brahmanenfamilie auf Trinidad, wo Inder ein Drittel der Bevölkerung stellen, stammt **V. S. Naipaul** (geb. 1932), und mehrere seiner Bücher – wie *A House for Mr. Biswas* (Ein Haus für Mr. Biswas, 1961) – spielen auf Trinidad. Nach dem Studium in Oxford lebt er meist in Großbritannien, und das Gefühl persönlicher Entwurzelung schildert er deutlich in dem Erzählband *In a Free State* (Sag mir, wer mein Feind ist, 1971) und dem Roman *Guerillas* (1975).

Auch der indische Autor **Salman Rushdie** (geb. 1947) faßt das Dilemma seiner Generation zusammen, die zwar nicht mehr von einer fremden politischen Macht beherrscht, aber immer noch zwischen westlichen und östlichen Werten hin- und hergerissen wird. Der Held des brillanten Romans *Midnight's Children* (Mitternachtskinder, 1981) wird am 14. 8. 1947 um 0.00 Uhr geboren und ist damit genauso alt wie der unabhängige Staat Indien. Als 1988 Rushdies Roman *The Satanic Verses* (Die Satanischen Verse, Dtsch. 1989) erscheint – ein großes episches Werk der Träume, Metamorphosen, Parabeln und Fiktionen mit Episoden aus der Entstehungsgeschichte des Islam – wird Rushdie am 14. Februar 1989 von Chomeini zum Tode verurteilt und lebt seitdem im Untergrund. Die islamischen Religionseiferer sehen in dem Werk eine Schmähung des Propheten Mohammeds, die sie durch den Tod des Schriftstellers rächen wollen.

Die grüne Insel

Irische Autoren leisteten schon oft unschätzbare Beiträge zur englischen Literatur. Doch im 20. Jahrhundert, nach dem Bürgerkrieg und der Unabhängigkeit des größten Südteils der Insel in den 20er Jahren, haben die Iren – vor allem nach dem Zweiten Weltkrieg – eine höchst selbstkritische Ader entwickelt, die sich in den Dramen von **Brendan Behan** (1923-1964), etwa *The Hostage* (Die Geisel, 1959), ankündigte und in den kraftvollen, halb autobiographischen Romanen von **John McGahern** (geb. 1935) ausdrückt. In seinem Stück *The Quare Fellow* (Der Mann von morgen früh, 1956) verarbeitete Behan Erfahrungen aus seiner mehrjährigen Haftzeit, zu der er wegen seiner Mitgliedschaft in der IRA verurteilt wurde. Behan schildert die Ereignisse in einem Gefängnis während eines Tages und einer Nacht vor der Hinrichtung eines Todeskandidaten.

Seamus Heaney, »der beste irische Dicher seit Yeats«, wie ihn der bereits verstorbene Robert Lowell einschätzte. Er ist ein großer Freund von Lesungen und reist daher häufig durch sein Land, um die eigenen Werke vor Publikum vorzutragen, was er auch bei der 1984 erschienenen Sammlung »Station Island« (Insel der Stationen) erfolgreich durchführte. In seiner Sammlung »The Haw Lantern« (Die Hagebuttenlaterne 1987) greift er bekannte Themen wie Entfremdung und Exil, Liebe und Verlust wieder auf, die im Gegensatz zur Irland-Vision stehen.

Aus *Die Geisel* von Brendan Behan

PAT: *(singt):*
An einem Morgen im August
Hauch der Morgenluft
ging ich hinaus und atmete der süßen Blumen Duft.
Da traf ich auf ein Mädchen und hörte ihren Schrei:
Wer flickt mir mein zerbrochenes Herz?
Wo ist mein Sonny Boy?
Er war so mutig, groß und stark,
nach Trost verlangt mein Herz.
Ich hör noch immer seinen Schritt,
hör immer seinen Scherz.
Verflucht der Tag, an dem er fiel,
ich bleib ihm immer treu,
verflucht sei das Rebellenblei,
das traf mein' Sonny Boy.
Wär er gefallen als ein Held, im
Kampf für Irlands Recht,
gefällt vom Blei der fremden Macht
im offenen Gefecht,
hätt' man im Kerker ihn gequält als
Feind der Tyrannei,
dann wär ich stolz und weinte nicht
um meinen Sonny Boy.

PAT: *(seufzend):* Ja, das ist die Geschichte eines Helden.

In Nordirland entstand ein Stil, der die Gesellschaft geradezu zerlegt und ihre politischen, kulturellen und religiösen Widersprüche untersucht. Dichter und Romanciers stellen ihre Figuren dabei in den Kontext Irlands. **Brian Moore** (geb. 1921) zog zwar 1948 von Belfast nach New York, hat aber dennoch eine Reihe scharf beobachteter Studien – etwa *The Lonely Passion of Judith Hearne* (Die einsame Passion der Judith Hearne, 1955) – über das Wertesystem seiner alten Heimat verfaßt, in das seine Helden verstrickt sind. Graham Greene nannte ihn seinen »liebsten noch lebenden Autor«. Moores *Black Robe* (Schwarzrock, 1985) ist eine spannende Geschichte über Indianerhäuptlinge und Jesuiten im Kanada des 17. Jahrhunderts. In den 60er und 70er Jahren wurde eine Reihe talentierter nordirischer Lyriker bekannt, darunter **Derek Mahon** (geb. 1941), **Paul Muldoon** (geb. 1951) und **Seamus Heaney** (geb. 1939). Obwohl sie nur selten mit deutlichen politischen Kommentaren direkt auf den blutigen Bürgerkrieg der letzten zwei Jahrzehnte anspielen, wirft die Atmosphäre von Gewalt oft düstere Schatten über ihre Texte, wie etwa Heaneys *Wintering Out* (Überwintern, 1972). Heaneys *Field Work* (Feldarbeit, 1979) bezieht sich auf die unwillkommene Gegenwart der britischen Armee in Nordirland.

Neue Medien

Die weltweiten Massenmedien – Fernsehen, Rundfunk und Musikaufnahmen – wirken sich auf viele Aspekte der literarischen Produktion aus – ebenso übrigens der gewaltige Aufschwung des Taschenbuchmarktes. Radio und Fernsehen beeinflussen als potentielle Abnehmer die Arbeit der Dramatiker, was sich vor allem im Werk von Harold Pinter zeigt, und die Kulturredaktionen der europäischen Rundfunksender tun viel dafür, ein breiteres Publikum mit Lyrik vertraut zu machen. Der walisische Dichter Dylan Thomas zum Beispiel wurde vor allem mit dem Hörspiel *Unter dem Milchwald* (1953) berühmt; ein amerikanischer Liedermacher nahm daraufhin seinen Namen als Künstlerpseudonym an.

Bob Dylan (eigentlich Robert Zimmermann, geb. 1941) wird heute von der Kritik als höchst eigenwilliger, bedeutender Dichter betrachtet. Seine oft sehr gesellschaftskritischen »Protest-Songs« aus den 60er und 70er Jahren fanden auf Langspielplatten weltweite Verbreitung; Bob Dylans Bekanntheit wurde höchstens von der legendären britischen Popgruppe »The Beatles« übertroffen, deren Texte größtenteils von **John Lennon** (1940-1980) stammten und oft lyrische Qualitäten besaßen – das englische Wort für solche Lied-Texte lautet ja auch *lyrics*. Die »Botschaft« in Lennons Liedern war im Gegensatz zu Bob Dylan meist optimistisch. Sie wurden in jugendlichem Überschwang für eine Generation gesungen und geschrieben, die vom Krieg kaum noch etwas wußte und überzeugt war, alles werde nur immer noch besser werden – »*it's getting better all the time*« –, wie es in einem Beatles-Song heißt.

Oben: Bob Dylan, der die Hauptrolle in dem 1967 entstandenen Kultfilm »Don't Look Back« von D. A. Pennebaker spielte. Pennebaker ließ sich zu diesem Projekt durch den Briefwechsel Byrons in dessen Zeit mit dem Ehepaar Shelley in Italien inspirieren: »... ich hatte das Gefühl, Zeuge dabei zu sein, wie diese Dichter die Legende schufen, die 200 Jahre lang Gültigkeit haben sollte. So hatte ich die Idee und brauchte nur noch die richtige Figur dafür. Es sollte ein Film für die Geschichte werden – oder statt der Geschichte.«

Links: Die »Fabulous Four« aus Liverpool am Anfang ihrer Karriere – die »Beatles« Paul McCartney, John Lennon, George Harrison und Ringo Starr wurden Anfang der 60er Jahre fast über Nacht weltberühmt. Mit teils großartigen Texten für eingängige Lieder ritten sie auf der Welle der Jugendkultur, trennten sich dann und wurden auch mit eigenen Projekten erfolgreich.

Fantasy, Science-Fiction und Kinderliteratur

Der geringe Preis und die weite Verbreitung von Taschenbüchern hat trotz der Verlockung des Fernsehkonsums die Zahl der Lesenden enorm vergrößert. Viele Klassiker und Fachbücher erscheinen auch in dieser billigen Form, die zugleich die Popularität von Fantasy und Science-Fiction begünstigte. Besonders beliebt sind in diesem Genre Autoren, die eine ganze Welt, ja ganze Universen mit eigenen Lebensformen, Moralvorstellungen und Regierungssystemen erfinden. Oft entstehen über solche ausgedachten Welten mehrbändige Erzähl-Zyklen wie etwa die *Foundation Trilogy* (1963) von **Isaac Asimov** (geb. 1920) oder die *Dune*-Reihe von **Frank Herbert** (1920-1986). Handlung und Atmosphäre dieser gewaltigen »Sagas« haben etwas mit den epischen Stoffen mittelalterlicher Legenden gemein. Besonders erfinderisch im Schöpfen neuer Welten war ein Professor für alte Literatur in Oxford, **J. R. R. Tolkien** (1892-1973), der seine Spezialkenntnisse dazu verwendete, für seine Kinder eine grandiose Phantasielandschaft namens »Mittelerde« zu entwerfen. Seine Trilogie *Lord of the Rings* (Der Herr der Ringe, 1954/55) wurde ein internationaler Bestseller.

Doch ist »SF«-Literatur nicht immer eskapistisch. **Ray Bradbury** (geb. 1920), der Autor von *Fahrenheit 451* (1953) oder *The Golden Apples of the Sun* (Die goldenen Äpfel der Sonne, 1963), nutzt die utopische »Fantasy« zu scharfer Gesellschaftskritik, **Arthur C. Clarke** (geb. 1916) dagegen zur Verherrlichung des technischen Fortschritts. Sein Roman *2001: A Space Odyssey* (2001: Odyssee im Weltall, 1968) wurde in der berühmten Verfilmung von Stanley Kubrick zu einem internationalen Erfolg.

Der Engländer **George Orwell** (1903-1950), das Pseudonym von Eric Blair, nahm großen Anteil an den aktuellen politischen Problemen seiner Zeit. Die eigenen Erfahrungen – er lernte Armut und Reichtum kennen und war Kolonialbeamter in Indien, später Freiwilliger im Spanischen Bürgerkrieg – verhalfen ihm zu einer undogmatisch-linken Überzeugung, die sich in seinen Romanen, dem Bericht über den Kampf der spanischen Demokratie – *Homage to Catalonia* (Mein Katalonien, 1938) – und seinen streitlustigen Essays äußerte. Doch Orwell war eine sanfte, stille Natur; in seinem Zorn auf Tyrannei in jeder Form verfaßte er *Animal Farm* (Die Farm der Tiere, 1945) – eine herrliche Satire in der Art Swifts, das Bild eines kommunistischen Bauernhofs, wo »alle Tiere gleich sind, aber einige gleicher als die anderen« – und *1984* (1949), die Alptraumvision eines totalitären Zukunftsstaats. Der Held von *1984*, der kleine Bürger Winston Smith, lehnt sich gegen die allmächtige Diktatur auf, worauf nicht nur seine ärmliche Existenz vernichtet, sondern auch sein Innenleben von der grausigen »Gedankenpolizei« behandelt wird, bis er schließlich alles verrät, was ihm lieb ist.

Eine seltsame Vorliebe der Erwachsenen für Jugendbücher hat die Figuren aus *Winnie the Pooh* (Pu der Bär) des Engländers **A. A. Milne** (1882-1956) so beliebt gemacht; ebenso ging es den *Mumins*, jenen phantasievollen Troll- und Mumingestalten der Finnin **Tove Jansson** (geb. 1914) und der naseweisen *Pippi Langstrumpf* der Schwedin **Astrid Lindgren** (geb. 1907), die in dieser Mädchengestalt den Wunschtraum des Kindes nach Eigenständigkeit und Unabhängigkeit von autoritären Erwachsenen verkörpert. Mit der Gestalt der fröhlichen, phantasievollen Pippi vermittelt Astrid Lindgren tiefe psychologische Einsichten. In den USA erdachte **Charles Monroe Schulz** (geb. 1924) die weltweit bekannten Bildergeschichten seiner *Peanuts* rund um *Charlie Brown*, die eindeutig zur Unterhaltung Erwachsener gedacht sind und das Familienleben Kleinstadt-Amerikas schildern. Etwas gelehriger gingen die Belgier **R. Goscinny** (1926-1977) und **A. Uderzo** (geb. 1927) vor: Ihre Geschichten um den cleveren Gallier *Astérix* erfreuen den jugendlichen Geschmack, sind aber mit pfiffigen Wortspielen und hintersinnigem Witz durchsetzt.

Links: George Orwell, der im Zweiten Weltkrieg von 1941-43 als Sprecher für die BBC arbeitete; als Soldat war er zurückgewiesen worden, weil er schon an Tuberkulose litt. Trotz seines ernsten sozialen und politischen Engagements bewahrte sich Orwell hartnäckig seine literarische Unabhängigkeit. »Wenn ein Schriftsteller in die Politik geht«, schrieb er, »dann als Staatsbürger, als Mensch, aber nie als Schriftsteller.«

Bewegung und Aufruhr

Rechts: Ein Angehöriger der Black-Power-Bewegung, der militanten Organisation der Schwarzen in den USA. Den lauter werdenden schwarzen Protest prophezeite James Baldwin schon 1963 in seinem Roman »The Fire Next Time« (Hundert Jahre Freiheit ohne Gleichberechtigung, 1963). Diese gewaltige Polemik gegen den Rassismus ist nur ein Aspekt von Baldwins vielseitigem Talent. »Giovanni's Room« (Giovannis Zimmer, 1956) hat sexuelle Konflikte zum Thema und geht auf die Zeit des Autors in Paris zurück, in der er sich mit seiner amerikanischen Identität arrangiert hatte. Sein späteres Werk, insbesondere diverse Essays, vertieften die Analyse des amerikanischen Rassismus.

Oben: Saul Bellow, dessen Bücher so belebend – zuweilen auch so ermüdend – wie ein witziger, brillanter, endloser Monolog sind.

In den USA war die Nachkriegsliteratur stark von jüdischen Autoren geprägt. **Jerome David Salinger** (geb. 1919) schrieb mit *The Catcher in the Rye* (Der Fänger im Roggen, 1951) das Kultbuch der jungen Generation der 50er Jahre, die sich in der Hauptfigur Holden Caulfield, dem sensiblen sechzehnjährigen Zögling eines exklusiven New Yorker Internats, vorbehaltlos wiedererkannte. Der Nobelpreisträger **Isaac Bashevis Singer** (geb. 1904) verfaßt alle seine Bücher in Jiddisch und übersetzt sie dann meist selbst ins Englische. Am besten liegt ihm als Thema die jüdische Vergangenheit seiner Heimat Polen. **Saul Bellow** (geb. 1915), der Nobelpreisträger von 1976, gelangt von den ethnischen Konflikten der USA zur Diskussion über die Einsamkeit in der modernen Gesellschaft. Die Helden seiner Romane *The Adventures of Augie March* (Die Abenteuer des Augie March, 1953), *Henderson the Rain King* (Der Regenkönig, 1959) und *Herzog* (1964) bemühen sich alle redlich darum, mit ihren Mitmenschen in Kontakt zu treten und einen Sinn in ihrem Dasein zu entdecken – Herzog tut dies, indem er unzählige Briefe an lebende und tote, bekannte und völlig unbekannte Leute schreibt, die er aber nie abschickt. Publizistische Überlegungen zur Nah-Ost-Situation und zur Situation Europs im Kalten Krieg bestimmen den Roman *The Dean's December* (Der Dezember des Dekans, 1982), in dem die sozialkritischen Themen der früheren Romane noch intensiver herausgearbeitet werden. Bedeutendster amerikanischer Lyriker der Nachkriegszeit war wohl **Robert Lowell** (1917-1977), dessen beste Gedichte in *Life Studies* (1959) enthalten sind, obwohl auch *Imitations* (1961) – eher Nachdichtungen als Übersetzungen europäischer Lyriker – und *For the Union Dead* (Für die Toten der Nation, 1964) begeistert aufgenommen wurden.

Gleichzeitig wurde **Allen Ginsberg** (geb. 1926) mit geradezu nihilistischen Gedichten berühmt. Sein *Howl* (Das Geheul, 1955) wurde als obszön verboten. Dieser Stil bekam den Spitznamen »the Beats« oder »Beat Generation«; der Begriff stammte von Ginsbergs Freund **Jack Kerouac** (1922-1969), einem versonnenen Vagabunden, der in Romanen wie *On the Road* (Unterwegs, 1957), *Lonesome Traveller* (1960) und *Desolation Angels* (Engel, Kif und neue Länder, 1965) das Lebensgefühl der Beat Generation literarisch ausdrückte.

Nicht minder typisch für seine Zeit war **Henry Miller** (1891-1980). Eine bewußte Attacke auf die Prüderie Amerikas waren die unverblümten erotischen Reminiszenzen in *Tropic of Cancer* (Wendekreis des Krebses, 1934), *Tropic of Capricorn* (Wendekreis des Steinbocks, 1939) und in der Trilogie *Sexus, Plexus, Nexus* (1945-57). Miller hielt hier persönliche Erfahrungen aus seiner Zeit in der Pariser Boheme der 30er Jahre fest, in der er als mittelloser Schriftsteller dem Alkohol und Frauenabenteuern frönte.

Viele Autoren der USA beschäftigen sich natürlich mit der Lage der Schwarzen. Für den Schwarzen **James Baldwin** (1924-1987) ist der Rassenkonflikt nur Symptom von tieferen Ängsten und Schuldgefühlen; als Lösung empfiehlt er in den Romanen *Go Tell It on the Mountain* (Gehe hin und verkünde es vom Berge, 1953) oder *Another Country* (Eine andere Welt, 1961) eine sexuelle Befreiung, wie sie D. H. Lawrence einst predigte.

In England wie den USA hörte Ende der 60er Jahre der Optimismus auf, als der Bürgerkrieg in Nordirland offen ausbrach und die Amerikaner sich mehr und mehr militärisch in Vietnam engagierten.

Norman Mailer (geb. 1923) war schon immer ein harter Kritiker Amerikas: 1948 brüskierte er mit *The Naked and the Dead* (Die Nackten und die Toten) all jene seiner Mitbürger, die unter dem Einfluß der Propaganda den Krieg gegen Japan als Kampf der anständigen Weißen gegen brutale gelbhäutige Sadisten simplifiziert hatten. Auch im Vietnamkrieg war er ein ständiger Mahner mit *Why Are We in Vietnam?* (Am Beispiel einer Bärenjagd, 1967) und *The Armies of the Night* (Heere aus der Nacht, 1968). Junge Autoren, die am Krieg teilgenommen hatten, beschrieben ebenfalls ihre Eindrücke; *Dispatches* (An die Hölle verraten, 1977) von **Michael Herr** (geb. 1940) etwa schildert kraß und überzeugend die Grausamkeit moderner Kriegsführung. In den USA selbst führte die Anti-Vietnambewegung zur Bildung einer »Subkultur« von jungen Leuten, und **Tom Wolfe** (geb. 1931) gab in *The Electric Kool-Aid Acid Test* (Unter Strom, 1969) einen Bericht über das Leben einer solchen Gruppe. Das »Trauma Vietnam« wurde von Lyrikern wie **Ginsberg** und **Walter Lowenfels** (1897-1976) im Drama, in der wissenschaftlich-politischen Essayistik und im Roman künstlerisch verarbeitet und beherrschte die Literatur der 60er und 70er Jahre in den USA.

Oben: Henry Miller mit »Sexus«, dem ersten Band seiner Romantrilogie. Seine Eindrücke aus Griechenland in »The Colossus of Maroussi« (Der Koloß von Maroussi, 1941) fanden große Anerkennung, und von seinem Ruhesitz im kalifornischen Big Sur schrieb er in »The Air-Conditioned Nightmare« (Alptraum mit Klimaanlage, 1945) seine Verachtung für den »American way of life« nieder. Aus seiner wilden Prosa spricht menschliche Wärme und eine anarchische Lust aufs Leben. Die 1983 posthum erschienenen Erzählungen »Opus Pistorum« – sehr gewagt in ihrer Behandlung der Sexualität – sind eine Abrechnung mit der amerikanischen Kleinbürgermentalität.

Links: Allen Ginsberg bei einer »Flower-Power«-Versammlung von Hippies im Londoner Hyde Park 1967. »Wir lieben euch«, sagten die Hippies, während sie Polizisten und Passanten Blumen überreichten. »Vielleicht können wir euch nicht mit Marihuana antörnen, aber vielleicht mit einem Gesang«, meinte Ginsberg.

Oben: John Kani und Winston Ntshona in Athol Fugards Stück »Sizwe Bansi ist tot«, aufgeführt am Royal Court Theatre in London. Dieser weiße Schauspieler und Dramatiker setzte sich früh über die von der Apartheid vorgeschriebenen Rassenschranken hinweg und arbeitete zu Hause in Südafrika mit schwarzen Kollegen an gemischt-rassigen Bühnenprojekten. Jeder Ausdruck eines solchen Gemeinschaftsgeistes zieht noch heute Unwillen und möglicherweise Repressalien der südafrikanischen Behörden nach sich.

Die Stellung des Literaten in Ländern mit autoritärer Regierung ist von Natur aus prekär; besonders schwer haben es die schwarzen Bewohner Südafrikas. **Athol Fugard** (geb. 1932) ist zwar Weißer, untersuchte aber in Stücken wie *Sizwe Bansi Is Dead* (Sizwe Bansi ist tot, 1974) die Lage der schwarzen Mehrheit und die problematische Beziehung zwischen den Rassen in einem Land, wo die Doktrin der Apartheid gilt. **Alan Paton** (1903-1988) trat mit seinen Romanen, vor allem *Cry the Beloved Country* (Denn sie sollen getröstet werden, 1948), für Gleichberechtigung und Versöhnung ein, war aber gegen Gewalt und Revolution.

Die wohl bedeutendste weiße südafrikanische Autorin heute ist **Nadine Gordimer** (geb. 1923); sie verfaßt vor allem Novellen und Kurzgeschichten, gesammelt etwa in *Something Out There* (Eine Stadt der Toten, eine Sadt der Lebenden, 1984), und sie erhebt ihre Stimme für Schwarze und Weiße. Unter dem Eindruck des Soweto-Aufstandes von 1976 schreibt Nadine Gordimer den Roman *July's People* (July's Leute, 1981), eine Zukunftsvision, in der eine weiße Familie irgendwann zu Beginn der 80er Jahre vor einem landesweit bewaffneten Aufstand in ein ländlich abgelegenes Gebiet flieht. Dort wird sie von ihrem ehemaligen schwarzen Hausdiener July aufgenommen und ist gezwungen, wie die Einheimischen zu leben. Es kommt zu Spannungen und Konflikten bedingt dadurch, daß weder die Weißen noch die Schwarzen ihr Rollenverhalten ablegen können.

Kritik am kolonialen System, in dem sich weiße Unterdrücker und schwarze Unterdrückte unversöhnlich gegenüberstehen, übt auch die in Rhodesien aufgewachsene englische Schriftstellerin **Doris Lessing** (geb. 1919). In ihrem ersten Roman *The Grass is singing* (Afrikanische Tragödie, 1949), der ihr sofort Anerkennung und Erfolg in England brachte, verfolgt sie die Stadien des seelischen Verfalls einer weißen Farmersfrau in Südrhodesien, die von ihrem schwarzen Hausdiener ermordet wird. Wie in einem Kriminalroman rollt Doris Lessing das diffizile Verhältnis zwischen der weißen Herrin und dem schwarzen Diener auf, das in einem tödlichen Zweikampf endet. Das Erstlingswerk der Autorin enthält in konzentrierter Form Themen wie Rassen-, Geschlechter- und Klassenkampf, die auch die fünf Bände der Romanserie *Children of Violence* (Kinder der Gewalt, 1952-1969) durchziehen.

Der türkische, epische Autor **Yasar Kemal** (geb. 1922) pflegt die Traditionen und Mythen seiner Heimat. Doch im Mittelpunkt seiner Romane *Unsterbliches Gras* (1963) und *Der Wind von der Ebene* (1961) stehen fast immer die Ärmsten und Notleidendsten der türkischen Bevölkerung: die einfachen Bauern. Kemals Anleihen an die Folklore sind Stilmittel, die einem revolutionären Zweck dienen sollen, denn der Autor will auf die Mißstände hinweisen, unter denen die einfachen Dorfbewohner leben müssen.

Politische Umwälzungen und ihre literarischen Folgen

Xi'er, das »Weißhaarige Mädchen« aus dem chinesischen Musikdrama gleichen Titels. Während der Kulturrevolution mußte die Peking-Oper solche Propagandastücke aufführen. Doch die chinesische Literatur, die älteste bis heute bestehende der Welt, ist seit langem vertraut mit solchem Druck der Obrigkeit und hat sich ihm auch oft erfolgreich widersetzt. Schon Konfuzius lehrte »den Weg« (Dao), auf dem der aufrechte Mensch der Regierung kritisch begegnen und dennoch ein loyaler Staatsbüger sein konnte. So ließ sich immer ein Weg durch das Minenfeld finden, und sei er auch noch so schwierig.

Schon vor der Kulturrevolution (1966-76) waren die chinesischen Autoren offiziell angehalten, mit ihrer Literatur »dem Volke zu dienen«. Vor und während der Kulturrevolution aber versuchten sich Dichter und Dramatiker daran, die graziöse alte Opernform mit revolutionären Inhalten zu verbinden. Die neue »Peking-Oper« entnahm ihre Themen dem Befreiungskrieg und der Revolution, zum Beispiel in *Das weißhaarige Mädchen* oder *Das rote Frauenbataillon*, bewahrte aber auch noch etwas von der raffinierten Kunst der traditionellen Urform. Was das reine Sprechtheater angeht, gab es gewisse Bestrebungen zum zeitgenössischen westlichen Stil, statt der von Ibsen beeinflußten Dramen, die langweilige, platte Moralpredigten boten und die chinesische Bühne seit 1949 dominiert hatten. In den Jahren 1979 bis zum Pekinger Massaker vom 4. Juni 1989 hat es in der chinesischen Literatur einige zaghafte Versuche gegeben, sich dem politischen Zugriff zu entziehen. In ihrem erfolgreichen Roman *Schwere Flügel* (1981) kritisiert die Schriftstellerin **Zhang Jie** (geb. 1937) schonungslos die bürokratische Mißwirtschaft. Zhang Jie gehört neben **Yu Luojn** (geb. 1946), **Zhang Xinxin** (geb. 1953) und **Ru Zhijuan** (geb. 1925) zur Gruppe der chinesischen Schriftstellerinnen, die die Stellung der chinesischen Frau in der Gesellschaft – ihre Suche nach Selbstfindung und Identität, die Geschlechterkluft, die Bevormundung und Verachtung der Frau im Sozialismus, den Gegensatz von Liebe und Ehe – in ihren Werken thematisieren und damit eine spezifisch chinesische Form der Frauenliteratur geschaffen haben.

Die sowjetischen Schriftsteller nutzten das »Tauwetter« nach Stalins Tod. Enorm populär waren die Lesungen von **Jewgeni Jewtuschenko** (geb. 1933), vor allem bei Gedichten wie *Stalins Erben, Mutter und die Neutronenbombe* oder *Babi Jar* (1961), das zwar vordergründig an die Ermordung von 30.000 Juden bei Kiew durch die Nazis erinnerte, zugleich aber in harten Worten den schwelenden Antisemitismus seiner Landsleute anprangerte.

Damals, im Jahr 1962, konnte auch der russische Autor **Alexander Solschenizyn** (geb. 1918) endlich *Ein Tag im Leben des Iwan Denissowitsch* veröffentlichen. Die Erzählung liest sich wie eine Bestätigung von George Orwells Vision eines totalitären Regimes: Schlicht und ungerührt schildert sie den Ablauf eines ganz normalen Tages in einem stalinistischen Zwangsarbeiterlager, wo jeder Rest menschlicher Würde im Kampf um eine Schüssel Suppe oder einen Zigarettenstummel erlischt. Doch Solschenizyn beschreibt auch, wie es den erniedrigten Häftlingen gelingt, trotz allem auszuhalten und zu überleben. Im In- und Ausland wurde das auf wahren Erlebnissen basierende Buch als Meisterwerk gefeiert. Solschenizyn hatte acht Jahre in Straflagern zugebracht, weitere drei Jahre in der Verbannung in Kasachstan. Doch schon 1970 war ihm die Gunst der sowjetischen Führung so unsicher, daß er nicht zur Entgegennahme des Literaturnobelpreises nach Schweden fuhr, weil er befürchtete, man würde ihm die Wiedereinreise verweigern. In der Zwischenzeit hatte er verfaßt: *Der erste Kreis der Hölle* (dt. 1960) und *Krebsstation* (dt. 1968), viele Erzählungen sowie mehrere offene Briefe an die sowjetische Schriftstellergewerkschaft. Außerdem schrieb er an *Archipel Gulag*, einem gewaltigen, 1800 Seiten langen, auf eigenen Recherchen und Hunderten von Briefen beruhenden Sammelwerk, das den Versuch unternahm, die Geschichte der sowjetischen Unterdrükkung seit 1918 nachzuzeichnen. 1973 ließ er eine französische Übersetzung erscheinen, worauf er im Februar 1974 ausgebürgert und ausgewiesen wurde. Das dreibändige Werk erschien 1973-1976. Seit November 1989 liegt es auch den russischen Lesern komplett vor, denn der Roman wurde in Fortsetzungen in der renommierten Zeitschrift »Novyi Mir« veröffentlicht. Nach einem Aufenthalt in der Schweiz zog Solschenizyn in die USA,

Aus dem offenen *Brief an den Allunionskongreß des Schriftstellerverbandes der UdSSR 1967* von Alexander Solschenizyn

Da ich keinen Zutritt zum Podium des Kongresses habe, bitte ich den Kongreß zu diskutieren:
I. Jene nicht weiter zu duldende Unterdrückung, der unsere Literatur Jahrzehnt um Jahrzehnt ausgesetzt ist und mit der sich der Schriftstellerverband in Zukunft nicht mehr abfinden kann. (...)
Eine Literatur, die nicht die Luft der Gesellschaft ihrer Zeit ist, die nicht wagt, der Gesellschaft das zu vermitteln, was sie schmerzt und beunruhigt, die nicht zur rechten Zeit vor drohenden sittlichen und sozialen Gefahren warnt, verdient nicht einmal die Bezeichnung Literatur ..., und ihre Auflagen gelangen nicht zum Leser, sondern zum Altpapier.

wo er an einer Geschichte der Oktoberrevolution schrieb. In *August Vierzehn*, erschienen 1971, der Trilogie erster Teil, beschreibt er den Einbruch des Krieges in die feudale und verrottete Gesellschaft des zaristischen Rußland. Mit *Das Rote Rad Zweiter Teil. November Sechzehn* und *Das Rote Rad Dritter Teil. März Siebzehn* (dt. 1986, 1989) ist das Mammutwerk nun abgeschlossen.
Den Reformbestrebungen Michail Gorbatschows ist es zu verdanken, daß Solschenizyns Werke heute in der Sowjetunion erscheinen können. Die Bemühungen Gorbatschows um »Glasnost« und »Perestrojka« haben u. a. mit dazu beigetragen, daß 1989 in Polen, Ungarn, Rumänien, der Tschechoslowakei und der DDR politische Umwälzungen stattgefunden haben. Der tschechische Schriftsteller **Vàclav Havel** (geb. 1936), einer der aktivsten Intellektuellen des Prager Frühlings und ein heftiger Kritiker des alten Regimes – 1979 wurde er zu mehreren Jahren Haft verurteilt –, ist seit Ende 1989 neuer tschechischer Staatspräsident.
Am 9. November 1989 hat das Volk der ehemaligen DDR mit seinen wochenlang vorangegangenen Massendemonstrationen, mit denen es eine Erneuerung des Staates forderte, die Öffnung der Grenzen und das Abdanken der alten Führungsgarde durchgesetzt. Zum Fall der Mauer – jenem Symbol des geteilten Deutschlands – haben sich in Neuerscheinungen einige der bekanntesten Autoren aus der früheren DDR geäußert.
Christa Wolf (geb. 1929), die in ihrem Roman *Der geteilte Himmel* (1963) die Teilung Deutschlands am Beispiel eines getrennten Liebespaares thematisiert und immer wieder in ihren Werken die Spannungen zwischen der historischen Entwicklung der DDR-Gesellschaft und dem Anspruch einzelner Personen auf Entfaltung ihrer Persönlichkeit dargestellt hat – so in *Kindheitsmuster* (1976) und *Nachdenken über Christa T.* (1968) – nimmt *Im Dialog* (1990) in aktuellen Texten zu jenem geschichtlichen Augenblick des 9. November 1989 und seiner Folgen Stellung. Es gelte nun, so schreibt sie im Vorwort, nach der Euphorie der ersten Wochen »auf den Boden der Tatsachen zu kommen, nur daß es eben ein ganz anderer Boden« sei.
Wie die Werke von **Stefan Heym** (geb. 1913) zeigen, geht es ihm immer um Parteinahme, Einmischung in die politischen Verhältnisse, und zwar mit möglichst großer Breitenwirkung. Seine systemkritischen Romane *5 Tage im Juni* (1959), *Lassalle* (1969) und *Collin* (1981) wurden von offiziellen Stellen in der ehemaligen DDR scharf kritisiert und konn-

Oben: Solschenizyn auf einer Pressekonferenz in Washington 1975. Aus dem Exil attackierte er das sowjetische Regime weiter mit Reden und Büchern, wobei seine Ansichten immer konservativer wurden und er zudem den moralischen Werteverfall der westlichen Gesellschaft kritisierte.

Rechts: Tom Courtenay in der Hauptrolle von Caspar Wredes Verfilmung (1971) von Solschenizyns »Ein Tag im Leben des Iwan Denissowitsch«, dem klassischen Bericht über das Los der abweichenden Meinung in autoritären Gesellschaften, insbesondere hier des gräßlichen Schicksals der russischen Dissidenten.

ten nur in der Bundesrepublik erscheinen. In seinem Essayband *Einmischung* (1990) setzt Heym all seine Hoffnungen auf den Aufbauwillen des Volkes unter demokratischen Bedingungen.
Deutliche Kritik an den politischen Verhältnissen in der DDR hat in den letzten Jahren immer wieder **Christoph Hein** (geb. 1944) geübt, so auch in seinem letzten Roman *Der Tangospieler* (1989), der in der DDR im Jahre 1968 spielt, aber auch auf die Gegenwart und die Situation vor dem Mauerfall in der DDR zielt. In der Aufsatzsammlung *Die fünfte Grundrechenart* (1990) sagt Hein, die Geschichte der DDR und des Sozialismus sei bisher nicht ausreichend beschrieben worden – »Und nicht ausreichend beschrieben heißt: nicht geschrieben, das sollten Literaten wie Geschichtsschreiber wissen«.
Heins Anregung könnte von den Schriftstellern, die in der DDR lebten und sich mit bedeutenden Veröffentlichungen einen Namen gemacht haben, aufgegriffen werden, z. B. von **Günter de Bruyn** (geb. 1926), **Hermann Kant** (geb. 1926), **Franz Fühmann** (geb. 1922), **Heiner Müller** (geb. 1929), **Fritz Rudolf Fries** (geb. 1935), um nur einige zu nennen. Heins Äußerung könnte aber auch diejenigen auf den Plan rufen, die nach der Ausbürgerung **Wolf Biermanns** (geb. 1926) im Jahr 1976 in die Bundesrepublik ausreisten und Schriftsteller zwischen Ost und West geblieben sind, obwohl sie nun seit geraumer Zeit im Westen Deutschlands leben, z. B. **Günther Kunert** (geb. 1929), **Reiner Kunze** (geb. 1933), **Sarah Kirsch** (geb. 1935), **Jurek Becker** (geb. 1937) und **Erich Loest** (geb. 1926).
Mit der Wiedervereinigung Deutschlands am 3. Oktober 1990 haben sich sicher nicht alle Hoffnungen ehemaliger DDR-Autoren erfüllt. So bleibt mit Spannung zu erwarten, welchen literarischen Niederschlag die soziokulturellen und wirtschaftspolitischen Veränderungen nach diesem historischen Datum bei Schriftstellern in »Ost und West« in den 90er Jahren finden werden.

Links: Westberliner winken Freunden auf der anderen Seite der 1961 gebauten Mauer zu, dem zentralen Symbol der geteilten Stadt.

Unten: Am 9. November 1989 wurden die Grenzen zwischen Deutschland Ost und Deutschland West geöffnet. Die Menschen feiern das Ende des geteilten Deutschlands am Brandenburger Tor. Berlin ist keine geteilte Stadt mehr.

Nobelpreisträger – Literatur

Der Nobelpreis für Literatur ist einer der von dem schwedischen Hersteller, Erfinder und Menschenfreund Alfred Bernhard Nobel (1833-1896) gestifteten fünf Preise; die anderen vier sind der Physik-, Chemie-, Medizin- und Friedensnobelpreis. Der Literaturnobelpreis wird an eine Person verliehen, die »auf dem Gebiet der Literatur das bemerkenswerteste Werk von idealistischer Tendenz geschaffen hat«. Die Auszeichnung besteht in einer goldenen Medaille mit einer auf den Empfänger abgestimmten Inschrift und einem Geldpreis, der ursprünglich $ 40.000 betrug, aber von Jahr zu Jahr schwankt. Die offizielle Verleihung erfolgt jedes Jahr durch die Schwedischen Akademien in Stockholm an Nobels Todestag, dem 10. Dezember. Der Preis wird nicht für ein Einzelwerk, sondern für das gesamte literarische Schaffen einem Autor bzw. einer Autorin zuerkannt. Es gibt keine Ausschreibung, d.h. keine Vorschläge und Bewerbungen.

1901 **Sully Prudhomme,** französischer Dichter
1902 **Theodor Mommsen,** deutscher Historiker
1903 **Bjørnstjerne Bjørnson,** norwegischer Dichter, Dramatiker und Schriftsteller
1904 **Frédéric Mistral,** provenzalischer Dichter und Philologe und **José Echegaray y Eizaguirre,** spanischer Dramatiker
1905 **Henryk Sienkiewicz,** polnischer Schriftsteller
1906 **Giosuè Carducci,** italienischer Dichter
1907 **Rudyard Kipling,** englischer Schriftsteller und Dichter
1908 **Rudolf Eucken,** deutscher Philosoph
1909 **Selma Lagerlöf,** schwedische Schriftstellerin und Dichterin
1910 **Paul von Heyse,** deutscher Schriftsteller, Dramatiker und Dichter
1911 **Maurice Maeterlinck,** belgischer Dramatiker, Dichter und Essayist
1912 **Gerhart Hauptmann,** deutscher Dramatiker, Dichter und Schriftsteller
1913 **Rabindranath Tagore,** indischer Essayist und Dichter
1914 nicht verliehen
1915 **Romain Rolland,** französischer Schriftsteller und Dramatiker
1916 **Verner von Heidenstam,** schwedischer Hofdichter
1917 **Karl Gjellerup,** dänischer Schriftsteller und Dichter und **Henrik Pontoppidan,** dänischer Schriftsteller
1918 nicht verliehen
1919 **Carl Spitteler,** schweizer Schriftsteller und Dramatiker
1920 **Knut Hamsun,** norwegischer Schriftsteller
1921 **Anatole France,** französischer Schriftsteller, Dichter und Dramatiker
1922 **Jacinto Benavente y Martìnez,** spanischer Dramatiker
1923 **William Butler Yeats,** irischer Dichter und Dramatiker
1924 **Wladyslaw Stanislaw Reymont,** polnischer Schriftsteller
1925 **George Bernard Shaw,** irischer Dramatiker und Schriftsteller
1926 **Grazia Deledda,** italienischer Schriftsteller
1927 **Henri Louis Bergson,** französischer Philosoph
1928 **Sigrid Undset,** norwegische Schriftstellerin
1929 **Thomas Mann,** deutscher Schriftsteller
1930 **Sinclair Lewis,** US-amerikanischer Schriftsteller
1931 **Erik Axel Karlfeldt,** schwedischer Lyriker. Posthume Verleihung. Karlfeldt hatte den Preis 10 Jahre zuvor zurückgewiesen, weil er ein Mitarbeiter der Akademie war.
1932 **John Galsworthy,** englischer Schriftsteller und Dramatiker
1933 **Ivan Bunin,** russischer Schriftsteller und Dichter
1934 **Luigi Pirandello,** italienischer Schriftsteller und Dramatiker
1935 nicht verliehen
1936 **Eugene O'Neill,** US-amerikanischer Dramatiker
1937 **Roger Martin du Gard,** französischer Schriftsteller
1938 **Pearl S. Buck,** US-amerikanische Schriftstellerin
1939 **Frans Eemil Sillanpää,** finnischer Schriftsteller
1940-43 nicht verliehen
1944 **Johannes V. Jensen,** dänischer Schriftsteller und Dichter
1945 **Gabriela Mistral,** chilenische Dichterin
1946 **Hermann Hesse,** (in Deutschland geborener) schweizer Schriftsteller, Dichter und Essayist
1947 **André Gide,** französischer Schriftsteller, Essayist, Philosoph und Dichter
1948 **T.S. Eliot,** (in den USA geborener) englischer Dichter und Kritiker
1949 nicht verliehen
1950 **William Faulkner,** US-amerikanischer Schriftsteller (nachträgliche Verleihung von 1949) und **Bertrand Russell,** englischer Philosoph und Mathematiker
1951 **Pär Lagerkvist,** schwedischer Schriftsteller, Dichter, Essayist und Philosoph
1952 **François Mauriac,** französischer Schriftsteller, Journalist und Dichter
1953 **Winston Churchill,** englischer Historiker und Staatsmann
1954 **Ernest Hemingway,** US-amerikanischer Schriftsteller
1955 **Halldór Kiljan Laxness,** isländischer Schriftsteller
1956 **Juan Ramón Jiménez,** spanischer Dichter
1957 **Albert Camus,** französischer Schriftsteller und Dramatiker
1958 **Boris Pasternak,** russischer Dichter und Schriftsteller (Preis nicht angenommen)
1959 **Salvatore Quasimodo,** italienischer Dichter und Kritiker
1960 **Saint-John Perse,** französischer Dichter
1961 **Ivo Andrić,** jugoslawischer Schriftsteller
1962 **John Steinbeck,** US-amerikanischer Schriftsteller
1963 **George Seferis,** griechischer Dichter
1964 **Jean-Paul Sartre,** französischer Philosoph, Schriftsteller und Dramatiker (Preis nicht angenommen)
1965 **Michail Scholochow,** russischer Schriftsteller
1966 **S.Y. Agnon,** israelischer Schriftsteller und **Nelly Sachs,** deutsche Dichterin
1967 **Miguel Angel Asturias,** guatemaltekischer Schriftsteller
1968 **Yasunari Kawabata,** japanischer Schriftsteller
1969 **Samuel Beckett,** irischer Schriftsteller und Dramatiker
1970 **Alexander I. Solschenizyn,** russischer Schriftsteller
1971 **Pablo Neruda,** chilenischer Dichter
1972 **Heinrich Böll,** deutscher Schriftsteller
1973 **Patrick White,** australischer Schriftsteller
1974 **Harry Martinson** und **Eyvind Johnson,** schwedische Schriftsteller
1975 **Eugenio Montale,** italienischer Dichter
1976 **Saul Bellow,** US-amerikanischer Schriftsteller
1977 **Vicente Aleixandre,** spanischer Dichter
1978 **Isaac Bashevis Singer,** jiddischer Schriftsteller
1979 **Odysseas Elytis,** griechischer Dichter
1980 **Czeslaw Milosz,** polnischer Dichter, Essayist und Übersetzer
1981 **Elias Canetti,** bulgarischer Schriftsteller, Dramatiker und Essayist
1982 **Gabriel García Márquez,** kolumbianischer Schriftsteller
1983 **William Golding,** englischer Schriftsteller
1984 **Jaroslav Seifert,** tschechischer Dichter
1985 **Claude Simon,** französischer Schriftsteller
1986 **Wole Soyinka,** nigerianischer Schriftsteller, Dramatiker und Essayist
1987 **Joseph Brodsky,** (in der UdSSR geborener) US-amerikanischer Lyriker und Essayist
1988 **Nagib Machfus,** ägyptischer Schriftsteller und Dramatiker
1989 **Camilo José Cela,** spanischer Schriftsteller
1990 **Octavio Paz,** mexikanischer Schriftsteller

Quellennachweis / Zitate / Abbildungen

Kapitel 1
8/9 **Gilgamesch-Epos** üb. A.Schott (Stuttgart 1988) 10 **»Gespräch eines Lebensmüden mit seiner Seele«** in: W.Gundert, A.Schimmel u. W.Schubring (Hrsg.): Lyrik des Ostens (München 1978) 10 **Echnaton** *Sonnenhymnus* in: Lyrik des Ostens ... 12-16 **Die Bibel** in versch. Übersetzungen (Freiburg 1968 bzw. Stuttgart 1967) 18 **Konfuzius** *Lun Yü* in: Schulgespräche, üb. R.Wilhelm (Düsseldorf 1981) 18 **Tschuang-tse** *Schmetterlingstraum* in: Mein Weg verliert sich fern in weißen Wolken; Chinesische Lyrik aus 3 Jahrtausenden (Heidelberg 1988) 18 **Laotse** *Taoteking* üb. P.Debon in: Mein Weg ...
Kapitel 2
22/23 **Homer** *Ilias* (VI 440ff.) üb. J.H.Voß (München 1980) 25 **Archilochos** *Ein Schlachtlied* in: W.Marg (Hrsg.): Griechische Lyrik in deutschen Übertragungen (Stuttgart 1979) 26 **Theognis von Megara** in: Griechische Lyrik ... 26 **Sappho** in: M.Tien (Hrsg.): Lieder, griechisch und deutsch (München 1944) 26 **Simonides** *Epigramm* üb. F.Schiller in: »Die Horen« (Weimar 1795) 31 **Aischylos** *Orestie* üb. W.Jens (München 1981) 32 **Sophokles** *Ödipus auf Kolonos* üb. E.Staiger in: Tragödien (Zürich 1944) 33 **Euripides** *Medea* üb. U.v.Wilamowitz-Moellendorf in: Griechische Tragödien (Berlin 1901-23)
Kapitel 3
42 **Catull** *Leben, lieben, küssen!* üb. O.Weinreich in: Sämtliche Gedichte (München 1974) 46 **Horaz** *Wahres Glück* üb. Kaiser in: Sämtliche Werke (München 1957) 51 **Augustinus** *Bekenntnisse* üb. K.Flasch u. B.Mojsich (Stuttgart 1989)
Kapitel 4
34 **Franz von Assisi** *Sonnengesang* in: Durant: Kulturgeschichte der Menschheit Bd.VI (Köln o.J.) 60/61 **Dante Alighieri** *Göttliche Komödie*, Inferno und Fegefeuer, üb. C.R.Köhler (Berlin 1966) 63 **François Villon** *Villons Grabinschrift* üb. M.Remané in: Die Lebensbeichte des François Villon (Berlin 1964) 65 **»Edda«** üb. K.Simrock (Essen 1987) 70 **»Koran«** (Wiesbaden 1954) 72 **Kasa no Iratsume** in: Lyrik des Ostens ... 72 **Li Bo** *Einsamer Trunk unter dem Mond* in: Lyrik des Ostens ... 72 **Bo Juyi** *Vom herbstlichen Yangtse scheidender Schiffer* in: Lyrik des Ostens ... 72 (Abb.) **Li Bo** *Nachtgedanken* in: Lyrik des Ostens ...
Kapitel 5
85 **Pierre de Ronsard** *Sonett für Hélène* üb. M.Gsteiger in: Französische Gedichte aus neun Jahrhunderten (Heidelberg o.J.) 88/89 **Cervantes** *Don Quijote von La Mancha* üb. L.Meck (Zürich 1987) 90 **Lope de Vega** *Mariae Wiegenlied* üb. R.Grossmann in: Spanische Gedichte aus 8 Jahrhunderten (Bremen 1960) 91 **Calderón** *Das Leben ein Traum* üb. E.Gürster in: Spanische Meisterdramen (München 1961) 96 **Christopher Marlowe** *Tamerlan der Große* üb. F.Lichius, H.H.Pfingsten u. P.Wenzel (Stuttgart 1979) 98/99 **Shakespeare** *Sonett LXXIII* üb. S.George in: The Sonnets/Die Sonette (Stuttgart 1974); *Der Kaufmann von Venedig* üb. R.Flatter (Wien/Zürich 1954); *Hamlet* üb. A.W.v.Schlegel in: Sämtliche Dramen Bd.III (München 1988); *Maß für Maß* üb. A.W.v.Schlegel u. L.Tieck in: Dramatische Werke (Basel 1979); *Der Sturm* üb. Ch.M.Wieland (Nördlingen 1987) 100 **John Donne** in: Durant: Kulturgeschichte der Menschheit Bd.X (Köln o.J.) 102 **John Milton** *Des Blinden Dienst* üb. F.Notter in: G.Britting (Hrsg.): Lyrik des Abendlandes (München 1953); *Das verlorene Paradies* üb. A.Böttger (Leipzig o.J.)
Kapitel 6
110 **La Fontaine** *Die Grille und die Ameise* üb. R.Mayr in: Die Fabeln. Gesamtauszug (Düsseldorf 1964) 111 **La Bruyère** in: Durant: Kulturgeschichte der Menschheit Bd.XII (Köln o.J.)
Kapitel 7
114 **Jonathan Swift** *Gullivers Reisen* üb. F.Kottenkamp in: A.Schlösser (Hrsg.): Ausgewählte Werke Bd.III (Baden-Baden 1982) 118 **Thomas Gray** *Elegie, geschrieben auf einem Dorffriedhof* üb. G.Seume in: Lyrik des Abendlandes ... 127 **Rousseau** *Über den Ursprung der Ungleichheit* in: Schriften Bd.I (Frankfurt/Main 1988); *Emile, oder Über die Erziehung* üb. L.Schmidts (Paderborn 1987) 132-135 **Goethe** *Wanderers Nachtlied* in: E.Ludwig: Goethe, Geschichte eines Menschen Bd.I (Stuttgart/Berlin 1920); *Selige Sehnsucht* in: Gedenkausgabe der Werke, Briefe und Gespräche Bd.III (Zürich, 1948); *Faust I* in: Werke ... Bd.V; *Faust II* in: Werke ... Bd.V 138/139 **Schiller** *Avertissement zur Ersten Aufführung der Räuber* in: Sämtliche Werke Bd.I (München 1984); *Die Bürgschaft* ebda.
Kapitel 8
146 **Eichendorff** *Aus dem Leben eines Taugenichts* (Stuttgart 1970) 150 **Hölderlin** *Schicksalslied; An die Parzen* in: Sämtliche Werke Bd.I (Leipzig 1922) 151 **Wordsworth** *Tintern Abbey; Präludium* üb. C.Goldschneider (Wien 1924) 156 **Shelley** *Stanzen, in einer trüben Stunde bei Neapel geschrieben* üb. A.Strothmann in: S.Schmitz (Hrsg.): Lyrik der englischen Romantik (München 1967) 158 **Keats** *Ode an die Melancholie* üb. H.Piontek in: Gedichte (München 1984); *Hyperion* üb. A.v.Bernus in: Englische Lyriker (Heidelberg 1958) 162 **Victor Hugo** Rede am 1.1.1862 164 **Alfred de Musset** *Die Mainacht* üb. F.Schäfer in: Dichtungen (Heidelberg 1960) 165 **Théophile Gautier** *Während des Sturms* üb. R.Neumann in: Lyrik des Abendlandes ... 172 **Giacomo Leopardi** *Das Unendliche* üb. R.M.Rilke in: Lyrik des Abendlandes ...
Kapitel 9
182 **Baudelaire** *Spleen* üb. R.Berger in: Die Blumen des Bösen (Göttingen 1986) 195 **Elizabeth Barrett Browning** *Sonette aus dem Portugiesischen* üb. R.M.Rilke in: (Leipzig 1908) 196/197 **Marx/Engels** *Manifest der Kommunistischen Partei* in: Gesammelte Werke Bd.IV (Berlin 1890) 198 **Heine** *Die Wallfahrt nach Kevlaar* in: Werke Bd.I (Berlin/Weimar 1978) 205 **H.C. Andersen** *Die Teekanne* üb. H.Degenhardt in: Märchen (Stuttgart 1986) 214/215 **Dostojewski** *Der Idiot* üb. E.K.Rashin (München/Zürich 1988) 218 **Walt Whitman** *Gesang von mir selbst* in: H.R.Hilty (Hrsg.): documenta poetica (München 1962)
Kapitel 10
222 **Verlaine** *Es regnet sanft auf die Stadt* in: Gedichte (Stuttgart 1988) 224 **Rimbaud** *Das trunkene Schiff* üb. H.Therre u. R.G.Schmidt in: Seiten-Sprünge (München 1986) 227 **Nietzsche** *Also sprach Zarathustra* (München 1987) 228 **Stefan George** *Der Stern des Bundes* in: Werke Bd.II (München 1983) 230 **Rilke** *Kindheit; 8. Duineser Elegie* in: Ausgewählte Gedichte einschließlich der Duineser Elegien und der Sonette an Orpheus (Frankfurt/Main, 1966) 235 **R.L. Stevenson** *Der seltsame Fall von Dr. Jekyll und Mr. Hyde* üb. G.Rambach (Wiesbaden 1955) 240 **Carl Sandburg** *Chicago Poems* in: documenta poetica ... 241 **E.L. Masters** *Die Toten vom Spoon River* in: documenta poetica ...
Kapitel 11
246 **Werfel** *Gebet um Sprache* in: R.Stadelmann (Hrsg.): Franz Werfel. Eine Auslese (Wien/Heidelberg 1969) 255 **Paul Claudel** *Maria am Mittag* üb. B.Schwabe in: Gesammelte Werke Bd.I (Einsiedeln/Zürich/Köln 1963) 258 **André Breton** *Ein Mann und eine Frau vollkommen weiß* üb. W.Schmidt in: Der weißhaarige Revolver (Berlin 1984); **Saint-John Perse** *Seemarken* üb. F.Kemp (Zürich 1960) 267 **James Joyce** *Ulysses* üb. H.Wollschläger (Frankfurt/Main 1975) 268 **T.S. Eliot** *Das wüste Land* üb. E.R.Curtius (Frankfurt/Main 1983) 269 **Majakowski** *Verse vom Sowjetpaß* üb. H.Huppert in: Her mit dem schönen Leben (Frankfurt/Main 1982) 270 **Boris Pasternak** *Augenblicksgewitter, ewig* üb. A.Kaempfl u.a. in: Gedichte (Frankfurt 1959) 277 **Hemingway** *Tod am Nachmittag* üb. H.Horschwitz in: Gesammelte Werke Bd.VIII (Reinbek bei Hamburg 1977) 281 **Langston Hughes** *Auch ich* üb. A.u.F.Link in: F.Link (Hrsg.): Amerikanische Lyrik vom 17. Jahrhundert bis zur Gegenwart (Stuttgart 1974) 284 **García Lorca** *Somnambule Romanze* üb. B.Mitterer in: Poesie der Welt, Spanien (Berlin 1985) 285 **Pablo Neruda** *Amerika, Liebe (1400)* üb. E.Arendt in: Der große Gesang (Darmstadt 1984) 287 **Mao Tse-tung** *Der Krieg Tsiang-Kuangsi* üb. J.Schickel in: 37 Gedichte (Hamburg 1965)
Kapitel 12
293 **Samuel Beckett** *Warten auf Godot* üb. E.u.E.Tophoven in: Stücke. Kleine Prosa (Frankfurt 1967) 299 **Léopold Sédar Senghor** *Befreiung* üb. J.Jahn in: Botschaft und Anruf, Sämtliche Gedichte (München 1963) 303 **Brendan Behan** *Die Geisel* üb. A.u.H.Böll,P.Zadek u.K.Wesseler (Berlin 1977) 311 **Jewgeni Jewtuschenko** *Mutter und die Neutronenbombe* üb. A.u.K.Möckel (Wien/Hamburg 1984) **Alexander Solschenizyn** *Offener Brief an den Kongreß der sowjetischen Schriftstellergewerkschaft 1967* üb.H.Pross-Weerth in: Das rote Rad (München 1986)

Abbildungen
APN, Sovjetunionens pressbyrå, Stockholm. Det Arnamagneanske Institut, Köpenhamn. Fotograf Beata Bergström, Stockholm. Bildhuset, Stockholm. Etablissements J.E. Bulloz, Paris. Cinema International, Stockholm. Stud. Mats Dahlström. Höganäs. Löjtnant Ulf Dahlström, Linköping. Walt Disney Productions Sweden AB, Stockholm. Filmhuset, Stockholm. Gustaf Frödingsällskapet, Karlstad. Ny Carlsberg Glyptotek, Köpenhamn. Fotograf K.W. Gullers, Stockholm. IBL AB, Ljungbyhed. Fil.dr. Harry Järv, Stockholm. Fotograf Günes Karabuda, Stockholm. Lunds Universitetsbibliotek, Lund. Kungliga Biblioteket, Stockholm. Fotograf Anders Mattson, Malmö stadsteater. Medelhavsmuseet, Stockholm. Nationalmuseum, Stockholm. Oslo Kommunes Kunstsamlinger, Munkmuseet. Reportagebild, Stockholm. Fotograf Enar Merkel-Rydberg, Kungl. Teatern, Stockholm. Sanderew Film & Teater AB, Stockholm. Schiller-Nationalmuseum, Västtyskland. Fotograf Eva Siao, Peking. Roto Smeets Illustrated Projects, Holland. Svenska Filminstitutet, Stockholm. Svenskt Pressfoto, Stockholm. Sveriges Radio, Stockholm. Konstnär Stig Södersten. Tate Gallery, London. Thielska Galleriet, Stockholm. Östasiatiska museet Stockholm.
Zusätzliche Abbildungen für die englische und deutsche Ausgabe wurden geliefert von:
Archiv für Kunst und Geschichte 6, 7, 170. BBC Hulton Picture Library Frontispiece 117, 120, 153, 266, 288. John Calder Publishers/Jerry Bauer 296. Camera Press 295. Deutsche Presseagentur 291, 294, 311. Donald Cooper 295, 298, 309. Faber and Faber Publishers 303. Mark Gerson 302. Robert Hunt Library 289. Keystone 290. Kobal Collection 149, 296, 297, 305. Mansell Collection 24. Popperfoto 298, 307. Secker & Warburg Publishers/ Jerry Bauer 300. John Timbers 294. Verlag Kiepenheuer & Witsch 301.

Register

Bei Autoren mit mehr als einer Seitenangabe ist die wichtigste **fett** gesetzt. Alle erwähnten Titel eines Autors sind unter dessen Namen *kursiv* aufgelistet; sofern eine deutsche Übersetzung publiziert wurde, mit deren Titel, ansonsten wird der Originaltitel übersetzt. Die Titel von Werken, aus denen längere Passagen zitiert werden oder für die es Illustrationen gibt, haben eigene alphabetische Einträge. Die Seitenzahlen für Abbildungen sind *kursiv* gesetzt, und hinter den Namen der Künstler findet sich in Klammern Titel bzw. Thema des jeweiligen Werkes.